江湖排局新作

王首成　编著

人民体育出版社

作者简历

王首成，1970年出生于黑龙江。象棋图书作家，师从国际象棋国家大师李中健先生。现任全国棋友排局研究会副主席、《棋友》杂志编委，曾任《棋艺》杂志排局专栏撰稿人，“广东象棋网”“泓弈象棋网”版主。他与亚洲象棋联合会秘书长林关浩先生、香港棋王李志海先生、新加坡象棋总会原秘书长许乾亿先生、象棋国际特级大师香港李镜华先生均是至交。

2010年11月，由河南科学技术出版社出版了王首成编著的《热门棋局揭秘》《古今名局赏折》，同年11月成都时代出版社出版了他修订的《江湖百局秘谱》修订本。2012年1月，由成都时代出版社出版了《街头棋摊揭秘》，作品深受广大读者喜爱。2012年7月，由河南科学技术出版社出版了他和象棋排局特级大师白宏宽合作诠注的《渊深海阔象棋谱新编》和《蕉竹斋象棋谱精编》；2013年7月出版了他和李中健先生合著的《中国象棋棋艺速成》。2014年，成都时代出版社出版了他编著的《江湖棋摊揭秘》他与朱小坚先生合著的《象棋精巧实用杀法》，以及他和白宏宽先生合作诠注编写的《湖涯集象棋谱》；同年他和白宏宽先生合作诠注编写的《蕉窗逸品象棋谱》由河南科学技术出版社出版。2015年出版了他修订的《江湖棋局搜秘》修订本和《江湖排局集成》修订本。其作品深受读者好评，并有多部作品再版。

前　言

象棋艺术历史悠久，源远流长，雅俗共赏。象棋排局艺术中的江湖排局则是象棋排局中最为喜闻乐见的，深受广大人民群众喜爱。

随着清代四大古谱《百局象棋谱》《竹香斋象戏谱》《心武残编》《渊深海阔象棋谱》的先后问世，著名的棋局如“七星聚会”“蚯蚓降龙”“千里独行”“野马操田”在江湖中和棋坛广为流传，江湖排局开始兴盛起来。此后，《蕉闯逸品》《蕉竹斋》《湖涯集象棋谱》三部名谱的问世和传抄，使得江湖排局进一步得到了发展，“小征东”“带子入朝”流传江湖。二十世纪八九十年代，象棋名家陈松顺先生、杨明忠先生、蒋权先生、朱鹤洲先生分别编著出版了《江湖棋局搜秘》《江湖残局》《江湖百局秘谱》《江湖排局集成》等经典佳作。

同时江湖棋摊在我国得到了空前的发展，江湖排局不断创作、演变，产生了大量的佳作名局，“三兵连营”“征西”纵横棋摊。自2000年至今的江湖棋摊发展迅速，操作方式日益更新；流传出更多的江湖排局新作；网络时代的今天，自然也流行了许多优秀的江湖排局作品，如果将这些江湖排局中的新作品集中在一起，编著成书，则具有划时代的意义。有鉴于此，笔者将自己创作排拟的江湖排局作品和读者提供的素材，以及网络收集的作品174局，分为16章，编辑成册，并在书中叙述了有关江湖棋摊与时俱进的操作方式。故本书名为《江湖排局新作》，现呈献给广大读者。全书都是新江湖排局作品的题材，当属首创。

本书收录了朱小坚先生、白宏宽先生、敖日西先生、黄志琦、沈通声先生、余俊瑞先生、张云川先生、邢春波先生、余卫东先生等好友良师的作品，特此一并致谢!

江湖排局着法深奥，由于笔者水平有限，本书难免有不完善之处，承望读者指正，必将鸣谢感激，使之更臻完美。

王首成

目　录

第一章
大鹏去兵红必输　各种小鹏闹江湖

第 1 局　加炮大鹏
（江湖揭秘）

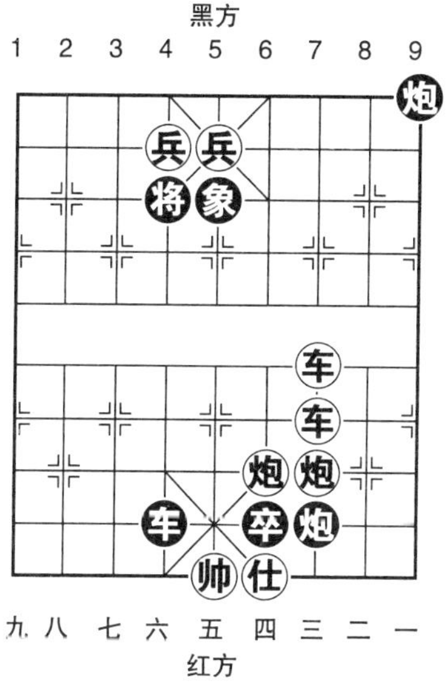

2013 年年初，在上虞火车站，笔者看一个摊主摆出如图的棋局，这局棋看着非常眼熟，似曾相识啊？乍一看，和古谱《渊深海阔象棋谱》所载的“大鹏展翅”局有些类似。在浙江一带，经常可以见到如图摆法的江湖排局。仔细一瞧，不对了，不但删去了“大鹏展翅”局红方八、九路两只兵，而且增加了门黑方 9 路大炮。这是什么意思？又有什么玄机呢？

原来在江湖棋摊上，这两处改动，各有它的用意，删去红方八、九路兵自然是为了减少红方实力，达到黑方必胜之目的。那么既然已经必胜了，为何又要画蛇添足加黑炮呢？

因为经过了棋摊上一局棋没有人下，则自己人赢下的铺垫，这局棋观众很容易看出连弃双车后进双炮杀，从而忽略了黑炮的回打作用。自然如果顾客走的是：后车平六，车4退2；车三平六，车4退1；炮三进五，象5进7；炮四进五，炮7退6黑胜，这样挑战者只会输一局。作为现代江湖棋摊，如果一个顾客只玩一把，岂不可惜？况且来一个上当的人多不容易啊？所以能多打一把是一把，这才是现在江湖棋摊的特色。且看笔者在上虞见到的一幕。

摊主是一个三十多岁的女人，她摆设好本局后，就进行开场白的说口："爱好象棋的朋友来看看吧，这局棋红方有双车、双炮、双兵，实力雄厚；黑方的老将在三楼，进不了中路、出不了九宫，还下不去二楼，因为有两个红兵联手，可以说黑将已经奄奄一息；看看谁能利用红方先走的机会，使对双车、用对双炮把黑方老将擒住。你用车照将，我必须用车吃你，你用炮将军，我要下象，因为我的象不能给你当炮架，看看谁能赢得一百元的奖金吧。"

随后有一个人（是托儿）出场了，是这样走的：后车平六，车4退2；炮四进五，象5退7；车三进五，车4进3黑胜。女摊主对自己人说："这位老板，估计你现在的心情就像小品里范伟说的，我不想知道我怎么来的，就想知道我怎么走的。我摆的这盘棋，虽然我不能告诉你怎么赢的，但是我可以告诉你怎么输的。让你知道输在哪里，好改进一下再赢回去。"说完她一边说话一边自己走棋演示着："你第一步走车将走对了，我必须吃你的车。我走红棋也这么走，第二步你走炮将也将得对，我必须下象，可以说头两步棋都走对了，我走红棋也都是要这样走。但是你后来出现了失误，因为你第三步吃我的象不是将军，这盘棋必须步步将军才能赢。再看一看，一定有希望赢回去。”（其实是在忽悠观众）。

过了一分钟，有一个人交了100元，走的是：后车平六，车4退2；车三平六，车4退1（这时摆棋的把双方的钱往地上一放说：“再走对一步，这200块钱拿走。”）以下托儿则故意仕四进五，象5退7；炮四进五，将4平5；炮三进五，同时说：“我双炮将，赢了吧？”女摊主则说到：“你是双炮将，可是没有赢我。因为你的双炮有一只炮挨着我的老将，在我九宫里的炮叫九宫炮，我可以用将吃掉，吃掉了你就不将了。”然后将5平6黑胜。摆棋的把棋局重摆回原来的局面后，说道：“真可惜，头两步都对了。后来上仕给我机会了。好好研究一下，你很有希望解开。”

两分钟后，第三个人走的则是：后车平六，车4退2；车三平六，车4退1；炮四平六，车4进1；炮三进五，象5退7；黑胜。摊主此时会说：“这盘棋你用一只炮是将不死的，要用双炮才能赢。你第三步棋弃炮，必然会输棋的。我如果走红方的话，就是靠这两只红炮赢棋，你丢了一个炮，永远都赢不了。下象棋不一定要用双车错，有时候两只炮也可以取胜的；可以说，在本局中，这只炮比两只车的作用还大，再研究研究吧。”其实，这些话是为了忽悠和诱导观众。

当时只见一个中年人交了100元，上阵挑战。他情急之下第一步走前车平六，女摊主则车4退3；中年人车三平六。女摊主则说：“大哥这步棋走得好，兑车，好棋，我如果杀你的车，你就会下双炮重炮杀了，没有办法了，我只能将你了。”然后炮7进1；中年人仕四进五，炮9进9黑胜。女摊主说：“真的不是我不地道，我不重炮不行了，因为你要重炮了，没有办法，现在的江湖棋摊，流行的就是玩重炮。但是你的顺序走错了。这叫你不重炮我重炮。好好研究一下，大哥你很有希望赢了妹妹的。”

中年人整理了一下思路，随后又战一局。

这次中年人慎重地走了后车平六，女摊主说：“大哥，这回走对了，你把这局棋解开吧！”然后车4退2，中年人继续走了一步车三平六。女摊主又说：“大哥的棋就是下得好，赢了，赢了。”同时车4退1。

中年人由于着急，第三步棋却走了炮四进五。女摊主则说：“大哥的棋走得就是硬，真硬！这可叫妹妹怎么办啊？既然大哥的棋下得这么好，我今天也变变着，我在下面待半辈子啦！这回也到上面待一把！”于是来了一个“大鹏展翅”，走了象5进7，宛如白鹤亮翅，棋局的形势也顿时急转直下。

女摊主又说：“哎呀，大哥，我发现还是上面好啊，简直豁然开朗啊！你看，大哥，我一到上面，你就在下面了，这是质的变化，我就把你的大炮挡住了，其实这盘棋我在上面还是下面的位置并不重要，主要是大哥你心里是什么想法？把你炮的位置摆正，想好先走哪个炮才能对？才能赢啊！好好看看，拿出男人的气概，再来一把赢回去就得了！别总是让着妹妹。”

中年人说：“顺序走错了，再来一盘！”

女摊主说：“好的，大家看看这位大哥怎么赢回去的，这把棋一定就解开了。不过大哥赢回去就不能再下了，不但今天你不能赢我了，就是明天你也不能戴个帽子、穿上马夹、卡个墨镜，化完妆再来赢我了。赢过我就永远不能再下了。”

当他最后走一局、先走三路炮进五时，女摊主自然依旧走象5进7，并说：“我发现了还是上面好，在上面待着也有瘾啊！真舒服！”中年人随后炮四进五，女摊主说：“大哥，对不起了，我的炮能打你的炮。你看看，上面就是好，可以打炮，只有我在上面、你在下面才可以打炮。其实你有个仕应该走一下的，我摆的棋子都有用的。再想想吧！看来你的棋下得也不行，还真不如我一个老娘们呢。”

中年人苦笑着走开了。

估计因为有很多顾客走错了前车还继续走车三平六，结果只能走一局棋就不下了，江湖艺人觉得收入有了损失。那么如何解决这一问题呢？于是才加了黑炮，顾客走错了前车，再走车一平六兑车时，顾客会再来一局的，原来他是在这等着呢！这当真是鬼魅莫测，江湖棋摊充满了圈套和陷阱、鼠夹和鱼钩。可见江湖棋摊已不江湖，现在的江湖棋摊大都摆设几步棋黑方必胜的棋局。这一点绝对屡见不鲜。

当然如果这局棋仍然没有顾客，自己人会再赢下来，然后摆设“马跳檀溪”，则生意会很容易就开张。这局棋的正确结果是黑胜，着法比较简单，介绍如下：

着法：（红先黑胜）

1. 炮四进五①　象5进7　　2. 前车平六　车4退3
3. 仕四进五　炮7平5　　4. 车三平六　车4进1
5. 炮三平六　车4进1　　6. 炮四平三　车4进2
（黑胜）

注释：

①如改走后车平六则车4退2；炮四进五（如仕四进五则卒6平5；帅五进一，炮9进8；帅五进一，车4平5黑胜），象5进7；炮三平六，车4进1；仕四进五，卒6平5；帅五进一，炮9进8；黑胜。

江湖棋摊上，本局中的黑方底炮就摆在摊主脚边，有时候顾客会忽略的。

第 2 局　删兵大鹏

大约在 2000 年时，古局“大鹏展翅”（又名“雁阵横空”“观灯十五”等）开始在现代江湖棋摊上广为流行起来（“大鹏展翅”局在本局基础上多红方九路和八路兵）。流行到 2010 年以后，江湖艺人作了删兵处理，成为本局图式。逐渐在江湖棋摊上流行开来，自此“大鹏展翅”局淡出江湖，逐步销声匿迹。本局则取而代之，由于删去了“大鹏展翅”局红方八、九路兵，图式更加简洁。正确结果则是黑胜，现介绍如下：

着法：（红先黑胜）

1. 前车平六①	车 4 退 3
2. 仕四进五	炮 7 退 2
3. 炮四进五	象 5 进 3
4. 炮四进二	炮 7 平 5
5. 仕五进六	车 4 平 7
6. 兵五平四	车 7 进 2
7. 炮四退八	车 7 平 5
8. 仕六退五	将 4 退 1
9. 帅五平四	车 5 平 9
10. 炮四平二	车 9 进 2
11. 帅四进一	车 9 退 1

（黑胜）

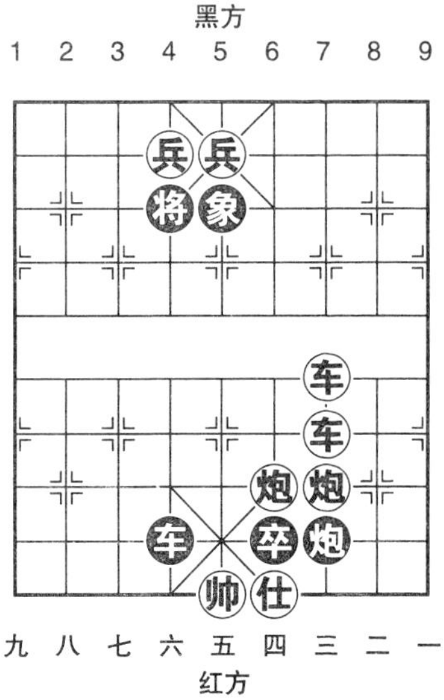

注释：

①如改走后车平六，则车 4 退 2；仕四进五，炮 7 退 3；炮四进七，炮 7 平 5；仕五进六，炮 5 退 4；兵六平五，象 5 进 7；炮四退七，车 4 平 6；炮四平五，车 6 进 1；黑胜定。

第3局　十全大鹏

本局收集于网络。图式和“大鹏展翅”局相比，红方多了两只相，颇有弈趣，棋局的结论也因此变为了红胜。加拿大棋友黄志琦先生对本局素有研究，本局也曾经在华工象棋网多次讨论，现介绍如下：

着法：（红先胜）

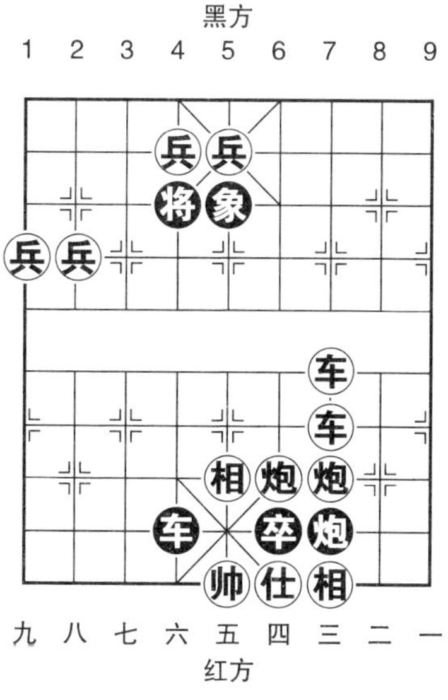

1. 前车平六　车4退3
2. 仕四进五　炮7退2①
3. 炮四进七　卒6平5
4. 帅五进一　炮7平5
5. 相五进七　炮5退5
6. 兵六平五　象5进7②
7. 兵八平七　车4平5
8. 炮三平五　车5退4③
9. 兵七平六　将4退1④
10. 炮四退九　车5退1
11. 炮四平五　象7退9⑤
12. 帅五平六　车5平7
13. 兵六进一　将4退1
14. 兵六进一　（红胜）

注释：

①如改走车4进3；则车三平六，车4退2；炮四进七，红胜。

②黑方另有三种着法变化如下：

甲、车4平5；炮三平五，象5进7；以下同主变。

乙、车4平3；炮三进五，象5进7；炮四退二，红胜。

丙、车4平7；兵八平七，车7平5；炮三平五，红胜。

③如改走车5平3则兵七平六，将4平5；兵六平五，将5平4；炮四平五，车3平4（如车3退2则后炮平六，红胜定）；后炮平六，车4进2；炮五平六，红胜定。

④如改走将4平5；则兵六平五，将5平4；炮五进六，红胜定。

⑤如改走车5进4；则后炮平六，车5平4；炮五平六，车4进3；兵六进一，将4退1；兵六进一，红胜。

第4局　双相大鹏

上一局“十全大鹏”加了红方双相，展示了红兵的威力，结果成为红胜。本局图式的“双相大鹏”则是删去了红方八、九路兵，将红方双相位置调整，则可以形成和棋。本局笔者收集于网络，现介绍如下：

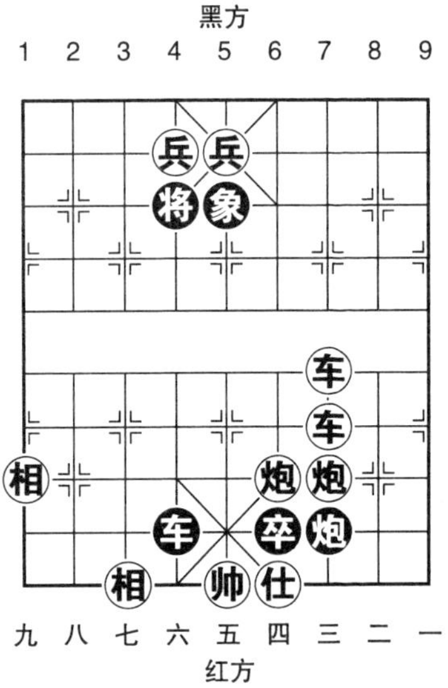

着法：（红先和）

1. 前车平六①　车4退3
2. 仕四进五　炮7退2
3. 炮四进七　炮7平5
4. 仕五进六　炮5退5
5. 兵六平五　象5退3
6. 兵五平四　卒6平7
7. 仕六退五　将4平5
8. 炮三平五　车4进1

9. 炮五平七　车4进2　　10. 炮七平五　象3进1
11. 炮五进三　车4退7　　12. 炮五平八　象1进3
13. 炮八退三　车4进7　　14. 炮八平五　车4退7
15. 炮五平八　车4平6　　16. 炮八退一　车6退1
17. 炮八平三　车6进8　　18. 炮三进一　车6平5
19. 帅五平四　车5进1　　20. 帅四进一　车5退3
21. 炮三平五（炮双相例和单车局）

注释：

①红方另有两种着法均负：

甲、炮四进五，则象5进7；前车平六，车4退3；仕四进五，炮7平5；炮三退二，炮5退4；车三平六，车4进1；炮四退五，车4平5；相七进五，车5进1；黑胜。

乙、后车平六，车4退2；仕四进五，炮7退3；炮四进七，炮7平5；仕五进六，车4平5；帅五平六，炮5退4；兵六平五，象5进3；炮四平八，卒6平5；炮八退八，车5平9；相七进五，车9进1；炮三进七，车9平5；炮三平六，车5退6；黑胜定。

第5局　大鹏新姿

本局是笔者好友赵殿忠先生所作，最初认为本局的结论是和局，经过研究后发现了第2回合黑方有卒6进1的妙手，可以取胜，使得棋局陡添弈趣。自然也包含了"大鹏展翅"炮打炮的陷阱。但如果黑方按照"大鹏展翅"的解法走，那么就和局。本局结论黑胜，仍不失为一则佳构。现介绍如下：

着法：（红先黑胜）

1. 后车平六　车4退2　　2. 仕四进五　卒6进1①

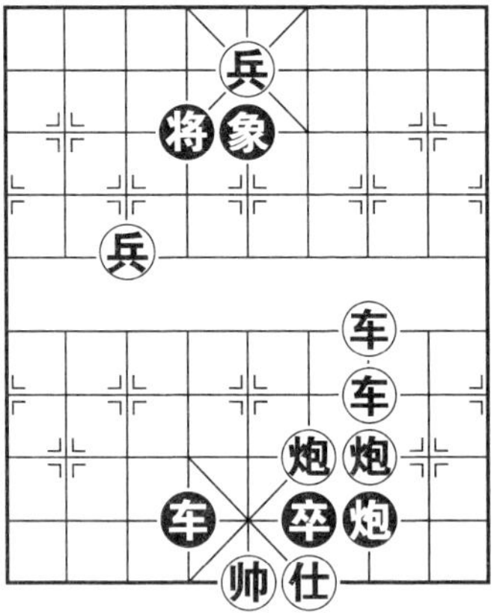

3. 仕五退四② 车4平5
4. 仕四进五 炮7退3
5. 兵七平六 车5平4
6. 炮四平六③ 象5退7
7. 炮三平五 将4平5
8. 兵六平七 将5退1
9. 帅五平四 炮7平6
10. 帅四平五 将5平6
11. 炮五平四 炮6平5
12. 帅五平四 车4平5
13. 炮四退一 炮5进3
14. 兵七进一 炮5平2
15. 兵七进一 将6平5

(黑得炮胜定)

注释:

①黑方另有五种着法结果不同:

甲、炮7退3;炮四平六,车4进1(如车4平5则兵七平六,车5平4,兵七进一,红胜。又如炮7平4则兵七进一,象5进7;仕五进四,卒6进1;帅五进一,炮4进2;兵七进一,红胜);仕五进六(如兵七进一则炮7平5;仕五进六,炮5退4;帅五平六,和局),象5进3;和局。

乙、象5进3;车三平八,卒6平5(如将4平5;则车八平五,将5平4;炮三进五,车4平7;仕五退六,炮7退6;车五平六,红胜);帅五进一,车4平5;炮四平五,车5退5;车八平六,将4平5;车六平五,将5平4;炮五进六,红胜。

丙、卒6平5;帅五进一,炮7退3;兵七进一,车4平

5；炮四平五，象5进7；兵七进一，红胜。

丁、炮7平5；车三平六，车4退1；炮三进五，象5进7；炮四进五，红胜。

戊、车4进2；车三平六，车4退3；炮四平六，车4进2；兵七进一，象5进7；仕五进六，红胜。

②如改走帅五平四则炮7退3；兵七进一（如炮四平六则车4平6；炮三平四，象5进3；黑胜定），象5进3；炮四平七，将4平5；炮七退二，将5退1；炮七平五，将5平4；炮五平六，将4平5；帅四进一，车4平6；炮三平四，车6平9；炮六平五，将5平6；帅四退一，车9退3；兵七进一，车9退1；兵七进一，炮7退4；炮五平七，象3退1；帅四平五，炮7平3；炮四退二，将6平5；炮七进二，车9平5；黑胜定。

③如改走炮四进二则象5退3；兵六平七，车4平5；炮四进五，车5退5；炮三平六（如兵七平六则车5进5；炮三平六，将4平5；炮四平五，车5平4；兵六平五，炮7平5；帅五平四，将5退1；炮五平三，车4平6；炮六平四，炮5平6；黑胜定），车5进6；炮四退五，将4平5；帅五平六，车5退2；炮四退四（如炮四退一则车5进3；兵七进一，炮7平4；炮六平七，车5退2；炮四退二，车5平4；炮四平六，炮4进3；黑胜），车5进3；炮四进四，车5退3；炮四退二，车5进4；帅六进一，炮7平4；炮六平七，车5退1；帅六退一，车5退1；黑胜定。

第6局　小鹏展翅（一）

2013年2月，杭州李君安先生给笔者提供他旅游时看到的江湖棋局（如图），这局棋江湖名为“小鹏展翅”，简称“小鹏”。

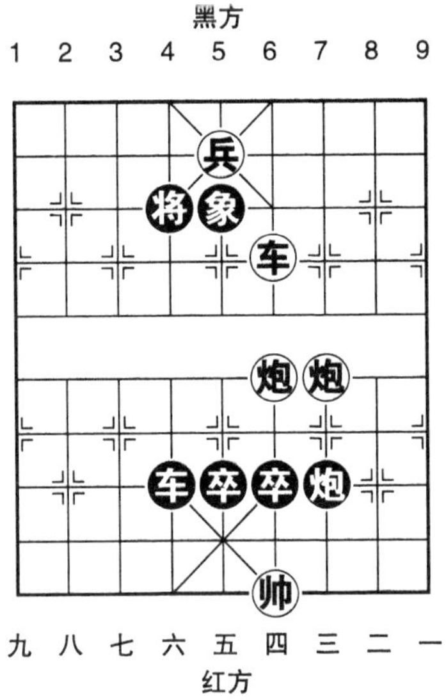

在深圳龙化工业区的棋摊上，李君安先生见到了如图所示的“小鹏”局。实则是江湖艺人在古局“大鹏展翅”基础上改拟的，图式简洁美观，战术杀法精彩多样，变化莫测，令人叹为观止、瞠目结舌。

如图的棋局，通常是在第三、四盘棋摆设。乍一看，红方平车照将，再进双炮就可以重炮杀棋了。其实“小鹏”还有首着走炮三进三，黑象5退7（称低飞）的走法，两个套路的江湖杀法各有不同，且看详述如下。

在深圳龙化工业区，一个摊主摆上这局棋后，一个人和摊主走了一局，其实这是本局第一个托儿步：炮三进三，象5退7；车四进一，象7进5；车四进二，象5退7；车四退一（故意让观众看出进炮可以赢棋的机会），车4进2；黑胜。摊主把棋局摆回原来的局面，说道：“还有没有和这位老板不同的着法，请玩一局，赢一把。”

过了一会儿，有一个人上阵挑战：车四平六，车4退4；炮四平六，车4进2；炮三进三，象5退7；黑胜。

观众里有一个二十岁左右的小青年，看得很入神，凭摊主的经验，这个人绝对是“点子”。于是，摊主说：“这位兄弟，看好了就玩一局，要不我就换棋了。谁赢都可以的，就是最后一局了，马上就解开了。”

那个小青年，本来就已经跃跃欲试了，摊主的话正中下怀，于是他交了200元，上阵就走：车四平六，车4退4；此刻有一个托儿已经悄悄接近棋盘，点着四路炮说：“炮将赢了。”小青年顺手就走出了炮四进三，摊主则象5进7，黑胜。

摊主把棋局摆回原来的局面，说道：“小伙子，红方双炮有顺序的，我最后再摆一分钟，想一想错在哪里，把自己的钱赢回去吧！”

观众里也有人推波助澜说：“是啊！这年头赚钱不容易啊！赢回来！”

两分钟后，小青年终于第二次出手了，这次实战走的是：车四平六，车4退4；炮三进三，象5进7（大鹏展翅）；炮四进三，炮7退5；黑胜。这就是著名古局“大鹏展翅”的特色，象5进7再炮7退5回打，是“大鹏展翅”的杀法。

连续两次的失利输了400元，小青年有些沮丧了，摇了摇头。这时候，有一位“好心人”对小青年说：“其实这局棋第一步应该走炮，你想一下，如果先走炮三进三，他只有象5退7，因为红车压象眼，他走不了象5进7吧，然后你再车四平六，他车4退4；你再走炮四进三，不就赢了吗？再走一局，把自己输的钱赢回来吧！不能就这样送给人家，打水漂都不响，你和他也不是亲戚。”

摊主乘机说着：“没有人下，我就换棋了？”

“好心人”则说：“不能换，我这位老乡可以再下一局赢回来吧？”

摊主应道：“那最后一局了，赢了我就换棋了。”

小青年已经又看到了胜利的曙光，就交了200元钱，要再度出手。“好心人”提醒道：“你输了400元了，再加200元，一把捞回来。”

摊主说：“那就最多下400元，不过，赢回去就不能再下了，只能把你自己输过的钱赢回去，不能赢我的钱。”

小青年又加了200元，这次走的是：炮三进三，象5退7；车四平六，将4平5；这时有托儿说：“重炮赢了！”小青年刚要走炮四进三，却看出了摊主将5平6可以黑胜的着法，就没有立即走棋。

这时有个托儿说：“再走车将，把他老将将回4路，再下炮就赢了。”

小青年接走车六平五，摊主将5平6，以下红方不能长将，黑胜。

之所以有托儿说“再走车将”，是为了不让小青年走车六退四吃车，虽然结果也是黑胜，却比较复杂，这是江湖艺人不喜欢走的套路。

“好心人”埋怨小青年说：“你太急躁了，不要走车六平五，你走车四进一，他将5平4，然后再进炮杀。你仔细想一下，认为我的说法对，就最后来一局，把输的钱赢回来；如果认为我说得不对，一块钱也不要下。”

在“好心人”的鼓励下，小青年又交了仅有的400元，最后下了一局，自然又输了，走的是：炮三进三，象5退7；车四平六，将4平5；车四进一，摊主走车4退5，然后炮三平六，将5平4；黑胜。最后小青年明白上当了，但悔之晚矣。

“小鹏”的特点就是输钱的挑战者先走炮三进三再车四平六败局之后，可以教他说：“第一步棋不要走炮将，他的象走了以后，老将就能进中路了。你先车将，他只能吃车，再进双炮就赢了。”

自然反之挑战者如先走车四平六，车4退4；炮三进三，象5进7；炮四进三，炮7退5；黑胜。这样输棋之后，则就教他先进炮将，黑方走象5退7（低飞）；再车四平六，车4退4；炮三进三，就可以红胜的假象，实际上当挑战者上阵走炮三进三，象5退7；车四平六，将4平5；车四平五，将5平6即为黑胜。

但是这样输了之后，还可以有说口，就是告诉挑战者不走车四平五，而走车四进一，将5平4，再炮四进三红胜。但如果挑战者真这样走时，摊主则不会走将5平4，而走车4退5，还是黑胜。

“小鹏”低飞后的两个陷阱杀法，与“大鹏”相比，本局可以多出两个假步；当真是江湖棋摊鬼神莫测，“展翅”“低飞”各有千秋。

本局正确结果应为黑胜，现将主要变化介绍如下：

着法：（红先黑胜）

1. 炮三进三①	象5退7	2. 车四平六	将4平5
3. 车六退四	卒5平4	4. 炮三退二	将5退1
5. 炮三平四②	卒4平5③	6. 后炮退一④	炮7退6
7. 帅四平五⑤	将5平4	8. 后炮进一⑥	炮7平5
9. 帅五平四	炮5退1	10. 后炮退一⑦	将4平5
11. 后炮进一	卒6平7	12. 帅四平五	将5平4
13. 帅五平四	卒5进1	（黑胜）	

注释：

①如改走车四平六则车4退4；炮三进三，象5进7；炮

四进三，炮7退5；黑胜。

②如改走炮四平五，炮7进1；炮三平五，将5平4；前炮平六，炮7平4；炮六平五，炮4平2；帅四平五，卒4进1；后炮平二，卒6进1；炮五平六，卒6平5；帅五平四，将4平5；炮六平五，卒5平6；帅四平五，炮2进1；炮二平七，卒6平5；帅五平四，卒4进1；炮七退四，卒4平3；黑胜。

③如改走卒6平5，则前炮平五，将5平6；炮五平四，将6平5；前炮平五，将5平6；炮五平四，将6平5；前炮平五，双方不变和棋。

④红方另有两种着法均负：

甲、前炮退三，卒5平6；炮四平五，将5平4；炮五退一，炮7退6；炮五进一，炮7平6；帅四平五，卒6进1；炮五退一，炮6平5；炮五平六，象7进5；帅五平六，卒6平5；炮六进一，炮5退1；炮六退一，炮5平4；黑胜。

乙、后炮平五，将5平4；炮四平五，炮7退6；前炮退三，炮7平6；帅四平五，卒6平5；帅五平四，卒5平6；帅四平五，卒6进1；炮五平六，炮6平5；帅五平六，卒6平5；炮六退一，炮5退1；炮六进一，炮5平4；炮六退一，炮4进6；黑胜。

⑤如改走后炮进一，则炮7平6；后炮进四，将5平6；帅四平五，卒6进1；帅五平六，卒6平5；炮四平二，后卒平4；炮二退四，将6平5；炮二平三，卒5平4；黑胜。

⑥红方另有两种着法均负：

甲、后炮平五，炮7平5；炮四平六，炮5退1；帅五平六，卒5进1；炮五平六，将4平5；后炮进一，卒6平5；后炮退一，炮5平4；后炮进六，将5平4；前炮平四，后卒平4；炮四退八，卒5平6；帅六平五，卒4进1；炮六退一，卒4平5；帅五平六，卒6进1；黑胜。

乙、后炮平六，炮7平5；帅五平六，炮5退1；炮四平六，将4平5；帅六进一，卒5进1；帅六退一，卒6平5；后炮进一，炮5平4；后炮进五，将5平4；前炮平四，后卒平4；炮四退八，卒5平6；黑胜定。

⑦红方另有三种着法均负：

甲、前炮平五，卒5进1；炮五平四，卒6平7；黑胜。

乙、后炮平八，卒5进1；炮八退三，将4平5；黑胜。

丙、前炮退三，卒5平6；帅四平五，卒6进1；炮四平六，象7进5；帅五平六，炮5平4；黑胜。

这两年，在江湖棋摊上，这局棋非常流行。有的江湖棋摊将四路炮摆前一步、三路炮退后一步。这种摆法主要是为了让顾客下棋时，顺手方便先走四路炮，则多赚一局。着法也是黑胜。

第7局　小鹏展翅（二）

本局则是李君安先生在深圳看到的另一个棋图，是在上局基础上修改的，无论从棋图上还是江湖棋摊杀法上来说，都是精进了一步。因为增加了红方三路车，所以从开局上又增加了一个先走前车的假象，例如：车四平六，车4退4；车三平六，卒6进1黑胜。

更大的妙处是，一般情况下，红方有双车双炮的棋局，四步棋的速胜假象，观众更容易上钩；生意绝对比三个子力的棋局更好开张，更有神秘感。因为黑方有进卒杀和进车杀两种绝杀，故结论黑胜，干净利落。现介绍如下：

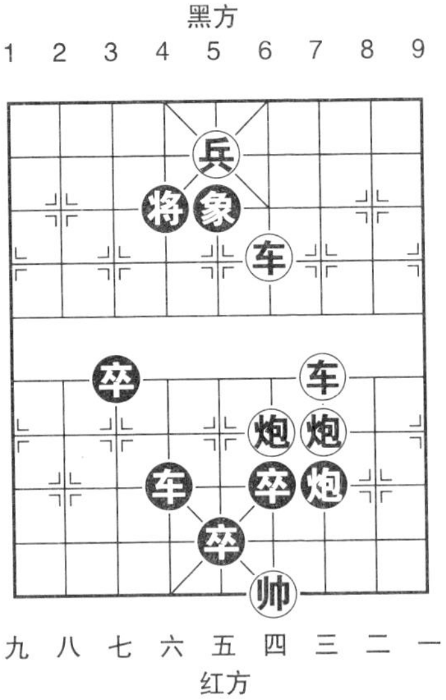

着法：（红先黑胜）

1. 车三平六　　车4退2
2. 炮四平六①　象5退7
3. 车四平六②　将4平5
4. 车六平五　　将5平6
5. 车五退五　　车4进4
6. 车五退一　　卒6进1
7. 帅四进一　　车4平5
8. 炮三退三　　车8退8
9. 炮三平四　　将6平5
10. 后炮平五　　车5平6

（黑胜）

注释：

①如改走车四平六则车4退2；炮三进四，象5进7；炮四进四，炮7退5黑胜。

②如改走车四进一，则象7进5；车四退三，象5进7；车四平六，卒3平4；黑胜定。

第8局　小鹏展翅（三）

本局是笔者挚友象棋排局家聊城赵殿忠先生提供的。在“小鹏（一）”的基础上，增加了一只红方六路仕，这样一来则可以成为一则和局。现介绍如下：

着法：（红先和）

1. 炮三进三　象5退7　　2. 车四平六　将4平5

3. 车六退四　卒5平4
4. 仕六进五　卒4平5
5. 仕五进四　将5退1
6. 帅四进一　卒5平6
7. 帅四进一　炮7退4
8. 炮四进二　炮7进1
9. 炮四退一　炮7退1
10. 炮四平五　炮7平4
11. 炮三退七　炮4退3
12. 炮三平五　将5平4
13. 前炮退四　将4进1
14. 帅四平五　象7进5
（和局）

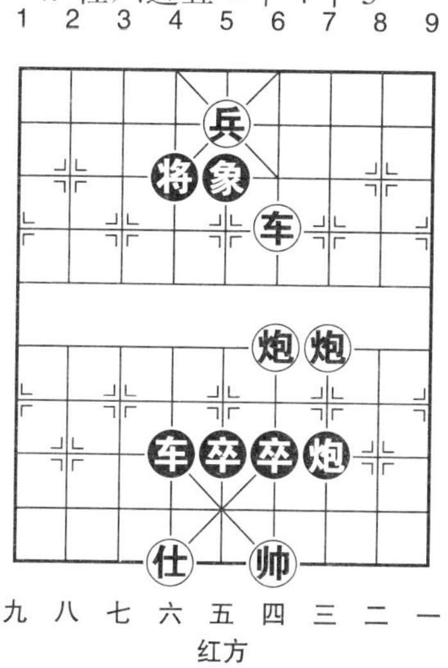

第9局　小鹏展翅（四）

“小鹏展翅”流行江湖之后，有的江湖艺人在挑战者走出正着兑车后，因为棋力不够，走不好续着，故使红方侥幸成和。所以修改成本局图式，则黑方可以速胜。红方三路炮后撤二格，可以使弈客实战时，顺手先走四路炮，则可以多赚一局；黑炮设置在底线，是为了让观众忽略可以打回去的作用。现介绍如下：

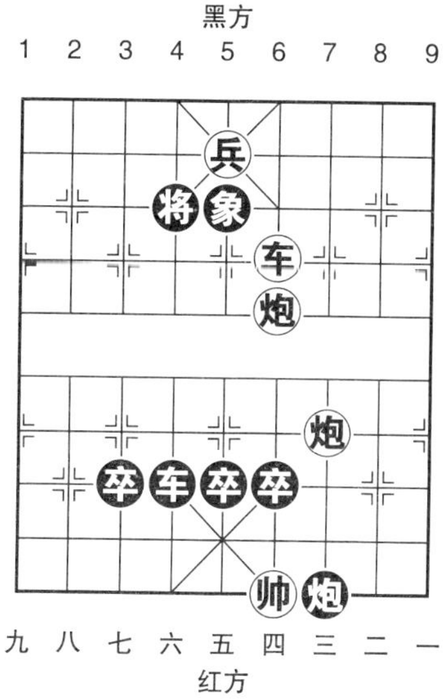

着法：（红先和）

1. 炮三进四	象5退3	2. 车四进一	象3进5
3. 车四进二	象5进7	4. 车四平六	将4平5
5. 车六退七	卒3平4	6. 炮四进四①	炮7退7
7. 炮四平五	将5退1	8. 炮五退七	卒4平5
9. 帅四平五	卒5进1	10. 帅五平六	卒6进1

（黑胜）

注释：

①如改走炮三退七则卒5进1；黑胜。

第10局　小鹏展翅（五）

本局收集于“泓弈棋牌网”，据说是在西安街头发现的“小鹏”改局。由于增加了红方七·九位兵，因此可以达到攻守平衡，成为和棋。现介绍如下：

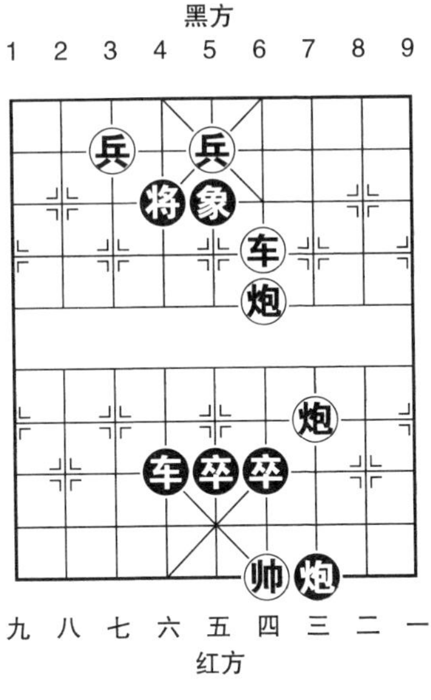

着法：（红先和）

1. 炮三进四	象5退7
2. 车四平六	将4平5
3. 车六退四	卒5平4
4. 炮三退三	将5退1
5. 炮三平四	卒4平5
6. 帅四平五	卒5进1
7. 帅五平六	卒6进1
8. 兵七平六	将5进1
9. 前炮退四	卒5平6
10. 帅六进一	（和棋）

第 11 局　小鹏展翅（六）

本局收集于网络，原名“黑白双影”，应该是“小鹏”中较好的一局棋。本局结论和局，现介绍如下：

着法：（红先和）

1. 炮三进三①　象 5 退 7
2. 车四平六　将 4 平 5
3. 车六退四　卒 5 平 4
4. 炮四进四　卒 4 进 1
5. 炮三进一　卒 4 平 5
6. 炮四平五　将 5 平 6
7. 炮三平四　卒 6 进 1
8. 炮四退七　卒 5 平 6
9. 帅四平五　炮 7 平 6
10. 帅五平六　卒 6 平 7
11. 帅六进一　（和局）

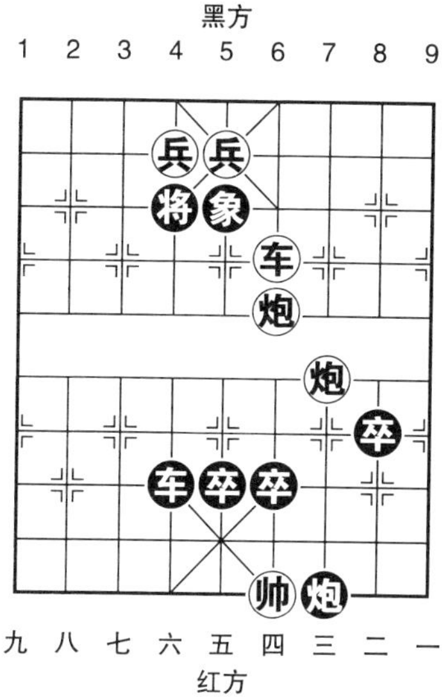

注释：

①如改走车四平六，则车4退2；炮三进四，象5进7；炮四进四，炮7退5；黑胜。

第 12 局　小鹏展翅（七）

因为“大鹏展翅”局的象、“马跳檀溪”局的黑马都是十分活跃的，并且已经在大江南北的江湖棋摊上极为流行，渐渐为街头顾客所熟知，因此排拟一些新局是江湖排局发展的必经之路。

本局就是江湖艺人创作的一则新作品，没有黑象和黑马，黑炮解杀的手段较为含蓄。安徽阜阳的读者齐华在浙江省松阳县见到了本局，将棋图寄给我，并详述当日所见，请看下面的一幕。

松阳县街头棋摊上，一个中年人摆着如图所示的棋局。有十几个人在围观。一个小伙子交了200元，走的是：后车平六，车4退3；炮二进四，炮5进2；车一平五，车4进4黑胜。中年人说："下棋要连将连杀，这位老板走错了，看看谁的走法和他不一样，就来一局。"

过了一会儿，有一个拿包的人来了一局，他走的是：后车平六，车4退3；车一平六，车4退1；炮一退三，卒6进1；黑胜。

读者齐华认为这两个人是托儿，是走的托儿步，笔者认为这是正确的判断。因为他说的第三个下棋的人，走的是：后车平六，车4退3；车一平六，车4退1；炮二进四，炮5退2；马四退三，将4退1；马三退五，炮5进2；黑胜。这个人才是真正的上当者。经过研究，本局是一则红胜小局，现介绍如下：

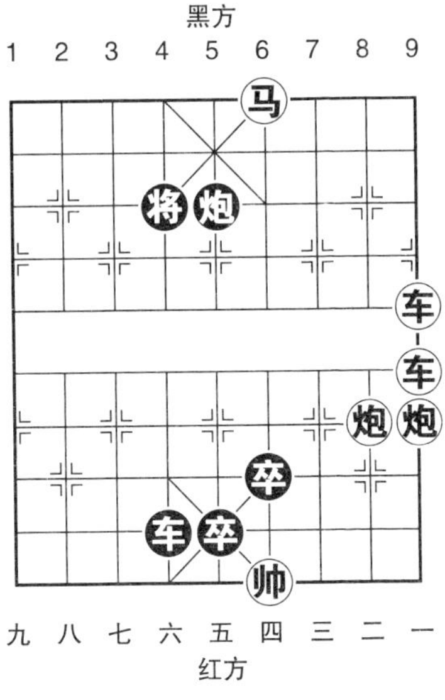

着法：（红先胜）

1. 炮二进四①　炮5退2
2. 马四退三　将4退1②
3. 马三退五　将4退1

4. 前车平六　车 4 退 4　　　5. 马五进七　将 4 进 1
6. 车一进四　炮 5 进 1　　　7. 车一平五　将 4 进 1
8. 炮一进四　（红胜）

注释：

①如改走后车平六则车 4 退 3；车一平六，车 4 退 1；炮二进四，炮 5 退 2；马四退三，将 4 退 1；马三退五，炮 5 进 2；黑胜。

②如改走炮 5 进 2 则马三退五，将 4 退 1（如炮 5 退 1 则后车平六，车 4 退 3；车一平六，车 4 退 1；炮一进四红胜），前车进三；将 4 退 1，马五进七；将 4 平 5，前车进一；红胜。虽然本局红胜，但是街头挑战者大都走不出红胜的着法，基本上在黑方炮 5 退 2 后就认输了。

第 13 局　小鹏展翅（八）

2013 年 3 月，湖北曾建平先生提供一个棋局，是他出差时，在浙江省舟山市定海街头看到的。信中详细说了他看到的经过，并说他研究此局的结果是黑胜。下面笔者将他的见闻叙述如下：

摆摊的摊主第一局摆设的是“大鹏展翅”，因为没有人上钩，于是有一个中年人赢了下来：后车平六，车 4 退 2；炮四进五（故意这样赢，诱惑下一局也这样走，深谋远虑），象 5 退 7；车三平六，车 4 退 1；炮三进五红胜。

摊主给了中年人 600 元，然后摆上了本局图式。讲演道：“棋输棋子在，全仗摆得快。第一个冠军已经产生了，咱们看看第二个冠军花落谁家，俗话说皇帝轮流坐，明年到你家，也许第二个冠军就是你哦。咱们大家集中精神看这局棋，红方双

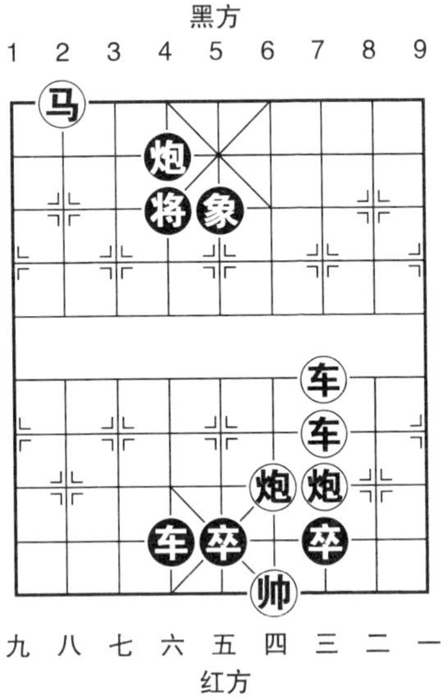

车双炮一匹马，看看谁能捷足先登，率先解开这盘棋。今天大家来看我摆棋，是我的荣幸，今天大家算来着了，我承诺只要观众不断，我的节目就不断；不过我这个人摆棋有个规矩，需要大家遵守，有的朋友说了，看摆棋还有规矩？其实无规矩不成方圆，我摆棋什么规矩呢？就是大家玩与不玩可以，绝对不能说棋步，各看各的，不要把着法说出来，那样我就没法摆摊了，你看出赢棋可以和我下，也可以不下，我也不会拉着你和我下、也不会拖着你和我下，只要不说出来就好，我就感谢各位的捧场助威了，也就说咱们沉默是金吧！我这个人脾气也不好，到时候我们闹得不愉快，大家彼此心情都不好。只要大家遵守这个规矩，我非常欢迎和深表谢意的。”

如图的棋局，据说也是“大鹏展翅”的后代。从棋图上看，只要红方连续走车到六路照将，然后双炮可以杀棋。因为即使没有黑炮在将下，因为红马的存在，黑方老将是也下不去的。

夸夸其谈之后，有第一个“挑战者”出手了（也就是第一个托儿步）：后车平六，车 4 退 2；炮四进五，象 5 退 7；车三进六，车 4 进 3；黑胜。

那输了棋的人蹲在棋盘前，若有所悟地说：“哦，你不平卒将啊？”

摊主把棋局摆回了原来的局面，说：“我进车也是杀棋啊！这位师傅头两步走得绝对正确，第三步有问题。看看哪位老板在此基础上，修改一下走法，那么这局棋就解开了。”

这时，刚才赢过“大鹏展翅”的那个人，交了 300 元钱，说：“我再来一局。”于是走后车平六，摊主车 4 退 2；再炮四进五，象 5 退 7；那人摸起三路车就要往六路放，突然摊主看了看他说道：“慢着，你刚才不是赢了一局吗？你不能下了，赢了棋你就是高手，我摆棋有一个规矩，只能赢一把。我师傅说了，谁赢了一局，就不要和他下第二把。您照顾照顾，我刚学的，就会摆几个棋局，别下了。”同时把钱递还给赢过棋的那人。

那人把钱接了过来，说：“可是你已经换了一局了？”

摊主说：“换了也不能下了。每个人只能赢一把，赢了就是师傅，我打不过你，就不和你打了。得饶人处且饶人，别玩了好吧？”

那人无奈地说：“哦，这样的规矩啊！那算了吧！”

观众里有人调侃道：“他怕你了，你的棋艺高，不敢和你来了。”观众们哈哈大笑，同时都比较佩服那个赢棋的高人。

接着，第二个“挑战者”出场了（也就是第二个托儿步）：后车平六，车 4 退 2；炮四平六，车 4 进 1；车三平六，车 4 退 2；炮三进五，“挑战者”说：“你老将下不去了吧？我炮将呢？”

摊主说：“我老将是下不去，可是我可以退象啊？一个炮将不死啊！我走红方宁可失去双车，绝不丢一个炮。”然后象 5 退 7 黑胜。

观众里那个小伙子看得很仔细，那个赢棋的人就到他跟前说：“这局棋和刚才我赢他那局一样的道理，用双炮赢。”小伙子点了点头。

那个高人继续说："他不让我下，你看出来可以赢一把。"小伙子说："我再看看。"

摊主说："现在错步漏步都走出来了，我最后摆一分钟，看看哪位老板把这局棋解开。要下的朋友抓紧时间。马上我就换棋了，因为这么简单的棋，我不敢再多摆了，多摆一分钟就有被破解的危险。"

观众里那个小伙子终于按捺不住了，他站到棋盘的正面，交了300元钱，摊主说："好，咱们看看这位小伙子咋赢的。小伙子咱们按照棋规不长将、不悔棋，走到中途不走了算输，当作弃权处理。明白了吧？"

小伙子说："明白了，可以走了吧？"于是他走后车平六，摊主车4退2；这时候，有人趁机说："炮将，炮将赢了。"小伙子顺手就走了炮四进五，结果摊主走象5进7挡住了红方三路炮，黑胜。

摊主惋惜地说："开局走对了，可惜第二步棋走错了，我走红方前两步都要走车。"说完他把棋局摆回原来的图形。

赢过一局的那人对小伙子说："这局棋要连续走两个车，再走炮。有顺序的，仔细看看把自己的钱赢回来。"

摊主说着："第一回输、第二回赢，三回四回打个平。输了没有关系，可以再下一局赢回去，要从哪里跌倒就从哪里爬起来，有不屈不挠的探索精神。"

小伙子看了看棋盘，整理了一下棋路，知道自己走错了，于是又交了300元钱。这次走的是：后车平六，车4退2；车三平六，炮4进4；炮三进五，象5退3；炮四进五，将4退1，黑胜。

"原来是这样啊？高，实在是高，你的象太厉害了，我没有注意到这步棋。”小伙子说道。

摊主一听这话，来了精神，回答说：“你这句话最有道理了，你想一想，象棋、象棋，你不注意象能行吗？和你说实话，这步象5退3简直绝了，是这局棋最精华、最精彩之处；就这么和你说吧！我摆了半辈子象棋摊，就靠这只象活着了。”

小伙子一听这话气愤地转过头，然后抬脚走。

摊主说：“小伙子，慢着，我这个人比较讲究，我不能让你带着遗憾走，我再给你换一局简单的棋，让你赢回去吧？”

小伙子说：“不下了，我还着急去桃花岛呢！”

摊主立即调侃说：“你是去找蓉儿吗？千万注意别让黄老邪看到，否则你就麻烦了，你最好先去桃花岛的山洞里，找到你的大哥老顽童周伯通，让他保护你；这位可能是郭靖郭大侠。”大家哈哈大笑，气氛轻松愉快，其乐融融。

小伙子是去桃花岛旅游的，依然匆匆地走了，摊主还说了句：“谢谢捧场了，再来啊！”

本局黑方通过黑炮打第二只车，然后再退象3路蹩马腿，于是红方双炮照将时就可以退下了，陷阱妙设，令人防不胜防，一般人是绝对看不出来的。

现在的江湖棋摊很少摆那些深奥复杂的江湖大局，十分流行摆黑胜小棋，这样更有把握，收益更稳。本局着法简单：1.后车平六，车4退2；2.车三平六，炮4进4；3.炮三进五，象5退3；4.炮四进五，将4退1，黑胜。

第14局　小鹏展翅（九）

由于“大鹏展翅”局黑方有炮打炮的陷阱，使得许多上钩的顾客都失去了信心，从而愤怒、伤心地离开，以致影响江湖棋摊的收入。高明的江湖艺人遇到这种情况时，一般采用不让顾客走出炮打炮，提前自己人赢下来，再换其他没有“炮打炮”的假象的棋局，来继续操作。这种方法虽然可取，但有时候顾客就是没有走出“炮打炮”，只走出车将炮将而被象5进7挡住了红方三路炮，竟然也不下了，纵然托儿赢了“大鹏展翅”之后，有的顾客也会走的，达不到拴住顾客的目的。

综上所述，如果不摆设“大鹏展翅”则更好，就不会出现这种情况。因此改拟一些双车盖炮的棋局则是大势所趋，形势所迫的问题；“小鹏”（一）出现一段时间之后，有的江湖艺人对其结果并不满意，于是推出了本局图式的“小鹏”。图式中红方双车双炮的位置和“大鹏”极为相似，并且没有“炮打炮”的黑炮摆设，则更加吸引街头顾客。经过研究本局结论是红胜，但这并不影响其作为一则江湖排局，因为街头上的顾客是绝对走不出红胜的。

本局图式的“小鹏”是读者李辉先生提供给笔者的，并询问此局的解法，笔者曾经网络回复给他。据说最早出自安徽省宣城市汽车站。他见到的托儿步是这样的——

第一个托儿步是：后车平六，车4退2；炮四进五，象5退7；车三进五，车4进3；黑胜。

第二个托儿步是：后车平六，车4退2；车三平六，车4退1；仕四进五，象5退7；炮四进五，将4平5；炮三进五，将5平6；黑胜。

第三个托儿步是：后车平六，车4退2；炮四进五，象5退7；车三平五，车4进3；黑胜。

至于一道一道的渡法则和“大鹏展翅”局基本一样，摸错车、摸错炮则可以打三四道棋，最后还可以自己人吃掉（就是托儿赢下来）。一般情况下，顾客认为本局都是要先走车开局，很难想到第一步走炮四平六的正着。

据李辉先生说，曾见到有一个顾客输了三局之后，悟出第一步棋应该走炮四平六，在第四局就走出了正着，但是摊主径走了炮4平5，托儿立即说上仕，顾客一上仕，摊主卒6平5，顾客帅五平四，摊主车4进1；黑胜。即使顾客躲过了这一陷阱，托儿会告诉他走炮三平五的，因为顾客不会走车三平五的，所以最终还会被击败。

江湖艺人的意思是将本局改拟成和棋，但经过笔者研究结论是红胜，但这并不影响其作为一则江湖排局，因为街头上的顾客是绝对走不出红胜的。现介绍如下：

着法：（红先胜）

1. 炮四平六　车4退1①　2. 仕四进五　炮4平5②
3. 后车平五　卒6平5
4. 帅五进一　车4进1
5. 帅五退一　车4退2
6. 炮三平六　车4平5
7. 帅五平六　车5进3
8. 帅六进一　象5退3③
9. 马八退七　炮5进2
10. 车三进三　象3进5
11. 车三退一④　车5退2
12. 马七退六　车5平4
13. 帅六进一　将4退1
14. 车三平五　将4退1
15. 车五进一　（红胜）

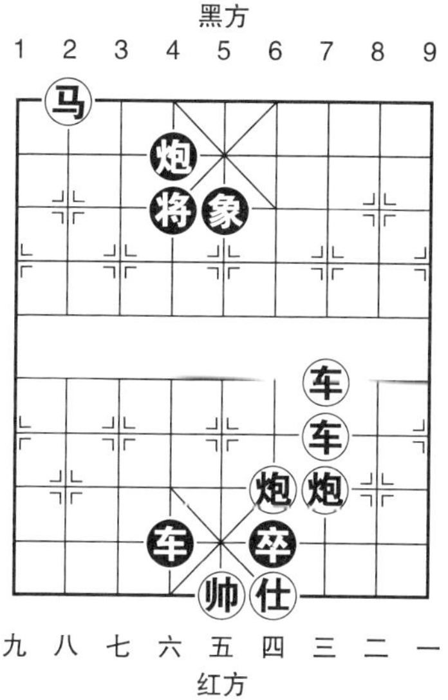

注释：

①如改走炮4平5；则后车平五（如炮三平五，车4退1；

仕四进五，车4进1；后车平六，车4退2；车三平八，象5退3；车八进三，将4退1；车八平五，车4进2；车五进一，将4平5；马八退七，将5平4；马七退五，将4退1；马五进四，将4进1；仕五进六，车4退1；马四退五，将4退1；马五进七，将4进1黑胜），车4退1；仕四进五，卒6平5（如车4进1则车五进四，将4平5；车三进三红胜）；帅五进一，车4进1；帅五退一，车4进1；帅五进一，车4退3；车三平六，车4退1；炮三进五，象5退3；车五进五，车4平8；车五进一，车8进3；帅五进一，车8退7；车五平七，车8平5；帅五平四，车5平3；车七退一红胜定。

②如改走车4进1；则后车平六，车4退2；车三进四，炮4平6；车三平四，象5退3；车四退七，车4平2；车四进六，将4退1；车四进一，将4进1；马八退七，车2进3；仕五退六，车2退2；炮三平四，车2平3；马七退六，车3平5；仕六进五，红胜定。

③如改走车5退1；则帅六退一，象5退3；马八退七，炮5进5；车三进三，象3进5；车三退一，象5退3；车三平五，红胜定。

④如改走马七退六，则炮5平4；炮六进四，车5退6；马六进八，将4退1；车三进一，将4退1；马八进七，红胜定。

第15局　小鹏展翅（十）

广东一位读者和笔者有QQ联系，有时候交流江湖排局。在2013年7月8日，他给笔者在网上发消息，说他发现了一局新的江湖排局作品，以前没有见过。于是他把拍摄到的棋图上传到他的QQ空间，并说他研究了一段时间，认为结论是黑胜，让我帮助他解答。

这个棋图和“小鹏”（七）的局面十分相似，只是把黑车去掉，把红帅设置在中路，又加了三只黑卒，为了江湖特色和迷惑性与均衡性，黑方后卒是必须有的，因为这样构图可以让观众认为红方后车照将中卒吃掉、再车照将后卒吃掉，就可以重炮杀局。经过如此的包装，这局“小鹏”似乎更具备江湖排局的韵味了，原来的黑方陷阱仍在局中。这样的修改，似乎是想要把一则黑胜局变成和局，可惜结果仍是黑胜。试拟着法如下：

着法：（红先黑胜）

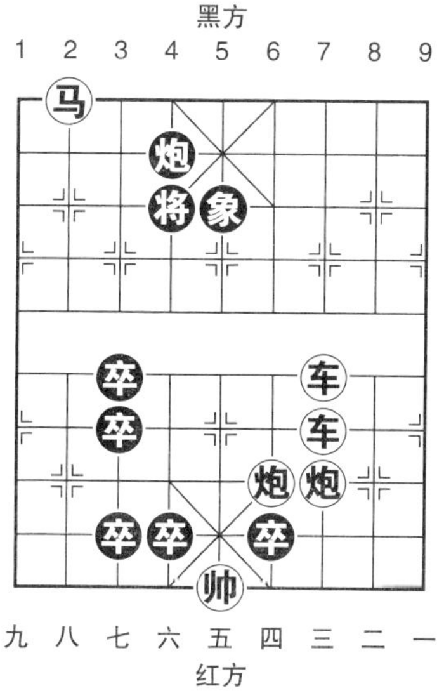

1. 后车平六　　中卒平4
2. 车三平五①　卒4平5
3. 车五退三　　卒6平5
4. 帅五进一　　炮4平2
5. 炮四平八　　后卒进1
6. 帅五平四　　卒4平5
7. 炮三进一　　后卒进1
8. 炮八进二　　后卒平4
9. 炮三退二　　卒3平4
10. 炮三平六　　卒4进1
11. 帅四进一　　卒5平6
12. 帅四平五　　炮2平5
13. 炮八平五　　炮5进4（黑胜定）

注释：

①如改走车三平六，则炮4进4；炮三进五，象5退3；炮四进五，将4退1；黑胜。

第 16 局　小鹏展翅（十一）

本局是一则七子局，收集于网络。本局颇有趣味，图式上既有“大鹏展翅”局的陷阱，又有更深层次的假象。

乍一看，本局弃双车后可以重炮杀；仔细看后发现埋伏底线的黑炮可以回打，似乎红棋赢不了。再深入观察后，可以看出先进炮将军，再进双车照将腾挪双压象眼，可以真的有重炮的棋；比如：炮三进三，象 5 退 7；前车进一，象 7 进 5；前车进一，象 5 进 7；后车进二，象 7 退 5；后车退一，象 5 进 3；后车平六，车 4 退 5；炮四进三，红胜。

实则当这种走法第 4 回合黑方改走车 5 退 6 即为黑胜。经研究本局结论为和局，堪称一则短小精悍的佳作，试拟着法如下：

着法：（红先和）

1.	前车平六①	车 4 退 5
2.	炮三进三	象 5 进 7
3.	车四进二	车 5 退 6②
4.	炮三平五③	象 7 退 5④
5.	炮四平六	车 4 进 2
6.	车四退五	象 5 进 3
7.	车四进五	象 3 退 5
8.	车四退二	象 5 进 3
9.	车四平七	炮 7 退 7
10.	车七平四	炮 7 平 5
11.	兵六平七	车 4 进 4
12.	帅四进一	车 4 退 1

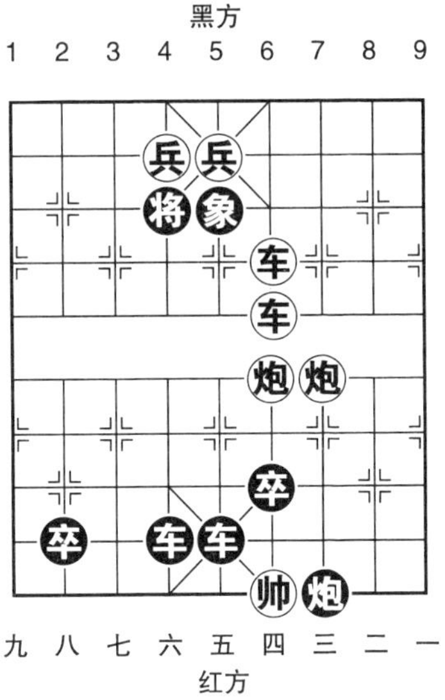

13. 帅四退一　卒2平3　14. 车四进四　炮5进1
15. 车四退二　炮5退1　16. 车四退五　车4退2
17. 车四进七　车4进3　18. 帅四进一　车4退1
19. 帅四进一　炮5进1　20. 车四平八　车4退1
21. 帅四退一　将4平5　22. 兵五平四　车4退2
23. 车八退二　车4退3　24. 车八平六　将5平4
25. 兵四平三　炮5平9　26. 兵三平二　炮9平1
27. 兵七平八　卒3平4　28. 兵二平三　炮1平5
29. 兵八平七　（和局）

注释：

①红方另有两种着法均负：

甲、后车平六，车4退4；炮三进三（如车四平六，车4退1；炮三进三，象5进7；炮四进三，炮7退7；黑胜），象5退7；车四进一，象7进5（如车5退6则炮三平五，象7进5；炮四平六，车4进1；车四退五，下同前车局主变着法，和局）；车四退二，象5进7；车四平六，将4平5；车六进二，将5平4；炮四进三，炮7退7；黑胜。

乙、炮三进三，象5退7；前车进一（如前车平六，则将4平5；车四平五，车5退4；车六退五，车5进5；黑胜。如改走后车照将，同样黑胜），象7进5（如车5退6则前车平五，将4平5；车四平五，将5平6；帅四平五，卒6平5；车五退三，车4平6；炮四平二，红胜）；后车平六（如前车进一则象5进7；后车进二，车5退6；后车退一，炮7退7；黑胜），车4退4；炮四平六，车4平7；车四退五，炮7退7；炮六退四，象5退7；车四进五，车5退6；车四退五，车5进2；车四进五，象7进5；车四退六，车7平6；炮六平九，车5平4；车四进四，车4平6；帅四平五，车6平1；

炮九平六，车1进5；黑胜。

②如改走象7退5；则车四退一，象5退7；车四平六，将4平5；车六进一，将5平4；炮四进三，红胜。

③如改走车四退一，则车5进7；帅四平五，车4平6，黑胜。又如炮四平六，则车4进2；炮三平五，卒6平5；炮五退二，象7退5；黑胜定。

④如改走车4进6（如卒6平5则炮五退二，象7退5；炮四平五，红胜定）；则炮五退七，象7退5；炮四平五，炮7平5；车四退五，象5进3；帅四进一，车4退1；炮五退三，炮5平7；车四进五，象3退5；兵六平七，卒2平3；车四退二，象5进3（如炮7退7则车四进四，象5进3；车四退二，象3退5；车四平三，车4退4；车三平四红胜定）；兵五平六，炮7平3；车四进二，象3退5；车四进二，象5进7；车四退四，车4退2；炮五进八，车4进2；帅四进一，炮3退8；炮五平六，将4退1；炮六退八，卒3平4；车四平七，红胜定。

第17局　小鹏展翅（十二）

上一局图式自网络流传到江湖上后，江湖艺人觉得图式特别适合江湖棋摊，便做了删卒移炮的处理成为本局图式。删卒为了图式更加简洁美观，移炮是为了挑战者对弈时顺手可以先走四路炮。虽然结果仍然红胜，但是挑战者多为三步倒的低手，很难走出全部精彩的着法，所以也是无妨的。如此一来，着法干净利落。本局比一只红车的小鹏更加优秀。本局的托步只要先走后车照将，以后则可以和前文“小鹏”（一）基本相同。现介绍如下：

着法：（红先胜）

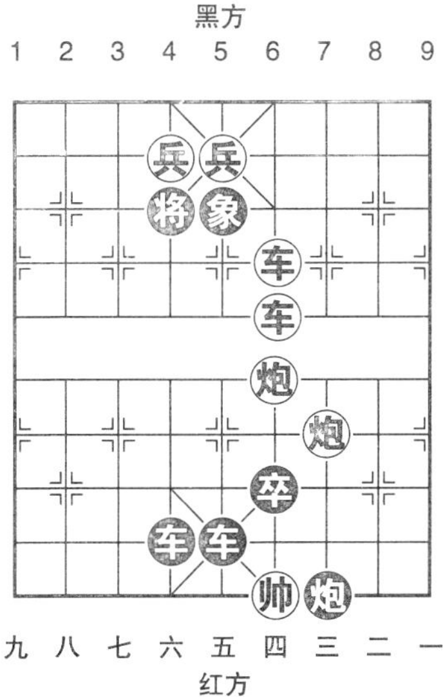

1. 前车平六　车 4 退 5
2. 炮三进四　象 5 退 7
3. 车四进二　车 5 退 6
4. 炮三平五　象 7 进 5
5. 炮四平六　车 4 进 2
6. 车四退五　车 4 进 4①
7. 帅四进一　象 5 进 3
8. 车四进五　象 3 退 5
9. 兵六平七　车 4 平 3
10. 帅四平五　炮 7 平 5
11. 车四退一　车 3 平 4
12. 车四平七　（红胜）

注释：

①如改走车 4 平 3 则车四退一，象 5 进 3；车四平六，将 4 平 5；车六平五，将 5 平 4；帅四平五，车 3 平 4；兵五平四，炮 7 平 9；车五进三，红胜。

第 18 局　小鹏展翅（十三）

笔者将第 19 局黑方 2.9 位卒移到 3.8 位，成为本局图式，则也可以成为和局。现介绍如下：

着法：（红先和）

1. 前车平六　车 4 退 5　　2. 炮三进三　象 5 退 7

3. 车四进二　车5退6
4. 炮三平五　象7进5
5. 炮四平六　车4进2
6. 车四退五　车4进4
7. 帅四进一　车4退1
8. 帅四退一　车4退1
9. 车四进七　象5进3
10. 车四退二　象3退5
11. 车四退一　象5进3
12. 车四进一　象3退5
13. 车四退一　象5进3
14. 车四进一　象3退5
15. 车四退一　（和局）

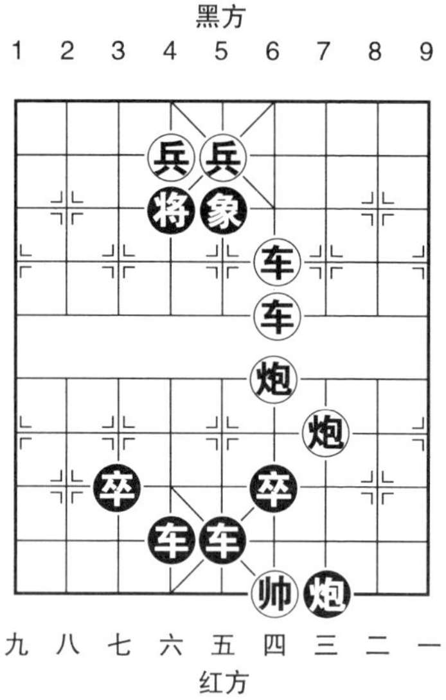

第19局　小双车（一）

本局收集于网络，图式美观。本局虽然着法短小精悍，但是颇具江湖特色。从构图上看，依稀有江湖排局“双车投井”的痕迹，结论是红胜。现介绍如下：

着法：（红先胜）

1. 前车平六①　车4退3　　2. 车一平六　车4进2
3. 炮一进九　车6退8　　4. 炮二进九　车4进2
5. 帅五进一　车4平7　　6. 炮二平四②　车7平9③
7. 兵八平七　车9退8　　8. 炮四退七　象7进9④
9. 炮四进六　象9进7　　10. 兵七进一　车9进7
11. 炮四退七　车9退7　　12. 炮四进八　车9退1

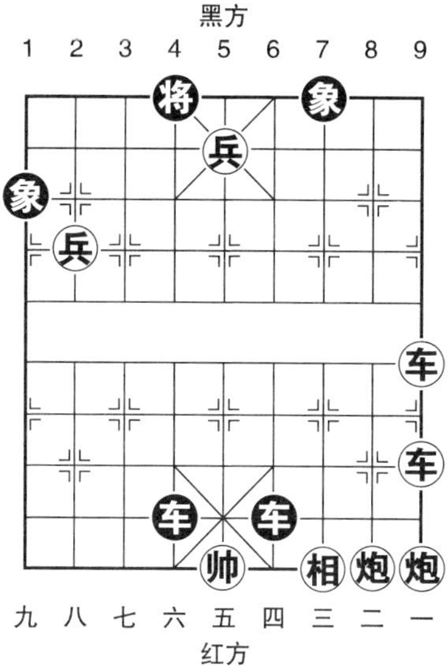

13. 兵七平六　（红胜）

注释：

①如改走后车平六，则车 4 退 1；车一平六，车 4 退 2；炮一进九，车 6 退 8；炮二进九，车 4 平 5；黑胜。这是江湖棋摊经常遇到的劣着，街头挑战者常犯此错误。

②如改走兵八平七，则车 7 退 1；帅五退一，车 7 退 7；炮一平三，车 7 退 1；兵七进一，车 7 平 8；兵七平六，车 8 进 9；帅五进一，车 6 进 8；帅五平四，车 8 平 4；兵六进一，车 4 退 8；兵五平六，将 4 进 1；和局。

③如改走车 7 退 8；则炮四退一，象 7 进 9；兵八平七，车 7 进 2；炮一平五，车 7 平 6；兵七进一，红胜。

④如改走象 7 进 5；则兵七平六，车 9 平 5；炮四平六，将 4 平 5；炮六平五，象 1 进 3；炮一退三，象 3 退 1；炮一平五，红胜定。又如改走车 9 退 1；则炮四平六，车 9 进 7；炮六退一，象 7 进 5；兵七平六，车 9 平 4；兵六进一，红胜。

第 20 局　小双车（二）

上一局结果演变成红胜，并且是街头挑战者经常会误打误撞就可以走成的局面，有违江湖惯例。笔者删去原局边象和高兵，则可以成为一则和局。现介绍如下：

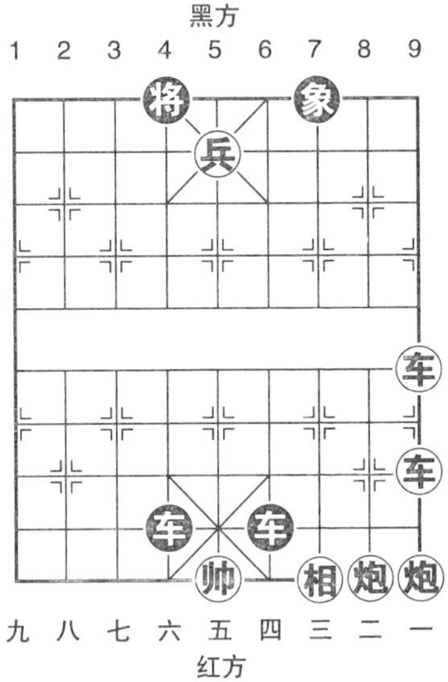

着法：（红先和）

1. 前车平六　车4退3
2. 车一平六　车4进2
3. 炮一进九　车6退8
4. 炮二进九　车4进2
5. 帅五进一　车4平7
6. 炮二平四　车7平9①
7. 炮一平二　车9平8
8. 炮二平一　车8平9

（和局）

注释：

①如改走车7退8；则炮四退一，象7进9；炮一平五和定。又如车7退3；炮四退一，象7进9；炮一平五，车7平6；炮四平一，车6平7；炮一平四，车7平6；炮四平一，和局。

如在本局基础上增加黑方7路10位底卒则黑方必胜。

第21局　小识将（一）

合肥市的储轩读者给笔者提供了如图所示的棋局和当时的情况，并说他研究了很久，都没有解法，始终黑胜。原来安徽省合肥市的江湖棋摊，于2012年春天在城隍庙附近，出现了如图所示的棋局。这局棋的假象是红方连弃双车，然后双炮下底重炮杀。殊不知，红方第一步走后车平五照将，黑方走前卒平5，当顾客第二步走车一平五时，黑方却走象7进5，粉碎

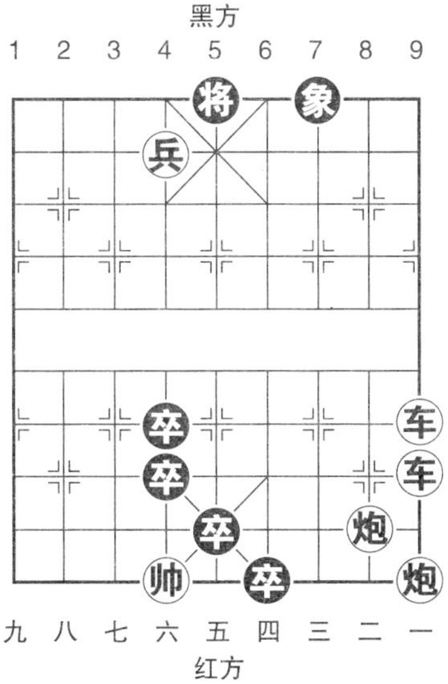

了红方重炮杀的梦想，这着棋很意外，街头顾客，大都是只看赢、看不出输的，所以这局棋对江湖艺人来说，会有很好的收益。

这局棋的第一个托儿步是：兵六平五，将5进1；后车平五，前卒平5；车一进五，将5退1；炮二进八，象7进5；车一平四，卒6平5；黑胜。

江湖艺人研究的托儿步是与将来顾客上阵走的步有很大关联的，具有一定的诱导引路的作用，先后顺序都很有讲究。这局棋的第二个托儿步是：后车平五，前卒平5；炮二进八，象7进5；车一平六，卒6平5；黑胜。

当顾客和摊主对弈时，如果顾客走后车平五摊主前卒平5；当顾客走车一平五的时候，会有托儿走卒4平5吃车，如果顾客走炮二进八则象7进9黑胜，可以多赚一局；那么如果顾客径走一路炮进九呢？摊主用目光瞄着顾客，如果顾客用手拿一路炮，他会说："你们这是干什么呢？我还没有走棋啊！那我不玩了，你们玩吧，我一个人能下过你们这些人吗？"

托儿会说："那人家的车将你，你还能不吃啊？"说完托儿把车卒摆回棋盘上，并说："那你自己走吧！"顾客也会说："对，这是我们在下棋，别人不许走棋。"

摊主说："我就是输了，我也要自己输啊？别人不许走棋的。"然后他看着棋盘，轻轻地走了一步象7进5，于是，顾客输了。与时俱进的江湖、风云变幻的棋摊，这就是江湖棋摊，当代的江湖棋摊。

关于这局棋的结论是黑胜，储轩读者的见解是正确的。试拟着法如下：

着法：（红先黑胜）

1.	后车平五	前卒平5	2.	车一平五	象7进5
3.	车五进四①	将5平6	4.	车五平四	将6平5
5.	车四退七	后卒平4	6.	炮一进一	前卒进1
7.	炮二平六	卒4进1	8.	车四进九	将5平6
9.	兵六平五②	卒5平4	10.	帅六平五	后卒平5
11.	炮一平四	卒5进1	12.	帅五平四	卒5平6
13.	帅四平五	卒6平5		（黑胜）	

注释：

①如改走炮二退一，则卒4进1；炮二进一，前卒平4；黑胜。

②如改走炮六平八，则将6平5；炮八退一，卒5平4；黑胜。

第22局　小识将（二）

笔者挚友黄志琦先生提出，增加一只红方八路底兵，将棋图修改为本局图式，则可以成为一则和局，现介绍如下：

着法：（红先和）

1.	后车平五	前卒平5	2.	车一平五	象7进5
3.	车五进四	将5平6	4.	车五平四	将6平5
5.	车四退七	后卒平4	6.	炮二进一	前卒进1
7.	炮二平六	卒4进1	8.	车四进九	将5平6

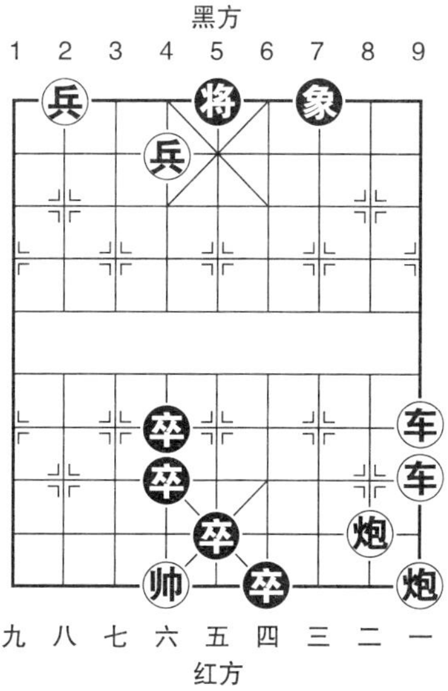

9. 炮六平九　将6进1①
10. 炮九进三　将6进1
11. 炮九平二　将6平5
12. 炮二平五　将5平4
13. 兵六平七　将4平5
14. 炮五退一　将5平6
15. 炮五平二　将6平5
16. 炮二平五　（和局）

注释：

①红方有八路底兵，黑不敢走将6平5，否则红方进炮杀。这样一来，克制了黑胜的变化，形成红方一炮遮将，另一炮守卒的和局。

虽然这两局不是小鹏系列的，但由于均属双车盖炮的新局，故收录于此。

第23局　小识将（三）

本局搜集于“广东象棋网”，其图式有弃双车后速胜的假象。本局结论是和局。现介绍如下：

着法：（红先和）

1. 后车平五①　象3进5　　2. 兵四进一②　将5平6
3. 车五平四③　将6平5　　4. 炮一平五　车5退1
5. 车四退三　车5进1　　6. 车一平六　卒4进1
7. 车六退三　炮8平4　　8. 车四平五　车5进1
9. 帅六平五　（和棋）

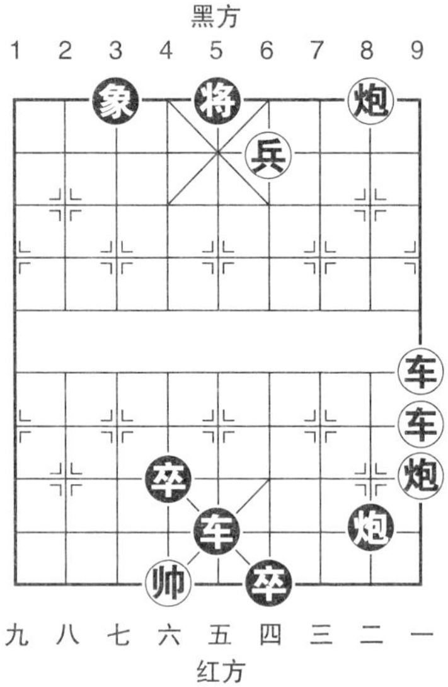

注释：

①如改走前车平五，则车5退3；车一平五，炮8进1；车五退三，车5进4；黑胜。

②红方另有两种着法均负：甲、车五进四，车5退6；车一平五，炮8进1；车五退四，卒6平5；黑胜。乙、车五退二，卒4进1；车五平六，炮8进1；黑胜。

③如改走车一平四，则将6平5；车五进四（车五退二，卒4进1；车五平六，炮8进1；黑胜），车5退6；车四退四，车5进6；车四进八，卒4进1；黑胜。

风云名手回顾之“棋孟尝”张毓英

张毓英，字宗俊，江苏省仪征县人，约生于清光绪十八年（公元1892年），出身于书香门第。他的伯曾祖张集馨官署陕西巡抚，著有《道咸宦海见闻录》，这是一部研究清代中晚期历史的重要文献资料。祖父张藻卿是县内的一位饱学之士，只因仪征经太平军“烧”城而过以后，城内一片萧条，便举家迁至扬州，在绣货集中之地的彩衣街觅了一所深宅大院。自己则苦读不辍，于同治三年中了举人。正当折桂有望之时，竟中年早逝。张毓英的父亲名祖恒，字久斋，继承父业，与扬州名士方尔谦、方尔咸兄弟有金兰之交，可是年仅二十余岁便过早地离开了人世。母亲仲氏，出身于江都丁沟的望族，怀着他这个几个月的遗腹子，独自撑起这偌大的门户。遗腹子的出世给仲氏夫人带来极大的喜悦与安慰，也给张氏门宗迎来光大门楣、继承祖业的希望。

张毓英幼时，曾师从名士方尔谦、方尔咸。1910 年时 15 岁的张毓英写的“萧何曹参为将相隙，及何死所推贤为参论”“武庚叛周论”等，每篇都有方尔咸的批改，赞其“手腕轻便，心思灵敏，颇能尽擅其长”。连同他当年的国学作业，封面上有“庚戌课艺”，这些至今都保存在张毓英先生的儿子张永庆手里。

民国十年前后，张毓英的母亲仲氏夫人已谢世，他家便由彩衣街迁往东关街的疏理道居住。他不再去茶社的棋室做看客，而在自己的住宅里，专辟精室，设置棋枰，遍请本外埠弈棋高手来宅对局。凡外地应邀参弈的棋客，不仅由他支付往返旅费，供给膳宿，对生活困难的还汇款为其安家。凡是登门参赛的，不论识与不识，一概以礼相待，对于有培养前途的后起之秀，则谆谆诱导，奖掖备至，因其广结宾客，豁达疏财，在他的倡导、支持下，扬州成为象棋界的藏龙卧虎之地。

张毓英虽出自殷富之家，自己却有生活艰苦朴素的良好习惯。他自幼爱好弈象棋，棋艺水平略弱于一流棋手。由于殷富身份，他不大和本地棋手对弈，为此，关于他的对局见得极少，这是他和另外的一些棋艺活动家（谢侠逊、曾展鸿、屠景明、钱梦吾、贾题韬等）所不同的一个显著特点。不过，张钟情于象棋，他见围棋著书立述者多，象棋弈述几乎很少有人过问。为此，张氏毓英决心为整理象棋弈局和培养人才做出贡献。十多年中，他为象棋花费不下万金。他出资金、出场地举办棋赛，他还搜求和整理出版棋艺著作。由于这一特点，他被江南棋界誉为“棋孟尝”。受到棋人们的普遍尊敬，为象棋的发展做出了杰出的贡献，他是中国象棋史上有特色的一位功臣。

举办“张宅棋赛”，是张毓英对现代象棋界的突出贡献之一。

历代以来，各地名棋手的交流受到社会地位和经济能力两种条件的限制。一般说，极大多数名棋手都泡在茶楼或流落在街头，靠着弈满盘和摆残局赢彩金而生活，为此，历史上基本没有举办过象棋比赛。张毓英作为扬州城内有社会地位、有经济能力、懂棋又爱棋的人士，由他出面举办名棋手的邀请赛，当然是有条件的。为此，张在府宅中留出一间客厅作为赛棋的场所，桌椅、棋具等配置完整。据杨兆宏先生说，早先张宅很大，弈棋室有三十平方米左右。又据有关资料，张宅还有临时吸烟室，供嗜鸦片的棋手吸烟之用。张宅棋赛的形式多样，主要是循环和擂台赛两种。如 1915 年左右的一次循环赛，有杨万源、朱锦堂、沈文荧、万启有、邓春林、王浩然、周焕文、林弈仙等十二人参加，称为“十二名手赛”，棋手们的住宿、伙食均由张宅负担，还另赠彩金，使棋手们能安心弈棋，结果王浩然获冠军。

王浩然有“神马”的雅号，是“淮扬三杰”之一，“慢国手”张锦荣的师傅。他棋风重于细致绵密，很少走攻势强烈的中炮，基本上先手均用进兵局，后手时则大多用“转角马”，由于王浩然用马神奇，久而久之，被江南棋界称为“神马”，所以王浩然有“神马”之称。在民国初期，浙江名棋手林弈仙征战江南，几乎所向无敌，被称为“无敌中炮”。后来在 1917 年，在上海，林弈仙和王浩然五十局公开赛毕，王浩然以柔克刚，竟多胜一局！至此震动沪上及全国棋坛。

王浩然获循环赛冠军后，紧接着举办擂台赛，由冠军任台主，朱锦堂和杨万源任前锋，另聘林弈仙为副将，接待本地或外地的好手攻擂。另据《象棋报》24 期载，张毓英常在自家府中备有棋人宿舍，受邀的外地棋客均招待，张宅成了扬州的棋苑中心。一次，张宅举办“打通关”比赛，王浩然为主将，张锦荣为中军，特邀林弈仙为二道防线，守门由朱锦堂担任，另铸有棋赛金牌一块，凡连闯四关者可得金牌。有位棋坛新秀丁继洪，绰号锈丁，在攻一道防线时，与朱锦堂弈和。按规定，不能再打下去。但因丁继洪颇通音律，能奏各种乐器，而被允许继续打通关，但因在第二道防线负于林弈仙，为此，人们戏称林弈仙拔了锈丁头。总之，张宅棋赛在清末和民国初期举办过多次，对于繁荣扬州和江南棋坛，起了很大的推动作用。

有一次，杭州棋坛名将张观云挟技来扬。先到教场的茶室寻棋未遇，后来行至漆货巷口的望火楼前，见有多人围着一个棋摊，他便挤入人丛，驻足观阵。那天正下着濛濛细雨，可是人群却一直不肯散去，摊主朱锦堂正与棋客互较胜负，那棋客接连失着，眼看即将败阵。张观云旁观许久，不禁技痒，便向棋客指点说：“倘若改走一着，即可拼个和局。”棋客依言，果然如他所说，围观的人无不向他投以敬佩的眼光，啧啧称是。可是朱锦堂自负高傲，瞧不起这位外来“码子”，便逗他对局下彩。不料几个回合以后，竟被张观云占了优势，朱先输了第一局。第二局朱频频发动强攻，但仍败下阵来。及至弈到第三局，朱方醒悟，人外有人，天外有天。虽竭尽全力，仍然未能取胜。三局终了，朱锦堂便拱手为礼，与客人攀谈起来。双方互通姓名，张观云便以实相告，并说：“观云初来宝地，志在求师访友，尚请多予关照，并烦向同好引荐。”

朱锦堂当即奔赴疏理道的张宅报信，双方商量以后，决定派“丝绵老虎”张锦荣在名利园茶社迎战这位杭州来的棋坛高手。这一消息顿时不胫而走，棋迷们闻风而来。两人刚刚坐定，正在互相谦让，而棋客们已将他们团团围住，外围且摆有小型棋盘，派人守候，红黑双方的每一落子，便有义务传话员向守候在小棋盘的人传报，边摆边议，气氛异常热烈。双方战至中盘，张锦荣突出奇着，逼使对方不敢轻率动子。张锦荣当即起身外出小解，待回座以后，见对方仍在蹙眉沉思，以为此局必操胜算，不料张观云忽然走出一步奇着，害得这位“丝绵老虎”苦无对策，竟由对峙而转向被动，终以败局结束战斗。于是张观云便被约至张宅订局再战，先后与扬州的王浩然、周焕文等名手对弈，互有胜负。

张观云被扬州棋坛隆重接待的消息传开以后，各地高手纷至沓来，先后来扬对局观摩的有南京的万启有、湖北的雷海山、温州的林弈仙、江西的邰春林、福建的连学正……诚可谓“高手如林，集一时之盛”，以致海内谈棋者，莫不视扬州如“百川之汇海、群星之拱北”。因此张毓英曾自豪地说：“扬州象棋人才之多，盖为他处所罕见，故虽以宁、沪之大善斯道者，闻有扬人，亦必改容倾注，莫敢易视。”

“棋孟尝”张毓英，为人谦虚和蔼、慷慨好义，经常帮助贫困棋人。张是个要热闹的人，在他家里有许多棋手进行交流，他总显出满意的微笑。为此，对于外地来扬州的棋手，除了招待吃、用、宿外，离开扬州时，还赠川资。所以，外地的一些名棋手，在本地弈棋为生感到艰难时，就凑些盘缠去扬州，投靠张宅生活。张对万启有、邓春林、雷海山、林弈仙都作过多次接待。张毓英还帮助过一些已上了年纪又不大想再以棋为生的名棋手们“弃棋从商”。如来过扬州的浙江余姚张观云，漂泊江湖，一直以摆残局为主要生活来源。年轻时有一股争雄棋坛的锐气和游历五湖四海的朝气，可是，江湖棋人的生活并不好过，风风雨雨，旅途劳顿且不说，收入并无保证，当步入中年后，就考虑归宿了，于是，在张宅棋赛的空隙，向张毓英表述了这一意思。张毓英是了解江湖棋人艰辛的，于是资助他一笔钱，让他回去开个小店。

又如“神马”王浩然，从镇江来扬州后，虽然在民信局、轮船公司当过差，但因文化不高，工作吃力，也想力谋自立，张毓英知道他的心意后，也资助了王一笔款子，使他以后用于开小店维持生活。所以，凡是去过张宅，和张毓英接触过的棋手，都十分敬重张毓英。例如江陵名棋手吴淞汀去扬州时，由于年事已高，没有弈出好成绩，而在离开扬州时，张也给予一笔超常的盘缠（据说是100银元）。但是，吴在回到上海后，慢慢地消耗完了，晚年仍很穷困。据张毓英自述，他花在象棋上的开支超过万金。

张毓英先生堪称全国知名的棋艺活动家，他自身爱好弈棋并具有相当高的水平，是毫无疑义的。但他留下的对局极少，尚春和先生辑录张毓英的一个实用残局，因多次用闲着取势，故题名《闲庭信步》。

民国十七至十八年期间，江淮一带连年荒旱，他在仪征置的田产多在山区，常致颗粒无收，经济情况大不如前，且此时生齿日繁，再想如以前那样广交朋友，殊难以为继。张毓英先生只身北上，到天津去寻找他的业师方地山，想谋个差使，暂渡难关。然而方亦感爱莫能助。他又拟去东北另找机缘，可是那时候日本军国主义正虎视眈眈地一心想吞并东北三省，战祸颇有一触即发之势。方为了阻止他去冒险，特赠以折扇一把，

题词云：马首欲东，路险时艰。倦飞知还，遵海而南。

张毓英基于对民族文化遗产的深刻认识与由衷的酷爱，花费重金搜求象棋古谱，竟达数十种之多，但关于对局的记载却很难一见。坊间印行的《橘中秘》及《梅花谱》等书，名虽对局，实皆作者自出心裁，以一身而兼胜负两方，其进、退、攻、守自易归于一是。因此，他认为象棋“创作既古，好之者自不乏人，名手也必然会出于其间”，为什么“二千年来竟与烟尘俱尽，湮没无闻”呢？主要是“无谱以为之传”的缘故，因此他便一心以整理象棋棋局为务，藉以探索我国象棋的衍变，开辟一条记录对局的实战路子，为培养象棋人才作贡献。他为实现这一理想，当一些名家来宅对弈时，很少参与著棋，只在两军对阵时作“壁上观”，默记或笔录双方实战的棋路，存稿以待诸家评论。经他记录的名家对局竟多达八千余局，曾有抄本《张宅弈乘》与《扬州先局》在社会上流传。其后他又于民国十五年从中精选66局，编成《象棋萃鲭》一书，自费刊印，交由教场街的飞狮印刷公司铅印线装出版，小型本一、二两册，遍赠海内同好。全书选载了扬州及外地象棋名家交流对局的结果，并对双方的棋路加以评论，书前冠有扬州冶春后社诗人孔庆镕的序言，并有他的自序，他说：“尽延吾扬及外来名手，凡十数辈，所靡达数千金，暇则倩共对弈，录存其稿，积久得局数百。或惜局中所精思默运与余收拾经营之意，虑终泯灭，亟为付印，以飨同好。”

江都陈德润先生作一首七绝赞美他的功绩：

书生纸上喜谈兵，赌墅风流浔盛名。
莫道桑弧消勇气，车尘马迹在楸枰。

自《象棋萃鲭》问世以后，象棋界认为这是我国象棋史上的一项重要突破，因为这是我国最早印行的中国象棋实战对局选，在此前印行的中国象棋谱，其内容都是残、排局或全局，而无棋手的实战对局。于是四方棋友纷纷来函索阅。其后，“象棋大王”平阳谢侠逊在其编选的《象棋谱大全》中，就曾选刊了其中的四十七局。上海的学者顾明（鉴秋），在索阅以后，来函评价说：“窃谓象局之类有三：一曰‘拟局’，《橘中秘》《梅花谱》之类是也；二曰‘残局’，《韬略玄机》《竹香斋》之类是也；三曰‘对局’，则书以前专有其书，先生所刊行之《象棋萃鲭》犹为首出，殊可宝贵。”这显示了张的劳动硕果。张毓英因潜心研究弈理，曾花重金购得一部最为珍贵的抄本象棋谱《适情雅趣》，是“敦化怀德堂藏版”。

此书编撰人为明代的徐芝，字玉川，金陵人。校对者为会稽陈学礼，字养真。全书共列棋势548局，每局均锡有嘉名。如“气吞关右”“羝羊触藩”“马蹀瘀氏”“良将安边”“淮阴遇汉”“蝇垂骥尾”“春雷惊蛰”“珠藏韫匮”“神龟出洛”“鸳鸯戏水”……各局名称，无一雷同。不仅命名典雅，且形象化地概括各局的棋势，至称允当。所列既有全局，也有残局。局势、着法，粲然俱备，时人称为《适谱》。遗憾的是，这部书因刊布不广，世所罕见，而抄本无序、无跋，以致编者经历、始刻年月均不能详。“象棋大王”谢侠逊偶获是书残本，视若拱璧，但以没有看到“全豹”为憾。曾在报端撰文，慨叹说："天壤间恐难觅得此书的全本了。"

张毓英在报端见到谢侠逊的慨叹文章，当即撰文说："以天下之大，未必找不到此书的全本。"一言既出，不啻是泄漏了自己的"天机"，立即在棋坛引起了轰动效应，平添了许多佳话。来函向他刨根究底的、求见庐山真面目的、愿与他合作校补谢氏残本的、义务替他联系书局翻刻的……各种各样的揣度、请求与承诺，纷至沓来。

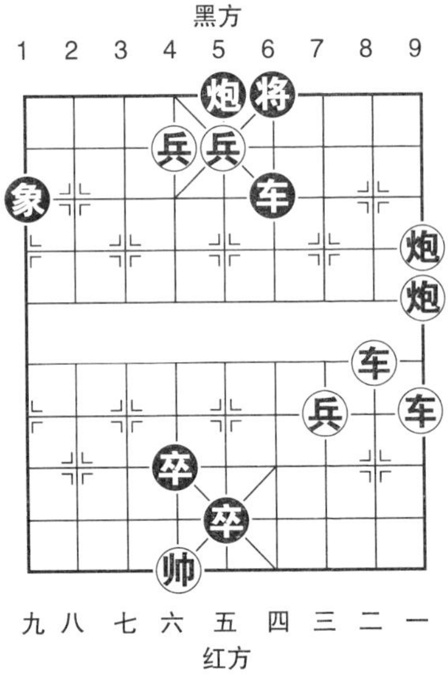

由于张毓英不仅以象艺知名于世，更因他具有较深的国学功底，一时间，许多棋坛硕彦与学术名流，如执教于上海，此前向他求索《象棋萃鲭》的顾明，光华大学教授、史学专家吕思勉，逐日在《新闻报》刊登《象棋残局》的谢侠逊，合著《布局津梁》的宝安吴文英，南海罗君筹等，都先后欣与订交，或来扬观摩较艺，或书信往还相与探讨棋艺理论。上海顾明率先来函索借《适谱》抄本，他们虽然尚未谋面，但因神交已久，且张毓英出于"惺惺惜惺惺"的意念，毫不吝惜地先行邮寄五册，借给他抄录副本，待他用毕寄还后，再轮换余下的五册，让他抄阅全貌。这十册《适谱》抄本和十册张宅的对局谱（一千左右对局），时至2013年仍在张毓英的儿子张永庆手中完好地保存着，这些资料珍贵无比，可谓国宝级的棋谱了，其价值是无法用金钱衡量的。

至于当年谢侠逊、屠景明、王浩然、窦国柱、朱剑秋等诸多棋坛名宿写给张毓英先生的很多书信，书信内容多与象棋有关，至今其子张永庆还保存着这些中国象棋的珍贵史料。当年出入张毓英先生宅第的棋人，有跑江湖摆残局的江湖艺人，如张观云、万启有等。张毓英让他们将一些当时民间流传的江湖排局记录下来，并在他所收集的古谱中择优录用，编辑成一本《蕉竹斋》，以手抄本的形式流传下来。内容共由两大部分组成：一部分是辑自民间采用的刊于各古谱中的相同古局；另一部分是据古局修改加工而成的衍生棋局。由于出入张宅的棋手都是当时的名手，所以《蕉竹斋》手抄本的选题极为江湖，为江湖排局的发展奠定了基础。曾刊于1879年木版刻印《蕉窗逸品》（第2局）的“跨海征东”，图势没有黑方1路边象，红方较易谋和。后经民间艺人的不断演变、反复实践、总结提高，加上了黑方1路边象，成为如图棋势，黑方攻击力得到增强，使得红方谋和难度加大，从而使这局棋显得着法更为深奥，变化更为复杂，一直流传至今，允称佳局。

“小征东”是当代著名的“江湖八大名局之一”。《蕉竹斋》将局名改为“小征东”，收录在第1局，这是最早收录“小征东”局的棋谱。《蕉竹斋》在江湖排局史上起到了承上启下的重要作用。这部佳作在1976年由魏子丹、丁章照、杨明忠一起汇编油印《蕉竹斋汇编》上下两册，计114局。此后又先后被现代排局家诠注出版。

新中国成立后，张毓英先生仍孜孜于棋艺的研究，并以培养青年为己任，执着于棋坛逾50年。国家和人民对他在象棋方面的贡献也是肯定和赞誉的。新中国成立后人民生活日趋安定，象棋活动在逐渐恢复后开始发展，特别是象棋被列入国家的体育项目后，全国性的比赛一届接一届举行。国家和人民没有忘记张毓英先生过去对象棋事业的深情和贡献，曾多次给张毓英先生以荣誉。

1956年起至1959年止的三届全国赛中，张氏在裁判工作中认真负责。邀请张毓英先生参加全国棋赛的裁判工作，使他会见了过去多次想见却没见到过的谢侠逊、彭述圣、贾题韬等全国知名棋手。

1957年全国棋赛华东赛区在扬州举行，经扬州市政府特邀，张毓英先生出任副总裁判长。各地棋手云集扬州，当时，无论是棋坛宿将，还是弈场新秀，都以能一睹“棋孟尝”的风采为荣。

1958年11月，全国象棋比赛分区预赛在扬州举行时，“棋孟尝”张毓英先生欣然出任副总裁判长。他老当益壮，豪兴不减当年，每天都要复盘选局。在众多名手战录中，使他最感兴味的是杭州刘忆慈的“仙人指路进兵局”。一个轮休的下午，“棋孟尝”邀约棋友们与刘忆慈赴其寓所，在张宅的小客厅里，众人一起品茗论弈。张毓英先生说：“得先起着兵三进一（兵七进一同）。此着深长淡远，可守可攻。敝郡名家如王浩然、张锦荣等（与周焕文并称淮扬三杰）谓之仙人指路。凡遇劲敌，未审在实者，即以此着试探对方。若亦应以进卒，则先手仍在，应以当头炮，则难以抗衡矣！”刘忆慈听后频频颔首而言道：“曾闻吾师张观云先生谈及，昔年周张大战二十局，是否这一开局？”张毓英先生说：“确有其事，当时周焕文名高自负，以高手身份，执后手让先用当头炮迎战张的仙人指路进兵局，我与王浩然先生悬彩作证助兴。初意原为试验性的逢场作戏。不料数局下来，周老非和即负，后来则泥足深陷，欲罢不能，到弈完开局，仍然如此，气得周老痰火复发，方才歇手。今天我们这个饮茶之地，就是昔年张周两杰争雄逐鹿的棋场旧址啊！”

张毓英先生续评说：“由于后走中炮，不宜于对付仙人指路。因是各家又别筹出奇之法，日新月异，多发前人所未发。二十年代，遇先手兵三进一，王浩然君则多应以象3进5，其意在马2进4再马4进6（穿宫转角），卒7进1、马6进7诸着以争先得势。张锦荣君则多应以炮8平7（近称卒底炮），或炮2平7（称为金钩炮，其意在使对方飞相），得乘先手跳马出车。江宁万启有君则应以马2进3，然后车1进1，卒7进1、车1平7、车7进3弃卒捉兵至河口。是数着者皆能变化于常法之外，不知目前可供借鉴之用否？”

后来刘忆慈叹服地说：“棋孟尝见多识广，果然名不虚传。今日聆其高论，得益不少。他讲的这些（尤其是卒底炮），都是我写作仙人指路兵局专集的好材料。今日之访，真是不虚此行了。”

有诗赞曰：

指路仙兵窥敌意，中炮架炮未称强。
当时谁与持公论，正是棋中小孟尝。

地方上体育界人士对张毓英先生也很尊重，如地方举办棋赛，总是请张主持，全国各地的名手也有慕名造访的，这些活动使张毓英先生十分满意和幸福。

张毓英先生于1976年因病逝世，可惜的是，他死在黑白颠倒是非不分的年代，来不及看见拨乱反正后象棋的繁荣。对于“棋孟尝”这个曾为象棋发展和繁荣做出巨大贡献的功臣来说，是很遗憾的。但是他当初的所作所为，绝对不是一般人能做出来的，是值得所有人尊敬的；他举办的那些比赛，大大促进了当时象棋名手们的交流，我们永远都要记住他的名字——张毓英！还有他“棋孟尝”的雅号。因为在中国象棋发展史上，他曾写下那浓重的一笔！

对于张毓英先生的传奇一生，曾有人这样评价道：张毓英是个“视功名如糟粕，看势利如尘埃”的超凡之士，他广袤的心胸始终澎湃着一条河流，那就是——象棋。

上海万安平先生有诗赞曰：

风云际会笑谈兵，张宅开枰得盛名。
莫道平棋消志气，闲庭信步在楸枰。

第二章
江湖小局水芦花　太监可把皇帝抓

第1局　水芦花（一）
江湖揭秘

如图的本局，是一则江湖小局，在江湖棋摊上，经常可以看到。但摆设本局时，基本上都不是一开始就摆的。而是在挑战者输了两局之后，不敢再下棋的时候，就摆设这样一个送礼小局。因为挑战者输了双车双炮的棋局之后，已经不相信重炮能赢了，如果换一种风格的棋局，那么往往起到意想不到的效果。请看合肥市医大附近的一个江湖棋摊的一幕。

摆摊的是一个戴眼镜的江西人，有一个输过两盘“马跳檀溪”的挑战者，明明还有不少的钱，就是不下“双车投井”这局棋。

于是，眼镜摊主说：“这位老板，我赢了你两盘棋，心里也过意不去，但是我不能直接把钱给你，我摆一个送礼的小棋给你，让你有一个机会赢回去。”然后他就摆了这局“水芦花”的江湖小局。

这局棋，乍看就有兵四平五吃车叫将、再车四退九吃车的红速胜假象，因此江湖艺人经常摆设。

眼镜摊主摆完了两分钟以后，有一个人问：“摆棋的师傅，你说是给这个老板摆的送礼棋，那我可以玩一盘吗？”

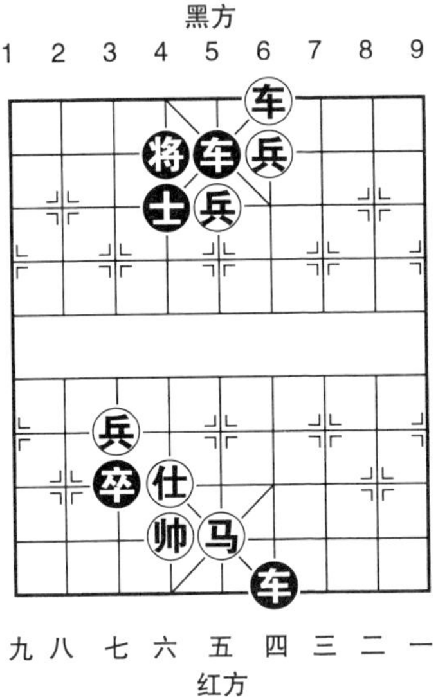

眼镜摊主说："其实这局棋就是送礼送给这位老板的，他可能还没有看出来，你如果看出来就玩一盘吧！"

于是那人交了200块钱，第一步走的兵五平六，眼镜摊主则将4进1，并说："开局错误，我如走红棋，就用兵吃车。"以下那人车四平六，车5平4，车六平七，卒3进1黑胜，摊主又说："把我的6路车留下了，如果没有这只车，你就赢了。"这句话充满了忽悠，但观众听起来似乎确实合情合理。其实这是一个托儿步的表演。

那个输过400块钱的挑战者双眼看着棋盘，已经站到棋盘的正面。他在想：这局棋如果第一步用兵带将吃车，再退车吃掉另一只车，他就只有一只小卒了，我不就赢定了吗？

眼镜摊主看着火候差不多了，就说："最后半分钟了，谁看好谁先下。"

挑战者说："我下400块钱的。"然后交了400块钱，准备翻本。

眼镜摊主先接过了钱，然后说："最后一把了，漏步也走出来了，最少600块。不下我就换了。"

一个托儿说道："他已经押了400块，再加200块就是600块了。你不能再涨价了。来，老板，再加200块，咱们400能赢，600就不能赢了吗？正好六六大顺。"

那挑战者又加了200块，第一步走的是兵四平五，眼镜摊主说："这回走得对，赢了就赢了，赢回去吧！"便走士4退5，那挑战者第二步棋走的是车四退九，然后自信地等着摊主缴枪投降。

眼镜摊主说："哦，老板把我的两个车都吃了啊？我没有办法了，反正也是输了，乱走吧！将！"就走出了卒3平4，一下子将得那挑战者一愣，也只好帅六退一，眼镜摊主随后又走了一步卒4进1，那挑战者只能走帅六平五，眼镜摊主则又是一步卒4进1，闷杀黑胜。

眼镜摊主说道："老板，这一招叫太监追皇帝，我的小卒把你憋死了。不过毕竟你还当一把皇帝呢？我的角色就只是太监了。"

棋摊的观众一下子都哈哈大笑了起来，气氛搞得很不错。

那挑战者气得挤出了棋摊，快步走了。

眼镜摊主一看他走了，于是说："各位观众，各位听众，今天的节目到此结束，感谢大家的捧场，光临我的棋摊，我也饿了，要去吃饭了。咱们下次再会。"于是收摊走人了。

本局是江湖艺人将原局红方七路兵退后一步。看过棋谱的弈客，如果疏忽或感觉无关紧要，正好上当。七路兵退后一步，红方马五进六后不能马六进七照将，则黑方可胜，现介绍如下：

着法：（红先黑胜）

1. 兵四平五	士4退5	2. 兵五进一①	将4进1
3. 马五进六②	车6退9	4. 帅六平五	车6平3③
5. 马六退四	车3进6	6. 马四进三	车3平6
7. 马三退二	车6平8	8. 马二退三	卒3平4
9. 帅五退一	车8进3	（黑胜）	

注释：

①如改走车四退九，则卒3平4；形成太监追皇帝，以下帅六退一，卒4进1；帅六平五，卒4进1；黑胜。

②如改走马五进四，则将4平5；仕六退五，车6平2；黑胜定。

③原局红方七路兵前进一步，此着黑方走车6进3；马六进七，车6平3；帅五进一，卒3平4；帅五退一，卒4平3；帅五进一，卒3平4；帅五退一，卒4进1；帅五进一，卒4平3；帅五退一，和局。

第2局　水芦花（二）

本局是象棋名家钟志康先生的作品，结论是一则和局。现介绍如下：

着法：（红先和）

1. 兵四平五　士6退5
2. 兵五进一　将4进1
3. 马五进四　卒3平4①
4. 帅六平五　卒4进1
5. 帅五进一　车6平5
6. 帅五平四　将4平5
7. 帅四退一　将5退1
8. 车四退四　卒4平5
9. 马四退五　车5退1
10. 帅四进一　车5进1
11. 帅四退一　卒2平3
12. 兵七进一　卒9平8

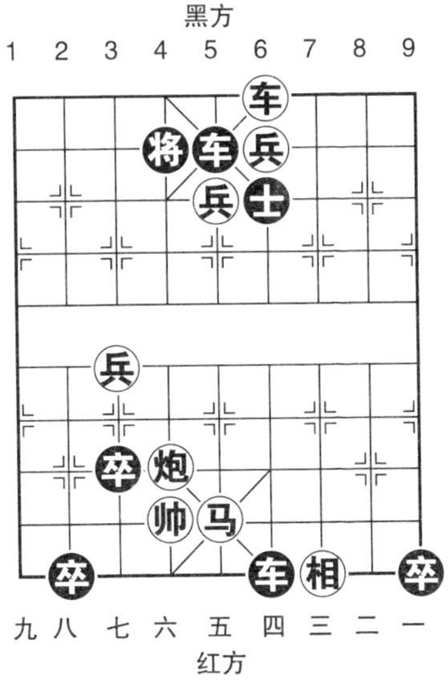

13. 相三进一　车5退6　　14. 兵七平六　卒3平4
15. 兵六平五　车5退1　　16. 兵五平六　车5进6
17. 帅四进一　车5退5　　18. 兵六平五　车5退1
19. 兵五平六　车5进1　　（和局）

注释：

①如改走将4平5；则炮六平五，卒3平4；帅六平五，卒4平5；相三进五，将5退1；车四退四，卒2平3；马四进二，车6平4；车四平五，将5平4；相五退七，红胜定。

第3局　水芦花（三）

本局收集自网络，是将江湖排局“白衣渡江”的红方七路兵，移到了一路。也有异曲同工之妙，结论是和局，现介绍如下：

着法：（红先和）

1. 兵四平五　士4退5
2. 兵五进一　将4进1
3. 马五进四　卒3平4
4. 帅六平五　卒4进1
5. 帅五进一　车6平5
6. 帅五平四　将4平5
7. 帅四退一　卒4平5
8. 马四退五　车5退1
9. 帅四进一　将5退1
10. 兵一进一　车5进1
11. 帅四退一　车5平3
12. 车四退一　将5退1

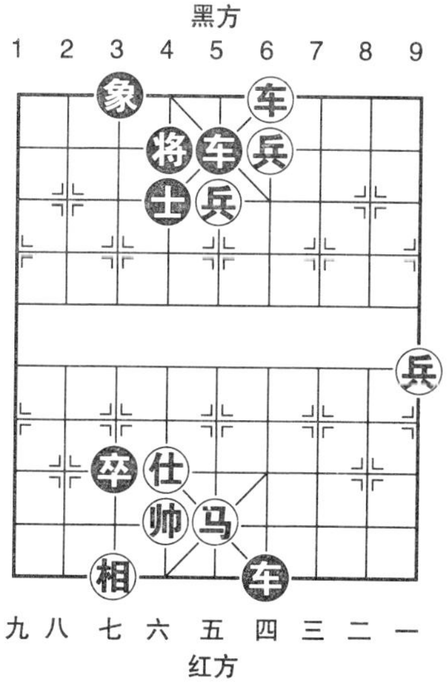

13. 车四退三 车3退7
14. 兵一进一 车3平5
15. 兵一平二 车5进1
16. 兵二进一 象3进5
17. 兵二平三 象5退7
18. 兵三进一 象7进9
19. 车四进四 将5进1
20. 兵三平四 将5平4
21. 车四平八 车5进1
22. 车八退三 将4进1
23. 车八平一 象9退7
24. 车一平三 象7进9
25. 车三进一 将4退1
26. 车三平一 车5平6
27. 帅四平五 车6退3

（和局）

第三章
七子联吟出晚清　火烧连营现当代

第 1 局　无兵连营
江湖揭秘

2009 年秋天，宁波体育场的一个江湖棋摊，摆设着图一局势的“无兵连营”。之所以称之为“无兵连营”，是因为原局红方八.七位兵，是著名的“江湖八大名局”之一；虽然结论也是黑胜，但是红方可以周旋一阵。现在街头艺人删去了红兵，则可以简单黑胜。

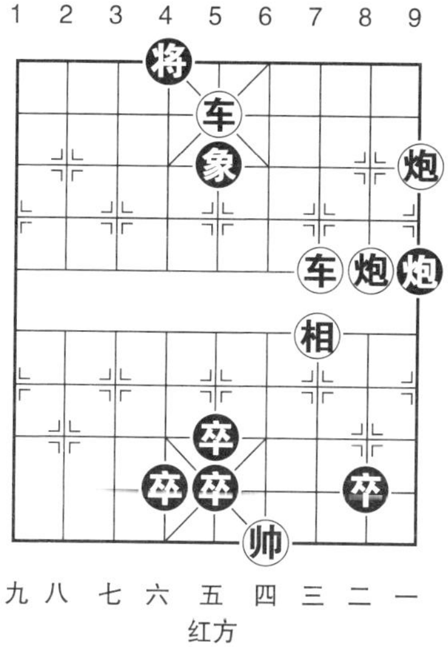

图一

那摆棋的是一个头发白了一半的老者，他在说着：“来吧，爱象棋的老板们瞧一瞧吧！这盘棋，红方先走，黑方后走，走好走对两三步好棋。”

一个人交了 100 块钱就上阵，走的是车五退一，摊主一见，立刻大声说：“哦！你不将我啊？”于是有两个过路人停下了脚步。

摊主继续说："还别说，你的这步棋走得还不错。我只有进一步小卒了。"于是他卒 4 进 1，那人则车五平六，并说："将"！

摊主则将 4 平 5，那人又车六平五喊"将"！

摊主又将 5 平 4，那人继续走车三进四喊"将"！摊主将 4 进 1，那人则车三退一，摊主将 4 退 1，那人走车五平六，以下反复走了几遍，不一会儿就围观了十几个人。

一看围上了不少人了，摊主就说："师傅你这样走可不行，这是长将啊！将到 3000 年也将不完啊？我棋盘上都写了不能长将的。"

那人就走了车六退七吃卒，然后摊主说："哎呀！总算是消停了，你吃了我的这个小卒不要紧，咱们再来一个小卒。"于是走后卒平 4，并说："这叫去了孙悟空又来一个猴。"

那人则车三平四，摊主又说："哦，你也知道害怕啊？我以为你胆挺肥呢？看不出来啊！你还知道防守呢？那我再来一个。"于是卒 8 平 7。

那人则车四退七，摊主说："师傅，你的棋下得挺高啊？这一步连削带打、有攻有守，既吃了我的小卒，又可以防守，不过我小卒下底将，你就输了。"于是再卒 7 进 1，黑胜。

那人说："哦！你不横着走啊？"

摊主说："我又不是螃蟹，凭啥横着走，你以为我横一步卒，你就可以吃掉它，你以为我比你傻呗！我不会按着你的思路走的，那不成让你牵着鼻子吗？我又不是大象，这盘棋你输了，再研究一下。"

这时，围观的人有十几个人了，基本围成一个圈，第二个人接着出手了，走的是车三进四，摊主象 5 退 7；那人又炮一平六，摊主炮9退1；那人炮二平六，说："我双炮将赢了。"摊主说："老板，你双炮将，的确不假，可是你双炮之间有一个缝儿，俗话讲苍蝇专叮有缝儿的蛋，我虽然不是苍蝇，但可以给你两个炮中间加一个炮，三个炮就将不死了。如果你的双炮挨着就是所谓的重炮不垫子，那就赢了。再研究一下，能赢就赢回去吧！"其实这是摊主和同伙表演的第一个托儿而已。

两分钟后，无人上钩，第三个托则走车三进四，象5退7；车五退六，卒8平7；炮二进四（故意先下二路炮，诱惑你将来也这么走，好多赢一局），象7进5（故意不暴露象7进9的手段）；炮一进二，将4进1；车五平六，将4平5；车六平四，卒7进1；黑胜，此时摊主惋惜地说："中心车如不动，就已经赢了。"然后把棋局复原。

再过三分钟后，又有人走了第四遍托儿步：车三进四，摊主象5退7；炮一平四，卒8平7；炮二进四，象7进5；炮四进二，这时老头摊主说："重炮将，好棋！这对红炮就像小两口一样，形影不离。现在重炮将军就像入洞房一样，可是我的大象能回到冰箱，把你的两只红炮隔开。这就叫小两口入洞房、突然来了老丈母娘，她插了一杠子，你就不能如愿了。"于是象5退7；炮四退二，象7进5；炮四平三，卒7平6；黑胜。

摊主摆回了原来的局面，说："最后一分钟了，有没有看出赢棋的？没有人下，我就换一局了。"

就在这时一个挑战者交了100元，走的是：车三进四，则象5退7；炮二进四，象7进9黑胜。此时，摊主说道："第一步棋走得好，第二步棋走错了。我如果走红方的话，第二步棋不走一路炮就算我输棋。这样，我再摆两分钟，你好好看看，能赢就赢回去吧。"

这时挑战者旁边有“好心人”对他说：“你第二步应该走一路炮啊！”“好心人”问道：“摆棋的师傅，这局棋他走错了，可以再下一局棋赢回来吧？”摊主说道：“可以的，走吧。”“好心人”对挑战者说：“来吧，他叫你赢回来，走棋就行了。”如果挑战者伸手就走棋，摊主是不会先要钱的，因为不是时候，这时是在稳一稳挑战者的心理，是在演戏而已。

于是挑战者走车三进四，则象5退7；这时“好心人”对挑战者说：“别着急啊，走边炮。”挑战者就走炮一进二，象7进5（反正是演戏，摊主会故意让挑战者看到赢棋的希望）；眼看胜利在望，挑战者摸起二路炮就要下底将军，这时候摊主会突然用手按住挑战者要下二路炮的手，说到：“哎，先别走棋了，不对吧？”“好心人”答道：“怎么不对了？”摊主说：“这局棋还没有交钱呢？你要是赢了，我给你多少钱啊？我给你十块钱你不高兴，给你200块钱，我亏大了；咱说好了，先小人后君子，每一局棋都要先交钱的。要不你赢了我们咋算啊？”

“好心人”说：“交钱的话，可以赢回来吧。”“当然可以啊。”摊主一边说着话，一边把棋局重摆回来。

于是，经过一番思想斗争之后，挑战者会很快重整旗鼓，再次交了100元钱出手，但是摊主说：“反正这局棋你也会赢了，最少200元的，不下了我正好换棋。”“好心人”说：“输了钱，一定要赢回来的，再押100元就可以下了吧？”于是，挑战者又加了100元。这回挑战者学乖了，走车三进四，则象5退7；炮一进二，象7进9；炮二进四，炮9退4；黑胜。黑炮得回打，挑战者立刻就傻眼了，“好心人”附和说：“哦，原来黑炮可以打回来啊！”这下挑战者目光呆滞，被一炮打得丧失了信心，真正感到江湖残棋的深奥性。

此时，摊主抓住时机说道：“这局棋你的思路有问题，我如果走红方的话，不是先走车就是先走炮，但是第二步一定走一路炮。我的黑卒如果走卒4进1然后再卒4平5是两步棋将死红方，我如果走卒8平7再卒7平6也是两步棋将死红方，我如果走后卒平6再卒6进1还是两步棋将死红方，你再看看吧，该出手时就出手，能赢就赢回去吧。”

另一个“好心人”会在一边吹风说：“先走炮二进四是好棋，然后再走炮一进二，不就重炮杀了吗？黑方的小卒都是两步棋成杀。”朦朦胧胧之中，挑战者会感觉“好心人”的话很有道理，于是好像又已经充满了希望：“既然如此就再搏一搏吧！”挑战者第三次出手，问道：“可以下300元的吧？”摊主说：“可以的，你看看，恭喜你，都会涨价了。”

挑战者押了300元，走炮二进四，摊主则会忽悠说：“走对了，这回你赢了。”然后接走前卒平6；帅四进一，卒8平7；帅四退一，卒7进1；此时有个托儿会说一句“进去”，挑战者顺手走帅四平五，摊主则卒5进1；黑胜。

摊主看了看挑战者说：“哦，你先下一只炮，在底线等着，然后再下一只炮就重炮将死了。你净想美事，天底下哪有这么容易的事？要是这么简单的话，我不得天天喝西北风吗？”

“好心人”则对挑战者说：“别听他忽悠你，你走的思路是对的，你刚才走帅四进一就好了。”挑战者又押了300元，再战风云：炮二进四，前卒平6；帅四进一，卒8平7；帅四退一，卒7进1；这次挑战者学乖了，走的是帅四进一，但是摊主走卒4平5；又是黑胜。此时，摊主会说道：“我刚才都和你讲了，天底下哪有这么容易的事？你不信，你也太执着了，恕我直言，你这还真不叫执着，这是一条道跑到黑。我其实是捡了一个大便宜，没有人玩我可就换棋了。”

最后一个托儿上来押了1000元，走的是：车三进四，象

5退7；炮一平三，前卒平6；帅四进一，卒4平5；帅四退一，炮9进5；炮二进四，象7进5；炮三进二，红胜。摊主说："你看，我说我摆的棋都是红棋赢吗？"然后把2000元给了托儿。

其实摊主不是大忽悠，真正的大忽悠是让挑战者一局一局继续下棋的"好心人"，但悔之晚矣，钱包里的钱已经输光了，挑战者只好无精打采地离开了。

"火烧连营"系列局出自古局"七子联吟"（如图二局势）。"七子联吟"原载于《象棋谱大全·象局汇存》（初集第47局）、《象棋界》（第4集），许多现代棋谱也有收录。在清朝末年就已经流行江湖，风靡一时，是江湖棋摊的热门棋局之一。"七子联吟"陷阱虽然设计巧妙，可惜着法不够精彩，在江湖排局的发展过程中，江湖艺人觉得有必要对之进行修改。于是，江湖艺人于20世纪30年代和40年代之间排拟出了"火烧连营"局（亦称为"单兵连营"）。"火烧连营"局的着法比"七子联吟"局更加复杂，堪称佳作，在江湖流传广泛，江湖棋摊常有摆设。江湖艺人后来又在"火烧连营"的基础上创作出了"双兵连营"和"三兵连营"以及各种变局。故"七子联吟"可以说是"火烧连营"系列局的始祖。本局图式的

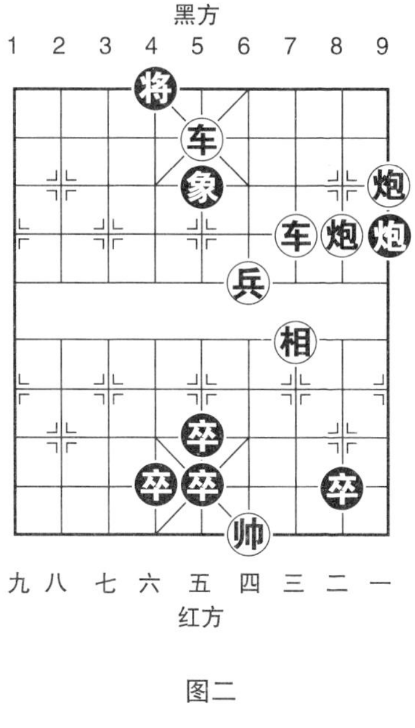

图二

"无兵连营"是随着江湖棋摊的不断改革，2008年起，江湖棋摊上开始流行本局图式的"无兵连营"，由于删去了红方的兵，图式更加简洁，结论也变成了黑胜，现在棋摊均摆此局。现介绍如下：

着法：（红先黑胜）（接图一）

1. 车三进四①	象5退7	2. 炮一平三②	象7进5
3. 炮二进四	前卒进1	4. 帅四平五	炮9平5
5. 帅五平四	炮5退3	6. 相三退五	卒4平5
7. 炮三进二	将4进1	8. 炮三退一	炮5退1
9. 相五进三	炮5平7	10. 炮二退一	将4退1
11. 炮二退四	炮7进5	12. 炮三退二	炮7进4
13. 炮二平七	炮7平9	14. 炮七退三	卒8进1

（黑胜）

注释：

①红方另有三种着法均负：

甲：炮一进二，前卒平6；帅四进一，卒8平7；帅四退一，卒7进1；帅四平五，卒4平5；黑胜。

乙：车五平四，象5进7；炮一进二，象7退9；炮一退四，卒4进1；炮一退五，卒8进1；黑胜。

丙：相二退五，卒4进1；车三平六，炮9平4；炮一退七，卒4平5；炮一平五，炮4进5；黑胜。

②如改走炮一进二则象7进9；炮二进四，炮9退4；车五退六，卒8平7；黑胜。

第2局　左兵联吟

"七子联吟"局是古局，按古例和民间惯例算是和棋，实则也不能成和。本局是笔者创作排拟的图式，则可以成为和棋结论。笔者近日发现，1993年由山东友谊书社出版、曲峰编著的《江湖棋秘》第54局，曾经收录一局和本图类似的棋局，名为“火烧连营”，是从当时江湖收集的作品。可见当时的江湖艺人也曾经有这样修改的方案，但是该局黑方花心是一只红车，本局是红兵。如该局首着车五平四，则炮9平7；炮一进二，前卒平6；车四退七，红胜定。由于本局图式中的红方高兵在六路，著名古局“七子联吟”局之红兵在四路，因为两局的红兵位置相反，故笔者取局名为“左兵联吟”，本局创作后曾由余俊瑞棋友审校，丰富了本局的着法。现将着法介绍如下：

着法：（红先和）

1. 车三进三　象5退7　　2. 炮一平三　象7进5
3. 炮二退三①　前卒进1　　4. 帅四平五　炮9平5
5. 帅五平四　炮5退2
6. 相三退五　卒4平5
7. 炮二平六　将4平5②
8. 炮六平九③　卒8平7④
9. 炮九退二　卒5平6
10. 帅四平五　卒7进1
11. 炮九退一　卒7平6
12. 炮九平四　象5进7
13. 相五进三　卒6进1
14. 帅五平四　（和局）

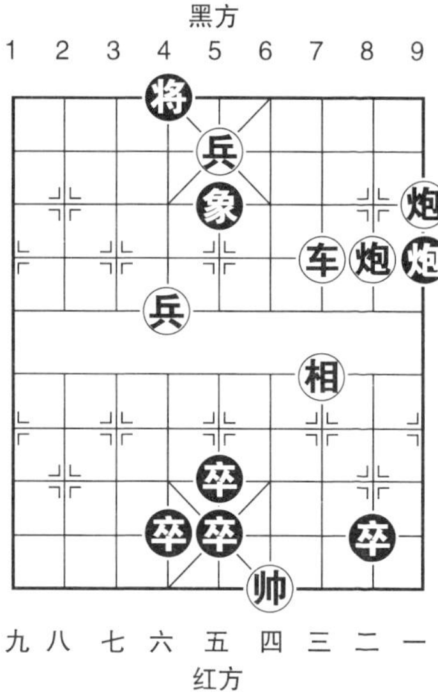

注释：

①简明的和法。如改走炮二进三，则前卒进1；帅四平

五，炮9平5；帅五平四，炮5退2；炮三进二，将4进1；炮三退一，炮5退1（如将4退1；则相三退五，卒4平5；相五进三，炮5平6；炮二退七，炮6进6；炮三退二，炮6平7；相三退五，炮7退1；炮三平五，炮7平5；炮五平九，炮5平9；炮九平五，炮9平5；炮五平九，和局）；相三退五，卒4平5；炮二退一，将4退1；相五进三，炮5平7；炮二退六，炮7进5；炮二平六，将4平5；炮六退一，炮7进3；炮三退二，炮7平4；炮三平五，将5平4；兵六平五，卒8平7；炮五退五，卒7平6；帅四平五，卒6平5；帅五进一，也是和局。

②如改走炮5平4；则炮六平五，卒5平4；帅四进一，和定。

③如改走炮六退二，则卒5平4；帅四进一，炮5进6；炮三退一，炮5进2；炮三平五，象5退7；兵六平五，炮5退6；兵五进一，和棋。

④如改走炮5平6；则炮九退二，炮6进7；炮九进二，卒8平7；炮九平三，卒7平8；后炮平五，卒5平4；帅四进一，和定。

第3局　边兵连营

众所周知，江湖排局“双兵连营”结果演变为黑胜，甚为可惜。笔者把“双兵连营”红方八.六位兵移至九.七位，并增设红方九.五位兵，成为本局图式，使黑方打不掉过河兵则可以得出和棋结论，符合原来“双兵连营”局构思，不失为一则佳局。实则本局就是在“双兵连营”局基础上增设红方九.五位兵而成，将八路红兵移至九路，三只红兵纵线排列甚为壮观，则使棋图更为美观，提高了棋局的艺术性。由于三只红兵在边线排列，故笔者将本局取名为“边兵连营”，现将着法介绍如下：

着法：（红先和）

1. 车三进四　象5退7　　2. 炮一平三　象7进5
3. 炮二进四　前卒进1　　4. 帅四平五　炮9平5
5. 帅五平四　炮5退3　　6. 炮三进二　将4进1
7. 炮三退一　炮5退1　　8. 相三退五　卒4平5
9. 相五进三　炮5平7　　10. 炮二退一　将4进1
11. 前兵平八　象5退3①　　12. 兵八平七　将4平5
13. 兵七平六②　炮7进5　　14. 兵六平五　将5平4
15. 炮二退四③　卒8进1④　　16. 前兵平八　炮7退1
17. 炮二进一　炮7平6　　18. 炮二平三　炮6进4
19. 后炮退四　炮6退8　　20. 前炮进一　炮6进1
21. 前炮退一　炮6平3
22. 后炮进一　将4退1
23. 前炮退四　将4退1
24. 前炮进四　炮3进1
25. 前炮退一　象3进5
26. 兵五平六　炮3退1
27. 前炮进一　将4平5
28. 兵八平七　炮3平6⑤
29. 后炮平五　将5平6
30. 炮五平三　炮6进5
31. 前炮退五　将6平5
32. 兵七平六　炮6退5
33. 前兵进一　象5进7

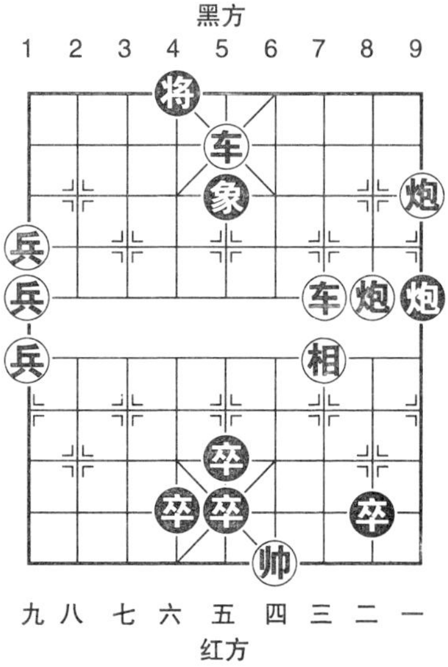

34. 后兵平五　炮 6 平 9
35. 前炮平五　炮 9 平 5
36. 兵五平六　象 7 退 5
37. 炮五平三　炮 5 平 9
38. 前炮平五　炮 9 平 5⑥
39. 炮五平三　炮 5 平 9
40. 前炮平五　炮 9 平 5
41. 炮五平三　象 5 进 7
42. 前炮平五　象 7 退 5
43. 炮五平三　（和局）

注释：

①这路变化和“双兵连营”局之象 5 退 3 变局基本相同。此时如改走象 5 进 3；则兵八平七，将 4 平 5；兵七平六，炮 7 进 5；炮二退四，炮 7 退 1；炮二进一，炮 7 平 6；炮二平三，卒 8 进 1；前炮退一，炮 6 进 4；后炮退四，炮 6 退 7；前炮进一，炮 6 平 2；后炮进一，将 5 退 1；前炮退五，将 5 退 1；前炮进五，炮 2 进 1；前炮退一，象 3 退 1；前兵平八，炮 2 退 1；前炮进一，将 5 进 1；前炮退五，炮 2 退 1；前炮进六，象 1 退 3；前炮退六，象 3 进 1（如象 3 进 5；则前炮平五，象 5 进 7；炮三平五，将 5 平 4；前炮退二，红胜），前炮进六，象 1 退 3；前炮退六，象 3 进 1；前炮进六，和局。

②红方另有两种着法均负：

甲、炮三退三，炮 7 进 5；炮二退二，炮 7 平 6；炮二平二（如炮三平五则炮 6 退 2；炮二退二，炮 6 进 2；炮二进二，炮 6 退 2 红方长要抽吃，不变作负），卒 8 进 1；后炮退一，炮 6 退 1；前炮退一，将 5 退 1；兵七平六，象 3 进 5；前炮进一，象 5 退 7；前炮退一，象 7 进 9；前炮进一，炮 6 平 9；黑胜。

乙、炮二退三，炮 7 进 5；炮三退二，炮 7 平 6；炮二平五，炮 6 退 2；炮三退二，炮 6 进 2；炮三进二，炮 6 退 2；炮五平三，卒 8 进 1；兵七平六，炮 6 进 5；后炮退四，炮 6 退 7；前炮进二，炮 6 平 3；后炮进一，将 5 退 1；前炮退二，将5退1；前炮进二，象3进5；前兵平八，炮3进5；前炮退五，炮3平6；兵八平七，炮6退5；前炮进五，炮6退1；前炮退二，炮6进4；兵七平六，炮6平9；前炮平五，将5平4；炮五平三，炮9进5；黑胜。

③如改走炮二进一，则卒8进1；炮二退五，炮7退1；兵五平六，将4平5；炮二进一，炮7平3；炮二平三，炮3退3；前兵平八，将5退1；前炮退二，将5退1；前炮进二，象3进5；后炮退三，炮3进5；前炮退五，炮3平6；兵六进一，炮6退2；前炮平五，炮6平5；炮五平三，炮5平4；前炮平五，将5平4；炮五平三，象5退7；兵八平七，炮4平9；黑胜。

④黑方另有四种着法变化如下：

甲、炮7平6；炮二平三，卒8进1；前兵平八，与主变相同，和局。

乙、将4退1；兵五进一，炮7退1；炮三平五，炮7平5；炮二进四，将4退1；兵五平六，炮5平6；兵六平五，炮6平5；按民间惯例和江湖规矩，由于红炮和被打子黑卒不动，属于炮架之争，不算长打，和局。

丙、炮7退1；炮三平五，炮7平5；兵五平六，将4平5；炮五退三，卒8平7；炮二平五，红胜。

丁、象3进5；炮二退一，象5进7（如炮7平9则炮三平五，炮9平5；兵五平六，将4退1；炮五退四，象5进7；炮二平六，将4平5；炮六平五，将5平4；前炮退三，红胜。又如炮7平5；则兵五平六，将4退1；炮二平六，将4平5；炮三退二，象5退7；炮三平五，炮5平9；炮五退二，炮9进3；炮六平五，将5平4；前炮退三，炮9平5；帅四平五，炮5退1；帅五进一，象7进5；帅五进一，红胜）；炮三平五，炮7平5；炮五退四，卒8平7；兵五平六，将4退1；炮二平六，将4平5；炮六平五，将5平4；前炮退三，红胜。

⑤如改走象5退7，则兵七平六（如后炮进七，则炮3退1黑胜），炮3平6；后兵平五（如后炮进七，则炮6平1；前兵进一，炮1退1；黑胜），和定。

⑥如改走将5平4；则前兵进一，将4进1；炮三平六，红胜。

第4局　横兵连营

“单兵连营”“双兵连营”在棋坛已经定论为黑胜，而“斜兵连营”和“三兵连营”虽然可以成为和局，但从棋规上严格地说，都无法成为正和，存在长打的棋规纠纷。笔者综合研究后，在“双兵连营”局的棋图基础上，增设一只红方七.六位红兵，成为本局图式，由于三只红兵横在黑方河口，故笔者取名为“横兵连营”。则可以成为不牵涉棋规纠纷、又能成为和局的结论。本局图式更壮观，着法精妙，现将着法介绍如下：

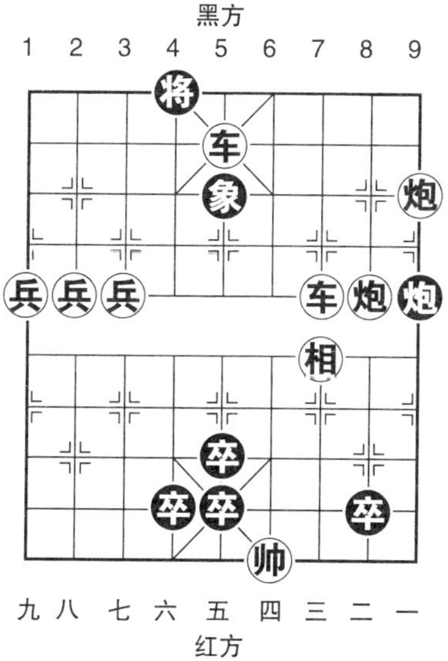

着法：（红先和）

1. 车三进四　象5退7
2. 炮一平三　象7进5
3. 炮二进四　前卒进1
4. 帅四平五　炮9平5
5. 帅五平四　炮5退3

6. 炮三进二　将4进1　7. 炮三退一　炮5退1①
8. 相三退五　卒4平5　9. 相五进三　炮5平7②
10. 炮二退一　将4退1③　11. 兵七平六　炮7进5
12. 炮二退五　象5进7④　13. 炮二平六　将4平5
14. 炮六退二　卒5平4　15. 帅四进一　卒4平5
16. 帅四进一　炮7退4　17. 兵八平七　象7退5
18. 兵七进一⑤　炮7进8　19. 帅四平五⑥　卒5平4
20. 帅五平六　卒4平5　21. 帅六平五　卒5平6
22. 兵六进一　炮7平5　23. 兵九平八　卒8平7
24. 兵八进一　炮5平8　25. 兵六平五　象5退7
26. 兵七平六　炮8退1　27. 兵八平七　卒6平5
28. 兵七平八　卒7平6
29. 兵八平七　炮8退5
30. 帅五平四　炮8进6
31. 兵七平八　炮8平6
32. 帅四平五　炮6平5
33. 帅五平四　象7进9
34. 兵八平七　象9退7
35. 兵七平八　（和局）

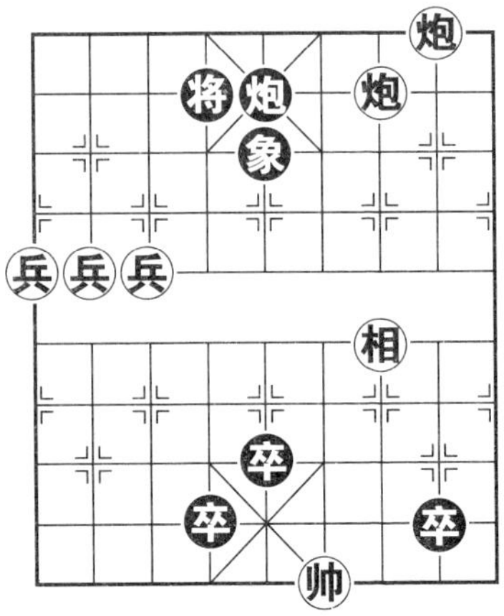

注释：

①图中形势，黑方另有两种走法均和：

第一种走法

着法：（红先和）接图一

7. …………　将4进1　8. 相三退五　卒4平5
9. 炮二退二　象5进7①　10. 炮三退一　将4退1

11. 炮二退一 炮5进5　　12. 炮二平六 炮5平9②
13. 炮六平五 炮9平5　　14. 炮五平六 炮5平9
15. 炮六平五 炮9平5　　16. 炮五平六 （和局）

注解：

①黑方另有两种着法均负：

甲：象5退3；炮三退一，将4退1；炮三平五，红胜定。

乙：象5进3；炮二平三，炮5进5；后炮退四，炮5平6；兵八平七，炮6进3；后炮平五，红胜定。

②如改走炮5平4；炮三退一，炮4平9；炮三平五，炮9平5；炮六退五，卒5平4；帅四进一，红胜定。

第二种走法

着法：（红先和）接图一

7. ………… 将4退1　　8. 相三退五 卒4平5
9. 相五进三 象5进7①　　10. 相三退五 象7退9②
11. 相五进三 象9进7　　12. 相三退五 象7退9
13. 相五进三 象9进7　　14. 相三退五 （和局）

注解：

①如改走炮5平6；则炮二退三，炮6进2；炮二退一，炮6平7；相三退五，象5进7；炮三平五，炮7平5；相五进三，象7退5；炮五平三，炮5平7；炮三平五，象5进7；相三退五，炮7平5；相五进三，象7退5；炮五平三，和局。

②如改走炮5进5；则炮二退三，炮5平9；炮二平五，炮9平5；炮五平六，炮5平9；炮六平五，炮9平5；炮五平六，和局。

③黑方另有两种着法：

甲、象5进7；相三退五，象7退9；炮二退一，将4进

1；相五进三，象9进7；相三退一，象7退9；相一进三双方不变和局。以下黑如求变走炮5进6；则兵七平六，将4平5；兵六平五，炮5平9；兵五进一，将5平4；炮三平五，炮9平5；兵五平四，炮5平9；兵四进一，卒8进1；兵四平五，将4平5；炮五退七，红胜。

乙、象5进3；炮二平四，炮5进3；炮四平五，炮5平9；炮三平五，卒5平4；后炮退五，将4平5；前炮平六，红胜定。

④如改走将4进1；则兵七平六，象5进7；炮三平五，红胜定。

⑤黑方另有四种着法结果不同：

甲：炮7平9；炮三退四，炮9进4；炮二平六，将4平5；炮三平五，象5进7；炮六平五，红胜定。

乙：炮7平4；炮三平五，象5退7；炮二平五，象7进5；后炮平六，象5退7；兵六平五，炮4平5；炮五退四，卒8平7；兵五平六，将4平5；炮六平五，红胜。

丙：将4平5；炮二平五以下黑方有三种着法结果不同：

（一）象5退7；炮三退二，炮7平9；炮三平五，炮9平5；后炮平六，炮5平9；兵六平五，炮9平5；炮五退二，将5平4；兵五平六，将4平5；炮六平五，红胜。（二）炮7平5；炮五进四，炮5平6；兵六平五，炮6平5（如卒5平4则帅四进一，红亦胜定）；炮五退三，将5平4；炮五平三，红胜定。（三）将5平4；炮五平六，将4平5；炮六退二，炮7进3；炮六进一，炮7退5（如炮7进1则炮三退五，卒8平7；炮三平五，象5进7；炮六平五，红胜定。又如象5进7；则炮三平七，炮7进1；炮七退七，炮7退1；炮七进二，炮7进1；炮七平五，卒8平7；炮六平五，红胜），炮六退一，炮7进5；炮六进一，炮7退5；炮六退一，炮7进5；炮六进一，和棋。

丁：卒8进1；炮二平六，将4平5；炮六退三，炮7进4；炮三平六（如炮六进三，炮7退6；炮六退三，炮7进6；炮六进三，象5进7；兵六平五，炮7退1；炮六退三，炮7进1；炮六进三，和局），象5进7；前炮退二，象7退9；兵八平七，红胜定。

⑥如改走帅四平五；则炮7平5；帅五平六，象5进3；兵六平七，炮5平9；黑胜定。

⑦如改走兵六平五，则炮7平5；兵五平四，卒8平7；兵四进一，卒7平6；兵四平三，象5进7；黑胜。

风云名手回顾之“小剃头”林荣兴

林荣兴，出生于江苏省扬州市，幼年流落街头。后跟一戏班去无锡，曾在一戏院跑跑龙套，混口饭吃。林的面容生得很奇特：一张横阔的脸上装着一个很短的鼻子，眼眉特别长，而头寸比常人略大。由于跑龙套是个闲差，少年林荣兴有时间弈棋，而且十分钻研。据惠颂祥先生记忆，在起步阶段，惠颂样可让他双马。

1933年时，南京名手万启有应邀访问扬州，路过无锡顺便去茶楼弈棋，发觉林荣兴的棋虽不成熟，但很有潜力，出于爱才之心，对林说：“从扬州回来后，我带你去上海闯荡。”同年，万启有自扬州回来时，专程到无锡带了林荣兴，直奔上海。林初投靠在湖北名手罗天扬的门下，后又拜鲍子波为师，

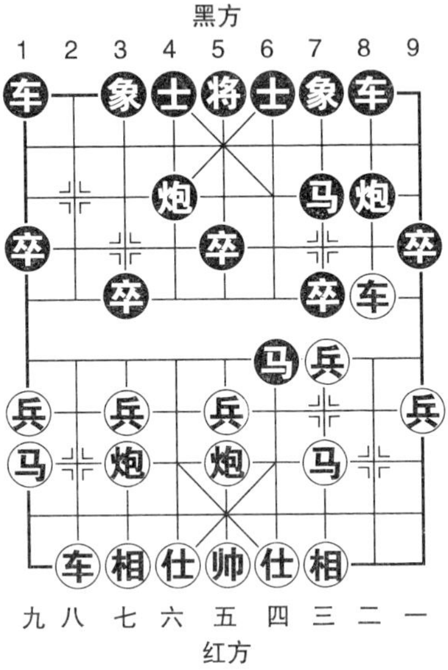

得到两位前辈的指导和照顾。

在上海这个棋手比较集中的地方，林荣兴的天赋得到充分的发挥，在不知不觉中，他的棋艺一下子猛升上去，达到名手的水平。而由于他的棋路奇特，常使对手不得不多加思考，因此在气势上、时间上，占了许多便宜。名手李武尚常说，林的棋较难抵挡。如林荣兴对“象棋总司令”谢侠逊的一盘棋，成如图形势，林车二平三去卒捉马，谢象3进5捉车，局面似乎由谢反了先。但林不避车而走马三进四去马，谢象5进7去车，林兵三进一去卒，此时林的车马炮位置开通，且有兵三进一捉马之利，虽少一子，先手在握，要吃回一马实无问题。这局棋只弈了16个半回合，谢便不得不推枰认输，从中可窥见林出奇棋、锋利无比的“剃头”功夫。

20世纪30年代时，上海棋坛上，以常居的李武尚、鲍子波，加上客居的湖北罗天扬、扬州窦国柱、平阳谢侠逊、永嘉林弈仙等，构成上海一批名棋手群。后来一下了冒出几个小字辈来，因为这样的人有四个，为此简称“四小”。“四小”基本上都是外地人，他们是：小扬州林荣兴，小湖北雷海山，小煞星叶景华，小杭州董文渊。除雷海山年岁稍长成名较早外，其他三人的年龄都在二十之内，都是攻击性极强的后起棋手，令老一辈名棋手望而生畏，但又觉得和他们弈棋挺过瘾。其中的小扬州林荣兴行棋奇谲莫测，杀性特重，为此又称“小剃头”，言其下棋如剃刀一样锋利，锐不可当也。林还有“小金刚”的诨号，是上海“四小”之首。

上海是中国人口最密集的大城市，就弈棋人口来说，也居全国的首位。在旧时代，想要锻炼棋艺，得去上海；要想在棋坛成名成家，也得去上海。只要在上海滩称雄，这个棋手就成名了。过去的“七省棋王”周德裕如此，“象棋总司令”谢侠逊也如此，连建国后的“魔叔”杨官璘也是如此。为此，能在上海的棋坛称得上“四小”，则说明他们已经很有名气了。

林荣兴得到“小剃头”的雅号，又和他行棋快捷有关。一次，“淮扬三杰”之一张锦荣来上海弈棋，在凌云阁见到李武尚后问起上海的新手，特别提到林荣兴，并约定次日在老城隍庙对弈。张锦荣是大名鼎鼎的慢国手，并与王浩然、周焕文并称“淮扬三杰”，师从“神马”王浩然，受到王浩然的点拨指导，棋艺得到进一步提高，达到一流高手的水平，曾经连续两次战胜周焕文而成名，张锦荣由此声誉鹊起。扬州象棋界“孟尝君”张毓英宅内举办锦标赛，遍邀东南各地的好手参加，张锦荣迎战各路英雄，战绩彪炳，最后夺得金牌。张锦荣与林荣兴对局时，张每下一步棋必经缜密思考，但林截然不同，张一落子，林迅速跟进，几乎不加思索。从表面看，有轻慢对手之意，张如何受得了此等“轻慢”！于是也跟着快了起来。这样真是以己之短，击人之长，第一盘张很快输了，第二盘也很快输了，一个上午竟连输了六盘！这在张的弈史上是从未有过的。张锦荣以前下棋有时候靠吸鸦片提神，而与林荣兴在上海老城隍庙对弈哪来的鸦片提神啊！连输了六盘之后，张锦荣连呼“有鬼”。可是身旁的李武尚却隐隐捧腹窃笑，因为这不是有鬼而是林荣兴的棋又奇又快又狠。

林荣兴在上海崛起后，和他下过棋的人都有点“怕他”。“小杭州”董文渊说过，林的棋难对付，不愿给他“送钱”，即不愿和林下棋。上海原来的棋坛盟主李武尚对林也是佩服的，承认林的棋比他要硬一些。一次，说起原在上海、现在香港的“七省棋王”周德裕，林表示想去交交手。李对此十分支持，认为和周完全可以一搏，而且胜面较大，并愿意和他一起去香港。那方面，周德裕知道林欲来香港的目的后，搜集了林的局谱进行研究，发觉林下的棋几乎着着都是官子，决定“挡驾”，并想好了对策。林到香港后，周德裕设宴招待，席间问林来港的目的是要名还是要利。又说：“若是要利，我们就不要交手，因为一交了手，你（林）有了名，利就难以得到了。”还挺关心地说：“香港多得是大彩，由我（周）出面介绍，输的话彩金由我出；赢的话，彩金各半收入。”这真是个好主意。林荣兴当然以利为主，就这样周胜利完成了“挡驾”的任务。

林荣兴访港期间，曾去过广州大新公司，为了得利，化名王一明，攻“四大天王”之首黄松轩的擂台，共弈四局，净胜两局。

当林荣兴满载而归时，林、周已全无敌意，周又关照：今后你来香港或我去上海，双方都不要交手。李武尚事后说：“周德裕作为当时声望最高的棋手，且一生好强，不愿和林交手，主要是有顾虑。”

象棋老国手惠颂样对林也十分赞赏。林荣兴崛起于上海后，总想打遍国手。他到常熟找原先让过他双马的惠颂样下棋。惠虽知道万启有带林去上海的事，但时间不过一年多，就随口问林要赌多少？林摸出所带的 16 个银元，说道：分先下两局，6 元作回沪路费和这两天的吃用。10 元，这在每担米

4元多的当年，是不小的数目。惠颂祥惊异了！他不相信林会有如此大的进步，也不想得林的彩金，于是，和林说明本意，友好地交起手来。结果是：凡林先行的棋，惠全都输了；由惠先行的还有几盘和棋。惠颂祥事后说，这样厉害的棋一生未见过。

林荣兴在上海崛起后，对自己的棋艺作了一点总结和记录，据传有一百多局，选择其中的“破仙人指路”三十多局，定名为《小扬州秘话——卧槽马破仙人指路法》，曾经给李武尚等前辈看过，都认为很有价值。曾想寻求出版，但因要价太高，一时没有出手。

林荣兴棋艺走红时，收入颇丰，由于缺乏教养，竟染上了芙蓉癖，到后来每弈棋必抽足“烟”。每抽足“烟”，棋就弈得特别神，妙手迭出，为此，他只要有钱，总是拼命抽“烟”，养成了旧社会时不少名棋手都有的坏习惯。到后来经济形势不好，林不吸鸦片而改吃“白粉”。再后来日寇轰炸了上海，弈棋的人极少了，林荣兴没有收入，饿死于街头。李武尚怜其才华，出钱收葬了事。这是一代国手的悲剧。

“小剃头”林荣兴饿死于街头的前后，小湖北雷海山、小煞星叶景华也分别消失了，据说前者被日军拉夫而毙，后者被日机炸弹炸死在沪。唯小杭州董文渊逃回杭州，到1995年5月还在西湖边摆棋呢！

有位网上匿名网友评论新中国成立前全国范围内棋艺前三名时，认为当时前全国范围内棋艺前三名的棋手是西北棋圣彭述圣，蜀中第一手贾题韬，小剃头林荣兴。先说西北棋圣彭先生，当时在中国象棋界有“东谢西彭南黄北张中间周”之说，但是这五个人的棋艺细比较的话也是有高低之分的。彭述圣先生只和上述四人中的北张——北京的张德魁较量过，大战7、8局，张德魁全军覆没。彭先生在北京逗留的两年里几乎会遍了京津和东北的象棋高手，没有一个能抵挡得了他的棋锋。本来他打算继续南下，会一会南方的象棋名手，以了他会遍全国棋手的心愿，但是因为时事动荡，战争爆发，无缘南下，彭老深感遗憾。由于彭述圣先生在象棋界的崇高威望，他于1956年被聘为第一届全国象棋比赛的副裁判长，在比赛休息期间，有人建议大会年龄最高的三位老棋手：彭述圣、林弈仙、谢侠逊较量较量，83岁高龄的彭老欣然同意，但是林弈仙和谢侠逊却以年纪大，无意争锋，退出棋坛为由婉然拒绝，实际上林和谢在1956年以后也经常和别人对弈，他们之所以谢绝，对彭深有忌惮应是其中最不容忽视的一个原因。

至于南方的棋手我以为应该以四川的贾题韬先生和上海的“四小”之首林荣兴为最高，依据是这样的：原籍是江苏扬州，在上海成名的小扬州林荣兴在20世纪30年代棋艺大成，他的棋风锐利无比，艺成以来，打遍全上海无敌手：“东谢”的象棋司令谢侠逊曾经被林荣兴以十六个半回合击败，谢对其十分忌惮；林还以六连胜的战绩击败过扬州慢国手张锦荣，张被杀得云里雾里，直呼有鬼；曾获全国象棋个人赛第四名的象棋名手惠颂祥也不是林的对手，被击败后深深赞佩林荣兴的高超棋艺；“中间周”的七省棋王周德裕在自己棋艺鼎盛时期也不敢接受林的挑战，他对林忌惮到什么程度由此可见一斑；“南黄”的广州四大天王之首黄松轩在香港大新公司被化名为王一明的林荣兴以三胜一负的战绩击败；香港的名棋手，黄松轩的弟子“御猫”何醒武也不是林的对手；同为上海“四小”的“小杭州”董文渊也不敢和林赌彩；旧上海的棋坛盟主李武尚、南京的“锦马超”常胜将军万启有也很佩服林的棋艺。四川的贾题韬先生也是棋艺绝伦，而且知识渊博，对象棋理论格外有研究：打遍整个四川棋界无敌手，在四川没有人能和他下平手棋，被称为“蜀中第一手”；曾和“东谢”的谢侠逊大战 17 局，多胜两局；在甘肃让西北棋王魏长生两先，魏连败四局，而彭述圣先生的棋力也是能让魏两先；贾先生在 1956 年举行的全国第一届象棋比赛期间以贾玄非的化名与北京当时的名手较艺，所向无敌。所以我有足够的理由说在解放前中国象棋界前三名应该是彭述圣、林荣兴（个人认为他的象棋潜力最大，只可惜英年早逝）、贾题韬。

另有一名网友则认为：贾先生理论大师无疑，但实战恐难进前三。彭先生生平未遇对手，几世高棋；林荣兴锋芒无人能挡；这两人当列入顶尖高手。黄松轩绝对是顶级高手，林荣兴在暗处，先手战成 3∶1，不能说其超过黄。周德裕是当然的一代宗师。董文渊才气不逊于林荣兴，此二人很相似，董似用功稍不足。除上述粤东三凤之钟珍，四大天王之李庆全也应在最高手之列。可见今人仍对林荣兴有很高的评价，他如处在当代，应该和快马飞刀吕钦相媲美吧！

第四章
斗极璇玑变化妙　杨志卖刀江湖飘

第1局　斗极璇玑（一）
江湖揭秘

本局笔者收集于哈尔滨。2002年，笔者在哈尔滨出差的时候，在霁虹桥的江湖棋摊看见一个黑脸大汉摆设如图这局棋。当时有六七个人围观，黑脸摊主说着："大家请看看这局棋，这是我今天摆的第一盘棋，是绝对的送礼棋，就看谁接这个礼了。红方一个大车和一只逼近九宫的兵，黑方三个小卒和马分东离西，是支离破碎。俗话说小兵过河当车使，就算是短腿车吧！看看谁利用红方先走的机会能把黑方老将拿下。就赢得100元的奖金。"

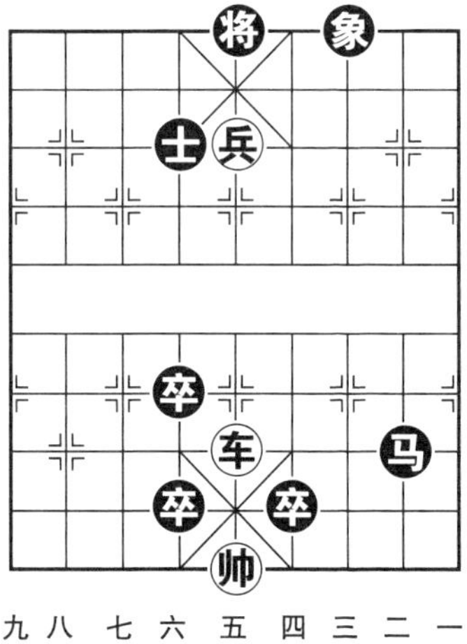

他的话说完，一个中年人说："我来一把。"他交了100元钱，走的是：兵五平四，将5平4；车五进五，将4进1；兵四进一，前卒平5；帅五平六，卒4进1，黑胜。

其实这是一个托儿。

摊主把棋局摆回原来的局面，说道："刚才这位师傅第一步就走错了，我如果走红棋，第一步走兵绝对不往这面走，往哪面走，我不会说的，再摆一分钟，我就换棋了，看看大家谁的着法和他不同，就来一把，解开这盘棋吧！"

这时候一个小青年挤进了棋摊，蹲了下来，看了一会儿后，他问道："师傅，你摆的这盘棋咋下的？"

摊主见小青年的神情，知道这绝对是一个"好点子"。就说："这盘棋已经有人走一盘了，现在最后半分钟了，我就要换棋了，因为漏步已经走出来了，谁要下就最少 200 块钱的。刚才那位师傅是这样下的。"然后把刚才的托儿步又演示了一遍，等于重新上了一遍托儿步。

刚讲完，小青年就说："我下一盘这个棋。"然后交了 200 元钱。

摊主说："咱们不长将、不悔棋，走吧！"

小青年第一步走兵五平六吃士，摊主则走后卒平 5，并说："你吃士将，那我就送你一个小卒吃吧！"

小青年车五进一吃卒将，摊主就走了将 5 平 6。

小青年拿起红车刚要走车五平四，一看竟然是马脚，就放下了车。想了一会儿，继续走了车五进六，摊主则将 6 进 1；小青年再车五退一，摊主说："这步棋厉害了，我如果走将 6 进 1 就完蛋了，你可以兵六平五杀棋了。我只能走退将。"于是将 6 退 1。红方不能长将，黑胜。

小青年输了以后，把棋子一摔，生气地走了。

这种自动跳上来的"点子"是"自然点"，最好杀的一种。

其实本局是载于《渊深海阔象棋谱》的"斗极璇玑"的变局。原局黑象在 9.3 位，估计是江湖艺人改拟。本局图式简洁、美观，陷阱隐蔽，乍看红方有兵五平六再车五平四的红胜假象，殊不知黑方献卒后由于黑马的位置，红车不能平四照将，这个机关比较隐蔽，令红方只能眼睁睁落败。而且本局的结果为黑胜，更受江湖艺人喜爱。现介绍如下：

着法：（红先黑胜）

1. 兵五平四① 将5平4　2. 车五进七 将4进1
3. 兵四进一 后卒进1　4. 车五退三 马8退6
5. 兵四平五 士4退5　6. 车五平六 士5进4
7. 车六平五 前卒平5　8. 车五退五 卒6平5
9. 帅五平四 马6退8　（黑胜）

注释：

①红方另有两种着法均负：

甲、车五平二，卒6平5；帅五平六，前卒进1；兵五进一，士4退5；黑胜。

乙、兵五平六，后卒平5；车五平二（如车五进一，将5平6；车五进六，将6进1；车五退一，将6退1；黑胜），卒6平5；帅五平四，卒4进1；黑胜。

如将本局黑象移到9.3位，则成为《渊深海阔象棋谱》的“斗极璇玑”局，结论也是黑胜，古谱中还收录了在“斗极璇玑”局基础上加红方八.九位兵的棋局，但是结果则成为红胜。

第2局　斗极璇玑（二）

本局亦名“单戈力战”原无黑3路卒，出自街头江湖棋摊，系红胜局。

好友沈通声先生加此卒后，可以达到攻守平衡，成为一则和局。现介绍如下：

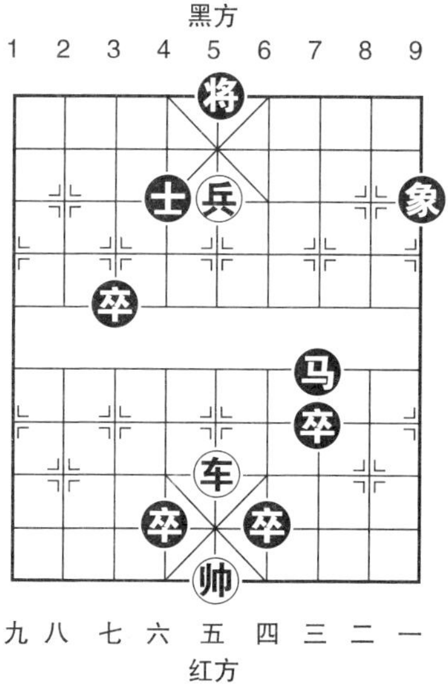

着法：（红先和）

1. 车五平二①　卒4平5②
2. 帅五平六　象9退7
3. 车二进七　士4退5
4. 车二平三　士5退6
5. 兵五进一　将5进1
6. 车三退五　卒7平8
7. 车三平五　将5平6
8. 车五平四　将6平5
9. 车四退一　卒8进1③
10. 车四平七　卒8进1④
11. 车七进二　卒8平7
12. 车七平三　将5平6
13. 车三平四　将6平5
14. 车四平三　将5退1
15. 车三退一　士6进5
16. 车三进五　士5退6
17. 车三退五　（和局）

注释：

①红方另有两种着法均负：

甲、兵五平六，马7进5；兵六进一，卒7平6；车五平八，将5平6；兵六平五，卒4平5；帅五平六，马5进3；车八平七，前卒进1，黑胜。

乙、车五平八，卒6平5；帅五平四，士4退5；车八平二（如车八进六，则马7退6；兵五进一，马6退5；车八进一，马5退3；车八平七，将5进1；车七退四，卒5进1；帅四进一，卒4平5；帅四进一，卒7平6，黑胜），象9退7；车二进七，卒7平6；车二平三，士5退6；车三退五，卒4进1黑胜。

②如改走卒7平8；则车二进一（如车二平五，则卒6平5；帅五平四，马7进9；兵五平六，将5平4；车五平一，卒8平7；车一进一，卒4进1黑胜），卒4平5；帅五平六，士4退5；车二平八，士5退4；车八进六红胜。

③如改走卒3进1；则车四平二，将5退1；车二平九，卒3平4；车九进六，将5进1；车九退六，将5退1；车九进六，将5进1；车九退六，和局。

④如改走将5平6；则车七进二，士6进5；车七退三，卒8进1；车七平二，卒8平7；车二退二，和局。

第3局　斗极璇玑（三）

本局原名“黑双马”，笔者收集于网络。本局构图新颖，布子精炼，陷阱隐蔽，着法精妙，结论为和局，实乃小局中佳作。现介绍如下：

着法：（红先和）

1. 车五平八① 卒6平5②
2. 帅五平四　士4退5
3. 车八进六　马8退7③
4. 兵五进一　后马退5
5. 车八进一　马5退3
6. 车八平七　将5进1
7. 车七退一④ 将5退1
8. 车七退五⑤ 将5进1⑥
9. 车七平五　将5平4
10. 车五平三⑦ 马7退9
11. 车三进一　（和局）

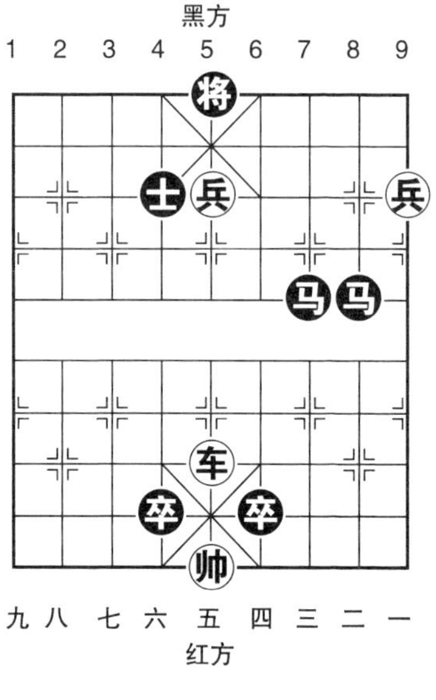

注释：

①如改走兵五平六则马7进5；兵六平五（如车五进二则将5平6；车五进五，将6进1；车五退一，将6退1；车五进一，将6进1；兵六进一，卒6进1黑胜），将5平4；兵五平六，卒6平5；帅五平四（如车五退一则卒4平5；帅五进一，马8退9黑胜定），马5进7；车五平三，卒4进1；兵六进一，将4进1；车三平六，将4平5黑胜。

②如改走卒4平5；则帅五平六，将5平6（如士4退5则车八进七，士5退4；车八平六红胜）；车八平四，将6平5；车四进四，下着黑方有五种着法均负：

甲、马8退9；车四平八，将5平6；车八进三，将6进1；车八退四，将6退1；车八平四，将6平5；车四平三，将5平6；车三进四，将6进1；车三退二，将6退1；车三平四，将6平5；车四平一，将5平6；兵五平六，红胜定。

乙、马7进5；车四平八，将5平6；兵五平四，将6平5；车八平五，将5平4；车五退二，马8进7；车五进三，马7退6；车五平六，将4平5；兵四进一，红胜。

丙、马8退7；车四平九，将5平6；兵一平二，后马进5；车九进三，将6进1；兵二进一，红胜。

丁、马8进7；车四平二，将5平6；兵五平四，将6平5；车三退一，马7进8；兵四平五，将5平6；车三平四，将6平5；车四平二，将5平6；车二退四，红胜。

戊、卒6进1；车四退六，马7进5；车四进八，马5进4（如马8退6则车四平七，将5平6；车七退七红胜）；车四平七，将5平6；车七退六，马4进6；车七进七，将6进1；车七退六，将6退1；兵五平四，将6平5；兵四进一，将5平4；兵四平五，红胜。

③如改走士5退4；则车八平一，马7退8；兵一平二红胜。

④如改走车七退六；则马7退9；车七平五，将5平4；车五平二（如车五平一则马9进8；车一平二，马8退6；车二平四，卒4进1；车四平六，将4平5；车六退三，马6进7黑胜），马9进7；车二平三，马7退9；车三进一同主变。

⑤如改走车七退四，则马7进6；车七平五，将5平4；车五退一，马6退8；车五平二，马8退6；车二平六，将4平5；车六平八，卒4进1；车八进六，将5进1；车八退一，将5退1；车八退八，马6进7黑胜。

⑥黑方另有两种着法均和：

甲、马7退9；车七平五，将5平4；车五进一（如车五平二，则马9进7；车二平三，马7进9；车三平二，马9退7；车二平三，马7退9；车三进六，将4进1；车三退五，将4平5和局），马9进7；车五平三，马7退9；兵一平二，将4进1；车三进四，将4退1；车三进一，将4进1；车三退五，将4平5；车三平五（如兵二平三则马9退7；车三进三，卒4进1黑胜），将5平4；车五平三和局。

乙、马7进9；车七平五，将5平4；车五平二，马9退7；车二平一，将4进1和局。

⑦如改走车五平七，则将4平5；车七平五，将5平4；车五平七和局。又如车五平一则将4平5；车一平五，将5平4；车五平一，和局。

第4局　杨志卖刀（一）

本局载于象棋名家钟志康先生编著的《民间象棋排局》，

原谱结论和局。经研究应为黑胜，现介绍如下：

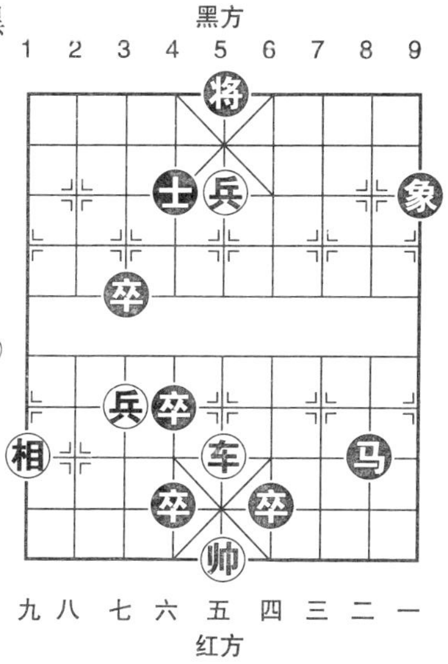

着法：（红先黑胜）

1. 车五平八　前卒平5
2. 帅五平六　将5平6
3. 车八进七　将6进1
4. 车八退五　卒3进1①
5. 车八平七②　将6退1
6. 兵五平四　将6平5
7. 车七平五　将5平4
8. 车五平六　马8退6
9. 车六退一　马6退5
10. 车六平五　马5退3
11. 兵四平五　马3进4
12. 车五平六　卒6进1

（黑胜）

注释：

①原谱走将6退1成为和局，现改走卒3进1可以取胜。

②如改走车八进一，则将6退1；兵五平四，将6平5；车八平五，将5平4；车五平六，马8退6；车六退二，马6退5；车六平五，马5退3；兵四平五，马3进4；车五平六，卒6进1黑胜。

第5局　杨志卖刀（二）

上一局因为走出卒3进1，结论成为黑胜，如果将黑方3路卒退后一步，则成为本局图式，似乎就把漏洞堵上了，但结果却仍为黑胜。本局收集于网络。现介绍如下：

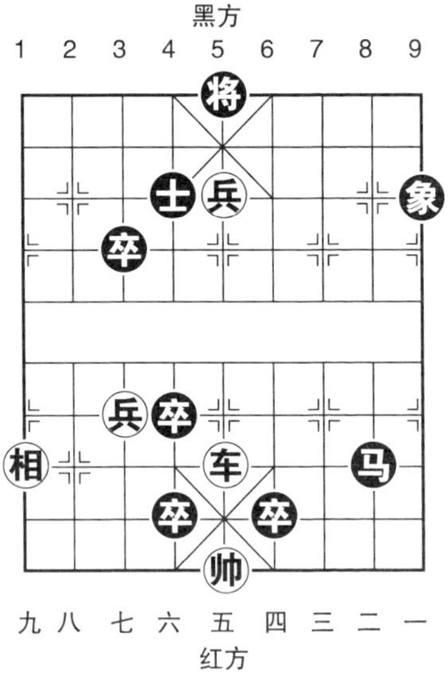

着法：（红先黑胜）

1. 车五平八　前卒平 5
2. 帅五平六　将 5 平 6
3. 车八进七　将 6 进 1
4. 车八退五　将 6 退 1
5. 兵五平四　将 6 平 5
6. 车八平五　将 5 平 4
7. 车五平六　马 8 退 6
8. 车六退一　卒 6 进 1
9. 车六进四　将 4 平 5
10. 车六平五　将 5 平 6
11. 车五退六　马 6 进 5
12. 帅六进一①　马 5 退 4
13. 帅六进一　马 4 退 6
14. 相九退七　将 6 平 5
15. 兵七进一　将 5 进 1
16. 兵四平三　卒 6 平 5
17. 帅六退一　马 6 退 4
18. 帅六进一　马 4 进 3
19. 兵三平四　卒 5 平 4

（黑胜）

注释：

①如改走相九进七，则马 5 退 4；兵四平三，马 4 退 6；相七退九，马 6 退 4；兵七进一，马 4 进 3；相九退七，将 6 平 5 黑胜定。

第 6 局　杨志卖刀（三）

本局原名“葭萌酣斗”，载于《百花齐放象棋谱》第 21 集。原谱结论和局，经研究正确结论应为黑胜。现介绍如下：

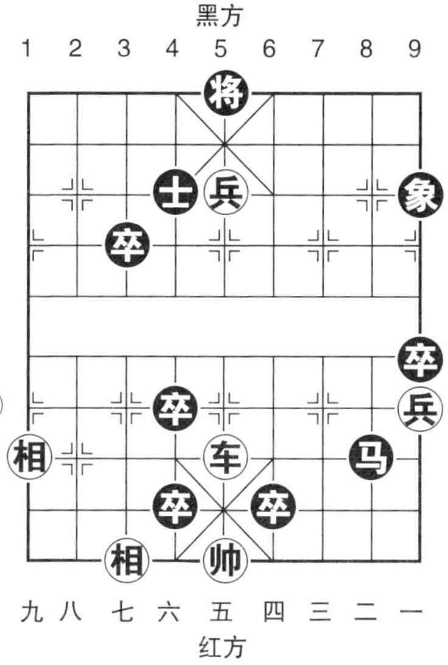

着法：（红先黑胜）

1. 车五平八　前卒平5
2. 帅五平六　将5平6
3. 车八进七　将6进1
4. 车八退五　将6退1
5. 兵五平四　将6平5
6. 车八平五　将5平4
7. 车五平六　马8退7①
8. 车六进三②　将4平5
9. 车六平五　将5平4
10. 车五退五③　马7进6
11. 兵四平五④　卒5平4
12. 帅六进一　卒4进1
13. 帅六退一　卒4进1
14. 帅六平五　卒4进1

（黑胜）

注释：

①这步棋是好友上海余俊瑞先生提出的妙着。如改走马8退6；则车六退一，卒6进1以下也是黑胜，但不够简捷，着法从略。上局第7回合黑如马8退7也可取胜。

②如改走车六退一，则马7退6；车八平四，马6进4；兵四平五，马4进3；车四平七，卒6进1黑胜。

③如改走兵四进一则卒4进1；车五平六，将4平5；车六退五，卒5进1；帅六进一，卒6平5黑胜。

④如改走车五平四，则卒6进1；车四退二，卒4进1黑胜。

第7局　杨志卖刀（四）

本局是好友沈通声先生所作，没有发表过。经他最近研究，由于余俊瑞先生提出第7回合黑方马8退7的妙着，本局结论也是黑胜，现介绍如下：

着法：（红先黑胜）

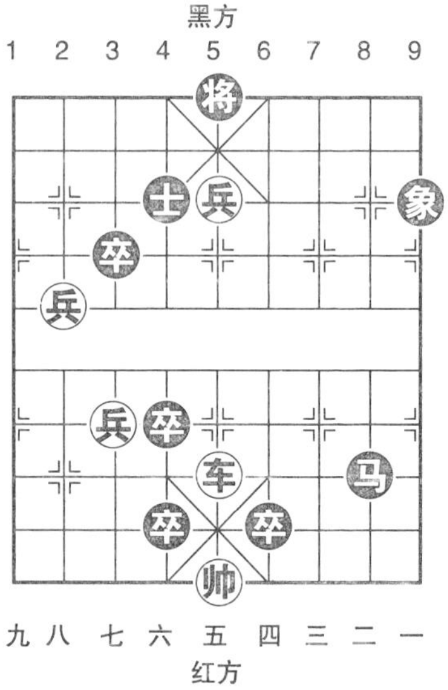

1. 车五平九　前卒平5
2. 帅五平六　将5平6
3. 车九进七　将6进1
4. 车九退五　将6退1
5. 兵五平四　将6平5
6. 车九平五　将5平4
7. 车五平六　马8退7①
8. 车六进三　将4平5
9. 车六平五　将5平4
10. 车五退五　马7进6
11. 兵四平五　卒5平4
12. 帅六进一　卒4进1
13. 帅六退一　卒4进1
14. 帅六平五　卒4进1

（黑胜）

注释：

①余俊瑞先生提出的妙着！沈通声先生原谱着法为：卒6进1；车六进三，将4平5；车六平五，将5平4；车五退六，卒4进1；兵四平五，马8退7；车五平四，马7进6；兵五进一，卒4进1；车四平六，马6进4；兵八进一，卒6平5；

帅六平五，马 4 退 3；兵八平七，马 3 退 2 和局。

第 8 局　杨志卖刀（五）

本局收集于网络，结论是和局，现介绍如下：

着法：（红先和）

1. 车五平三① 前 4 平 5
2. 帅五平六　将 5 平 6②
3. 车三进七　将 6 进 1
4. 车三退二　将 6 退 1
5. 车三平四　将 6 平 5
6. 车四平二　将 5 平 6
7. 车二进二　将 6 进 1
8. 车二退六　将 6 退 1
9. 车二平六③ 卒 6 进 1④
10. 车六平四　将 6 平 5
11. 车四退三　后卒平 2⑤
12. 车四平五　卒 5 进 1
13. 帅六平五　卒 2 平 3
14. 帅五进　（和局）

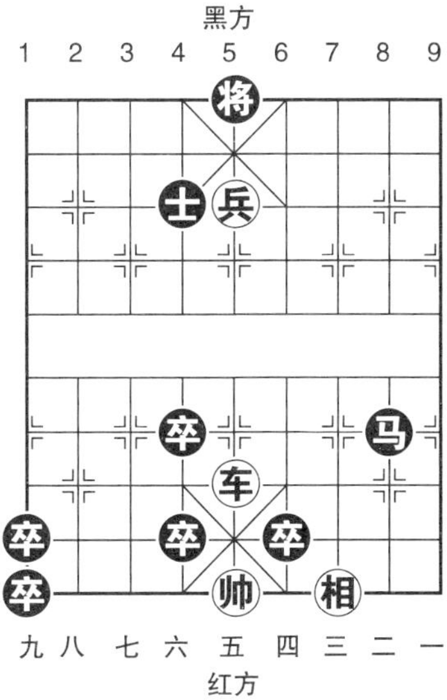

注释：

①如改走兵五平六，则将 5 平 6；车五进七，将 6 进 1；兵六进一，卒 6 进 1 黑胜。

②如改走士 4 退 5；则车三进六，士 5 退 6；车三平八，将 5 平 4；车八进一，将 4 进 1；车八退六，卒 5 平 4；帅六平五，卒 6 平 5；帅五平四，将 4 退 1；车八平六，将 4 平 5；车六平四，士 6 进 5；车四进五，士 5 进 6；车四退一，将 5

平4；兵五进一，红胜。

③如改走兵五平四则将6平5；车二平六，前卒平2；车六平七，卒2平3；车七退三，卒6进1黑胜。

④如改走前卒平2；则车六平四，将6平5；车四平七，将5平6；兵五平四，将6平5；兵四进一，将5平4；兵四平五，红胜。

⑤如改走前卒平2；则相三进五，卒1平2；车四平二，将5平6；车二进九，将6进1；车二退八，将6退1；车二平五，红胜定。

第9局　杨志卖刀（六）

本局收集于网络，着法上较为精彩。“单刀”（斗极璇玑）必须限制黑马进3和退3两种变化才能成和。本局的兵相就起到了这些作用，所以是和局。现介绍如下：

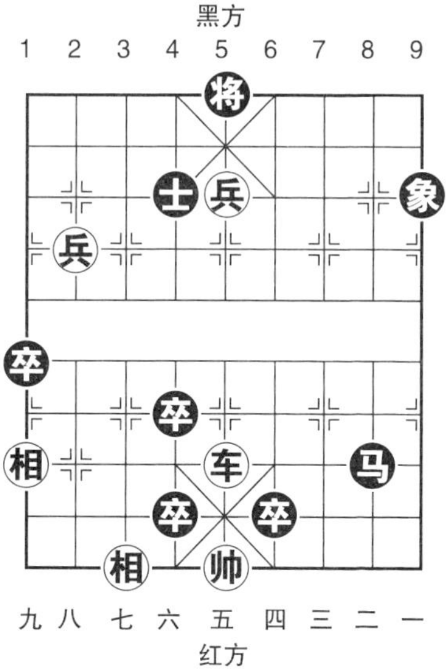

着法：（红先和）

1. 车五平七　前卒平5
2. 帅五平六　将5平6
3. 车七进七　将6进1
4. 车七退五　将6退1
5. 车七平四　将6平5
6. 车四平九　将5平6
7. 车九平四　将6平5
8. 车四平七　将5平6
9. 车七进五　将6进1
10. 车七退七　将6退1

11. 车七平四　将6平5　　12. 车四平二　象9退7
13. 车二平七　象7进5　　14. 车七退一　卒4进1
15. 相九进七　象5退3　　16. 相七进五　士4退5
17. 兵八平七　将5平4　　18. 兵七平六　卒4进1
19. 车七平六　卒5平4　　20. 帅六进一　（和局）

第10局　杨志卖刀（七）

本局是好友朱小坚先生所作，变化深奥，结论是和局，现介绍如下：

着法：（红先和）

1. 车五平九①　前卒平5　　2. 帅五平六　将5平6②
3. 车九进七　将6进1　　4. 车九退四　将6退1
5. 车九平四③　将6平5　　6. 车四平七　将5平6
7. 车七进四　将6进1
8. 车七退五　将6退1
9. 车七进五④　将6进1
10. 车七退七　将6退1⑤
11. 车七平四　将6平5
12. 车四平二　象9退7
13. 车二平九　象7进5
14. 车九退一　卒4进1⑥
15. 相一进三⑦　象5退3
16. 相七进五　将5平4
17. 兵八平七　士4退5
18. 兵七平六⑧　卒4进1
19. 车九平六　卒5平4

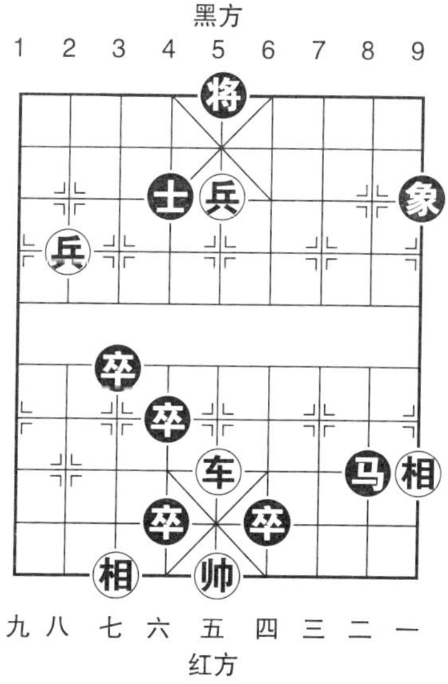

20. 帅六进一　（和局）

注释：

①红方另有三种着法均负：

甲、兵五平六，后卒平5；车五进一，将5平6；车五进六，将6进1；兵六平五，卒6进1黑胜。

乙、兵五平四，将5平4；车五进七，将4进1；兵四平五，前卒平5；帅五平六，卒4进1；兵五平六，将4进1；车五平六，将4平5；车六退七，卒5进1；帅六进一，卒6平5黑胜。

丙、车五平二，前卒平5；帅五平六，象9退7；车二平九（如车二进七，则士4退5；车二平三，士5退6；车三退七，卒6进1；兵五进一，士6进5黑胜），象7进5；车九退一，卒4进1；相一进三（如兵八平七则象5退3；相七进五，卒4平5；车九进一，后卒平4；车九平六，卒5进1；帅六进一，卒6平5，黑胜），象5退3；相七进五，卒3进1；兵八平七，卒3平4；兵七平六，前卒平5；相三退五，卒4进1；兵六进一（如兵六平五，则卒4平5；车九进一，卒6进1；车九平五，卒6平5亦黑胜），卒4平5；车九进一，后卒平4；车九平六，卒5进1；帅六进一，卒6平5黑胜。

②黑方另有两种着法均负：

甲、将5平4；兵五平六，将4平5；兵六平五，将5平6；兵五进一，红胜。

乙、士4退5；车九进六，士5退4；车九平二，将5平6；车二进一，将6进1；车二退二，将6退1；车二平四，将6平5；车四平一，士4进5（如将5平6；则车一进二，将6进1；车一退二，将6退1；车一平四，将6平5；车四平二，将5平6；车二进二，将6进1；车二退七，将6退1；车二进七，将6进1；车二退六，将6退1；车二平四，将6平5；车四平六，士4进5；车六进五，士5进4；车六退一，将5平6；兵五进一，红胜），车一进一，士5退6；车一平七，将5平4；车七进一，将4进1；车七退五，将4退1；车七平六，将4平5；车六退一，士6进5；车六进五，士5退4；车六平二，将5平6；车二进一，将6进1；车二退七，将6退1；车二平六，士4进5；兵五进一，红胜。

③如改走兵五平四，将6平5；车九平五，将5平4；车五平六，卒3平4（弃卒好棋！为黑马以后让出道路）；车六退一，马8退6；车六退一，马6退5；车六平五，马5进3；车五平六，马3进1；车六进四，将4平5；车六平五，将5平6；车五平七，马1进2；车七退六，卒6进1；车七平八，卒6平5黑胜。

④如改走兵五平四则将6平5；车七平五，将5平4；车五平六，马8退6；车六退一（如车六进三，则将4平5；车六退四，卒5进1；帅六进一，卒6平5黑胜），马6退5；车六平五，马5进3；车五平六，马3进1；车六进四，将4平5；车六平五，将5平6；车五平七，马1进2；车七退六，卒6进1；车七平八，卒6平5黑胜。

⑤如改走马8退6，则车七平四，将6退1（如卒4平5；则兵五平六，将6平5；兵六进一，将5进1；车四平七，将5平6；车七进五，将6退1；车七平五，卒6进1；兵六平五，将6退1；车五平四红胜）；车四进一，将6平5；车四退二，卒5平6；帅六进一，象9退7；兵八平七，象7进5；兵七平六，象5退7；兵六平五，士4退5；相七进九，将5平4；兵五平六，卒4平5；相一进三，和局。

⑥比直接飞象露将叫杀隐蔽！

⑦如改走兵八平七，则象5退3；相七进五，卒4平5；车九进一（如车九进三，则卒6进1；车九平五，将5平4；车五退二，卒6平5；黑胜），后卒平4；车九平六，卒5进1；帅六进一，卒6平5黑胜。

⑧如改走兵七进一，则卒4进1；车九平六，卒5平4；帅六平五，卒4平5；黑胜。

风云名手回顾之“小杭州”董文渊

在中国近代象棋史上，有“四省棋王”之誉的董文渊，是继周德裕之后的棋坛风云人物。他长期称雄于华东的上海和华南的香港，20世纪50年代时还作为中国围棋队的成员迎战过日本棋手，1964年在全国围棋比赛中得过第五名。

董文渊1919年出生于杭州（户口本上误为1918年出生），父董阿林，原务农，因逃荒避灾由余姚来到杭州，经数年的积攒，在杭州的开元路与人合开“协聚兴铜匠店”。富有弈棋天分的董文渊少年时就痴迷象棋，10岁起，在其父的铜匠店学手艺，闲时在街坊下棋，12岁时师从白胡子潘选子，14岁时即超过乃师，16岁时登著名棋楼喜雨台弈棋，有短期受教于关春林的经历。董以象棋起始，兼攻围棋，进步神速，不日，即能和名棋手蔡阿福、徐春泉、李嘉春等抗衡。

董文渊弈棋能很早跨出省界并到达香港，和著名实业家张澹如（当时浙江省主席张静江之胞弟）的提携有关。其时，张常往来于杭、沪间，也常去喜雨台弈棋。张较偏爱围棋，登喜雨台弈棋时，和“五虎”中的李友三或关春林弈棋常执白子，既表示棋艺略高于对手，又为输些彩金而显示大方。一天，张登喜雨台弈棋，听说有个少年，棋弈得不错，就找来陪棋，张提议让董三子，结果张连输三局。由于是让子棋，张脸上不失“光彩”，而董得了实惠。事后，棋人们告诉董，张是个大老板，以后下棋时应注意礼节。又有一次，张去喜雨台玩棋，又找董弈棋。弈后，董很有礼节地说：“张老板，以后能否向您请教一盘象棋?”张向人打听董的象棋水平后，深感“此子有前途”，遂起了提携董的心思。这天张离去时，董躬送至楼下，张让董“明天下午去我家一次”，并告诉了地址。次日下午，董依约去杭州孝女路未央村二号。张澹如了解到董上过五年小学，遂送派克金笔一支，另现金 20 元，以及一本（日本）木谷实编的《围棋辞典》，希望董好好学钢笔字，今后在可能时带他去海外闯荡。张发现了董在弈艺上的天赋后，就有心加以资助和栽培。

1936 年秋，杭州举办过一次全市象棋比赛，由城南民众教育馆主办，应邀参赛的为“五虎一豹”六人及新秀刘忆慈（大董三岁）、董文渊，结果董得第一，刘得第二。于是，董正式成了江南棋坛的一颗新星。赛后民教馆主任彭桔甫私人请吃，以示杭州棋坛后继有人。1937 年春，基督教杭州青年会根据群众要求，着手举办“华东地区象棋名手邀请赛”，特请有“象棋总司令”之称的谢侠逊来杭州主持，地点在青年会的健身房，挂大象棋，出售门票（每张二角），参加者为江苏窦国杜、山东邵次明、福建连学正及浙江董文渊。比赛结果董得第一，遂有“四省棋王”之誉。

1937 年 8 月，日寇攻打上海，张澹如为避战火，逃难至香港。

董文渊成名前后，常去上海天赡茶楼等处弈棋。由于董年纪小，棋风犀利，并能常出妙手，因此得到“小杭州”的诨名，和“小剃头”林荣兴、“小煞星”叶景华并称上海棋坛“三小”（也有将小湖北雷海山一起称为“四小”的）。从此，董开始了以棋为生的生活。

1938年春天，张派仆人接董赴港。在张的联系下，董有机会结识了“七省棋王”周德裕以及其他华南名手。董与周对弈之初，周占上风，后来董已可抗衡，最后已可胜周。这个过程中，锻炼和造就了董，使之成为一流高手。

1939年，董文渊参加了“六王夺鼎赛”。所谓“六王”即六名名棋手：周德裕、钟珍、苏天雄、卢辉、方绍钦及董文渊。由张澹如出资作大银杯一只及奖金一百元，比赛的真正用意是：董向周挑战。结果周得第一，董获第二。不久，张又出资作纯金奖牌一枚，邀周德裕、董文渊及钟珍参赛，定名为“三王赛”。比赛采用单循环制，分先各两局，以积分多少定名次。

钟珍，有“棋仙”的雅号，与曾展鸿、黄松轩并称“粤东三凤”。钟珍在棋坛上，以诡异和玩世不恭著称。

经抽签后董和钟先赛两局，董文渊连胜，独得4分，形势对董极为有利，对周则构成极大威胁。处于危机的周德裕，突然提出不参加续赛的动议，理由是：董以重金收买了钟，钟佯作两败，但在对周之战将全力拼搏，为董夺取金牌创造条件。

周提出的理由尽管证据不足，但根据棋界的风气，也不是没此可能。这一下首先是激怒了已购票的广大棋迷，聚集在文园酒楼前，要求退票，使主持人感到为难。正当场内杂乱纷纷时，少年气盛的董对周大声说：“你说我作弊，我们以无弊可作的方式续赛如何？”接着董说：“我和钟的两局胜棋不算。我和你作十局赛，来抢这金牌如何？”这一说既堵住了周罢赛的嘴，也得到观众的喝彩。

周德裕得其父周焕文真传，萃诸家之长，棋艺全面。曾在上海时他向各路名手作了挑战，和连学正、林弈仙、邵次明、李武尚、窦国柱、罗天扬、万启有、邵春林、吴淞亭、方绍钦、雷海山等各地名手较过艺，虽互有胜负，但以周的胜局为多。他战胜过华东的众多名手，包括张锦荣、万启有、罗天杨、林弈仙等，对华北赵文宣和张德魁也是胜多负少。对华南方面的黄松轩、李庆全也旗鼓相当。

但也许是董文渊正处于棋艺的上升时期，也许是周德裕的“帅气”有所浮动，再也许是周德裕没有吸足烟（指鸦片），第一天比赛董连胜两局，第二天比赛董又连胜两局，第三天香港各报均大加宣传，吸引了更多的观众前往观看。比赛进行前，董举起手心，以掌中的“誓杀周德裕”让周观看，引得周心气浮动，结果周又连负两局。于是赛场上沸腾了，在场的棋迷之一中山大学文学院院长黄密功教授，即席赋一“七律”《书赠十三王》相赠，诗曰：

龙蛇大落斗方酣，岂看江都捉手谈。
纵横鸿沟宁肯割，咸惊虎穴竟能探。
帅棋势悍赢连六，举箸省名冠十三。
从此野棋身不坠，桃花笑煞老杨坛。

题跋：杭州董文渊君，拥其四省冠军，战胜周德裕君，连胜六局。同时两粤亦莫能争。余奉邀观艺，深为叹赏。

董文渊确是棋界奇才，他先学象棋，后下围棋，显示出罕见的弈棋天赋。陈祖德在《超越自我》一书曾生动地描述过他，说：“此人头脑聪明，感觉敏锐，着法犀利。他在刚解放时已是棋坛高手，他的围棋和象棋都堪称一流，是难得的双枪将……”董文渊在 1948 年执黑与过惕生围棋对弈，四战皆捷，名声大噪。到解放初，已可与国手刘棣怀、王幼宸等分庭抗礼。董不仅对子棋有实力，还擅长让子，一直以赌彩为主要收入。他为人狂妄自大，如果顾水如、刘棣怀能让某人四子，他必更多让人一二子，以显其能。其实，有时也并不能让这么多，对弈时只能靠一些“盘外招”。或嘴里嘲弄、诱骗、恫吓之辞滚滚而来，或大唱京剧，手指直戳对方鼻眼，或猛吸得烟，将烟雾喷向对方脸面，施展出十八般武艺，以干扰对方思路。于是原来论实力只能让四子的，往往被他让六子也赢了去。其棋品之恶劣，由此可见一斑。但董棋艺确有独到之处，着子不落俗套，常有奇想，有时人们眼见他已必败无疑，忽然突发妙手，化险为夷，令人叫绝。因此，尽管他棋品不佳，不少好手仍常约他对弈。

1949 年春天，随着内战的蔓延，董文渊再赴香港。同年 12 月，在一些热心棋艺人士的赞助和支持下，“中国象棋研究会”在香港成立，董任该会棋艺指导，并出版了会刊《中国弈苑》两期。该会对振兴战后香港的棋艺水平起到了积极作用。当时杨官璘也是该会会员之一，并得到过董的指导。杨官璘夺得该会会员赛的冠军奖杯，是他生平第一座奖杯。董把自己多年研究的心得编辑成《新梅花谱》，准备在香港出版。可惜不久后他于 1950 年离港返沪，以致出版计划失败，甚为可惜。该谱个别章节刊于《中国弈苑》和《棋桥》上。

20 世纪 50 年代初，董棋力绝不弱于顾水如，但顾老仍坚持要让他二子。董便说：“好，你要让我二子也行，要有彩金，谁输谁付钱。”两人在襄阳公园当众对弈，结果当然是董获胜，他欣然得了彩金，而顾老让董二个子，也面上有光，双方皆大欢喜。后来，上海市文史馆组织一次规模颇大的围棋比赛，几乎所有上海著名棋手都参加了。董与顾水如分在一组，对弈开始前，董笑道："顾先生，平时我总让你三分，今天不再让你了，要你瞧瞧我的真功夫！"这盘棋董执白赢了顾水如，把顾老气得半死。

"文革"前，上海有一金姓棋友，参加市比赛曾进入决赛圈，有一定实力，但他被董让三子仍抵挡不住，董对他下出的棋总是批评得一文不值。一日，金某特地背熟了日本坂田九段与桥本九段的一局棋谱，前来襄阳公园，找到董文渊，对他说："昨天我和一个朋友下了盘棋，自觉很满意，现在摆出来请你指点。"董满脸不屑地道："你这臭棋！摆出来让我瞧瞧。"金某便将棋子一着一着摆在棋盘上。起初，每摆一着棋，董便大摇其头，说这着棋下得不好，那着棋也不对，但摆了三四十着，董突然缄默了，他抬起头瞪视金某喝道："滚你的蛋！这不是你下的棋。"

发生于 1939 年秋的周、董之战，不仅仅是华南棋坛的争雄之战，也具有全国棋坛争雄战的性质，因为周不仅有"七省棋王"的头衔，而且在华南是第一号人物（和其名气约略相仿的黄松轩已去世），而董挟"四省棋王"的头衔而来，是当时华东的第一高手（林荣兴、叶景华已死于日寇侵入上海时）。再说年龄，当时一个 39 岁，正年富力强；一个刚 20 岁，锐气正旺。继第一次"六王赛"周德裕夺冠后，第二次争雄——从"三王赛"到周董十局赛，董竟以连胜六局而得金牌！怪不得黄密功先生要称董为"十三王"了。那么这六局是否周有什么特殊原因才失败？不是。而是董有所准备，布局富有创新。正如贾题韬先生所评：周君在华南、华东、华北等地和名手对局，大多取得胜绩，之所以如此，原来与董的布局极富创新有关。周、董后来又有对局，周有所挽回。这是董人生中重要的一大战役。

应该说，董向周的挑战是成功的，这当然是董的老板张澹如的力量所促成。那时，董吃、住均在张的家中，每月另有一百元零用钱，弈棋所得统归董自己。周之败，败在了骄傲、轻敌和焦躁上，也败在了周因不良习气被掏空的身子上。董之胜，胜在重视对方，赛前准备充分，悉心研究了周的棋路，也胜在年轻力壮。当然也有人认为董胜在歪招上，打击了周的士气所致。其实如果董没有高超的棋力，即使采用了盘外招也是没有用的，如何能撼动一个“七省棋王”。一个人的成功，往往是站在另一个巨人的肩膀上，他才能看得更远。董文渊赴港之前的棋艺，虽具天赋，但仍显粗糙和略欠成熟。他接触到周和众多华南名手后，通过交流和学习，加上抽空对他们的棋路进行反复的深入研究与拆解，终于形成自成一家的风格。董年轻又有天赋，长于吸收各家精华和精髓，棋艺达到了顶峰。

董是张家的一个门客，理应感激张才对。然而，董被胜利冲昏头脑，一长骄气，二生活腐化（赌和嫖），后又做了对不起张的事而失去对张的依靠，并被棋界所不齿。一次，张困乏现钱用，取一只5克拉重的钻戒，叫董去卖。得钱后董不是立即将钱送交张，而是进了赌场，一押输，再押输，最后竟输完这钻戒！如何见张老板？董又做了错误的抉择：潜逃回乡。他丝毫未考虑对不对得起张，丝毫没想到他的老板正在焦急地等他！直到晚年时，董追悔的仍是失去依靠，而不是对不起人。他曾说：张是大老板，当时我只要对他说明情况，他仍会要我的。

返回家乡的董，棋艺和棋名虽然高了。可是当时的杭州、上海均沦入敌手，经济十分差，董以沪杭第一手的身份，在上海的茶楼以棋为生，虽可生活，但常常是得到少许彩金后，在饭摊上买一碗饭、一碗汤以充饥。抗日战争胜利后，由于经济略有好转，董的生活一度改善，但是董挥霍已惯，有钱就花在暗娼身上，也是一无节余。

解放初，经济处在逐步恢复中，当时上海棋坛有许多象棋擂台，董文渊作为“华东三虎”之首，曾红极一时，收入可观，而董总是任意挥霍。

发生在20世纪50年代初期的董杨之战，也是董文渊人生中一次大战，更是杨官璘人生中最重要的战役。1951年，从广州来的杨官璘，在上海工人文化宫设擂成功后向董挑战，以二负一胜一和小负。1952年杨再次到沪，在“米高扬”打董的擂台，共弈十局，杨取得净胜二局的战绩，从此开始了杨官璘时代。杨官璘不是天才型棋手，他的成功主要源于他的刻苦努力。杨初到香港时，布局功夫尚不好，加入“中国象棋研究会”后，认真钻研，棋艺有所精进。1951年败北后，杨回去更加用心，苦拆苦解，研究董的对局，棋艺更进一步，才终于成功打败了董文渊实现了里程碑式的跨越。

此后的董，虽和北方的谢小然三战皆平，和另“两虎”相较还有些优势，日子比较好过，但在1955年因生活作风问题，被判刑流放黑龙江的中苏边境兴凯湖。

20世纪60年代初，董刑满后回到浙江。五年未弈的董文渊还是很厉害的，1964年代表浙江参加全国围棋比赛夺得第五名。然而就在这次比赛上，董故技重演，因棋品差而被省体委点名批评，且从此不再用董。董文渊从此过起了流浪生活，靠私下赌彩金过日子。

1973年，特级大师蔡福如随广东象棋队访问杭州时，曾与董手谈两局，董在开、中、残的深厚功力，给特级大师蔡福如留下了深刻难忘的印象。

董的天赋条件是好的，表现在他的棋锋利而常有出新方面，也表现在他有常人难以拥有的“棋感”和“大局观”上；同时，他的性格中有桀傲不羁的一面，这使他在棋艺有时表现出骄傲。董的殒落开始于棋品差，这和旧社会很少教育有关。一代棋手董文渊的晚年是凄苦的，家乡的众多棋友大都对他敬而避之。

董文渊是一个集天才、狂徒、怪客于一身的弈林奇人，也是古往今来象棋名手中最具争议的一个。时至今日，对他的口诛笔伐以及各种言论的攻击仍不绝于耳。但是他精彩的棋艺是象棋文化遗产中不可分割的一部分。

一代名手董文渊，虽然他的做人做事方面有问题，但在象棋史上应该有他的一笔。

第五章
假亦真时真亦假 虚实难辨化泥马

第1局 泥马渡康王（一）
江湖揭秘

相传北宋末年，时为康王的赵构赴金营为人质，金兵押其北上，途中赵构脱逃，逃至磁州时，夜宿崔府君庙，梦神人告知金兵将至，赵构惊醒，见庙外已备有马匹，遂乘马狂奔。这匹马居然载着赵构渡过黄河，过河后即化为泥塑之马，这就是“泥马渡康王”的传说。

在江湖棋局中，也有“泥马渡康王”系列局。就是在现代江湖中，也经常有摆设“泥马渡康王”局的，一般是在顾客输了两局之后才摆设它，有时候会收到意外的效果。“泥马渡康王”局图式多变，给人以高深莫测的感觉。由于现代江湖棋摊的最新经营方式，辅以托儿的配合，使玄之又玄的“泥马渡康王”局更具杀机。复杂奥妙的棋局变化中，充满了虚虚实实、真真假假的陷阱，有时倘若黑方不谙其诀，则黑马也会化成泥马，从而无所作为。当真是“假亦真时真亦假，无为有处有还无”。值得一提的是，在“泥马渡康王”系列局发展衍生的过程中，浙江金华朱小坚先生创作了许多“泥马渡康王”的作品，这些作品流传到江湖棋摊上，对发展“泥马渡康王”系列局起到了重要的作用和影响。

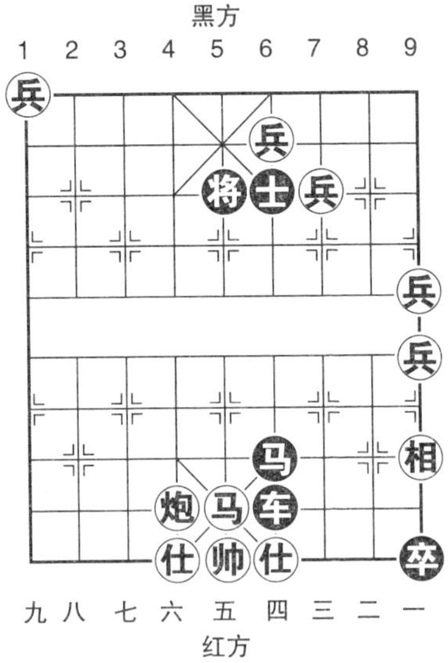

笔者在 2013 年，在金华拜见了好友宋安国老师和朱小坚先生，受到了他们的热情款待，相聚甚欢。至今时常回味当时的快乐。期间，朱兄曾经送给金华宋安国老师一本打印的江湖排局资料，资料的名字是“泥马、蝴蝶、丹凤集”，故笔者这次编排本书，将“泥马渡康王”“双飞蝴蝶”“丹凤朝阳”三个系列，按照先后顺序编排。

本局是“泥马渡康王”系列局中流行较早的一局棋，在五十年代至六十年代初，是上海一带颇为流行的江湖棋局。变化不很复杂，但着法却很精妙。由于其图势变幻莫测，类似的棋局很多，仅个别子位的不同，看似相似，其着法却截然不同，低手容易中圈套。虽是江湖小局，却是街头棋摊常见的棋局。即使在现代江湖棋摊上，也经常出现。请看江苏昆山夜市的一幕。

摊主是一个西北口音大约有三十几岁模样的男人，他摆上本局后，就开始说：“本局红方先走，黑方后走。红方在得子的同时也要奉献子力，然后才能取得胜利。舍得，舍得，有舍才有得，舍子就是弃子，这局棋就是弃子攻杀的棋局。我如果走红棋，是必胜的，现在看哪位老板能最先看出来，就能把这局棋解开。”

这局棋乍一看，就有红方平炮打车叫将后红胜的假象，黑方能攻击的子力就只有一只马和一只底卒。红方虽然马炮受困，但还有五只兵可以走，红方看似胜定的局面，其实这局棋的正确结果还就是红胜。一般情况下，江湖艺人是从来不摆设红胜的棋局，大多摆设的是和局或者黑胜局。究其原因，本局原本就不经常摆设，就是红胜，一般的手也走不出来的；即便是奥妙一点黑胜的棋局，弈客走黑棋也胜不了，搞不好江湖艺人会走出红胜也未可知。棋局中奥妙的着法又怎是一时间就能参悟到的呢？所以艺高人胆大，也没有什么风险的。

两分钟后，一个托儿交了100元，走了一个托儿步：兵三平四（故意不走先炮六平四打车照将，把它留给观众走），将5平6；炮六进八，车6平5黑胜。

摊主说："这位朋友走输了不要紧，我虽然不能告诉你怎么赢的，但可以告诉你怎么输的。这局棋你输在哪呢？我可以告诉你，不让你白输。我走红棋第一步绝对走炮，但是往哪里走，我不会告诉你的，你想一想把答案找出来，很简单的。你走对第一步棋我和你继续走，你要是走对第二步，我就不用你再走了，因为往下再走没有意义了，红棋必赢了。"虽然这是忽悠观众的话语，但也是真正的走法，本局开局就是要打掉黑车才可以获胜的。但是在胜利的途中有一定的奥妙。

又过了两分钟，摊主说："看来这局棋真的把大家难住了，过一会儿我换一个简单的吧。"因为这时摊主发现，有个打工族模样的观众很认真地在思考，于是把他当作一个目标来叫他："这位兄弟怎么样？看出来了吗？要是看出来了就把这局棋解开吧，就算帮我一个忙。要相信自己，才能战胜别人啊。"

那个青年确实已经看出来了，就应一句："看是看出来了，就是不想解。"

摊主接过话茬说："没关系的，你解开也是支持我啊，就看你有没有这个水平，别光纸上谈兵。来吧，能看出来就玩一局。”结果这位观众仍推辞说：“不下，再看看吧。”

摊主则攻击他的心理防线，说道：“我每一天面对的啥人都有，有的人光说大话，没有一点水平。其实自己根本就没有看出来，还为自己硬撑脸面，也只是要要嘴皮子上的功夫。鹦鹉学舌、纸上谈兵是没有用的，战国时的赵括纸上谈兵行，一上阵打仗就懵了，丢失了许多城池。三国时的马谡也是纸上谈兵，丢失了街亭，结果被诸葛亮挥泪斩之。现在看看谁是真正的男人，能赢得本局。”明显此话就是给你听的，就是用激将法刺激你出场。

那青年按捺不住此刻的心情，就交了 100 元出手上阵了。

那青年走的是炮六平四，举手就消灭了黑车。那青年不禁洋洋得意了，看黑方的一只马能走出什么名堂。但是摊主竟然不去走马，而走了一手士 6 退 5；此时有个“好心人”提醒说到：“进兵不就赢了吗？”

那青年一想：“对啊！现在走兵就行了，不就赢了吗？”于是续走前兵平二，以下马 6 退 8；兵二平三，马 8 进 7；后兵平四，马 7 退 6；后兵平五，马 6 进 4；黑胜。

这时，那青年才豁然开朗，哦，黑方还有这么一手呢，看来不太好赢。后来虽然摊主说他可以走红棋，必赢的棋，那青年也不玩了。

“泥马渡康王”是一个大家族，有几十则系列局。“泥马渡康王”家族中有很多是红胜局，本局是好友朱小坚先生所作，也是一则红胜局。九路底兵也可在一路，着法相同，但在九路显得突兀有趣。现介绍如下：

着法：（红先胜）

1. 炮六平四① 士 6 退 5　　2. 相一进三② 马 6 退 7
3. 前兵进一③ 卒 9 平 8④　　4. 前兵进一⑤ 卒 8 平 7

5. 兵九平八⑥	马7进9	6. 前兵平二	马9进7
7. 炮四平三	马7进9⑦	8. 兵四平五	马9退8
9. 炮三平四	将5退1	10. 兵三平四	马8进7
11. 兵四进一	将5进1	12. 兵二平三	马7退8
13. 兵三平四	将5平6	14. 马五进四	(红胜)

注释：

①如改走兵三平四，则将5平6；炮六平四，将6平5；相一进三，马6退7；前兵平二，马7进8；兵二平三，马8退6；兵三平四，马6进4，黑胜。

②如改走前兵平二，则马6退8；兵二平三，马8进7；后兵平四，马7退6；后兵平五，马6进4，黑胜。

③如改走前兵平二，则马7进8；兵二平三，马8退6；后兵平四，马6进4，黑胜。

④如改走马7进8，则炮四平二，马8退6；炮二进六，士5进6；兵三平四，将5平6，马五进四红胜。

⑤也可走兵九平八，再走此着。此时如改走兵四平三则卒8平7，前兵平二，马7进8；炮四进八，马8进9，后兵平四（如炮四平五，则士5退6，后兵平四，将5退1，兵三平四，将5退1，后兵平五，马9退7，黑胜），士5进6；炮四平三，马9退8；炮三平四（如炮三退九，则马8进7；兵二平三，马7退6，黑胜），士6退5；兵三平四，士5退6；兵二平三，马8退6；兵三平四，马6进4；黑胜。

⑥紧凑有力，佳着。红方另有两种着法均负：

甲、后兵进一，马7进9；后兵平二，马9进7；炮四平三，马7退8；炮三进三，马8进7；炮三退四，马7进9；炮三进一，马9退8；炮三平四，马8进7；兵二平三，马7退6；后兵平四，马6进4黑胜。

乙、前兵平二，马7进9；兵四平五，马9进7；炮四平三，将5退1；兵三平四，马7退8；炮三进三，马8进7；炮三退四，马7进9；兵四进一，将5退1；炮三进一，马9退8；炮三平四，马8进7；兵九平八，马7退6；兵八平七，马6进4；黑胜。

⑦如改走马7退8；则兵三平四，士5进6；兵二平三，士6退5；炮三平二，马8进6；炮二进六，士5进6；兵三平四，将5平6；马五进四，红胜。

第2局　泥马渡康王（二）

上一局结果演变成红胜，较为可惜，如果修改成本局图式，则是“泥马渡康王”中的一则和局，但本局若红一路后兵位置前移一步，则黑可胜。现介绍如下：

着法：（红先和）

1. 炮六平四　士6退5
2. 相一进三①　马6退7
3. 前兵进一　卒9平8
4. 兵四平三②　卒8平7③
5. 前兵平四　卒7平8
6. 兵四平三　卒8平7
7. 前兵平四　卒7平8④

（双方不变作和）

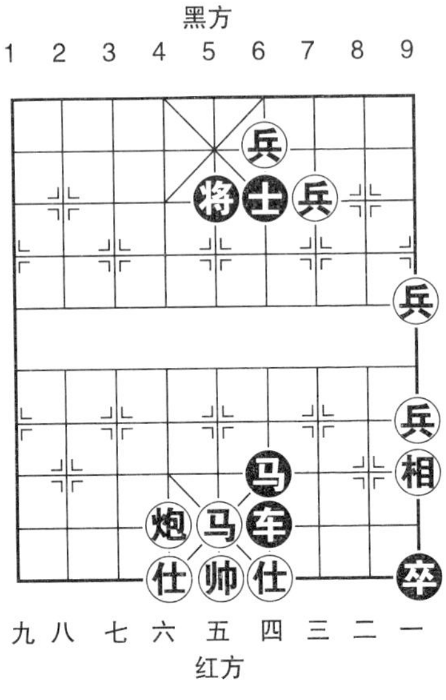

注释：

①要着！如改走前兵平二，则马6退8；兵二平三，马8进7；后兵平四，马7退

6；后兵平五，马6进4；黑胜。

②红方另有两种着法均负：

甲、前兵进一，马7进6；前兵平二，马6退8；兵四平五，将5退1；兵三平四，马8进7；兵四进一，将5退1；兵二平三，马7退6；兵三平四，马6进4黑胜。

乙、后兵进一，卒8平7；后兵进一（如兵四平三，则马7进8；炮四进八，马8进9；后兵平四，士5进6；炮四平三，马9退8；炮三平四，士6退5；炮四退八，马8退6；前兵平二，马6进4；黑胜），马8进9；前兵平二，马9进7；炮四平三，马7退8；炮三进三，马8进7；炮三退四，马7进9；炮三进一，马9退8；炮三平四，马8进7；兵二平三，马7退6；后兵平四，马6进4，黑胜。

③如改走马7进8；则炮四进八，卒8平7；前兵平四，马8进9；炮四平五，士5退6；兵三平四，将5平6；马五进四，红胜。

④黑如强行求变改走马7进9；则兵一平二，马9进7；炮四平三，马7进9；兵二平三，马9退8；炮三平四，马8进7；后兵平四，马7退6；后兵平五，将5平4；马五进四，红胜。

第3局　泥马渡康王（三）

本局也是朱小坚先生的作品。

图式中红方三路兵的排列，颇为壮观，变化细腻，结论是和局。现介绍如下：

着法：（红先和）

1. 炮六平四①　士6退5　　2. 相一进三②　马6退7

3. 兵一平二③　象9退7④　　4. 前兵平二⑤　马7进8

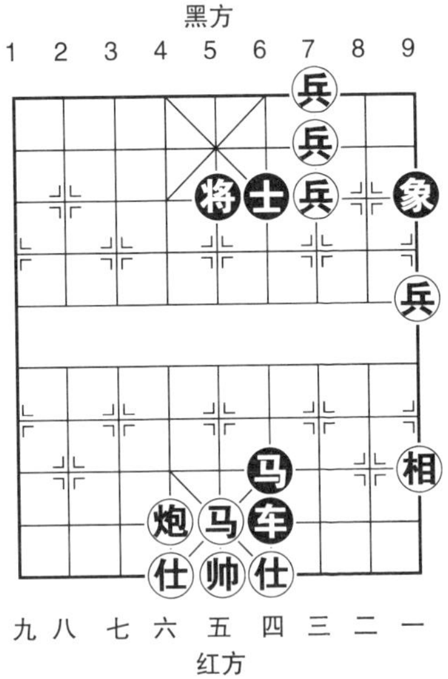

5. 炮四进七　马8进9

6. 炮四平三　马9退8

7. 炮三平四　马8退7

8. 炮四退七　马7进8

9. 炮四进七　马8进9

10. 炮四平三　（和局）

注释：

①如改走后兵平四，则将5平6；炮六平四，将6平5；相一进三，马6退7；兵一平二，马7进8；兵二进一，马8退6；炮四进一，马6进4；黑胜。

②如改走兵一进一，则马6退8；兵一平二，马8进7；兵二平三，马7退6；后兵平四，马6进4；黑胜。

③如改走兵一进一，则象9退7；以下红方有四种着法均负：

甲、前兵平二，马7进8；炮四进七，马8进9；炮四平三，马9退8；炮三平四，士5退4；兵一平二，将5退1；兵三平四，马8进9；兵四平三（如兵四平五，则将5进1；后兵平三，马9退7；炮四退七，马7退6；兵三平四，马6进4；黑胜），马9退7；炮四退七，马7退6；后兵平三，马6进4；黑胜。

乙、前兵进一，士5进6；兵一平二，马7进8；兵二平三，马8退6；中兵平四，将5退1；兵四进一，将5进1；后兵平四，马6进4；黑胜。

丙、前兵平四，象7进9；兵一平二，马7进8；兵二平三，马8退6；后兵平四，马6进4；黑胜。

丁、兵一平二，马7进8；炮四进八，马8进9；炮四平五，士5进4；后兵平四，将5退1；兵三平四，将5退1；后兵平五，马9退7；黑胜。

④黑方有两种着法均负：

甲、马7进8；炮四进八，马8退6；后兵平四（如炮四平五则士5退6；后兵平四，将5退1；后兵平四，将5退1；兵三平四，将5平4；马五进四红胜），士5进6；炮四退六，红胜。

乙、马7进6；兵二进一，马6退8；兵二平三，马8进7；后兵平四，马7退6；兵四平五，将5平4；马五进四，红弃相得先胜。

⑤红方有三种着法均负：

甲、前兵进一，士5进6；兵二平三，马7进8；后兵平四，马8退6；后兵平四，将5退1；前兵进一，将5进1；后兵平五，马6进4黑胜。

乙、前兵平四，马7进8；兵二平三，马8退6；后兵平四，马6进4，黑胜。

丙、兵二平三，马7进8；炮四进八（如炮四平二，则马8退7；炮二进六，士5进6；中兵平四，将5退1；前兵平四，将5退1；后兵平五，马7进6黑胜），马8进9（如士5退6；则中兵平四，将5退1；前兵平四，将5退1；后兵平五，马8退6；马五进四红胜）；炮四平五，士5退6；中兵平四，将5退1；前兵平四，将5退1；后兵平五，马9退7黑胜。

第 4 局　泥马渡康王（四）

本局是一则红胜局，收集于网络。现介绍如下：

着法：（红先胜）

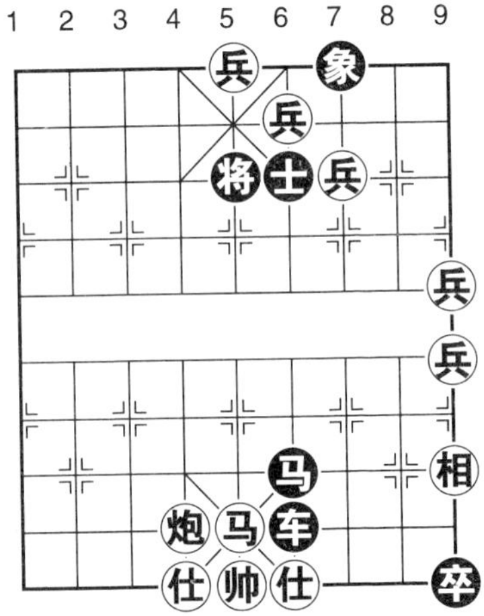

1. 炮六平四　士 6 退 5
2. 相一进三　马 6 退 7
3. 前兵进一　卒 9 平 8
4. 兵五平六　卒 8 平 7
5. 兵四平三　马 7 进 8
6. 炮四平二　卒 7 平 8
7. 前兵平四　卒 8 平 7
8. 兵六平五　卒 7 平 8
9. 兵五平四　卒 8 平 7
10. 前兵平三　卒 7 平 8
11. 前兵进一　卒 8 平 7
12. 前兵进一　卒 7 平 8
13. 前兵平二　卒 8 平 7
14. 兵二平三　卒 7 平 8
15. 兵四平五　将 5 退 1
16. 中兵平四　将 5 进 1
17. 后兵平四　将 5 平 6
18. 马五进四　（红胜）

第 5 局　泥马渡康王（五）

如果在上一局棋图基础上，增加一只黑方 3 路底象，成为本局图式，则可以达到攻守平衡，成为一则和局，现介绍如下：

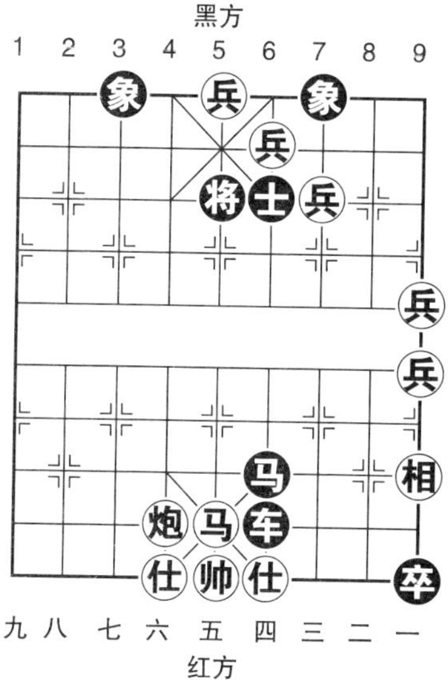

着法：（红先和）

1. 炮六平四　士6退5
2. 相一进三　马6退7
3. 前兵进一　卒9平8
4. 兵五平六　卒8平7
5. 后兵进一　象3进1
6. 前兵进一　象7进9
7. 兵一进一　象9退7
8. 兵四平三　象7进9
9. 前兵平四　象9退7
10. 兵四平三　象7进9
11. 前兵平四　（和局）

第6局　泥马渡康王（六）

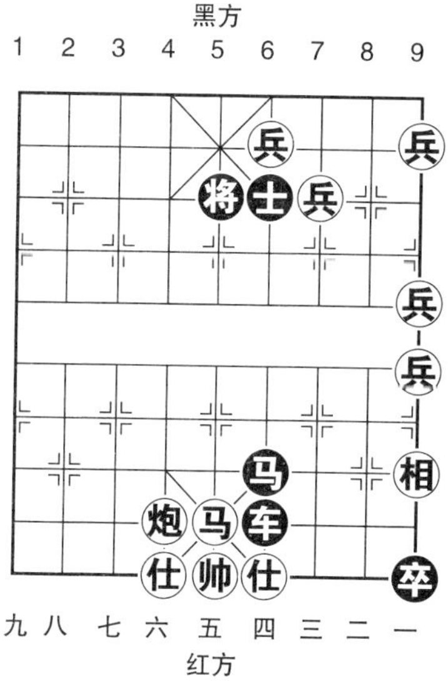

本局也是一则和局结论的“泥马渡康王”，收集于网络。现介绍如下：

着法：（红先和）

1. 炮六平四　士6退5
2. 相一进三　马6退7
3. 中兵进一　卒9平8
4. 兵四进一　卒8平7
5. 中兵平二　马7进8
6. 炮四进七　马8进9
7. 炮四平三　马9退8
8. 炮三平四　马8进9

9. 炮四平三　马9退8　　　10. 炮三平四　（和局）

第7局　泥马渡康王（七）

本局几乎可以说是“泥马渡康王”类中最复杂的一局，几乎包含了泥马类的各种攻防变化，也是最精彩的一局。现介绍如下：

着法：（红先和）

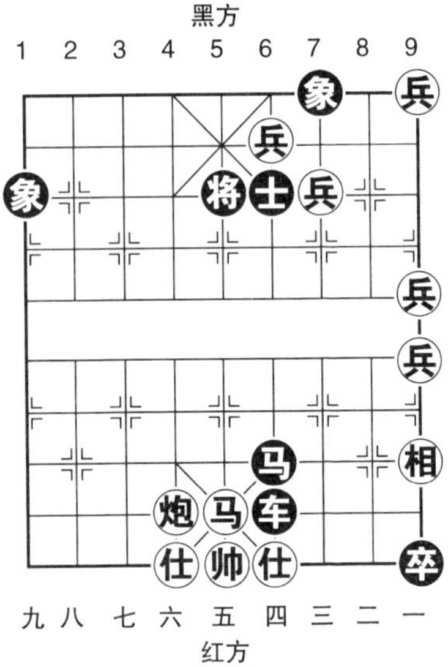

1. 炮六平四　士6退5
2. 相一进三①　马6退7
3. 中兵进一②　卒9平8③
4. 前兵平二④　卒8平7
5. 后兵进一⑤　象1进3
6. 前兵进一⑥　象7进9⑦
7. 兵一进一　象3退1⑧
8. 兵一进一⑨　马7进9
9. 兵一平二⑩　马9进7
10. 炮四平三　马7退8
11. 兵三平四⑪　士5进6
12. 后兵平三　马8进9⑫
13. 兵三平四⑬　将5平6　　　14. 马五进四　马9进7
15. 马四退三　将6退1（和局）

注释：

①如改走中兵平二，则马6退8；兵二平三，马8进7；后兵平四，马7退6；后兵平五，马6进4；黑胜。

②如改走中兵平二，则马7进8；兵二平三，马8退6；后兵平四，马6进4黑胜。

③如改走马7进8；则炮四平二，卒9平8；前兵平二，象7进9；前兵进一，卒8平7；兵二平三，卒7平8；前兵进一，卒8平7；前兵平二，卒7平8；兵二平三，卒8平7；兵四平五，马8退6；后兵平四，将5退1；后兵平四，将5退1；兵三平四，将5平4；马五进四，红胜。

④红方有两种着法均负：

甲、兵四进一，士5进6；中兵平二，马7进8；兵二平三，马8退6；前兵平四，将5退1；后兵进一，将5进1；兵三平四，马6进4黑胜。

乙、兵四平三，卒8平7；前兵平二，马7进9（如马7进8；则炮四进七，马8进9；炮四平三，马9退8；炮三平四，马8退7；炮四退七，马7进8；炮四进七，马8进9；炮四平三和局）；中兵平二，马9进7；炮四平三，马7退8；炮三进三，马8进9（如马8进7；则炮三退四，马7进9；炮三进九，马9退8黑亦胜）；炮三进五，马9退8；炮三平五，士5退6；兵三平四，将5退1；前兵平三，马8进6；兵三平四，将5退1；后兵平五，马6进4黑胜。

⑤如改走兵二平三，则马7进9；前兵平二（如前兵进一，则马9进7；炮四平三，马7进9；兵四平五，马9退8；炮三平四，将5退1；后兵平四，马8进7；兵四进一，将5进1，前兵平二，马7退6；兵二平三，马6进4黑胜），马9进7；炮四平三，马7退8；炮三进二，马8进7（如马8进9；则后兵平四，士5进6；炮三进三，士6退5；兵二平三，象1退3；前兵平二，象3进1；炮三进二，象1退3；兵三进一，马9退8；炮三平五，士5退6；兵三平四，将5平6；马五退三，红胜）；炮三退四，马7进9；炮三进一，马9退8；炮三平四，马8进7；兵二平三，马7退6；后兵平四，马6进4黑胜。

⑥如改走兵二平一则象7进9；前兵平二，马7进9；前兵进一（如前兵平二，则马9进7；炮四平三，马7退8；炮三进三，马8进7；炮三退四，马7进9；炮三进一，马9退8；炮三平四，马8进7；后兵平三，马7退6；后兵平四，马6进4；黑胜），马9进7，炮四平三，马7进9；兵四平五，将5退1；兵三平四，马9退8；炮三平四，马8进7；兵四进一，将5进1；前兵平二，马7退6；后兵平三，马6进4；黑胜。

⑦如改走马7进9（如马7进8；则炮四平二，象7进9；兵一进一，象9进7；兵二平三，象3退1；前兵平二和局），前兵平二，马9进7；炮四平三，象7进9（如马7退8，则兵三平四，士5进6；后兵平三，士6退5；炮三平二，象7进9；炮二进二，象3退1；炮二平五；红胜。又如马，7进9；则兵四平五，将5退1；兵三平四，马9退8；炮三平四，象7进9；兵四进一，将5退1；后兵平一，马8进7；兵二平三，马7退6；兵三平四红胜），兵一进一，象3退1（如马7退8，则兵三平四，士5进6；炮三进六，士6退5；炮三平一，士5进6；后兵平三，马8进6；兵三平四，将5平6；马五进四红胜。又如马7进9，则兵三平四，士5进6；炮三进六，士6退5；炮三平一，士5进6；炮一退六，红胜），兵一进一，马7退8；兵三平四，士5进6；后兵平三，士6退5；炮三平二，象1进3；炮二进二，象3退1；炮二平五，马8退6；马五进三红胜。

⑧如改走其他着法均败。

⑨如改走兵二平一则象1退3，前兵平二，象3进1；红也可和，略消极。

⑩如改走兵一进一则马9进7，炮四平三，马7进9（如马7退8，则炮三平二，象1退3；兵一平二，象3进1；后

兵平三，象1退3；兵二平三，象3进1；兵四平五，马8进6；后兵平四，将5退1；后兵平四，将5退1；兵三平四，将5平4；马五进四；红胜），兵四平五，马9退8；炮三平四，将5退1；兵一平二，马8进7；后兵平三，马7退6；前兵平四，将5退1；兵二平三，马6进4，黑胜。

⑪如改走炮三进三则马8进9，炮三平四马9进7，炮四退三马7退6，兵四平五马6进4，黑胜。

⑫如改走士6退5，则炮三平二象1退3，炮二进二象3进1，炮二平五马8退6，马五进三红胜。

⑬如改走炮三平四则士6退5，兵二平三马9进7，前兵平二马7退6，兵二平三马6进4，黑胜。

第8局　泥马渡康王（八）

本局图式和以上那些“泥马渡康王”有所不同，结论是和局，现介绍如下：

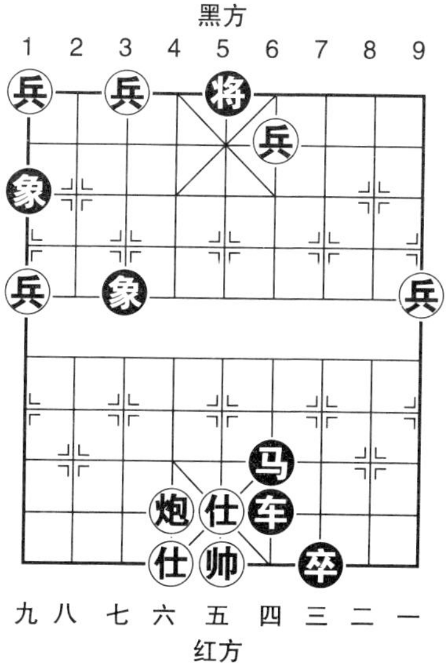

着法：（红先和）

1. 炮六平四　象1退3
2. 前兵平八①　象3进1
3. 兵九平八②　马6退4
4. 炮四平三③　马4进6
5. 炮三平四　马6退4
6. 炮四平三　马4进2
7. 炮三进一　马2进1
8. 炮三退一　马1退2
9. 炮三进一　马2退4

10. 炮三退一　马4进6　11. 炮三平四　马6退4
12. 炮四平三　马4退6④　13. 后兵平七　马6进8
14. 炮三平四　马8退6　15. 兵七平六⑤　马6退4
16. 炮四进四　马4进6　17. 炮四平五　马6进8
18. 仕五进六　马8进7　19. 帅五进一　马7退6
20. 帅五平四　马6退5　21. 兵一平二　马5退7
22. 兵四平三　将5进1　23. 兵二平三　马7进9
24. 后兵平四　马9进7（和局）

注释：

①如改走后兵平八则马6退4；炮四平三（这是最关键的地方。上一步黑马6退4，是守中带攻暗藏杀机的走法。如兵一平二则马4退6，兵二平三马6进7，炮四平三马7退8，炮三进三马8进9，炮三平四马9进7，炮四退三马7退6，兵三平四马6进4，黑胜。又如兵八进一则马4退6，兵八平七马6进7，炮四平三马7退8，以下红方有两种应法均负：甲、兵七平六马8进6，兵六平五马6进7，黑胜。乙、炮三进三马8进9，炮三平四马9进7，炮四退三马7退6，兵七平六马6进4，黑胜），马4进6，炮三平四马6退4，炮四平三马4进2，炮三进一马2进1，炮三退一马1退2，炮三进一马2退4，炮三退一（从第3回合到第9回合，还有第10到第12回合，黑方是试探红方是否会应错），象3退1，兵九平八马4进6，炮三平四马6退4，炮四平三马4进6，炮三平四马6退7，前兵平七象1退3，兵八平七马7进8，兵七平六马8进6，兵六平五马6退8，兵五进一马8退6，仕五进四马6退4，兵一平二马4退5，兵二进一象3进5，兵二平三马5退3，兵三平四卒7平8，后兵进一马3进4，和局。

②如改走兵一平二则马6退8，兵二进一（如兵二平三则

马 8 退 7，炮四进三马 7 进 6，炮四平五马 6 进 7，黑胜），马 8 进 7，兵二平三马 7 退 6，黑胜。

③如改走兵一平二则马 4 退 6，兵二平三马 6 进 7，炮四平三马 7 退 8，炮三进三马 8 进 9，炮三平四马 9 进 7，炮四退三马 7 退 6，黑胜。

④求变之着。

⑤红方另有三种着法结果不同：

甲、兵七进一马 6 进 7，炮四平三马 7 退 8，兵七平六马 8 进 6，炮三平四马 6 进 4，黑胜。

乙、炮四进二马 6 进 4，炮四退二马 4 退 3，黑再马 3 进 2 胜定。

丙、炮四平三马 6 进 8，炮三平四马 8 退 6，不变做和。

第 9 局　泥马渡康王（九）

本局是一则红胜局，此局“泥马渡康王”为江湖罕见。现介绍如下：

着法：（红先胜）

1. 炮六平四　士 4 退 5
2. 相一进三　马 6 退 7
3. 前兵进一　卒 9 平 8
4. 兵四进一　卒 8 平 7
5. 前兵平二　马 7 进 8
6. 炮四进七　马 8 进 9
7. 炮四平三　马 9 退 8
8. 炮三平一　马 8 退 6

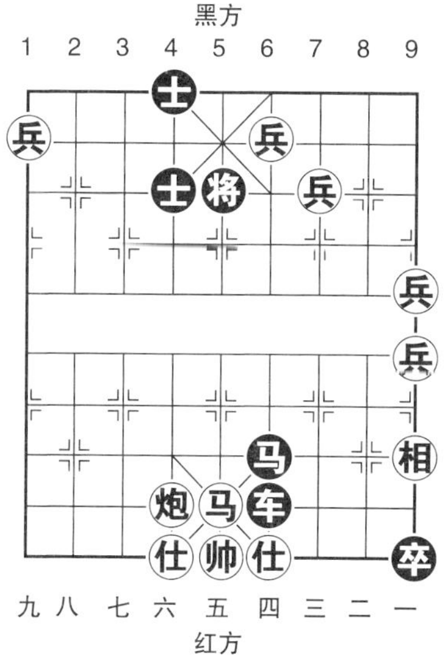

9. 炮一退一　士 5 进 6　　10. 兵三平四　将 5 退 1
11. 后兵进一　将 5 进 1　　12. 兵二进一　（红胜）

第 10 局　泥马渡康王（十）

本局也是“小泥马”中一则短小精悍的和局，红方主要利用炮双兵防守住黑马的攻击路线，才能成和。现介绍如下：

着法：（红先和）

1. 炮四进二①　马 6 进 7
2. 兵三平四②　将 5 退 1
3. 兵一平二　马 7 退 9
4. 炮四平二　马 9 进 7
5. 炮二平四　马 7 进 8
6. 兵二平三　马 8 进 9
7. 炮四平三　马 9 退 8
8. 炮三平四　马 8 进 9③
9. 炮四平三　马 9 退 8
10. 炮三平四　（和局）

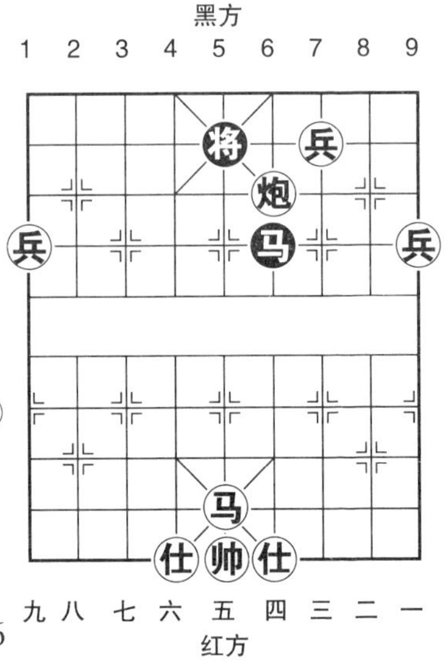

注释：

①如改走兵一平二则马 6 进 7，炮四退六马 7 进 8，炮四进八将 5 退 1，兵三平四马 8 进 9，兵四平五将 5 进 1，兵二平三马 9 退 7，炮四退八马 7 退 6，兵三平四马 6 进 4，黑胜。

②如改走炮四退八则马 7 进 8，炮四进八将 5 退 1，兵三平四马 8 进 9，黑胜。

③如改走马 8 退 7，则兵九平八（如兵三进一则马 7 退 9，兵四平三　马 9 进 8，炮四退八马 8 进 7，后兵平四马 7 退 6，

兵四平五马 6 进 4，黑胜），马 7 进 8，兵三平四马 8 进 9，前兵平五将 5 进 1，兵四平五马 9 退 7，炮四退八红胜。

第 11 局　泥马渡康王（十一）

本局的构图另类，是一则和局，现介绍如下：

着法：（红先和）

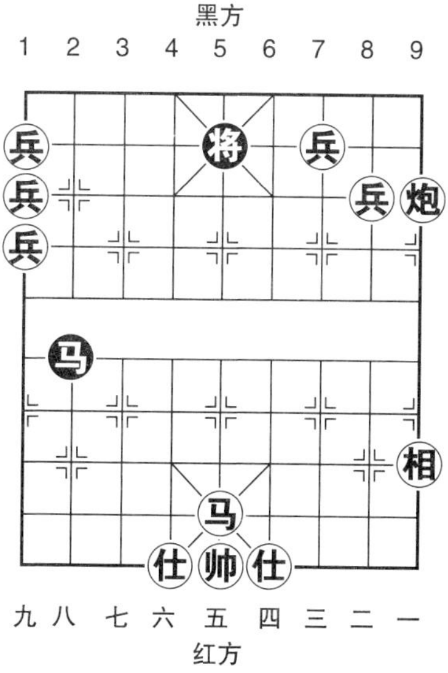

1. 相一进三　　马 2 进 4
2. 炮一退六　　马 4 进 6
3. 炮一平四　　马 6 退 7
4. 兵二平三　　马 7 进 8
5. 炮四进八　　马 8 进 9
6. 前兵平四①　将 5 退 1
7. 炮四平三　　马 9 退 8
8. 炮三平四　　马 8 进 9②
9. 炮四平三　　马 9 退 8
10. 炮三平四　　马 8 进 9
11. 炮四平三　　（和局）

注释：

①如改走炮四退八则马 9 退 7，前兵平四将 5 退 1，兵三平四马 7 退 6，后兵平五马 6 进 4，黑胜。

②黑方另有两种着法：

甲、马 8 退 7，兵三进一（红方另有两种着法均负：一、前兵平八马 7 退 9，兵八平七马 9 进 8，兵四平五将 5 进 1，炮四退八马 8 进 7，兵七平六将 5 退 1，兵三平四马 7 退 6，兵四平五马 6 进 4，黑胜。二、后兵平八马 7 退 9，兵八平七马9进8，兵四平五将5进1，炮四退八马8进7，兵七平六马7退6，兵六平五马6进4，黑胜），马7退9，炮四平二马9进8，兵三进一，红胜。

乙、马8进7，兵三进一（如前兵平八则马7退9，兵八平七马9退8，兵四平五将5进1，炮四退八马8进7，兵七平六将5退1，兵三平四马7退6，兵四平五马6进4，黑胜），马7退9，炮四平二马9退8，兵三进一胜。

第12局　泥马渡康王（十二）

朱小坚先生是研究创作泥马局的专家。本局和下一局也是朱小坚先生的作品，结论也是和局。传入江湖后，流行于江浙一带。现介绍如下：

着法：（红先和）

1. 相一进三　马2进4
2. 炮一退五　马4进6
3. 炮一平四　马6退7
4. 兵二平三　马7进8
5. 炮四进八　马8进9
6. 前兵平四　将5退1
7. 炮四平三　马9退8
8. 炮三平四　马8退7
9. 兵九平八　象3进1
10. 兵八平九①　象1退3
11. 兵三平二　马7进8
12. 兵二平三　马8进9
13. 炮四平三　马9退8

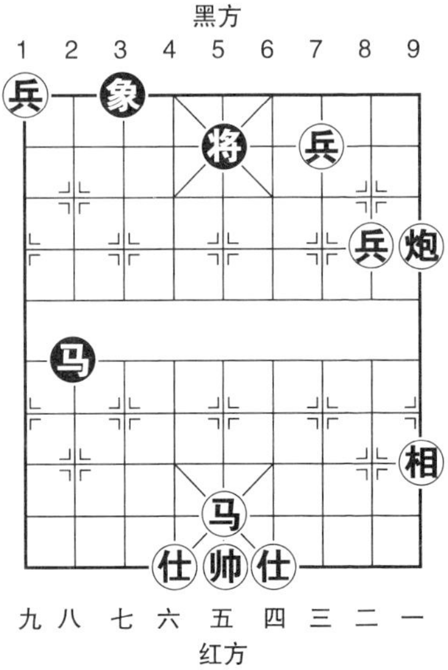

14. 炮三平四　马8退7　　15. 兵三平二　马7退9
16. 炮四平二　马9进7　　17. 炮二平四　马7退8
18. 兵四平五　将5进1　　19. 炮四退六　马8进7
20. 炮四平三　象3进1　　21. 兵九平八　将5退1
22. 兵八平九　（和局）

注释：

①如改走兵三进一则马7退9，兵三平四马9进8，前兵平五将5进1，兵四平五将5进1，炮四退八马8进7，兵八平九马7退6，兵九平八马6进4，黑胜。

第13局　泥马渡康王（十三）

本局的图式和上一局很相似，只是将上一局红方一、二路炮兵后移一步，并删去了红方九路底兵，图式更为简洁，结论是和局。现介绍如下：

着法：（红先和）

1. 相一进三　马2进4
2. 炮一退四　马4进6
3. 炮一平四　马6退7
4. 兵二平三　马7进8
5. 炮四进八　马8进9
6. 前兵平四　将5退1
7. 炮四平三　马9退8①
8. 炮三平四　马8退7
9. 兵四平五②　将5进1
10. 兵三平四③　象3进1
11. 炮四退二　象1退3

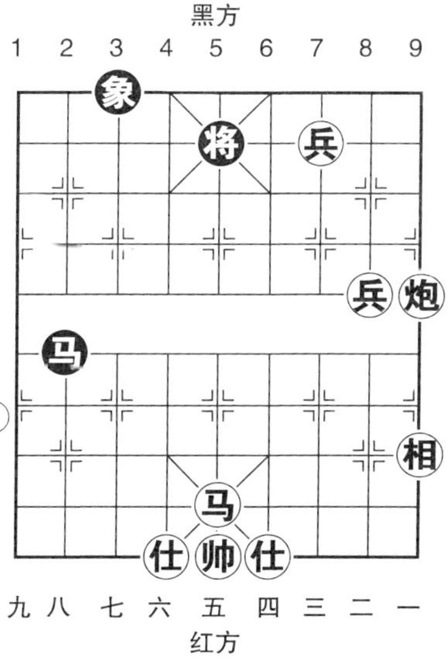

12. 炮四进二 （和局）

注释：

①如改走象3进1，则炮三退三（如兵三进一则马9退8，炮三平四马8退7，兵三进一马7退9，兵四平五将5进1，炮四退八马9进8，兵三平四马8进7，兵四平三马7退6，兵三平四马6进4，黑胜），象1退3，炮三进一和局。

②红方另有两种着法结果不同：

甲、兵三进一象3进1（如马7退9，则兵四平五将5进1，炮四退八马9进7，兵三平四马7退6，炮四进四马6退4，炮四平五马4进5，马五进四将5平6，马四进五黑以“门东户西”守和），兵三进一（如兵三平二则马7退8，兵四平五将5进1，炮四退六马8进7，炮四平三将5退1，黑胜），马7退9，兵四平五将5进1，炮四退八马9进8，兵三平四马8进7，兵四平三马7退6，兵三平四马6进4，黑胜。

乙、兵三平二马7进8，兵二平三马8进9，炮四平三马9退8，炮三平四和局。

③如改走炮四退八则马7进8，兵三平四马8退6，兵四平五马6进4，黑胜。

风云名手回顾之“北方名家”谢小然

在北方棋坛众多名手中，南下征战的极少，这一方面因为路途遥远、费用高昂，另方面又因江南好手众多，与南下较艺能否取得好成绩的心理因素有关。然而，北方棋坛名家谢小然，以自己扎实的棋艺根底和充分的斗争信心，飘然南下上海，和沪上的诸多名手角逐后，还和华南第一手杨官璘弈赛六局持平，从而赢得了“南杨北谢”的称誉。

谢小然，河北武清县人，1913年出生。身材伟岸丰硕，脸形圆满和蔼。谢性格宽厚乐观，但办事顶真严谨。1929年进北平求学，就读于私立民间大学专门部预科，一年后拿到文凭。续学法律本科，因病及经济窘迫，未完成学业。据说，谢曾当过小学教师，因为工作难找，而走上以棋为生的道路。

幼年时，谢就喜爱象棋，其水平在乡间就已不俗。到北京后常去天桥孙记、存记棋摊下棋。一段时间后，周围关系渐渐熟悉，经人介绍去天桥启新棋社和聚贤棋社下棋。在练棋阶段，谢就存心争雄棋坛，为此，他没有找张德魁、赵松宽、徐词海等弈让子、让先棋（怕今后留下话柄），而是和二路棋手对弈争胜。由于练棋路子正确，进步又快，一段时间后，分别击败京城的二流棋手，促使他向一流高手挑战。

当时北京一流高手的排名是：张德魁、那健庭、赵松宽。谢选择赵松宽为近期挑战目标，并打听到赵在花市火神庙茶社落脚。一个星期天早上，谢来到火神庙茶社，因久等未见赵来，就和绰号“油渣李”对弈起来，不料竟连负四局。这使谢看到差距，继续打谱和练棋。约半年后，谢恢复了信心，再找赵松宽挑战，言明分先四局，每局彩金五元。不料连输三局，第四局也呈输势，但赵放了一马以和棋收枰。又经过一段时间，谢自感棋力已有长进，再次向赵挑战，地点在东安市场德昌棋社，同样每局挂彩五元。

第一局谢先，至中局时形势已太好，谢叫了四十个锅贴、一碗辣汤，一口气吃完；而赵松宽由于劣势，要的四个大包子、一碗汤却纹丝未动。第一局赵负。

第二局时赵松宽已十分难堪，因为如谢走马5进6，赵即失子，将以连输两局结束今天的棋事。此时正好那健庭踱步进来，看到棋盘上的形势和赵松宽的窘态，正为赵捏把汗时，谢却走马五进七去兵，结果成和。这个结局十分意外，散场离去时，那健庭问谢小然何以不马5进6，谢才说出了前些时曾被赵放和一盘的经历。之后，赵松宽看到了谢小然棋艺增长的势头，又感激谢放和一盘而产生友谊，从此他们不再赌彩斗棋。

谢小然胜了赵松宽，标志着练棋阶段的结束，以后的目标是向张德魁及那健庭挑战。然而就在此时，他患一场大病，将留作求学的费用耗费殆尽，无法继续学业，不得不走上以棋为生的道路。

在旧时代，要想以棋为生，光靠博彩并不能持久，原因有二：一是和低手弈棋，必须让足，而且老是在一个地方弈棋，总会有疲塌的感觉；二是和顶手弈棋，不仅时间耗得久，且没有把握。而下表演棋或说棋，需要拔尖的知名度。谢小然要在京城以棋谋生，就必须争到高知名度，才会有人请他讲棋。

怎样向张、那两位棋坛霸主挑战并取得好成绩呢？由于谢和那常在一起，有朋友关系，所以谢避开了和那的对弈，而直接找张德魁挑战。谢、张的首战在东安市场的德昌棋社举行，六局平分秋色，谢未能取胜。六个月后，谢再次在德昌棋社和张弈战，前后三场，第一场两局，谢以一和一胜告捷；第二场仍为两局，又以一胜一和得胜；第三场的两局弈成平手，后加赛一局，谢小然又胜。所以第二阶段的谢、张之战，以谢胜而结束。这三场棋赛，除去赛后的饭金、给工友的开销，还有十多元结余，最可贵的是：从此有人请他“说象棋”拿薪水了，生活相对安定些。

当谢小然对张德魁挑战取得好战果后，又和京华及东北的其他名手弈战过。一是对那健庭。本来，谢和那不想对弈，但在棋友们的怂恿下，终于摆开战场。形式是每盘悬彩二元，谁输谁买二元一桶的冰激凌请大家吃。赌本是棋迷朱瑞书和郭瑞青助那健庭去青岛的路费，谢则手头有一些钱。大概是谢小然竞技状态特佳，经过一个星期的比赛，那的路费全部输完，于是青岛去不成了，并且一度伤害了二人的友谊。在谢、那对弈中，有一些精彩对局。

谢小然成名后，曾和东北名手赵文宣对弈过三局，皆和。和另一东北名手胡震洲对弈共两次，第一次由赵德宣助彩，谢稍上风，第二次事隔一年多，恰成平手，这两战使双方都感到对手功力深厚，技艺精湛。谢在对天津田玉书的多局对弈中，小胜一局。在和沈阳徐词海、唐山杨茂荣及后来成长的北京棋手全海龙对弈中，总的也是多胜少负，略略占优。所以，在三十年代后期至四十年代的十多年时间中，谢小然的棋名已稍超张、那。

一般说，名手的棋艺水平是相对稳定的，也偶有不稳定之时，这往往和一时的遭遇、疾病、经济状况及至年龄有关。这就是所谓竞技状况。在谢小然的棋艺生涯中，五十年代初期的对张德魁之战，对他南下产生了影响。1952 年，同为京华棋坛一流高手的谢、张再次悬彩作公开赛。不料谢竟连负两局。因家事不顺加上身体不适，故有此惨败，这使谢在北京难以安生。于是，谢萌发了去上海闯荡的想法。

1952 年 8 月上旬，谢小然飘然南下，往上海下表演棋为生。这是一种很严酷的生活，弈胜了对手，知名度会越高，请表演的会越多；如果弈败，情况就相反。作为北方的名棋手，谢小然有充分的信心。由于经济不佳，谢在上海火车站下车时还剩四角钱，住旅馆都不够，只好借居在一家成衣铺的柜台宿夜，这就是职业棋人的生活！由于睡眠和休息不好，首战上海何顺安失利。这个情况让棋人冯锦诸知道后，主动请谢至自己家，让他好好休息。谢小然的第二场表演是对刚到上海访问的华南第一高手杨官璘。由沪青棋社屠景明主持赛务，在八仙桥青年会大礼堂对弈，谢以一胜一负二和打平。杨曾经打遍上海"无敌手"，于是谢的声名大振。接着谢又和当时的华东第一手董文渊弈战，时间为九月中旬，比赛共三局，谢以一胜一负一和结束。于是，谢的名声进一步得到巩固，自此有了"南杨北谢"之说。

此次上海征战，不仅得了名，还得了利。因为上海的表演赛，每场有 12 元的对局费，而且谢对董的表演赛，采取每张门票提取一角的办法，收入可观，大大改善了经济处境。

谢小然还和华东名手屠景明对弈一局成和，和"华东三虎"之一朱剑秋对弈一局胜，和"象棋总司令"谢侠逊对弈一局明和实胜，战绩大佳。谢访沪回京后，有些战绩也值得一记：1953 年夏，华南名棋手陈松顺单骑入京师弈游，连胜侯玉山、张德魁之后，和谢小然对弈一局，以和棋结束。1959 年 6 月 6 日，和全国亚军王嘉良弈了一局表演棋，谢妙用"玉屠金鼎"，从帅后面绕过一马而获胜。

1952 年谢自沪返京后，经济有些积余。但坐吃山空不是办法，经过棋友董醒华促成，谢开办了一家"天然轩棋社"。这是新中国成立后第一家有营业执照的棋茶馆，一方面为弈棋人提供了场所，为北京的象棋繁荣做了工作；另一方面谢通过收取茶棋具费来维持生活。开业后，吸引了许多棋艺爱好者，名手全海龙、杨茂荣等也常来"天然轩"摆棋。来北京的山西贾题韬、哈尔滨王嘉良也都慕名到此，连香港名手曾益谦、黎子健也借国庆来京观光之机，两次到"天然轩"拜访谢小然。这个棋社直到 1958 年谢小然正式参加工作——去先农坛体育场任职才告结束。

参加正式工作后的谢小然，以棋艺教练的身份，全心全意培养青少年棋手。他十分注意从学生中选好苗子，在开局和中局两个方面重点施教。在教学中，除了讲解棋艺外，更十分关心少年棋手思想成长和生活照顾。如有一次谢带学员出去搞活动，后领往家中吃便饭，到家后忽然想起其中有一回民学生，连忙到街上买了份回民饭菜；当学员离去时，还亲自送他们上汽车。

在谢小然的关心和培养下，一批新手茁壮成长起来，如傅光明、陆兴、王国栋等，成了专业棋手或专门棋艺人才。谢小然还连续担任九届全国比赛的裁判和裁判长，他执法公正、严明；还担任北京棋院的副院长，北京政协四、五、六届的委员；另出版过《象棋精编》等书，为棋艺事业做出了巨大的贡献。

谢小然先生患有高血压病，随着年岁的增长，病况有所发展。于 1985 年逝世，终年 72 岁。上海万安平先生有诗赞曰：

飘然棋界一名家，
楚汉争雄弈苑夸。
勇往直前攀绝顶，
南杨北谢震中华。

第六章
前生化蝶翩翩随　今世与君双双飞

第1局　双飞蝴蝶（一）
江湖揭秘

江湖排局“双飞蝴蝶”系列局，红方双炮进退自如，左右逢源，宛如蝴蝶左右翻飞，故名“双飞蝴蝶”。局名确实是点题之笔，也不禁让人联想到梁祝化蝶的传说，虽然生前没有在一起，死后化蝶永相随，凄美的传说寓意古代人对爱情的向往。其实古往今来、古今中外的那些著名的爱情故事或者传说，哪一段的结尾不是悲剧呢？比如：“梁山伯与祝英台”“罗密欧和朱丽叶”等。也许凄美的爱情、缺憾的人生更能让人们铭记。

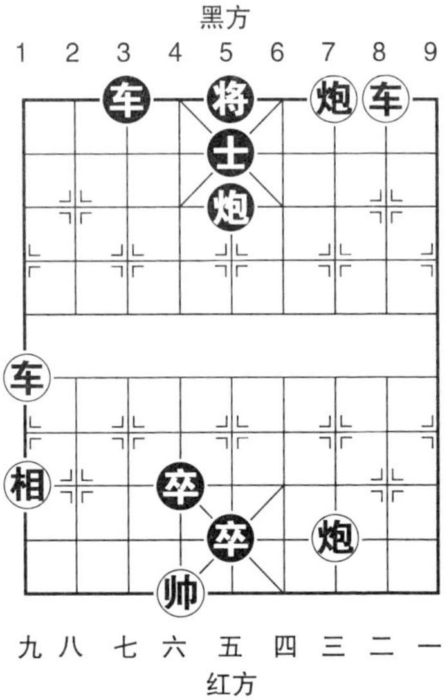

如图的本局乍一看，红炮打车照将后，黑方只有炮双卒，而红方仍有双车双炮，况且红方打车是将军，然后红方双车双炮还不赢吗？实则黑方另有杀着，防不胜防。所以江湖艺人很喜欢摆设本局，自然本局就成了街头棋摊常见的热门棋局之一。请看大连工业区一个江湖棋摊的一幕。

摊主大约有五十多岁，摆上了这局棋之后，他说："大家研究一下吧，喜欢象棋的就琢磨琢磨。我今天给大家摆一个送礼棋。为什么说是送礼棋呢？这局棋我一般情况下都不摆的，因为太简单了，和送礼没有什么区别。大家看，这局棋红方开局就打车，打车就将军；看看谁能最先看出来，就能先破解本局，赢得奖金。"

几分钟后，观众里一个六十岁的老者看出了门道。他仔细地看着棋盘，心里想："这局棋第一步一定要走平炮打车，先消除一个最大的祸害，无论黑方咋走，再走车九平六捉卒后则红必胜。"只听摊主在吆喝着："最后半分钟了，没有人下，我立刻就要换棋了，这位老师傅怎么样？看出来就来一局。"

老者说："我老了，还没有看出来。"

摊主抬头看了看中年人说："老师傅，您还不算老。姜子牙七十二为相、佘太君百岁挂帅、孙悟空五百多岁西天取经、白素贞一千多年才下山谈恋爱，你有他们几个岁数大吗？曹操说过老骥伏枥，志在千里；烈士暮年，壮心不已，俗话说老将出马、一个顶俩。来吧，师傅你能看出来就玩一局吧！别谦虚嘛。"

老者说道："好吧！你别说了，我来一把。"他就交了一百元钱上阵了，走的是前炮平七，摊主点了点说："这步棋走对了，解开了。"然后走士 5 退 6；老者然后走车九平六捉卒，摊主则炮 5 平 4；老者刚要吃卒，一看有黑炮拴着；就走了一步车二退三，要下一步照将吃中卒。但是摊主轻轻走了一步卒 5 平 4；黑胜。老者感到这局棋还真不好破解，并不是想象中的那么简单，就没有再下。

本局估计是江湖艺人在古局基础上修改的，这是一则成功的修改局，结果可以巧妙成和。现介绍如下：

着法：（红先和）

1. 前炮平七　士5退6　　2. 车二平四　将5平6
3. 车九进三　炮5退1　　4. 车九进一　炮5平3①
5. 相九进七　将6平5　　6. 相七退五　炮3平5
7. 车九平五　将5进1　　8. 炮七平一　卒5平4
9. 帅六平五　后卒平5　　10. 炮一退八　卒4平5
11. 炮一平五　卒5进1　　12. 帅五平六　（和局）

注释：

①如改走将6平5则车九平六，卒5平4；帅六平五，后卒平5；炮三平五，将5平6；车六退七，卒5平4；炮五平四，卒4进1；炮七退七，红帅占中，黑难和。

第2局　双飞蝴蝶（二）

本局收录于网络，又名“双蚓引路”是流行于网上的棋局，着法为和局。现介绍如下：

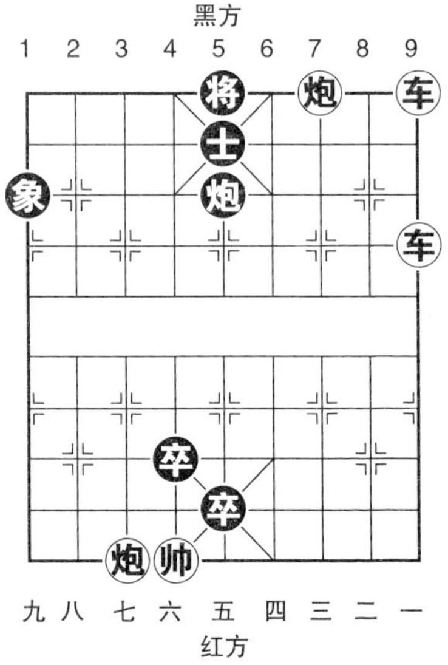

着法：（红先和）

1. 炮三退八　士5退6
2. 前车平四　将5平6
3. 车一进一　象1进3
4. 炮七进四　卒5平4
5. 帅六平五　后卒平5
6. 车一平五　象3退5
7. 炮七平四　卒5进1

8. 帅五平四　卒4进1　　9. 炮三退一　卒4平5
10. 炮三平五　卒5进1　　11. 帅四平五　（和局）

第3局　双飞蝴蝶（三）

本局收录于网络，没有黑象着法为和局，现介绍如下：

着法：（红先和）

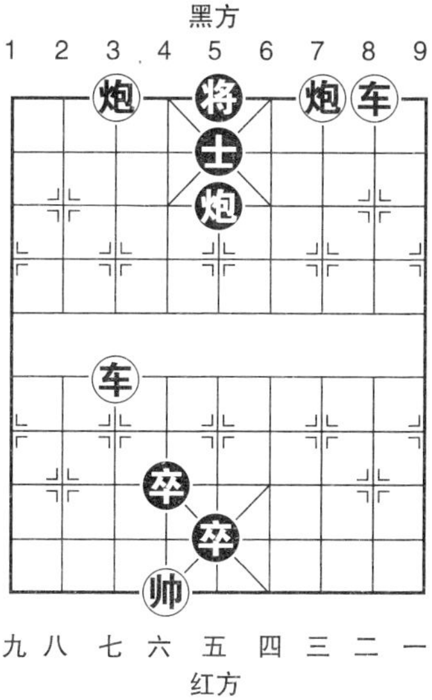

1. 炮三退八　士5退6
2. 车二平四　将5平6
3. 车七进三　炮5退1
4. 车七进一　将6平5
5. 车七平六　卒5平4
6. 帅六平五　后卒平5
7. 车六平五　将5进1
8. 炮七退四　卒4平5
9. 帅五平六　后卒平4
10. 炮七平五　卒4进1
11. 炮三平六　卒5平4
12. 帅六进一　（和局）

第4局　双飞蝴蝶（四）

本局是好友沈通声先生的作品，是在上一局基础上增加了一只黑方2、八位卒，局势波澜骤起，变化奥妙。现介绍如下：

着法：（红先和）

1. 炮三退三　士5退6　　2. 炮三进三①　士6进5
3. 炮三退八　士5退6　　4. 车一平四　将5平6

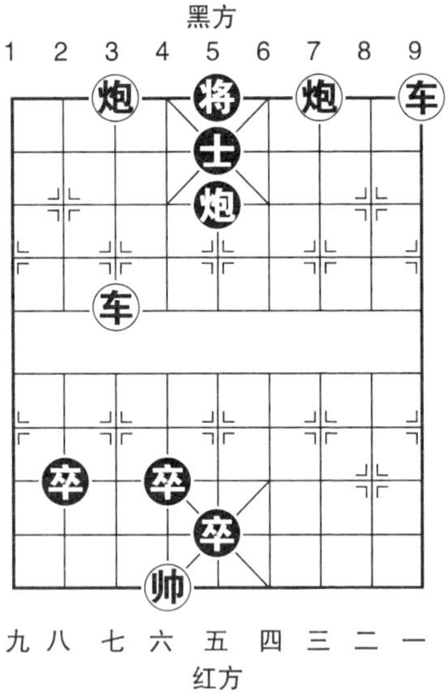

5. 车七进二② 炮5退1
6. 车七进一 炮5进1
7. 车七退一 炮5退1
8. 车七进一 将6平5③
9. 车七平六 卒5平4④
10. 帅六平五 后卒平5
11. 炮三平五⑤ 卒4平5
12. 帅五平六 炮5进1
13. 车六退一⑥ 将5进1
14. 炮七退五 前卒进1⑦
15. 帅六进一 卒2平3
16. 炮七平五 将5平6
17. 炮五退四 卒3进1⑧
18. 帅六退一 卒5进1
19. 炮五平一⑨ 炮5退2
20. 车六进一 将6进1
21. 车六进一 将6退1
22. 车六退一 炮5进1
23. 炮一平二 将6退1
24. 车六进一⑩ 炮5退1
25. 炮二平一 将6进1
26. 车六退一 将6进1
27. 车六进一 (和局)

注释:

①如改走车一平四则将5平6;车七退四,炮5平4;炮三平六,卒4进1;车七平六,卒2平3;炮七退四,卒3进1黑胜。

②如改走车七平六则卒5平4;帅六平五,后卒平5;车六平五,卒5进1黑胜。

③如改走将6进1则炮七平五,卒5平4;帅六平五,后

卒平 5；车七平五，将 6 平 5；炮五退七，卒 2 平 3；炮三进二（如帅五平四则卒 4 平 5；炮三进二，卒 3 平 4；炮五进二，卒 4 进 1；炮三平五，将 5 平 4；前炮进一，将 4 退 1 和局），卒 3 平 4；炮五进二，将 5 平 6；炮五平四，后卒平 5；炮三平五，卒 5 进 1；帅五平四，将 6 退 1 和局。

④如改走卒 2 平 3 则炮七退四（如炮七平六则炮 5 平 8；炮六退七，卒 5 进 1；帅六进一，炮 8 进 7；炮三进二，卒 3 进 1 黑胜），炮 5 平 8；炮七平五，炮 8 进 7；炮三进三，卒 3 进 1；炮三平五，将 5 平 6；前炮退四，卒 3 平 4；帅六平五，后卒平 5；前炮平四（如车六退七，炮 8 平 4；后炮平二，卒 5 进 1；帅五进一，炮 4 平 8 黑胜），卒 4 平 5；帅五平六，前卒平 6；车六退五，卒 5 进 1；车六平四，将 6 平 5；车四平五，将 5 平 6；车五平四，将 6 平 5；炮四平五，炮 8 进 1；车四平二，炮 8 平 7；车二平三，卒 6 进 1；车三退三，卒 6 平 7 和局。

⑤如改走帅五平四则卒 4 平 5；车六退二，后卒平 6；车六平四，炮 5 平 6；车四进二，卒 5 进 1 黑胜。

⑥如改走炮七退四则前卒进 1；帅六进一，卒 2 平 3；炮七平五，炮 5 平 4；炮五退五，卒 5 平 4 黑胜。

⑦如改走卒 2 平 3 则炮七平五，将 5 平 6；炮五退三，炮 5 进 6；车六退一，卒 3 平 4；帅六平五，将 6 平 5 黑胜。

⑧如改走炮 5 进 7 则帅六退一，卒 5 进 1；车六平七，卒 3 平 4；车七退六，卒 4 平 5；车七进一，将 6 退 1 和局。

⑨如改走炮五平二则炮 5 平 9；炮二平一，将 6 平 5 黑胜。

⑩如改走炮二平一则炮 5 平 9；车六进一，将 6 进 1；车

六退三，将6退1；车六进三，将6进1；车六退三，将6退1；车六退一，炮9平4；车六平四，炮4平6；车四平六，炮6平4；车六平四，炮4平6；车四平六，炮6平4；车六进三，将6平5黑胜。

第5局　双飞蝴蝶（五）

本局收录于网络，着法为和局，现介绍如下：

着法：（红先和）

1. 炮八退三　士5退4　　2. 车九平六　将5平4

3. 车一退三　炮5平6　　4. 炮八平四　卒6进1

5. 车一平四　卒5平6　　6. 帅四平五　（和局）

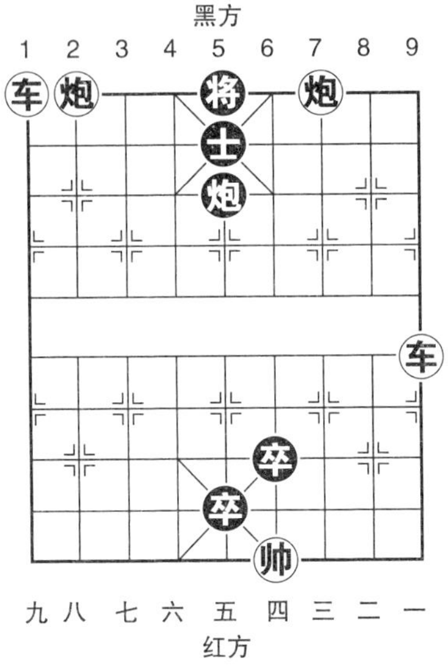

第 6 局　双飞蝴蝶（六）

本局收录于网络，着法为和局，现介绍如下：

着法：（红先和）

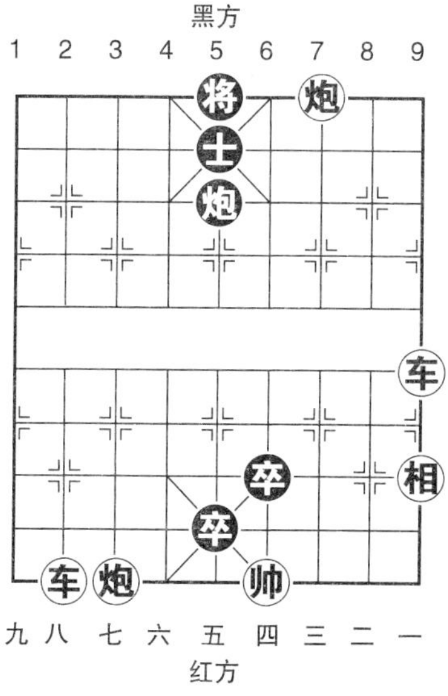

1. 车八进九　士 5 退 4
2. 炮七进九　士 4 进 5
3. 炮七退八　士 5 退 4
4. 车八平六　将 5 平 4
5. 车一进三　炮 5 退 1
6. 车一进一　炮 5 平 7
7. 相一进三　将 4 平 5
8. 相三退五　炮 7 平 5
9. 车一平五　将 5 进 1
10. 炮三平八　卒 5 平 6
11. 帅四平五　后卒平 5
12. 炮八退八　卒 6 平 5
13. 帅五平六　将 5 退 1
14. 炮八平五　卒 5 进 1

（和局）

第 7 局　双飞蝴蝶（七）

本局收录于网络，着法为和局，现介绍如下：

着法：（红先和）

1. 炮三退四①　士 5 退 6　　2. 车二平四　将 5 平 6

3. 车八退三　炮5平4
4. 炮三平六　卒4平5
5. 炮六平五　后卒平4
6. 炮五平六　将6平5
7. 车八平五　卒4平5
8. 车五平六　卒5进1
9. 车六进二　炮4进4
(和局)

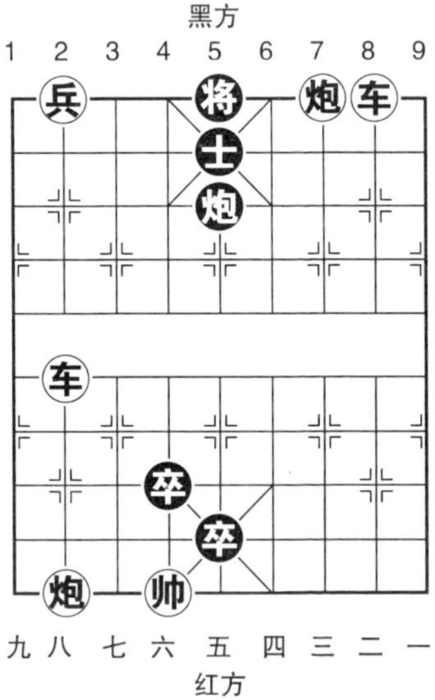

注释：

①如改走炮三退八则士5退6；车二平四，将5平6；车八进三，炮5退1；车八进一（如车八平六则卒5平4；帅六平五，后卒平5；车六平五，卒5进1黑胜），将6进1（如将6平5则车八平六，卒5平4；帅六平五，后卒平5；帅五平四，卒4平5；兵八平七，后卒平6；车六进一红胜）；炮三平四，卒5平4；帅六平五，后卒平5；帅五平四，卒4平5；车八退八，前卒平6；帅四平五，卒5进1；帅五平六，卒6进1黑胜。

第8局　双飞蝴蝶（八）

本局收集于网络，是一则和局，现介绍如下：

着法：（红先和）

1. 炮三退八　士5退6　　2. 车二平四①　将5平6
3. 车九进三　炮5退1　　4. 马九退七②　卒8平7③
5. 车九退六④　卒5平4　　6. 车九平六　炮5平4

7. 炮七平六 炮4进7
8. 炮六退八 卒4平3
9. 炮三平四 卒9进1
10. 帅六平五 卒3平4
11. 炮六退一 卒7进1
12. 炮四进三⑤ 卒7平6
13. 炮六平一 卒4平5
14. 炮一进一 卒6平5
15. 帅五平六 后卒平4
16. 炮一平二 将6平5
17. 炮四平五 (和局)

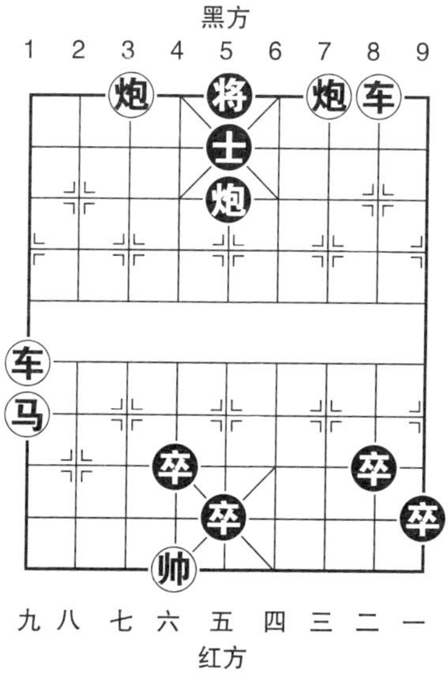

注释:

①如改走车九平六则炮5平4；车二平四，将5进1；车四退一，将5退1；车四进一，将5进1；炮七退九，卒5平4黑胜。

②如改走车九进一则炮5进5；车九平六，卒5平4；帅六平五，后卒平5；炮三平五，卒5进1黑胜。

③如改走卒5平4则帅六平五，后卒平5；车九平五，将6进1；炮三进七，卒5进1；马七退五，卒8平7；炮三平五，卒7平6；炮七退一，将6退1；车五平四，将6平5；车四退五红胜。

④如改走车九平六则卒5平4；帅六平五，后卒平5；车六平五，卒7进1；炮七退四（如炮七平八则卒7平6；炮八退九，卒5进1；马七退五，卒6平5黑胜），卒7平6；炮七平四，卒5进1；马七退五，卒6平5；帅五平四，卒9平8；车五平四（如车五平三则卒8进1；车三退六，卒8平7；车

三退一，卒4进1黑胜），炮5平6；炮四进三，卒8平7；车四平三，卒7平6黑胜。

⑤如改走炮四平九则卒7平6；炮六进一，卒4进1；炮九平四，卒9平8；炮四进三，卒8平7；炮四进一，卒7平6；帅五平四，卒4平5亦和。

第9局　双飞蝴蝶（九）

本局收集于网络。棋图别致，可惜结论黑胜，现介绍如下：

着法：（红先黑胜）

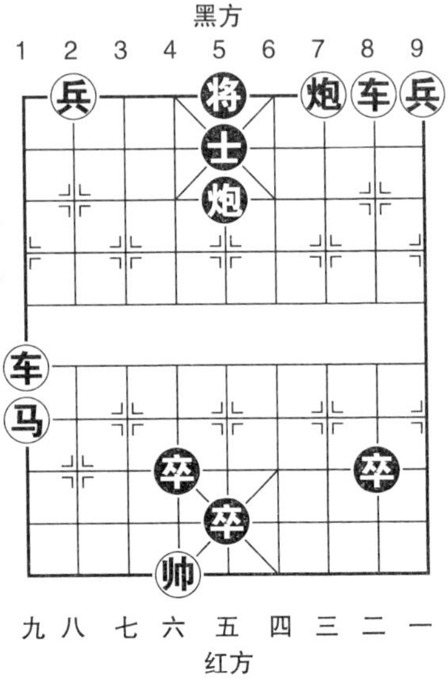

1. 炮三退八　士5退6
2. 车二平四　将5平6
3. 车九进三　炮5退1
4. 马九退七　卒8平7①
5. 车九退六　炮5平4②
6. 马七进六　卒7进1
7. 车九平五　卒4进1
8. 车五平六③　将6平5
9. 兵一平二　卒7平6
10. 兵二平三　卒6平5
11. 兵三平四　将5进1
12. 兵八平七　卒5进1

（黑胜）

注释：

①如改走卒8进1则车九退六，炮5平4；马七进六，卒8平7；车九平五，卒4进1；车五平六，将6平5；兵八平

七，卒7平6；兵七平六，将5进1；兵一平二，卒6平5；兵二平三，卒5进1亦黑胜。

②如改走卒5平4则车九平六，卒4进1；帅六进一，卒7进1和棋。

③如改走帅六平五则卒4进1黑胜。

第10局　双飞蝴蝶（十）

本局是江湖艺人的改局，试图把棋局修改得更加复杂深奥，但是这样一来则无法成和了。经过张云川先生、黄志琦先生、朱小坚先生、卢腾先生等多位棋友在华工象棋网残局论坛上的研究和讨论，最后确定为黑胜。现将着法介绍如下：

着法：（红先黑胜）

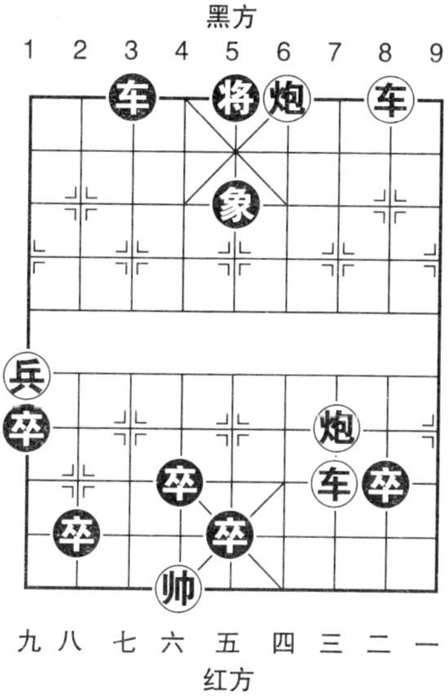

1.	炮四退八	象5退7
2.	车三平五	卒4平5
3.	车二平三	将5进1
4.	车三平七	后卒平4
5.	炮三平五	卒5平6
6.	帅六平五①	卒4进1
7.	车七退三②	卒6平5
8.	帅五平四	卒8平7
9.	车七平五③	将5平4
10.	车五平六	将4平5
11.	车六退五	卒5平4
12.	帅四进一	卒1平2
13.	兵九进一	后卒平3

14.	兵九平八	卒3平4	15.	炮五进一④	后卒平5
16.	兵八平七	卒5进1			

（黑胜）

注释：

①如改走车七退四，则卒6平5；车七平六，卒2平3；车六退三，卒3进1黑胜。

②如改走车七退七则卒8平7；车七平五（如车七平三则卒4平5；帅五平六，卒2平3；车三平六，卒3进1；黑胜），卒7平6；车五平四，卒4平5；帅五平六，卒2平3；车四平六，卒3进1黑胜。

③如改走车七平三，则卒4平5；帅五平六，卒2平3；车三平六，卒3进1黑胜。

④如改走炮五退三则后卒进1；兵八平七，将5平4；兵七平六，后卒平5；黑胜。

第11局　双飞蝴蝶（十一）

本局是朱小坚先生的修改局，局面简洁、着法紧凑，在江湖棋摊上，也更容易吸引人，结论是和局。现介绍如下：

着法：（红先和）

1.	炮四退八	象5退7	2.	车三平五	卒4平5
3.	车二平三	将5进1	4.	车三平七	后卒平4
5.	炮三平五	卒5平6	6.	帅六平五	卒4进1
7.	车七退三①	卒6平5②	8.	帅五平四	卒8平7
9.	车七平五	将5平4	10.	车五平六	将4平5
11.	车六退五	卒5平4	12.	帅四进一	卒2平3
13.	炮五进一	卒4平5	14.	帅四平五	卒7平6

15. 炮五退一　将5平4
16. 炮五平六　将4进1
17. 炮六进一　（和局）

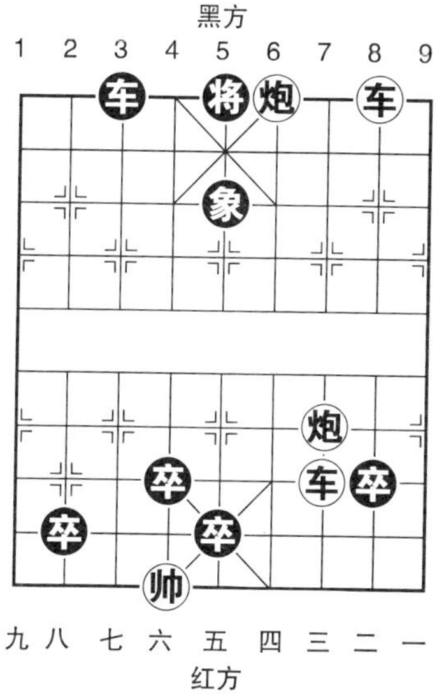

注释：

①如改走车七退七则卒8平7；车七平五（如车七平三则卒4平5；帅五平六，卒2平3；车三平六，卒3进1；黑胜），卒7平6；车五平四，卒4平5；帅五平六，卒2平3；车四平六，卒3进1；黑胜。

②图中形势，黑方另有两种着法均和：

甲、卒2平3；车七平五，将5平4；炮五平六，卒6平5；车五退五，卒4平5；帅五进一，卒8平7；帅五进一，和局。

乙、卒4平5；帅五平六，以下黑方有三种着法结果不同：一、卒6进1；车七平五，将5平6；车五平七，将6平5（如将6退1或卒8平7则炮五进六，红胜定。又如卒2进1则炮五进六，卒2平3；车七退六，将6退1；车七进二，红胜）；车七平五，将5平6；车五平七，将6平5；车七平五，将5平6；车五平七，和局。二、卒2进1；炮五平一（如车七退五则卒8平7；炮五平九，卒7平6；炮九退二，后卒平5；炮九平五，卒6平5；车七进一，卒2平3；车七退二，后卒平4；车七进一，卒5进1；黑胜。又如炮五平九则卒8平7；炮九退二，卒7平6；炮九平四，卒6进1；车七

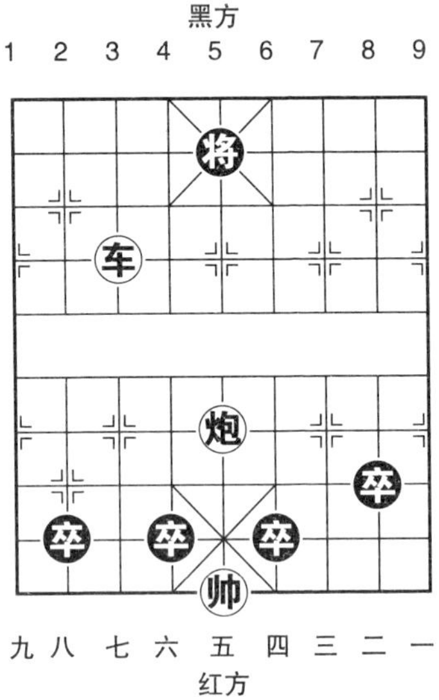

退五，卒2平3；车七退一，卒6进1；黑胜），卒8进1；炮一平九，卒8平7；炮九退二，卒2平3（如将5退1则车七退五，卒2平3；车七退一，卒6进1；车七进九，将5进1；炮九退一，卒7平6；车七退八，将5退1；炮九平四，红胜）；车七退六，卒6进1；车七进八，将5退1；炮九退一，卒7平6；车七退七，将5进1；炮九平四，红胜。三、卒8平7；炮五平一（如车七平五则将5平6；车五平四，将6平5；车四退五，卒5平6；帅六进一，卒7平6；帅六进一，前卒平5；炮五进一，和局），卒7进1（如卒7平6则车七平五，将5平6；炮一退二，红胜。但在黑卒7平6后红如炮一退二则卒5进1；帅六进一，前卒平5；帅六进一，卒6平5；黑胜）；炮一退三，卒7进1（如将5退1则炮一平五，卒5进1；帅六进一，红胜）；炮一进一，卒7平6；炮一平五，后卒平5；车七平五，将5平6；车五退五，红胜。

风云名手回顾之 “刘仙人”刘忆慈

现代江南象棋名家刘忆慈，20世纪30年代起崛起于浙江杭州的棋坛“喜雨台”，五十年代中期，参加建国后的全国象棋锦标赛中，获得两次全国季军和一次全国第五名，并以“仙人指路”的开局，创辟富有特色的新棋路，被棋界称为“刘仙人”。至 1982 年逝世止，驰誉沪、浙、苏、穗、京、津等省市棋坛 40 余年，成为建国初期的象棋国手之一。刘忆慈生前还是杭州市政协委员。

刘忆慈，小名葆奎，身高 1.75 米，方面大耳，气宇轩昂，为人作风正派，待人接物和蔼而严谨。1916 年出生于杭州，自幼酷爱象棋，1928 年到徐春泉所开的油纸（伞）行当学徒。徐春泉为杭州著名的象棋高手，有棋坛“豹子”之称，是“喜雨台”棋楼的“五虎一豹”之一。徐在店内找人弈棋，允许学徒刘葆奎在旁观看，也带动刘的棋艺提高。后来，刘在观战中，谈及着法时，颇有警惊之见，引起了徐春泉的注意，在缺少棋伴时，也要刘忆慈作个对手。从此，刘的棋艺进一步得到锻炼和提高。二十年代初，杭州喜雨台的象事活动处于高峰，名棋手层出不穷，有著名的“五虎一豹”，更有拔尖于省际的张观云和关春林。刘忆慈在抽空去喜雨台学棋时，师承张观云和关春林。

有一次，“豹子”找刘忆慈下棋，划以“飞象局”开局，不久即进入紧密的细战之中，“豹子”在使出浑身功夫之后，仍未能持得先手，相反，却在细战之中被刘的马炮“黏住”，由后手转入被劫，最后被刘扳倒。徐以浙江名棋手的身份，竟被一个近二十岁的小伙子击败，初犹悻悻，但不久即纳入怜才爱才之意。

徐春泉有小女儿，小刘忆慈三岁，在店内和刘朝夕相处，互有好感，徐春泉看在眼里，决意招刘忆慈为婿，以便由他接掌门户。1933 年秋，刘忆慈终于成了徐记纸伞店的乘龙快婿，这就是被浙江棋界传诵一时的因棋招亲的故事。

刘忆慈成了徐春泉的女婿之后，除了帮助丈人照料店铺外，有条件便去杭州的著名棋楼喜雨台下棋，棋艺更进一步提高，基本上和喜雨台的“五虎一豹”齐名。为了进一步切磋技艺，也常常去上海和当时的沪上名手交流。1936 年前后，杭州的棋坛十分活跃，城南俱乐部举办了“杭州市象棋名手邀请赛”，被邀者为“五虎一豹”中的李嘉春（后期人称老毛儿）、赵金荣（人称板刷阿荣）、蔡阿福（被称菜地阿福）、张益荣（小麻子）、冯楣荪（阿青）和徐春泉（豹子），以及新秀董文渊和刘忆慈。比赛这些天，油纸伞店暂停营业，翁婿双双上阵，比赛结果刘忆慈夺得第二，于是正式成了杭州的名棋手。

抗日战争期间，杭州陷入敌手，油纸伞业十分不景气，刘忆慈另立门户，在庆春路乌龙巷口开设“大华煤店”，做柴炭生意。由于一度经营颇善，有所发展，刘在利用业务往来推销柴炭之便，常去上海、南京等象棋名手荟萃之地交流技艺，常常在“大世界”和天蟾茶楼弈棋，并和上海的名棋手朱剑秋、朱寿颐、李武尚、叶景华等作交流赛。由于刘的棋风扎实、棋品较好，在上海等地影响较好。为此，上海棋界都知道杭州除了董文渊外，还有一个刘忆慈，是江南名城杭州的两根新兴棋柱子。

旧时，棋界有所谓“书房棋”和“茶馆棋”之分。所谓“书房棋”，是指学习过棋谱如《橘中秘》《梅花谱》《心武残篇》《百局象棋谱》等古代的名棋谱，受过较为“正规”的象棋训练，掌握了开局阶段的各种阵势和残局阶段的各种定式。“书房棋”大多是有中等文化水平及中等以上“家私”的棋手，属于棋手中的“知识阶层”，刘忆慈一般被视为“书房棋”中的较好者。而“茶馆棋”是指一些从未接触过棋书，从不学习阵势和定式的棋手，茶馆棋手大都没有什么文化，有的只认识几个棋盘上的字，他们对于阵势和定式的提高，大多来自实践的摸索。而杭州的董文渊即属于“茶馆棋”。茶馆棋手大都有“博彩”的习惯，有的甚至“非彩”不下，非彩无刺激。

三十年代中期，刘忆慈招亲徐宅后，身份有了变化，弈棋、打谱的条件成熟，刘常找些《橘中秘》《梅花谱》来学。在当时和董文渊比较，刘重于阵地战，在开局方面较优于董，在中局实战时，常失先于董，因为董向以“野战”和出妙手著称。在残局阶段，刘又重于定式，而董又以“功夫”见长。为此，在三十年代后期至六十年代前，江南的两大象棋名手董文渊和刘忆慈，一个是以机灵仙逸著称，一个以扎实厚重驰誉。

刘忆慈爱棋但是不大愿赌彩，更不愿以棋诈骗。三十年代成名后，董文渊常常放出风声，邀刘赛棋弈棋，由于彩金较大，刘总是不愿应敌。于是，董就使出激将法，有时提出“二比一”，有时提出“二夹一”。所谓“二比一”是指彩金的二比一，如一元一盘的彩，董赢得刘得一元，刘胜得董得二元；所谓“二夹一”者，更是咄咄逼人，则是董让刘一先和二先。但刘仍是不应，任凭董文渊在茶馆棋手中胡吹。

刘忆慈反对在棋赛中使手段、相互串通，他认为这是败坏棋风。如1964年的浙江省象棋赛，在杭州举行，进入决赛的十位棋手，杭州市的占五人（刘忆慈、沈芝松、卫森坤、徐福皮、陈选源），其余为嘉兴一人（高琪），温州二人（朱肇康、周建维），舟山一人（王春林）、金华一人（易顺林）。赛前，杭州的S姓棋手提出“让刘拼高”的策略，因为这十名棋手中，以刘、高的夺标声最高。刘听此言后，不但不表示感谢还表示坚决反对，使S姓棋手落得十分难堪。后来实战的结果，嘉兴高琪连胜杭州四人，负于刘忆慈，而刘和杭州四人对战中，却是二胜一负一和，亏了三分，为此，尽管刘胜了高，但总分少高琪一分，而屈居第二。如果刘同意不正当的做法，由杭州的四人各输二分，则稳居冠军了。所以棋手中一般反映刘忆慈不结缘、不识抬举，但从这里也可看出刘的高洁棋品来。刘还具有较嫌逊的美德。1957年夏，其时，刘有全国季军之称。应广东的邀请，和另一小棋手湖北李义庭拟去广州作一次对抗赛，对手为在华南称为无敌的杨官璘和陈松顺。赴赛之前，刘和李约定在沪会师，并应邀作多场“热身”赛。有一场，在青年会表演，至残局阶段，李为一车一马双士，刘为双车，一般视李可守和。这时，李霍地站起身，自动认负。但大礼堂的数百名观众，却要求说明，为什么刘必胜李必负。有的还提出，车已占中，马三士紧紧围住帅的身边，请解释如何破士问题。一时，刘尚不知如何是好，李已起身答道：这一局棋是指单车胜马双士的例胜，因为只要换掉一车，即不存在车占中，这样，破士成了必然。这一解释，使广大棋迷长了见识，又使拥戴李的棋迷心服口服。在散场的归途中，刘和李同时出来，刘说：“这棋虽是我胜了，但也可说只胜了一半。”表现出很高的棋士风范。

刘忆慈之所以被称为“刘仙人”，和他对“仙人指路”开局的创新有关。1956年，全国首届象棋锦标赛在北京开幕，这不但是新中国首次全国象棋比赛，也是中华民族历史上的首次全国比赛，对于名棋手们的鼓舞和欢欣可想而知。依据当时的条件，国家决定以城市为单位推举代表，杭州作为省会城市自然名列其中，但名额只有一个。这年初秋，经过初赛和复赛，由刘忆慈对陈选源、卫森坤对金虎城争夺决赛权，结果刘胜陈，卫胜金，最后刘又胜卫，取得出席全国赛的资格。此时的刘忆慈是多么激动呵！

比赛在北京举行，这是一次高水平的竞争，全国名手荟萃，南有“杨无敌”杨官璘，北有“东北虎”王嘉良，西有“四川剑侠”刘剑青，东有细腻绵密的何顺安，都是名震遐迩的铁对手。要在全国大赛中争得好名次，除了过硬的功夫、较好的体质外，在开局方面有新招式也会起好作用。刘忆慈想到了“仙人指路”，这种开局自己研究了多年，有所创造，该是一显身手的时日了。刘忆慈在此次大赛中，最后取得了季军的好成绩。

到了 1957 年的第二届全国赛的决赛，刘遇上了“杨无敌”，而且轮到先手，于是走兵七进一“仙人指路”。对于这种开局，“杨无敌”并不陌生，应以炮 2 平 3，殊不料刘忆慈走马二进三而不是马八进七。接着刘架中炮、跳边马、升河炮，演成了较有利的局势，后来又弈成多兵可胜的局面（结果和局），从而证明了这种开局的实用价值。刘忆慈的这个开局法立即引起了轰动，因为它开创了三四百年来的新路。在同李义庭的对局中刘又用了这种“仙人指路”，刘在这次大赛中又夺得了季军。于是，棋界从此称他为“刘仙人”。

回头看一看刘的这种创新，既看到他的潜心研究，也应看到师承对他的影响。刘的老师张观云对于“仙人指路”很有研究，除了教会他几手外，还对刘说：“棋路变化无穷，我因家里穷，耗不起时间，你可好好研究。”这对刘的影响很大，他悉心研究后，果然有了创新，可以说对得起张老师了。

解放后，刘忆慈的柴炭店参加公私合营并转了产。政府部门考虑到他的技能特长和经济生活，安排他到杭州市体委任象棋专职教练。从此，他成了一名专业棋手，为浙江省培养少年棋手及参加各项比赛做出较大贡献。

那时，杭州和浙江各地的象棋活动十分活跃。人民游乐场（过去称“大世界”）常举办大型象棋表演赛，通常由卫淼坤、沈芝松、李道忠、陈选源等省级名棋手作表演。逢节假日时，棋迷们总想看一看“刘仙人”的表演。当时，原喜雨台的“五虎一豹”因年事已高，棋力已稍逊。每逢邀刘表演时，刘总是毫不推托。有时，绍兴、嘉兴等中等城市的棋手来杭对抗，杭州方面一般派出其他棋手组队，也已绰绰有余，但刘总是亲自带队，而且亲自打第一台，表现出他重事业、轻名气的品性，受到棋界的普遍称誉。

“文革”后期，杭州的象棋活动刚刚打破僵局，其时吴山茶园每天有大型象棋表演赛，由笔者出面主持，刘忆慈对此十分赞赏。1973 年国庆节，为了增进棋迷们的兴趣，拟邀请刘忆慈上山作两场表演赛，在选择对手时感到为难，因为省内和刘约略齐名的沈志奕远在温州，若去上海邀请胡荣华、朱剑秋等又感到不便，本地的沈芝松、卫淼坤等除名声略逊外，又和刘是老对手，缺乏新鲜感。笔者考虑到另一位调来杭州尚不久的名棋手张筱洪，张曾获太原市象棋比赛冠军，调扬州市后又连获扬州市象棋冠军，还有过战胜上海名棋手朱永康的战绩。将此意图告知刘忆慈后，刘表示了委婉的谢却，其深层原因是张弈棋常博彩。当实在找不出理想的对手时，只好自己请缨，请棋界“凤凰”孔德庆特告此意，不料，刘忆慈毫无国手架子，表示欣然同意，于 10 月 2 日、3 日下午两次登山和笔者作两局表演赛，使棋迷们两次得以欣赏他的棋艺。应该说，笔者当时棋艺的名气不及张筱洪，刘忆慈欣然同意和笔者作表演赛，主要是看重笔者对象棋事业的热心和支持。

刘忆慈重视事业，还反映在他对著作的出版上。在两次获全国季军后，刘的“仙人指路”已誉满全国，人民体育出版社约请他写一部“仙人指路”的专著，刘欣然应诺，并为此花了多年的心血，写成书稿后，送交出版社审核。后来刘在参加全国比赛过程中，似乎感到这部书有一个小问题尚需思考，就从出版社要回稿子，拟稍作修改，但不料不久某地抢先出了一本“仙人指路”的书，其内容大致相同，刘忆慈因对出版著作的慎重，而被人抢先出版，而使自己的著作拖了下来。文革开始，刘家被抄，书稿被焚毁。文革之后，象棋活动逐步恢复并得到进一步发展，但刘忆慈来不及再写《仙人指路》，便患上了胃癌，他的终生遗憾已来不及弥补，于 1982 年因病逝世，这是中国象棋技术资源的损失。从这里我们也可看出刘对事业重于名气了。一代象棋国手“刘仙人”虽已仙逝了，但他留给江南棋界一个敦厚、严谨的棋人形象，久久不可磨灭，生动的传奇故事，世代流传。

上海万安平先生有诗赞曰：

崛起杭州喜雨台，沙场百战出英才。
仙人指路凝心血，大展宏图起响雷。

第七章
脱胎换骨披新装　丹凤朝阳带反将

第 1 局　丹凤朝阳（一）
江湖揭秘

现代江湖排局之中，如果说起哪个系列局最多，则就要数现代江湖名局“丹凤朝阳”了。因为“丹凤朝阳”的系列局发展迅猛，如果加上网络上流行的作品，已经超过百局了，这绝对是一个最大的家族了。“丹凤朝阳”系列局的共同假象则是：红方有进兵拱炮（即前兵进一吃炮）再平兵叫将抽车而获胜。却不料黑方有落象反将的反击手段，可以反败为胜，使红方的胜望被粉碎。这种战术和著名的“江湖八大名局”之一的“带子入朝”相似，而这种战术也是“带子入朝”战术的发展和延续；但是今天的“丹凤朝阳”系列局，已不再属于“带子入朝”局的麾下，俨然已经是自立门派，成为一个庞大家族了。

在我国冰城哈尔滨市哈医大的江湖棋摊上，经常可以见到如图的棋局。这是一则“丹凤朝阳”局。本局一看就有红方前兵进一吃炮，无论黑方用车吃兵还是用老将吃兵，再车一进二抽车都可以稳操胜券，殊不知，黑方既不用车吃兵也不用将吃兵，而是走将 5 平 6。等红方兵六平五则车 2 平 5，于是就含有了落象反将的棋了，可以随时令红方王图雄霸的梦想转眼成

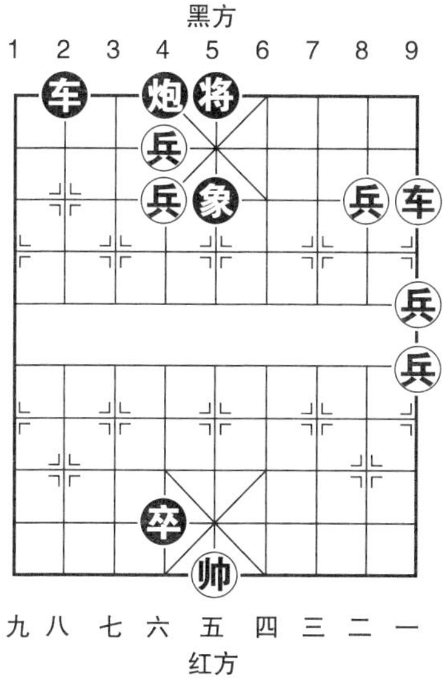

空。在现代江湖棋摊上，不一定非要摆设那些高深莫测的棋局，有时候了解挑战者的实力后，摆一局简单的江湖小局，就已经足够拿下了。

摆出本局后，摊主说道："这局棋很简单的，开局进兵拱炮是将，平兵中路也是将，进车也能将，看看谁能先看透赢一局，做个宣传，下棋的就会更多了。"随后，将是上托儿进行时。

一个青年人率先打破沉默，走的托儿步是：前兵平五，将5进1（其实此时走将5平6即黑胜。托儿步嘛，要互相配合着走，来完成一个共同的经济目标）；车一进一，将5退1；兵六平五，车2进9黑胜。

两分钟后，第二遍托儿步出现，走的是：前兵平五，将5进1；兵六平五，将5平6；兵五平四（故意迷惑观众的走法，让你误以为此时走兵五进一连杀可胜。实则你首着如走前兵平五，则将5平6黑胜），将6退1；兵四进一，将6进1；车一进一，将6退1黑胜。

一般情况下，挑战者不会在棋局一摆上就和摊主挑战的，因为要仔细看看棋局；等上完托儿后，时间就差不多了。

一个打工模样的年轻人交钱挑战了，他下的第一局走的是：前兵进一，将5平6；前兵平五，车2平5；车一进二，象5退7反将黑胜。

摊主趁机忽悠说："小伙子开局走对了，后来有错误，再研究一会，能赢就赢回去吧。"此时托儿也会自言自语说："刚才第三回合红方走兵二进一就赢了吧。"

输了一局的年轻人，感到第三回合红方走兵二进一也不错，是一个思路，可能考虑一会，就再一次出手上阵了，这次走：前兵进一，将5平6；这时会有"好心人"提醒"进车将"，可是年轻人还会走既定方针的前兵平五，则车2平5；兵二进一，象5进7；兵六平五，象7退9黑胜。这个走法，有时候不用托儿提醒，挑战者自己也会想出来的。

这时，"好心人"会对年轻人说："刚才第2回合我叫你走进车将，把黑将请上来就赢了。"挑战者回应道："那有用吗，也赢不了吧？""好心人"则说："你可以再走车一退一，将6退1；兵六平五，车2平5；兵六进一红方就赢了，你研究一下吧，认为我说得对就赢回来吧，不对，一块钱也别下了。"这话语合情合理，很为挑战者着想，其实"好心人"轻描淡写的几句话把最关键的一步棋岔开了，如果走车一进二叫将，黑方象5退7呢？挑战者会按照"好心人"的思路考虑的，果然看到了胜利的曙光，于是精神抖擞再次上阵，这回走：前兵进一，将5平6；车一进二，象5退7；车一平三，将6进1；车三退一，将6退1；车三进一，将6进1；红方不能长将，黑胜。这回年轻人终于明白上当了，气恼地走了。

其实，本局正确的开局应走帅五平四，现介绍如下：

着法：（红先和）

1. 帅五平四	炮4平3	2. 车一进二	炮3平9
3. 后六平五	车2进9	4. 帅四进一	卒4平5
5. 帅四平五	车2退3	6. 兵五进一	将5平6

7. 兵二进一　车2平7　　8. 兵二平一①　炮9平7
9. 前兵平二　炮7进1　　10. 兵二平三　车7退5
11. 前兵平二　车7进2　　12. 兵一进一　车7平5
13. 帅五平六　车5平7　　14. 帅六平五　车7平5
15. 帅五平六　车5平7　　16. 帅六平五　车7平5
17. 帅五平六　车5平7　　（和局）

注释：

①如改走前兵平二则炮9进2；后兵进一，炮9平1；前兵进一，炮1退2；前兵平三，炮1平7；兵二进一，炮7进1；兵二进一，炮7平4黑胜。

第2局　丹凤朝阳（二）

本局流行不太广泛，是一则黑胜局。现介绍如下：

着法：（红先黑胜）

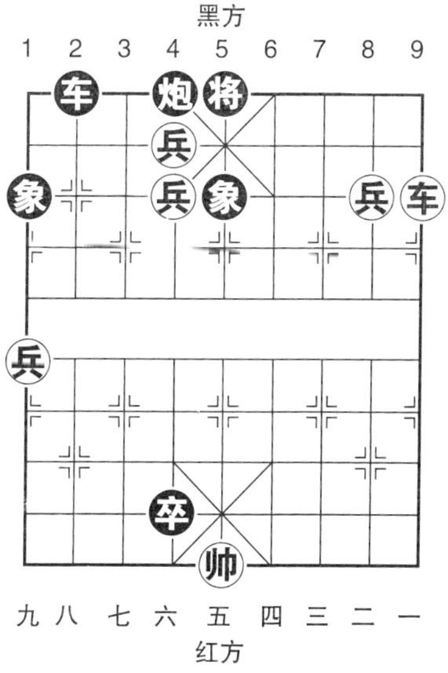

1. 帅五平四　炮4平3
2. 车一进二　炮3平9
3. 后兵平五　车2进9
4. 帅四进一　卒4平5
5. 帅四平五　车2退7
6. 兵五进一　将5平6
7. 兵二进一　车2平5
8. 帅五平六　车5平7
9. 兵二平一　炮9平7
10. 兵一平二　炮7进1
11. 兵二平三　车7退1
12. 兵九进一　车7进1

13. 兵九进一　车7平2　　14. 帅六平五　象1退3①
15. 帅五退一　车2平5　　16. 帅五平六　车5进1
（黑胜）

注释：

①退象，准备通过打将再捉死兵，体现了加象的作用。

第3局　丹凤朝阳（三）

“丹凤朝阳”局的黑胜局很多，但和局的也不少。本局收集于网络，结论是和局。现介绍如下：

着法：（红先和）

1. 帅五平四　炮4平3　　2. 车一进二　炮3平9
3. 后六平五　车2进9　　4. 帅四进一　卒4平5①
5. 帅四平五　车2退7
6. 兵五进一　将5平6
7. 前兵进一　车2平5
8. 帅五平六　车5平7
9. 前兵平一　炮9平7
10. 兵一平二　炮7平9
11. 前兵平一　炮9平7
12. 兵一平二　炮7平9
13. 前兵平一　炮9平7
14. 兵一平二　（和局）

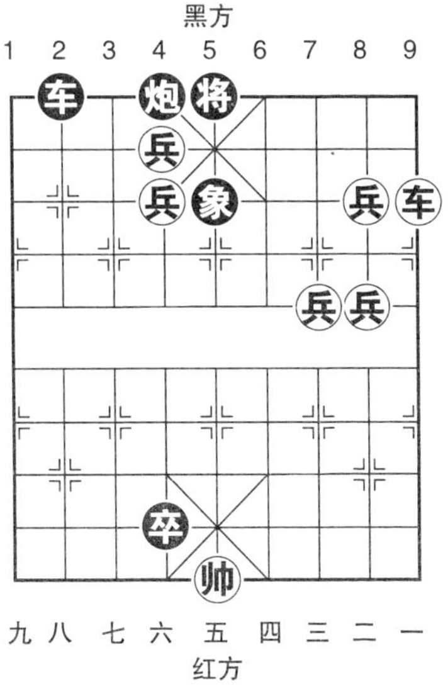

注释：

①如改走车2平5则兵五进一，车5退8；兵六平

五，将5进1；兵三平四，炮9平6；兵四平五，红优。

第4局 丹凤朝阳（四）

本局收集于网络。本局之中红兵的位置和上局有所不同，着法也随之改变，但结论仍是和局。现介绍如下：

着法：（红先和）

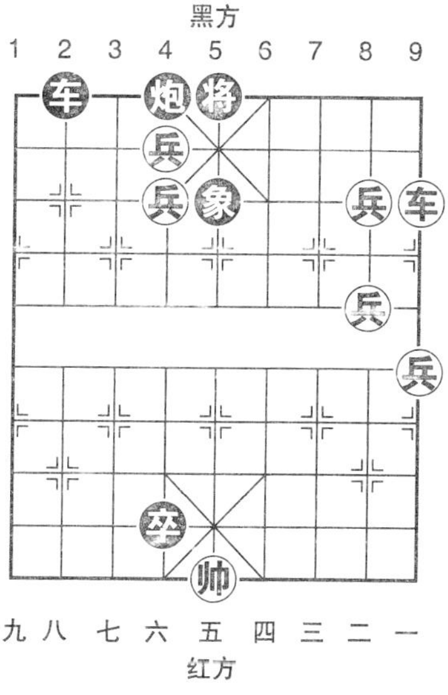

1. 帅五平四　炮4平3
2. 车一进二　炮3平9
3. 后六平五　车2进9
4. 帅四进一　卒4平5
5. 帅四平五　车2退4
6. 兵五进一　将5平6
7. 前兵进一　车2平5
8. 帅五平六　车5平7
9. 后兵进一　炮9进2
10. 后兵进一　炮9进1
11. 兵一进一　炮9平2
12. 前兵进一　炮2退3
13. 前兵平三　炮2平7
14. 兵二进一　炮7进1
15. 兵二平三　车7退4
16. 兵一进一　车7进1
17. 兵一平二　车7平4
18. 帅六平五　车4平7

（和局）

第5局　丹凤朝阳（五）

本局虽然短小精悍，但却是“丹凤朝阳”系列局中的一则和局。现介绍如下：

着法：（红先和）

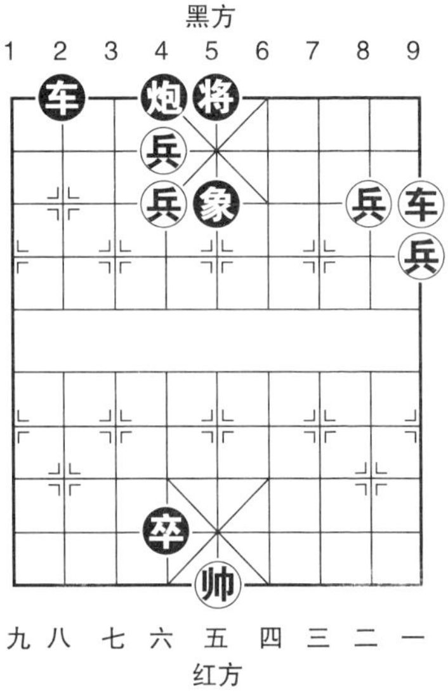

1. 帅五平四　炮4平3
2. 车一进二　炮3平9
3. 后兵平五　车2进9
4. 帅四进一　车2平5①
5. 兵五进一　车5退8
6. 兵六平五　将5进1
7. 兵一平二　炮9平6

（和局）

注释：

①如改走卒4平5则帅四平五，车2退5；兵五进一，将5平6；兵二进一，车2平7；兵一进一，车7进1；兵一进一，炮9平7；兵二进一，车7退4；兵二平三，车7退1；兵六进一，红胜。

第6局　丹凤朝阳（六）

本局是黄志琦先生所作，构图新颖，着法颇有弈趣。现介绍如下：

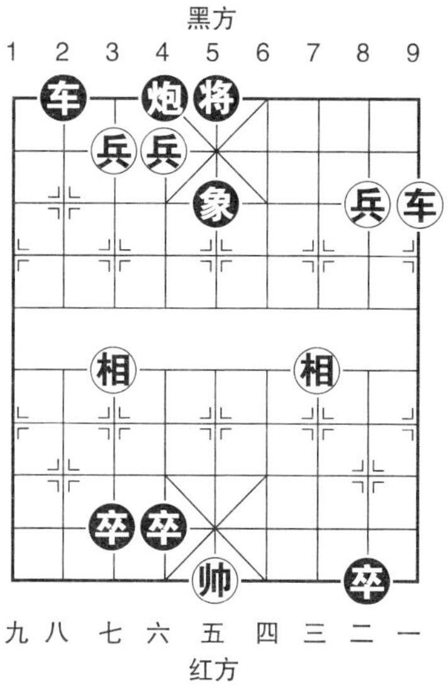

着法：（红先和）

1. 兵七平八①　车 2 平 1
2. 兵八平九②　车 1 平 2
3. 兵九平八　车 2 平 1
4. 兵八平九　车 1 平 2
5. 兵九平八　车 2 进 1③
6. 兵六进一　将 5 平 6
7. 车一进二　将 6 进 1
8. 车一退一　将 6 退 1
9. 车一平八　卒 8 平 7
10. 兵六平五　将 6 平 5
11. 相三退一　将 5 平 6
12. 相一退三　卒 3 进 1
13. 车八退八　卒 3 平 2
14. 相七退九　（和局）

注释：

①平兵拦车，是本局谋和的佳着和特色。如改走兵六进一则将 5 平 6；车一进二，象 5 退 7；车一平三，将 6 进 1；兵七平八，卒 8 平 7；车三退一，将 6 退 1；兵六平五，车 2 平 5 黑胜。

②如改走相七退九则车 1 进 7；兵六进一，将 5 平 6；车一进二，将 6 进 1；车一退一，将 6 退 1；兵六平五，将 6 平 5；帅五平四，车 1 平 6；帅四平五，卒 3 进 1 黑胜。

③双方不变作和，黑方求变。

第 7 局　丹凤朝阳（七）

本局是好友黄志琦先生所作。“丹凤朝阳”系列中有红马的局很少。本局可以弈成和局。现介绍如下：

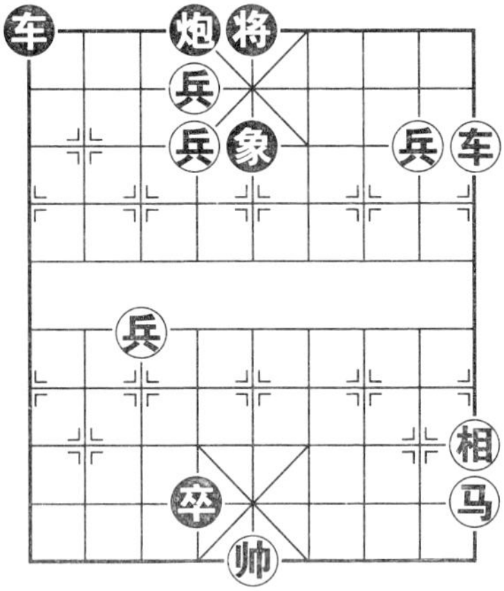

着法：（红先和）

1. 帅五平四　炮4平2
2. 马一进三　车1进9
3. 帅四进一　车1退6
4. 帅四退一　象5退7
5. 前兵进一　将5平4
6. 车一退四　车1进6
7. 帅四进一　炮2进8
8. 马三退五　车1退5
9. 帅四退一①　卒4平5②
10. 兵六进一　将4进1
11. 车一平六　将4平5
12. 车六平五　将5平4
13. 车五退二　车1进5
14. 车五退一　车1平5
15. 帅四平五　象7进5
16. 兵二平三　炮2退6

（和局）

注释：

①如改走车一平四则炮2平5；车四进六，炮5退8；车四退一，炮5进1；车四进一，炮5退1；车四退一，炮5进1；兵二平三，车1平4；相一进三，车4退2；车四平五，车4平7；车五平四，车7平5；兵七进一，将4平5；车四退三，车5进7黑胜。

②如改走炮2平5则车一平六红胜定。

第8局　丹凤朝阳（八）

本局收集于网络，与上局相比，红方没有了一路边相和七路兵。看似红方少子将必输无疑，实则因为少了相蹩脚，马路通畅，另有了新变化，结论反而成为和棋。现介绍如下：

着法：（红先和）

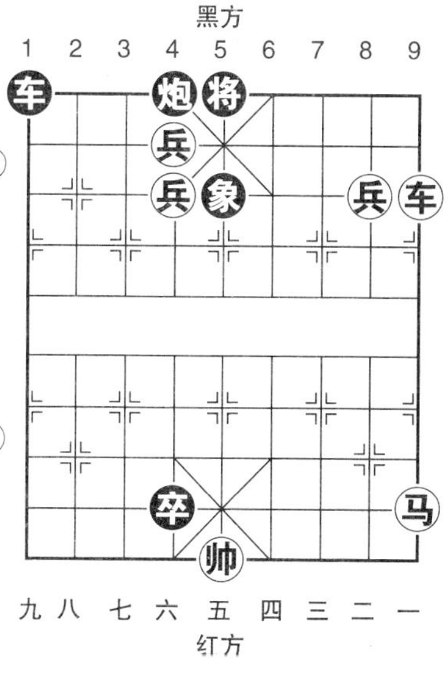

1. 帅五平四　炮4平2
2. 车一进二①　炮2平9
3. 后兵平五　车1进9
4. 帅四进一　卒4平5②
5. 帅四平五　车1退7
6. 兵五进一　将5平6
7. 兵二进一　车1平5
8. 帅五平六　车5平7
9. 马一进二　车7进4③
10. 马二进一　炮9进3
11. 帅六平五　车7退4
12. 帅五退一　炮9平8
13. 帅五进一　炮8进1
14. 帅五退一　炮8进5
15. 帅五进一　车7平5④
16. 帅五平六　炮8平5
17. 马一进三　车5平7
18. 帅六退一　炮5退3⑤
19. 兵二平三　车7退1
20. 兵五平四　车7平6
21. 马三进四　将6进1

（和局）

注释：

①如改走马一进三则车1进9；帅四进一，车1退6；帅四退一，车1平6；帅四平五，车6平3；帅五平四，象5退7；后兵平五（如前兵进一则将5平4；车一退四，炮2进8；马三退五，卒4平5；兵六进一，将4进1；车一平六，将4平5；车六平五，将5平4；车五退二，车3进6；车五退一，炮2进1黑胜），车3平6；帅四平五，将5平6；车一退六（如车一退四则炮2平5；兵六平五，炮5进2黑胜），车6平5；马三退五，车5退1；兵六进一，炮2进1；车一平四，炮2平6；兵二进一，车5平2黑胜。

②如改走车1平5则兵五进一，车5退8；兵六平五，将5进1红胜定。

③黑方另有三种着法结果不同：

甲、炮9进5；马二进四，炮9进1；马四进五，车7进1；兵五平四，将6平5；兵六进一红胜。

乙、炮9进3；马二进四，车7平4；帅六平五，车4平5；帅五平六，炮9平5；马四进五，车5进1；兵二平三红胜。

丙、炮9进9；马二进四，车7平4；帅六平五，车4平5；帅五平六，炮9平5；马四进三，车5平7（如车5平4则帅六平五，炮5退8；兵六平五，车4平7；兵二平三，车7退1；兵五进一红胜）；帅六退一，炮5退3（如车7进1则帅六平五，车7退1；兵二进一，车7进1；兵二平三，车7退3；兵六进一红胜）；兵二平三，车7退1；兵五平四，车7平6；马三进四，将6进1和棋。

④如改走车7进4则马一进二，车7平5；帅五平六，炮8退8；兵五平四，将6平5；兵六进一红胜。

⑤如改走车7进1则帅六平五，车7平5；帅五平六，车5平7；兵二进一，车7退1；兵二平三，车7退2；兵六进一红胜。

第9局　丹凤朝阳（九）

本局搜集于网络，是在一局基础上增加红方一.四位和七.五位两只兵，就成为本局图式的“丹凤朝阳”。如此一来，黑方则无法抵挡红方七路兵进攻，结果就成为红胜了。现介绍如下：

着法：（红先胜）

1. 帅五平四　炮4平2
2. 车一进二　炮2平9
3. 后兵平五　车1进9
4. 帅四进一　卒4平5
5. 帅四平五　车1退3
6. 兵五进一　将5平6
7. 兵二进一　车1平5
8. 帅五平六　车5平7
9. 马一进二　炮9进3
10. 马二进一　车7退4
11. 兵七进一　车7平4
12. 帅六平五　车4平5
13. 帅五平六　炮9平5
14. 马一进二　车5平7
15. 兵二平三　车7退1
16. 兵五平四　车7平6
17. 马三进四　将6进1
18. 兵七平六　炮5平7
19. 帅六平五　炮7退2

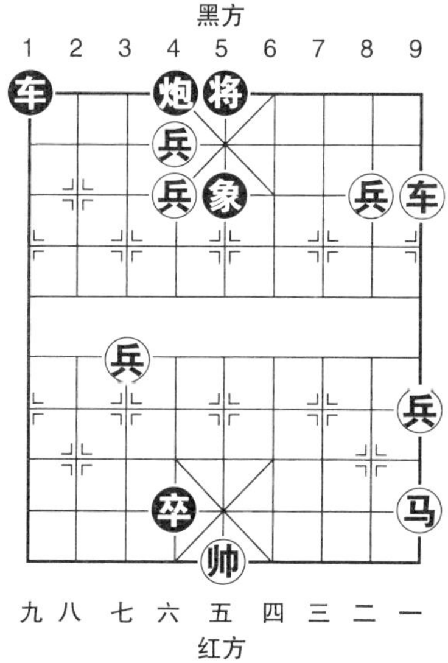

20. 前兵进一　(红胜定)

第 10 局　丹凤朝阳（十）

本局收集于网络，结论是黑胜。现介绍如下：

着法：(红先黑胜)

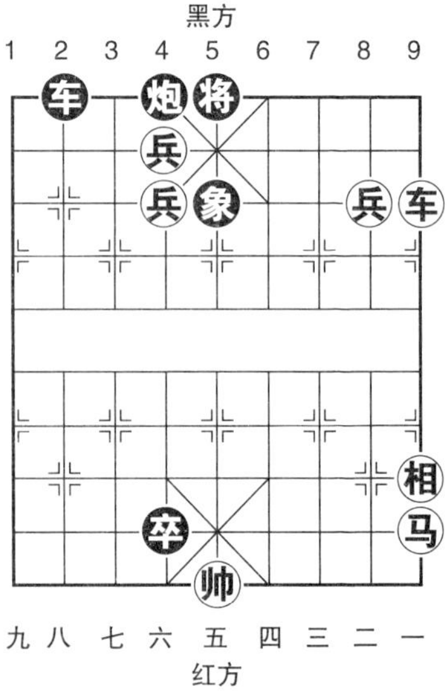

1. 帅五平四　车 2 进 9
2. 帅四进一　炮 4 平 1
3. 马一退三①　车 2 退 6
4. 前兵平五　将 5 进 1
5. 车一进一　将 5 退 1
6. 车一平九　象 5 退 3
7. 兵六平五　车 2 平 6
8. 马三进四　将 5 平 6
9. 车九退六　车 6 平 5
10. 兵五平四　卒 4 平 5
11. 帅四退一　车 5 平 3
12. 车九退二　车 3 平 6
13. 车九进二　车 6 退 1
14. 兵二进一　车 6 平 3
15. 车九退二　车 3 进 5　(黑胜定)

注释：

①如改走马一进三和车一进二均为黑胜，变化从略。

第 11 局　丹凤朝阳（十一）

本局是“活得潇洒”棋友发在泓弈网上的，一般这种多了黑卒的“丹凤朝阳”，首先要考虑黑方是否可以车占中路、兑双兵而取胜。本局就是采用这种战术的，所以本局结论是黑胜。现介绍如下：

着法：（红先黑胜）

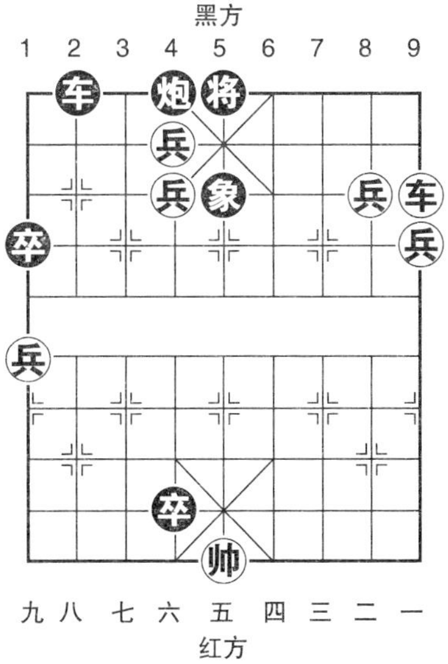

1. 帅五平四①　炮 4 平 3
2. 车一进二　炮 3 平 9
3. 后兵平五　车 2 进 9
4. 帅四进一　车 2 平 5②
5. 兵五进一　车 5 退 8
6. 兵六平五　将 5 进 1
7. 兵二平三　炮 9 平 1
8. 兵一平二　炮 1 进 5
9. 兵二平三　炮 1 平 3
10. 后兵平四　炮 3 退 5
11. 兵四平五　炮 3 平 5
12. 兵五平六　卒 1 进 1
13. 兵三平四　炮 5 平 6
14. 兵四平三　卒 1 进 1

（黑胜定）

注释：

①如改走前兵进一则将 5 平 6；前兵平五（如车一进二则象 5 退 7；车一平三，将 6 进 1；车三退一，将 6 退 1；车三进一，将 6 进 1；红方不能长将，黑胜），车 2 平 5；车一进二（如兵二进一则象 5 进 7；兵六平五，象 7 退 9 黑胜），象 5 退 7 反将黑胜。

②取胜的关键。

第 12 局　丹凤朝阳（十二）

本局是二路兵同型局中，最流行的几个图式之一，现将着法介绍如下：

着法：（红先黑胜）

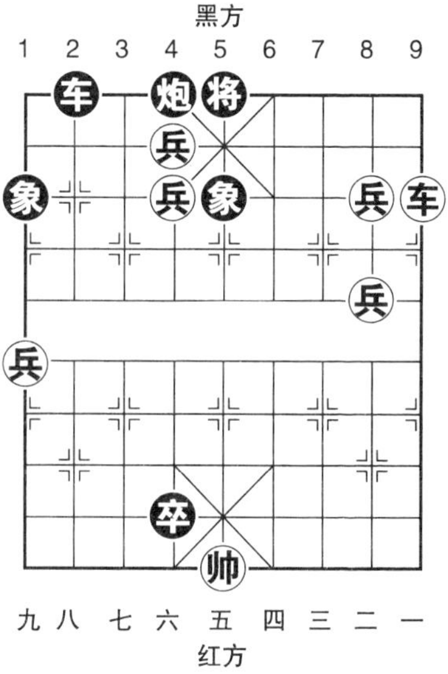

1. 帅五平四　　炮 4 平 3
2. 车一进二　　炮 3 平 9
3. 后兵平五　　车 2 进 9
4. 帅四进一　　卒 4 平 5
5. 帅四平五　　车 2 退 4
6. 兵五进一　　将 5 平 6
7. 前兵进一　　车 2 平 5
8. 帅五平六　　车 5 平 7
9. 后兵平三　　车 7 退 1
10. 兵二平一　　炮 9 平 7
11. 兵一平二　　炮 7 进 1
12. 兵二平三　　车 7 退 3
13. 兵九进一　　车 7 进 1
14. 兵九进一①　车 7 平 2
15. 帅六平五　　象 1 进 3
16. 帅五退一　　车 2 平 5
17. 帅五平六　　车 5 进 1

（黑胜定）

注释：

①如改走兵九平八则车 7 平 2；兵八平九，象 1 退 3；帅六平五，车 2 平 5；帅五平六，车 5 进 2；兵九进一，车 5 退 1；黑胜定。

第 13 局　丹凤朝阳（十三）

本局删去上一局的九路兵和黑象，这样图式更简洁。当然结论仍然是红先黑胜。现介绍如下：

着法：（红先黑胜）

1. 帅五平四　　炮 4 平 3
2. 车一进二　　炮 3 平 9
3. 后兵平五　　车 2 进 9
4. 帅四进一　　卒 4 平 5
5. 帅四平五　　车 2 退 4
6. 兵五进一　　将 5 平 6
7. 前兵进一　　车 2 平 5
8. 帅五平六　　车 5 平 7
9. 前兵平一①　炮 9 平 8
10. 兵二进一　　车 7 退 4
11. 兵二进一②　车 7 平 9
12. 兵二平三　　炮 8 进 1

（黑胜定）

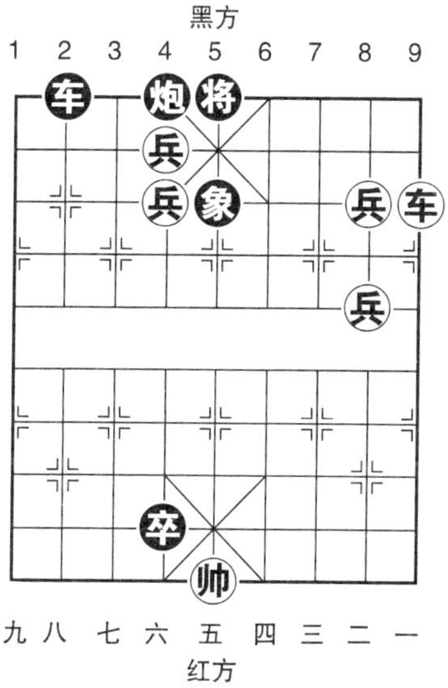

注释：

①如改走后兵平三则车 7 退 1；兵二平一，炮 9 平 7；兵一平二，炮 7 进 1；兵二平三，车 7 退 3；黑胜。

②如改走兵一进一则炮 8 进 1；黑胜定。

第 14 局　丹凤朝阳（十四）

本局流传于网上，根据柳暗棋友提供的信息，该局为百度象棋吧前吧主“女神克拉西丝”所拟。本局利用人的惯性思维，专门误导那些懂一些“丹凤朝阳”的解法的人，因为本局粗看就以为红兵位置有利，按“丹凤朝阳”常规脱帽走法红可胜。如果你上阵挑战，则正中圈套，其实本局黑方有简单走法可以取胜。凡是带有黑方边卒的棋局，就要注意黑方车占中路、兑双兵的战术。现介绍如下：

着法：（红先黑胜）

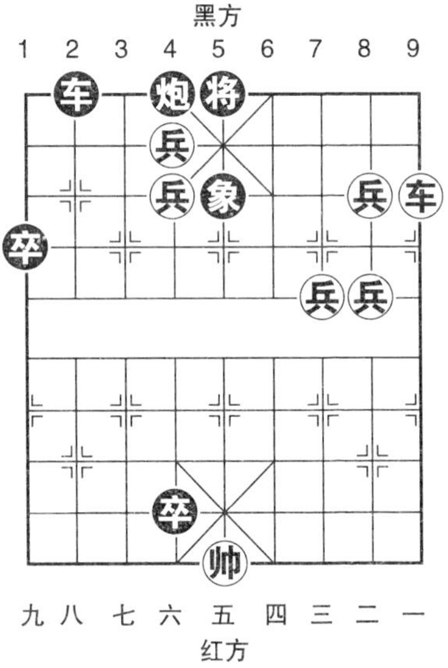

1. 帅五平四　炮4平3
2. 车一进二　炮3平9
3. 后兵平五　车2进9
4. 帅四进一　车2平5①
5. 兵五进一　车5退8
6. 兵六平五　将5进1
7. 兵三平四　炮9平6
8. 兵四平五　卒1进1
9. 前兵平三　卒1进1
10. 帅四进一　卒1平2
11. 兵二平三　卒2平3
12. 帅四平五　卒3进1
13. 帅五平六　卒4平3
14. 前兵平四　后卒进1
15. 帅六平五　前卒平4
16. 兵五进一　炮6平1
17. 兵五进一　将5平4
18. 兵五进一　将4退1
19. 帅五平四　卒3平4
20. 帅四退一　后卒平5
21. 兵四平五　卒4平5
22. 帅四退一　后卒平6

（黑胜）

注释：

①如改走卒4平5则帅四平五，车2退7；兵五进一，将5平6；前兵进一，车2平5；帅五平六，车5平7；后兵平一，炮9平7（如车7进2则兵一进一，卒1进1；兵一进一，卒1进1；兵一进一，炮9平7；兵二进一，卒1平2；兵二平三，车7退4；兵六进一，红胜）；兵三平四，炮7进1；兵二平三，车7退1；兵四进一，车7进1；帅六平五，车7平5；帅五平四，卒1进1；兵一平二，卒1进1；兵二平三，卒1平2；兵三进一，卒2平3；兵三进一，车5平7；兵六进一，红胜。

第15局　丹凤朝阳（十五）

本局很有趣味性，结论是红先胜。现介绍如下：

着法：（红先胜）

1.	前六进一①	将5平6
2.	前六平五	车2平5
3.	前兵进一②	象5退7
4.	兵六平五	车5进2
5.	车一平五	象7进5
6.	前兵平三	卒9平8
7.	兵二平三	卒8平7
8.	后兵平四	卒7平6
9.	兵四进一	卒6进1③
10.	兵三平四	将6平5
11.	后兵平五	卒6进1
12.	兵四平五	将5平4

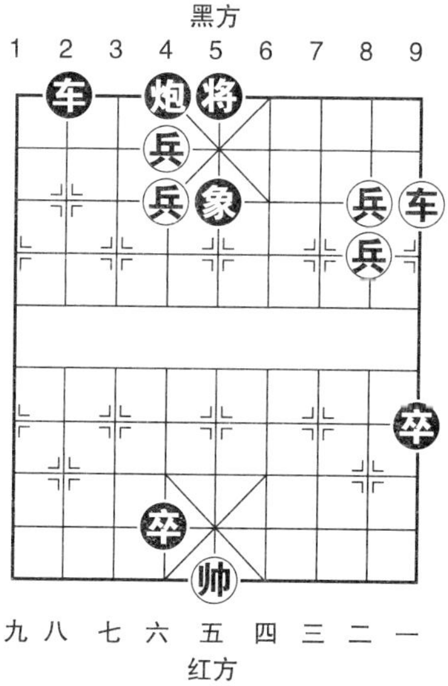

13. 后兵平六　　（红胜）

注释：

①这步棋在其他同类局中是劣着，在本局中却是取胜妙着。如按寻常丹凤朝阳走法则负。如改走帅五平四则炮 4 平 3；车一进二，炮 3 平 9；后六平五，车 2 进 9；帅四进一，车 2 平 5；兵五进一，车 5 退 8；兵六平五，将 5 进 1；后兵平三，炮 9 平 6；红兵无法渡过，黑有杀对无杀胜定。

②现在二路兵的作用很明显了。如象眼未被卡住现在黑可象 5 进 7 抽吃红车。

③如改走将 6 平 5 则兵四平五，卒 6 进 1；兵三平四，卒 6 进 1；兵四平五，将 5 平 6；后兵平四，红胜。

第 16 局　丹凤朝阳（十六）

上一局结果演变成红胜，不符合江湖棋摊的原则，如果把黑方 9 路边卒移到 3 路河口，就可以巧妙成为一则和局。现介绍如下：

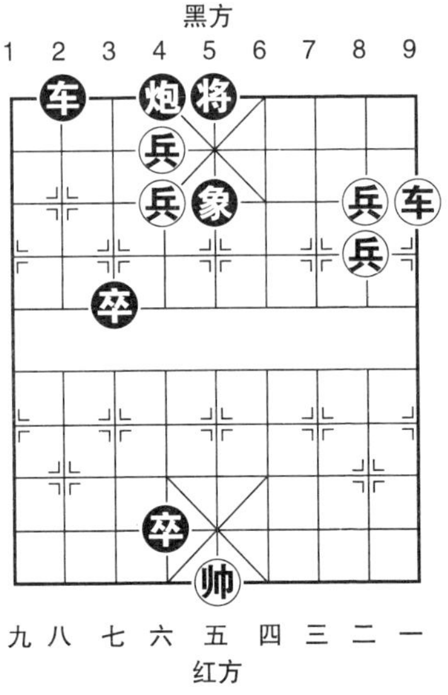

着法：（红先和）

1. 前六进一　　将 5 平 6
2. 前六平五　　车 2 平 5
3. 前兵进一　　象 5 进 7
4. 兵六平五　　车 5 进 2
5. 车一平五　　象 7 退 5
6. 后兵平三①　将 6 平 5②
7. 兵二平三　　将 5 平 4

8. 前兵平四　将4进1　　9. 兵三平四　卒3进1
10. 后兵平五　象5进7　　11. 兵五平六　象7退5
12. 兵六平五　象5进7　　13. 兵五平六　象7退5
(和局)

注释：

①如改走前兵平三则将6平5；兵二平三，下同主变和局。

②如改走卒3进1则兵三平四，卒3平4；兵四进一，象5进7（如后卒平5则兵四平五，将6平5；兵二平三，卒5进1；兵三平四，卒5进1；兵四平五，将5平6；后兵平四，红胜）；兵二平三，后卒平5；兵四进一，将6平5；兵三进一，卒5进1；兵三平四，将5平4；后兵平五，红胜。

第17局　丹凤朝阳（十七）

如果把上一局3路黑卒前移一步，并增添一.三位红相，棋局难度有所增加，但结果也是和局。现介绍如下：

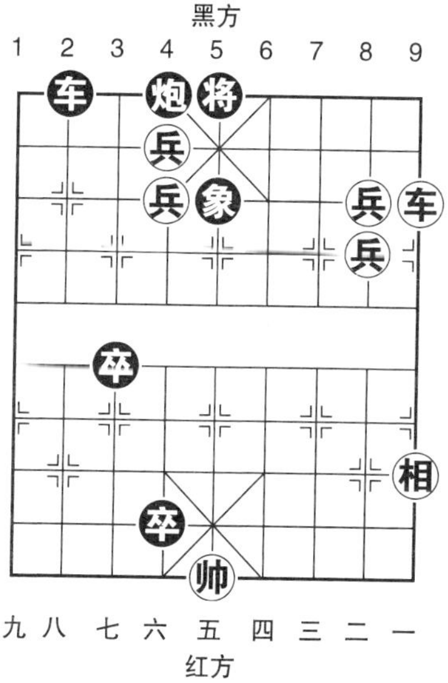

着法：（红先和）

1. 前六进一①　将5平6
2. 前六平五　车2平5
3. 前兵进一　象5退7
4. 兵六平五　车5进2
5. 车一平五　象7进5
6. 相一进三②　将6平5③
7. 后兵平三　将5平4

8. 兵三平四　卒3进1　9. 兵四平五　象5进7④
10. 兵五平六　将4进1⑤　11. 兵二平三　卒3平4
12. 兵三平四　后卒平5　13. 兵六平五　卒5平6⑥
14. 兵五平六　象7退5　15. 兵六平五　象5进7
16. 兵五平六　卒6平5　17. 兵六平五　（和局）

注释：

①如改走帅五平四则车2进9；帅四进一，炮4平1；车一进二，炮1平9；后兵平五，车2平5；兵五进一，车5退8；兵六平五，将5进1；前兵平三，炮9平6；黑胜定。

②也可以先走后兵平三再走相一进三。但如改走前兵平三则卒3进1；兵二平三，卒3进1；后兵平四，卒3进1；兵四进一，将6平5；兵四平五，卒3进1；兵三平四，卒3平4；帅五平四，后卒平5；黑胜。

③如改走卒3进1则后兵平三（如前兵平三则卒3进1；相三退五，卒3进1；兵二平三，卒3进1；黑胜。又如相三退五则卒3平4；前兵平三，后卒平5；相五进三，卒5平6；兵二平三，卒6进1；后兵平四，卒6进1；兵四进一，卒6平5；帅五平四，卒4进1；黑胜）以下黑方有三种着法结果不同：

甲、卒3平4；兵二平三，后卒平5；后兵平四，将6平5；兵三平四，卒5平6；后兵进一，卒6进1；后兵平五，红方快一步胜。

乙、卒3进1；兵三平四，卒3进1；相三退五，将6进1；兵二平三，将6平5；兵四平五，象5进7；兵三平二，将5平6；兵五平四，将6平5；兵四平五，和局。

丙、将6平5；兵三平四，将5进1；兵二平三，将5平

4；兵四平五，象5进7；兵五平六，卒3平4；兵三平四，后卒平5；兵六平五，将4进1；兵四平五，象7退9；前兵平四，象9进7；和局。

④如改走卒3平4（如卒3进1则兵五进一，卒3进1；相三退五，卒3进1；帅五平四，红胜）则兵五进一，后卒平5；兵二平三，卒5平6；兵三平四，卒6进1；兵四平五，卒6进1；后兵平六，红胜。

⑤如改走卒3平4则兵六进一，后卒平5；兵二平三，将4平5；兵三平四，红胜定。

⑥如改走将4进1则兵四平五，象7退9；前兵平四，象9进7；和局。

第18局　丹凤朝阳（十八）

在“丹凤朝阳”系列里，着法出其不意走前兵进一的“番外篇”中，也有本局图式的和局。现介绍如下：

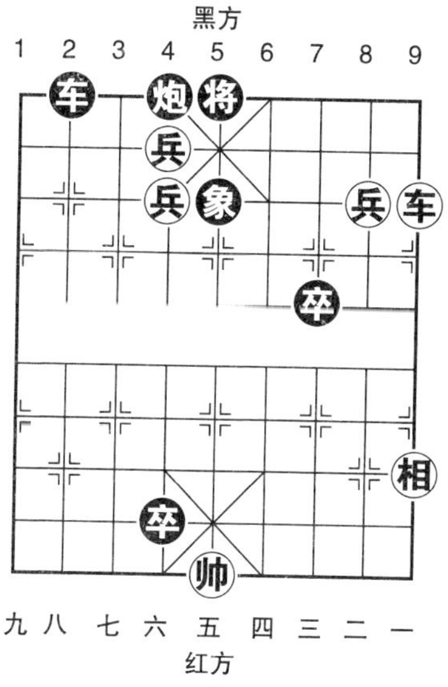

着法：（红先和）

1. 前兵进一　将5平6
2. 前兵平五　车2平5
3. 兵二进一　象5退7
4. 兵六平五　车5进2
5. 车一平五　象7进5

（和局）

第19局　丹凤朝阳（十九）

本局图式因七路兵要过河遮帅还要连走三步，看似起不到大的作用，着法却可以成和。现介绍如下：

着法：（红先和）

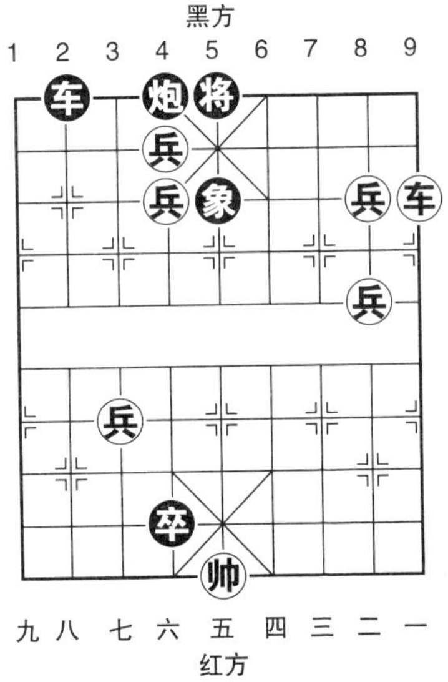

1. 帅五平四　车2进9①
2. 帅四进一　炮4平1
3. 车一进二②　炮1平9
4. 后六平五　卒4平5
5. 帅四平五　车2退1
6. 帅五退一　车2退6③
7. 兵五进一　将5平6
8. 前兵进一　车2平5
9. 帅五平六　车5平7
10. 后兵平一　炮9进2
11. 兵一进一　车7进7
12. 帅六进一　炮9平2
13. 兵六进一　炮2平5
14. 帅六平五　车7退4
15. 兵七进一　车7平5
16. 帅五平六　车5平7
17. 帅六平五　（和局）

注释：

①七路兵唯一不同之处是黑车必须先将军才能出炮，这样就产生了第3回合弃兵活车拦炮的可能性。

②如改走前兵六平五则将5进1；车一进一，将5退1；车一平九，象5退3；兵六平五，象3进5；车九进一（如车

九退七则车 2 平 8；车九进三，车 8 退 5；帅四进一，卒 4 平 5；帅四平五，车 8 平 5；帅五平六，象 5 退 3；黑胜），象 5 退 3；车九退八，车 2 退 4；黑胜。

③如改走车 2 退 6 则兵五进一，将 5 平 6；前兵进一，车 2 平 5；帅五平六，车 5 平 7；后兵平一，炮 9 进 2；兵一进一，车 7 进 7；帅六进一，炮 9 平 2；兵六进一，炮 2 平 5；帅六平五，车 7 退 4；兵七进一，车 7 平 5；帅五平六，车 5 平 7；帅六平五，和局。

第 20 局 丹凤朝阳（二十）

将上一局的七路兵再前移一步，显然对红方更有利。但黑方仍可有三种走法成和。现介绍如下：

着法：（红先和）

1.	帅五平四	车 2 进 9
2.	帅四进一	炮 4 平 1
3.	车一进二①	炮 1 平 9
4.	后六平五	卒 4 平 5
5.	帅四平五	车 2 退 1
6.	帅五退	车 2 退 5②
7.	兵五进一	将 5 平 6
8.	前兵进一	车 2 平 5
9.	帅五平六	车 5 平 7
10.	后兵进一	车 7 进 6
11.	帅六进一	车 7 退 1
12.	帅六退一	炮 9 进 6

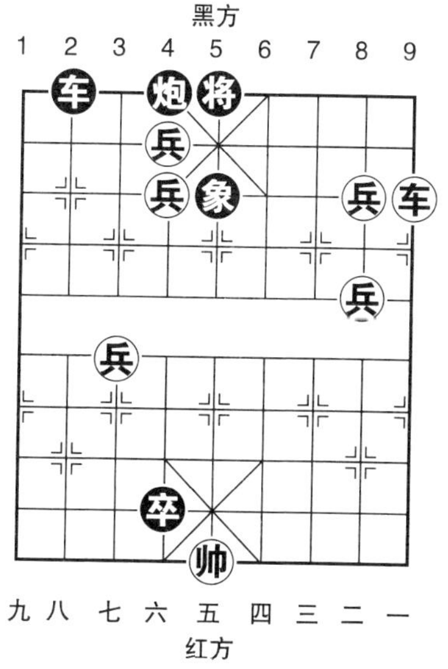

13. 兵六进一　炮9平5　14. 帅六平五　车7退1
15. 帅五进一　车7进1　16. 帅五进一　车7退2
17. 兵七进一　炮5退1　18. 兵七平六　车7平5
19. 帅五平六　车5平7　20. 帅六平五　（和局）

注释：

①如改走前兵六平五则将5进1；车一进一，将5退1；车一平九，象5退3；兵六平五，象3进5；车九退七，车2平8；黑胜定。

②黑方另有两种着法均和：

甲、车2退6；兵五进一，将5平6；前兵进一，车2平5；帅五平六，车5平7；后兵平一（如兵七进一则炮9进6；后兵平三，车7平4；帅六平五，车4平5；帅五平六，炮9平5；黑胜定），炮9进2；兵一进一，车7进7；帅六进一，炮9平1；兵六进一，炮1平5；帅六平五，车7退4；兵七进一，车7平5；帅五平六，车5平7；帅六平五，车7平5；帅五平六，车5平7；帅六平五，和局。

乙、车2退5；兵五进一，将5平6；前兵进一，车2平5；帅五平六，车5平7；后兵进一，车7进6；帅六进一，车7退1；帅六退一，炮9进6；兵六进一，炮9平5；帅六平五，车7退1；帅五进一，车7进1；帅五进一，车7退2；兵七进一，炮5退1；兵七平六，车7平5；帅五平六，车5平7；帅六平五，和局。

第21局　丹凤朝阳（二十一）

如将上一局的七路兵移至三路，并把二路后兵移至一路，则成为本局图式的“丹凤朝阳”。由于一路兵在步数上慢了一步，所以本局的结果成为红先黑胜。现将本局介绍如下：

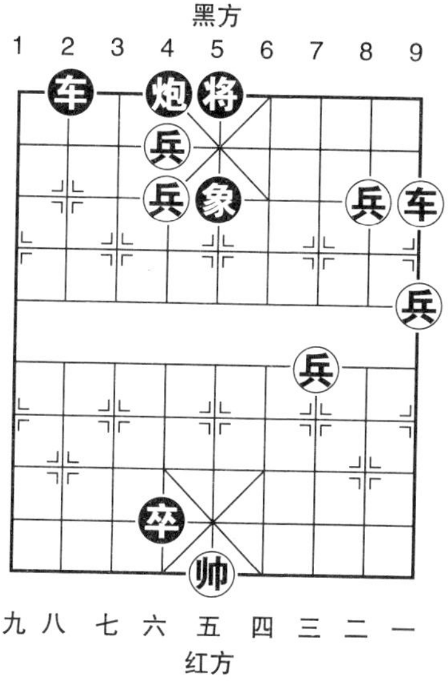

着法：（红先黑胜）

1. 帅五平四　炮4平3
2. 车一进二　象5退7
3. 车一平三　炮3平7
4. 后兵平五　车2进9
5. 帅四进一　卒4平5
6. 帅四平五　车2退7
7. 兵五进一　将5平6
8. 兵二进一　车2平7
9. 兵一进一　炮7进5
10. 兵二进一　炮7平2
11. 兵一进一　炮2退5
12. 兵一平二①　车7平5
13. 帅五平六　炮2平4
14. 兵六进一　车5退1

（黑胜）

注释：

①如改走兵二平三则炮2平7；兵一进一，炮7进1；黑胜。

如果把本局的一路兵前移一步，则可以形成和局。

第22局　丹凤朝阳（二十二）

本局是将第20局的七路兵前进一步，则成为更加流行的一则江湖排局，红黑两方都有许多机会，着法俱正是和棋。本局其实也是“丹凤朝阳”系列局中的一则优秀和局，更是“丹凤朝阳”系列局中难得的佳作。象棋排局特级大师白宏宽先生和笔者挚友黄志琦先生对本局均有独到的研究，现参考他们的研究，将本局完善介绍如下：

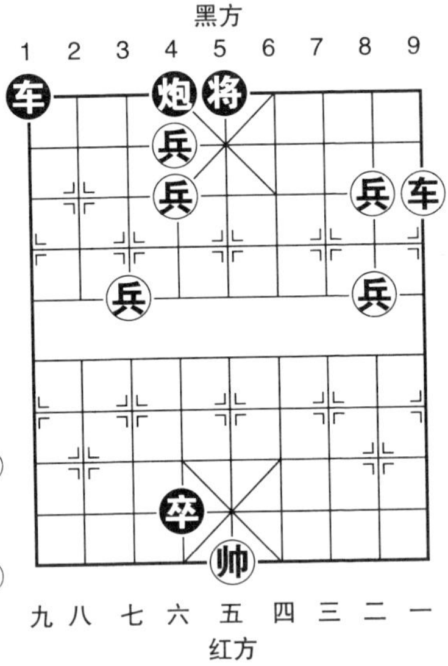

着法：（红先和）

1. 帅五平四　炮4平2
2. 车一进二　炮2平9
3. 后兵平五　车1进9
4. 帅四进一　卒4平5
5. 帅四平五　车1退4①
6. 兵五进一　将5平6
7. 前兵进一②　车1平5③
8. 帅五平六　车5平7
9. 前兵平一④　炮9平8
10. 兵一平二　炮7平9
11. 前兵平一　炮9平7
12. 兵一平二　炮7平9
13. 前兵平一　炮9平8
14. 兵二进一⑤　车7退4
15. 兵二进一　车7平9
16. 兵七进一　车9平7⑥
17. 兵七进一　炮8平9
18. 兵七平六⑦　炮9进1
19. 后兵平五　车7进7
20. 帅六退一　车7进1
21. 帅六进一　车7退8
22. 帅六平五　车7进7
23. 帅五退一　车7退7
24. 兵二平一　炮9平8
25. 兵一平二　炮8平9
26. 兵二平一　炮9平8
27. 兵一平二　炮8平9
28. 兵二平一　炮9平5
29. 兵五进一　车7平8
30. 帅五进一　车8进7
31. 帅五退一　车8退7
32. 帅五平六　车8进8
33. 帅六进一　车8退8

（和棋）

注释：

①图一形势，黑方另有三种着法均负，因变化繁复，分别介绍如下：

第一种着法：（黑先红胜）接图一

1. …………　将5平6
2. 前兵平三　车1退6
3. 兵三平四　车1平5
4. 帅五平四　将6平5
5. 兵五进一　车5退2
6. 兵六平五　将5进1
7. 兵四进一　将5进1
8. 兵二平三　（红胜定）

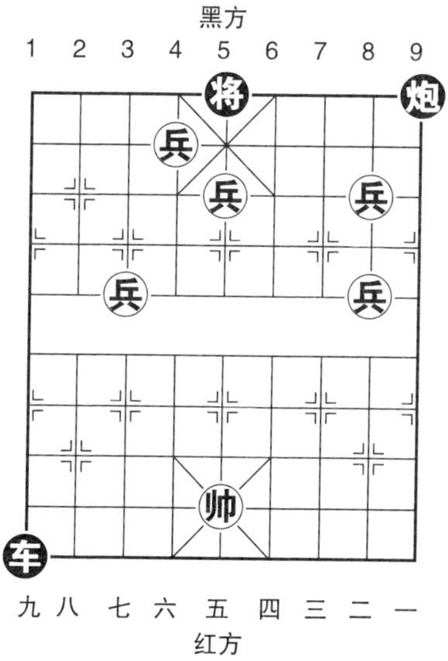

图一

第二种着法：（黑先红胜）接图一

1. …………　车1退7①　2. 兵五进一　将5平6
3. 前兵进一　车1平7②　4. 后兵平一③　炮9进2
5. 兵七平六　车7进3④　6. 后兵进一　炮9平5⑤
7. 后兵进一　炮5进4　8. 后兵平五　炮5退5
9. 兵五进一　车7进1　10. 兵二进一　车7退3
11. 兵二平三　车7退3　12. 兵六进一　（红胜）

注解：

①这是本局的秘密武器，虽然红方应对了可取胜，但出其不意用来对付研究过本局的弈客，有出其不意的效果。

②如改走车1平5则帅五平六，车5平7；兵七平六，炮9进5（如炮9进9则后兵六平五，炮9平5；后兵五进一，车7进4；前兵二进一，炮5退8；兵六平五，车7退5；后

兵五进一，车7进4；后兵二进一，车7退1；后兵二进一，车7退1；后兵二进一，车7进1；前兵二平三，车7退4；后兵平四红胜）；后兵六平五，炮9平5；后兵五进一，下着黑方有两种应法均负：甲、车7进4；后五平四，炮5进4（如车7退4则兵四进一，车7平6；前兵平三红胜）；帅六退一，炮5平9；兵四进一红胜。乙、炮5退4；兵六平五，车7进3；前兵二进一，车7退4；后五进一，车7进2；后兵二进一，车7进1；后兵二进一，车7退1；后兵二进一，车7进1；前兵二平三，车7退4；后兵平四红胜。

③如改走兵七平六则炮9进6；后六平五（如走前兵二进一则炮9退5黑胜。又如后六进一则车7平5；帅五平六，炮9平5黑胜），炮9平5；后五进一，炮5退5；兵六平五，车7进1；后五进一，车7平5；帅五平六，车5退1反成黑胜。

④如改走车7进6则帅五退一，炮9平2；后兵进一，车7退2（如炮2退1或炮2退2则前兵进一红胜）；兵二平三，车7退5；兵五进一，将6进1；后兵进一红胜。

⑤如改走炮9平5则后兵进一，炮5进4；后兵平五，炮5退5；兵五进一，车7进1；兵二进一，车7退3；兵二平三，车7退3；兵六进一红胜。

第三种着法：（黑先红胜）接图一

1. …………	车1退6①		2. 兵五进一	将5平6
3. 前兵进一	车1平7②		4. 后兵平一③	炮9进2
5. 兵七平六④	炮9平5⑤		6. 兵二进一⑥	炮5平1⑦
7. 后兵进一	炮1进3⑧		8. 前兵进一	炮1平5
9. 后兵进一	车7退2		10. 兵二平三	车7退1
11. 后兵平五	炮5退4		12. 兵五进一	（红胜）

注解：

①本变属于另一种秘密武器，用来对付研究过本局的弈客。虽然本变是红胜，但黑方有顽强抵抗的手段，不深入研究，弈客容易败北。

②如改走车1平5则帅五平六，车5平7；兵七平六，炮9进9；前兵二进一（如后兵六平五则炮9平5；后兵五平四，车7平4；帅六平五，炮5退8反成黑胜。）以下黑方有两种应法均负：甲、炮9平8；后兵二平三，车7进1；后兵平五，炮8平5（如车7退3则后兵进一，炮8退8；后兵进一，炮8平5；兵五进一，车7进2；兵二平三，车7退3；兵六进一红胜）；后兵平四，车7进1；帅六退一，炮5退3；兵四进一，炮5平2；兵四进一红胜。乙、炮9平2；后六平五，炮2平5（如炮2退8则兵六进一，车7平4；帅六平五，车4退3；前兵二平三红胜）；后五进一，炮5退8；兵六平五，车7进3；后兵五进一，车7退1；后兵二进一，车7进1；后兵二进一，车7退1；后兵二进一，车7退1；前兵二平三，车7退4；后兵平四红胜。

③红方另有两种着法只能弈成和局：

甲、后兵平三，车7进1；兵二平一，炮9平8；兵一平二，炮8平9；兵二平一，炮9平7；兵一平二，炮7进1；兵二平三，车7退3；兵七平六，车7进4；后兵平七，车7退2和棋。

乙、后兵进一，车7进5；帅五退一，炮9进5；兵六进一，炮9平5；兵七平六，车7进1；帅五进一，车7退3；后六进一，车7平5；帅五平六，车5平7；帅六平五（如后六进一则炮5进4；后六进一，车7平4；帅六平五，炮5退

8；后六平五，车4平5；帅五平六，车5退5黑胜），车7平5；帅五平六，车5平7和棋。

④如改走兵一进一则炮9平1；兵二进一（如兵一平二则车7平5；帅五平六，炮1退1黑胜），炮1退2；兵二平三（如兵七平六则车7平9；后兵平五，炮1平8黑胜），炮1平7黑胜。

⑤如改走炮9平2则后兵进一，车7进2；兵二平三，车7退4；兵五进一，将6进1；后兵进一红胜。

⑥红方另有三种着法结果不同：

甲、兵一平二，炮5进3；前二进一（红方另有两种应法均负：（甲）后六进一，炮5平4；后六进一，车7平5；帅五平六，炮4平5；前二平三，炮5退4；前兵平五，车5退2黑胜。（乙）后六平五，车7退1；前二进一，炮5退4；兵六平五，车7退1；前二平三，车7退1；后兵进一，车7进3黑胜），炮5平8；后二平三，车7进1；后兵进一，炮8退4；后兵进一，车7平5；帅五平六，车5平7；帅六平五和棋。

乙、前兵进一，车7平5；帅五平六（如后兵平五则车5平8；后兵平四，车8退2黑胜），炮5平4；后兵平五，车5退2黑胜。

丙、后兵进一，车7平5；帅五平六，车5平4；帅六平五，车4平5；帅五平六，车5平7；帅六平五（如兵六进一则炮5进7黑胜），炮5平2；兵二进一（如兵一平二则炮2退1黑胜）炮2退2；兵二平三，炮2平7；兵一平二，炮7进1黑胜。

⑦黑方有两种应法均负：

甲、车7进2；后兵进一，车7退2；后兵进一，炮5进

3；后兵平五，车7退2；兵二平三，车7退1；兵六进一，炮5退4；兵五进一红胜。

乙、车7进5；帅五退一，车7退5；兵一平二，车7进6；帅五进一，车7退6；后二进一，车7进1；后六进一，车7进1；后六进一，炮5进2；后六平五，车7退4；前二平三，车7退1；兵六进一，炮5退3；兵五进一红胜。

⑧如改走车7进2（如炮1退2则前兵进一红胜）则兵二平三，车7退5；兵五进一，将6进1；前兵平五，将6进1；兵六进一红胜。

②如改走前兵平三则车1平5；帅五平六，炮9进1；兵三平四，炮9平4；兵五平六，将6平5黑胜。

③如改走车1平7则后兵平三，车7退1；兵七平六以下黑方有四种着法均负：

甲、炮9进5；前兵进一，炮9平5；后兵进一，车7进2；后兵进一，车7平5；帅五平六，车5平7；兵二进一，炮5进4；兵二平三，车7退6；后兵平五红胜。

乙、炮9进2；后兵进一，炮9平1（如炮9平5；后兵进一，炮5进1；前兵进一，车7平5；帅五平六，车5平7；兵二进一，车7退3；兵二平三，车7退1；后兵平五红胜）；兵二平三，车7退3；兵五进一，将6进1；后兵进一，车7进7；帅五退一，车7进1；帅五进一，炮1进7；前兵平五，将6进1；兵六平五红胜。

丙、车7退2；后兵平五，车7进1；兵二进一，炮9进2；后兵平四，车7平5（如炮9平1；兵二平三，车7退3；兵五进一，将6进1；兵六平五，将6进1；兵四进一，红胜）；帅五平六，车5平7；兵四进一，车7退1；帅六平五，车7平5；帅五平四，车5平7；兵二平三，车7退2；兵四进一，车7进1；兵四进一，车7平6；兵五平四，将6平5；兵四平五红胜。

丁、车7进1；后兵平五，炮9进2；后兵平四，车7平5；帅五平四，车5平7；兵四进一，车7退3；兵六进一，炮9退2；兵二进一红胜。

④红方有三种着法结果不同：

甲、后兵平三，车7退1；兵二平一（如兵七进一，炮9进5；兵二进一，炮9退4；兵二平三，车7退4；兵六进一，车7进8；帅六退一，炮9退1黑胜），炮9平8；兵一平二，炮8平9；兵二平一，炮9平7；兵一平二，炮7进1；兵二平三，车7退3；兵七进一，车7进1；帅六退一，车7平4；帅六平五，车4平5；帅五平六，车5进1；兵七进一，车5退1；兵七进一，车5平3；帅六平五，车3进1；帅五平六，车3退1和棋。主变走前兵平一，是可以介绍更多精彩的变化。

乙、后兵平一，炮9进2；兵七进一，炮9平1；兵七进一，炮1退2；兵七平六，炮1平5黑胜定。

丙、前兵进一，炮9进6；后兵平三（如兵七平六，炮9退5；前兵二平三，车7退5；前兵进一，车7进8；帅六退一，炮9退1黑胜定），车7退1；兵六进一，炮9平5；兵七进一，车7退3；兵二平三，车7退1；兵七进一，车7进1黑胜定。

⑤如改走兵二平三则车7平4；帅六平五，车4平5；帅五平六，炮8进6；兵一平二，炮8平5；兵二平三，炮5退5；兵六平五，车5退4黑胜。

⑥如改走车9进7则帅六退一，车9平8；兵二平三，炮8进1；兵三进一，炮8平5；兵六平五红胜。

⑦如改走兵二平一则车7进7；帅六退一，车7平9；兵一平二，炮9进1；兵七进一，车9退2；兵二平三，车9平4；帅六平五，车4平5；帅五平六，车5退4；兵三进一，炮9平5；兵六平五，车5退1黑胜。

第23局　丹凤朝阳（二十三）

后来江湖艺人在上局基础上，将黑方河口的红兵均后移一步，并增加了一路边相，成为本局图式，这样红方无法求和，成了黑胜。现介绍如下：

着法：（红先黑胜）

1. 帅五平四　车2进9　2. 帅四进一　炮4平1
3. 车一进二　炮1平9　4. 后兵平五　卒4平5
5. 帅四平五　车2退7　6. 兵五进一　将5平6
7. 兵二进一　车2平5
8. 帅五平六　车5平7
9. 兵二进一①　炮9进6
10. 相一退三　车7进3
11. 相三进五　车7退4
12. 兵七进一　炮9退5
13. 兵二平三　车7退1
14. 兵六进一　车7进8
15. 帅六退一　炮9退1

（黑胜）

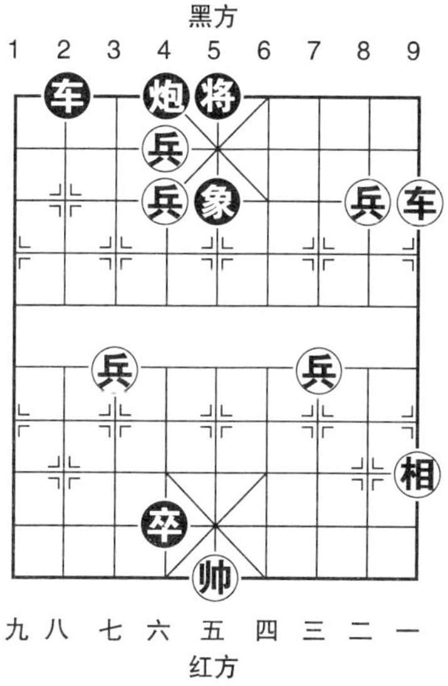

注释：

①如改走相一退三则炮9进6；相三进五（如兵七进

一则车7平4；帅六平五，车4平5；帅五平六，炮9平5黑胜），炮9平5；相五退三，车7平5黑胜。

第24局 丹凤朝阳（二十四）

本局在"丹凤朝阳"系列中可谓别具一格的创意，开局走法出其不意，结论为红先胜。现介绍如下：

着法：（红先胜）

1. 前兵平五 将5进1
2. 车一进七 将5平6①
3. 兵六平五 将6退1②
4. 兵五进一 炮4平5③
5. 兵五平四 将6进1
6. 兵二平三 炮5进7
7. 兵三平四 将6平5
8. 兵四平五 将5平4
9. 车一进一 将4退1
10. 兵五进一 （红胜）

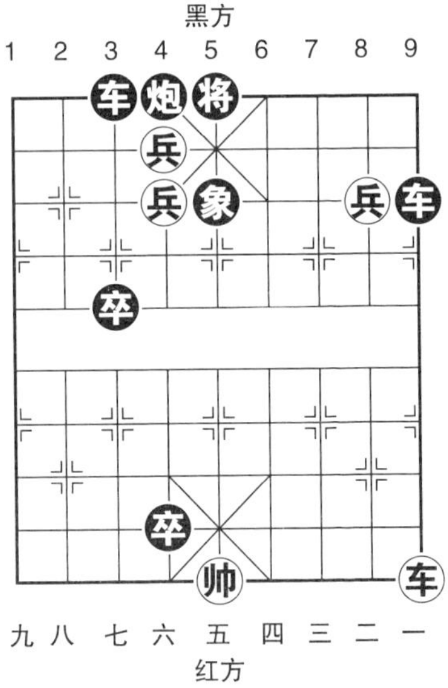

注释：

①如改走车3平1则兵六平五，将5平6；兵五进一，将6退1；兵五进一，将6进1；车一进一，将6进1；兵二平三，红胜。

②如改走炮4平5则兵五平四，将6退1；车一进一，车3进1；车一平七，炮5平2；车七平五，红胜。

③如改走车3进3则兵五进一，将6进1；车一进一，将

6进1；兵二平三，红胜。

第25局　丹凤朝阳（二十五）

上局棋演变的结果速胜，可能是原作者的疏漏，为了维持作者本意，黄志琦先生提出修改成本局图式，结论就可以成为和局。现介绍如下：

着法：（红先和）

1. 车一进七①　车3平1　　2. 帅五平四　炮4平2
3. 车一进二　炮2平9　　4. 后兵平五　车1进9
5. 帅四进一　卒4平5　　6. 帅四平五　车1退7
7. 兵五进一　将5平6　　8. 兵二进一　车1平5
9. 帅五平六　车5平7　　10. 兵二平一　炮9平8
11. 兵一平二　炮8平9　　12. 兵二平一　炮9平7
13. 兵一平二　炮7进1
14. 兵二平三　车7退1
15. 兵七进一　车7进2
16. 兵七平六　车7进2
17. 后兵平七　车7退2

（和局）

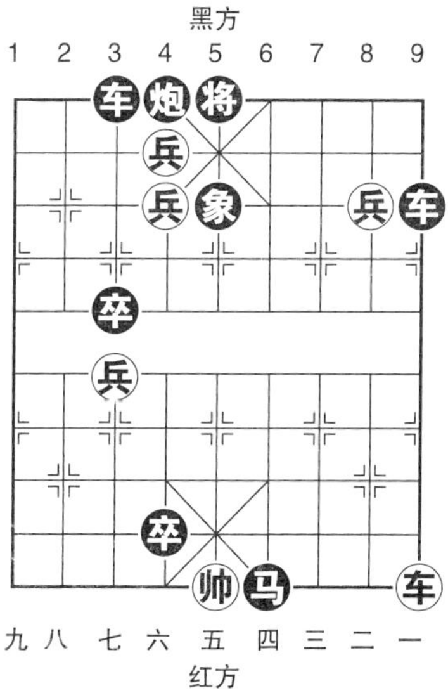

注释：

①如改走前兵平五则将5进1；兵六平五，将5平4；兵五进一，将4进1；车一进七，卒4平5；帅五平四，将4平5；兵五平六，将5平4；兵六平五，将4平5；兵五平

六，将 5 平 4；兵六平五，按 99 棋规发生互打时将，帅捉子也算捉。所以黑方长捉，红方长杀。两打对两打，不变判和。

风云名手回顾之“白莲教主”李武尚

近代中国的众多名棋手，大都带有一种诨号，这些诨号虽具尊意但比较俚俗，反映了象棋这一项目有市井文化的特性。如华南的黄松轩、李庆全等四大名手诨号为“四大天王”，扬州的杨万源和朱锦堂称“哼哈二将”，再如 20 世纪 30 年代称雄上海的李武尚，被誉为“白莲教主”。

李武尚，又名尚武，字更上，号志杰，1904 年出生，原籍浙江定海，因在上海工作、生活、弈棋和落籍而成为上海人。李体格魁梧壮硕，办事豪爽麻利，喜欢关顾棋友，颇得人喜爱。在弈棋方面，他以审棋心细如发、行棋变化多端著称。少年时，李在上海学习电工，工余时，曾去虹口长治路长春茶楼看棋，即对此产生兴趣。初习艺时，号称虹口棋王的费春生，让他双马，李仍感不敌。于是有些棋友讽他臭棋。此后，他发奋习艺，潜心研究，听说邑庙四美轩茶苑有不少高手，就到那里跟谢侠逊、连学正、林弈仙、周焕文等前辈学棋，从让双马开始，渐至单马、二先、一先。20 余岁时，他到畅国茶室弈棋，和名手罗天扬、吴淞亭、张锦荣等对弈，初让二先，被他击败，后改分先，才互有胜负，终于达到一流棋手的水平。自此，李武尚的棋名，在上海滩初步确立。

李武尚获得“白莲教主”的称号，这和他的社会地位有关。三十年代时，李武尚常出入棋茶楼等公开场所，他接触面较广，头脑灵活，好管闲事，颇有侠气性格，因此被警察局看中，接受警察局定期定向报告社会动态的任务。从此，他有了一定的收入，除生活保障外，更提高了他在棋人中的地位，棋友们以李神通广大、行棋多奇巧，而称之为“白莲教主”。白莲教原为佛教、弥勒教、明教的混合物，教义是崇尚光明，认为光明必胜邪恶，民间以神通广大看待之。

三十年代时，李武尚主要以名棋手、包打听的身份出现，间或也以生意人的面貌出现。如1934年他偕林荣兴去香港弈游，即以经商的名义。李还受聘任《文汇报》象棋专栏的主编，并在该报发起的文汇、新闻、申报和香港华字日报的象棋编辑比赛中，连克新闻报许弼德和申报连学正夺得亚军。

李武尚的棋艺，是比较轻灵飘逸的一类。一度他主要弈让子棋，尤擅长于让双马。三十年代早期，李曾和来沪求艺的嘉兴高琪等青年棋手，让双马大战二十局，他的一炮巡河，一炮立中，往来突击，曾使高琪吃尽苦头，大为叹服。

1934年，李武尚去香港弈访。其时，刘滇光先生倡议香港的象棋界力举一次“港澳象棋比赛”，得到了香港中南体育会罗伟超等的支持后着手筹办，冠军奖品是大会评判长施文慰捐献的一只银鼎，另外还有孔教会李善卿等人赞助。于是，广东和澳门都积极筹备，派出实力型的选手参赛。香港方面为了争得荣誉，选了声望最高的周德裕及来港不久的客军李武尚等人为代表。广州方面有“三天王”冯敬如等名手参加。澳门方面有澳门棋王黄骚、邓铁如等人参赛。比赛场上，李的总分虽不及周德裕和广东的“三天王”冯敬如，但杀败了澳门棋王黄骚等名手，最后夺得季军。从他三次击败黄骚的几局棋来看，确可见李的棋艺功力和轻灵的棋艺风格。

“省港澳象棋比赛”结束后，为了助兴，李武尚和周德裕结成一组，对抗冯敬如和邓铁如的一组，虽然弈和，但弈得十分精彩。李武尚轻灵飘逸的棋风，虽然在对子棋中常取得好成绩，但也怕杀性较重的对手。如他很怕杀性特重的“四小”林荣兴、叶景华、董文渊等。在上海市象棋比赛时，他对亚军唐寿松的一局棋，尽管弈得很轻灵，但对手杀性特重，总是寻求战机搞突破，并终于找到缺口，最后取胜。

中山黄密功是名噪一时的奇士，曾潜心研究各家棋谱，棋艺水平不低。他下棋不喜欢墨守成法，而且走子迅捷。常说“对弈是求得生活情趣，与其走四平八稳的正着而得胜，倒不如走奇谲险僻的着法而致败，因为这样才可以在错综变化中得到乐趣”。他认为下棋的要诀是“先奉正法作楷模，次求奇谲为变化，从而养成心细而手快的棋风”。自从到香港后，他的文章声誉和谐趣作风把他的棋艺掩盖下来了。一般人只知道他能弈，而不知他的水平如何。朋友邀他下棋，他推说着法生疏，自甘藏拙。“白莲教主”李武尚南下的时候，在省、港、澳棋赛中，与冯敬如、黄骚等名手杀得天翻地覆，显示出这一员来自上海的名将的彪悍棋风。这一次黄密功却见猎心喜，毅然和李武尚周旋。

李武尚能够在上海滩上被尊为“白莲教主”，除了棋艺高超外，也和他颇有侠气、比较热心、善于排解纠纷等有关。1931年夏，皖北发生水灾，消息在报上刊登后，李联合罗天扬、连学正等象棋名手，在上海新新公司屋顶花园设象棋擂台，历时月余，收入全部用于赈济灾民，也活跃了上海弈林。1936年有这样一件事。温州沈志弈初来上海访艺，在老西门的茶馆首先碰上了潘敏刚这一对手。主动提出让沈双马，弈了三局，双方发生纠纷。一方面是沈志弈有理，但人地生疏，生怕吃亏；另方面是潘敏刚输棋输彩，颇为恼怒，但强词夺理。李武尚知道原委后，先是向纠纷的双方各打五十大板，然后自己下场代潘敏刚弈一盘棋，并弈成和局，使双方在弈棋观棋中消了怒气，并在经济上折中处理，使双方都能够接受。

1936年热心提倡象棋之赵锦亭先生，办锦亭杯象棋比赛。各地名手来沪参赛者有：扬州窦国柱、福建连学正、浙江鲍子波、杭州董文渊、苏州潘敏刚、上海陈荣棠、林荣兴、方绍钦等。群雄逐鹿，李武尚夺得冠军。

上海文汇报特聘李为棋栏主编，并由报馆当局发起四报象棋编辑大比赛。申报连学正、新闻报许弼德、香港华字日报周德裕以及棋栏主编李武尚文汇报。李克许、连，而负于周氏，因积分较少屈居亚军。

局终后，周因用脑过度，倚椅静养，指李效孟德谓马超语云："马儿不死孤不得安。"盖当时之七省棋王亦深知李为其唯一之劲敌也。

上海业余象棋社主办全沪四大名手（周德裕、李武尚、连学正、许弼德四君）循环锦标赛于民国卅三年十二月九日星期六下午在（上海福州路一家春）中央西菜社开始起赛（每星期六、日两天），于民国卅四年一月六日全部结束。结果成绩为：周德裕君以六战胜三和二负一得八分荣获冠军，李武尚君以六战二胜三和一负得七分与连学正君六战胜三和一负二亦得七分同居亚军。许弼德较弱以六战负四和二得二分名列末座。

凌云阁茶楼是二十世纪四五十年代上海棋坛的"少林寺"，众多象棋高手和棋艺爱好者云集于此弈棋、品茗，热闹非凡。那时的李武尚在上海象棋界声势显赫，俨然是权威人物，也是凌云阁上的"一只鼎"。人们见到他总是抱着毕恭毕敬的态度，李先生长、李先生短地请安叙话，巴结问好。究其原因除了佩服他擅长杀下手，"让子棋天下第一"的高超棋艺外，还因为他在人们看来是个吃得开、惹不起的大亨——魁梧壮实的身材，四方的大面孔，一脸麻子，架着一副墨镜，留着比"寸头”高些不用梳理的硬发；身穿乌黑的香云纱短衫和长裤，手摇一把黑折扇，屁股上方插着一把“勃朗宁”手枪。由于李整天在茶室转悠，和各种棋人交谈的机会较多，外地的名棋手来沪时，总要向他打听些情况，他也正好利用此机会，了解外地棋手来沪的动向。

有一次扬州慢国手张锦荣来沪访问，问及上海棋坛的近况，李向张推荐一位新棋手林荣兴，促成了双方的交流。又如这个林荣兴在击败众多名棋手后，有意向当时全国知名度最高的“七省棋王”周德裕挑战，李也乐于为之引导去香港。还是这个林荣兴，后来因抗日烽火刚起，抽不起鸦片而倒毙街头，李则自己出钱，为之安葬入殓。

李武尚的让子棋有很大的魅力，他在凌云阁宰的户头中以有钱人居多，被周德裕让活马（让马周先）者，李肯让他马先；被周让马先者，李让他马两先，几乎可以此类推。李武尚在劣势面前极沉得住气，他活像一只有经验的老猫，耐心伺待着猎物的动向，琢磨对象心理，兵不厌诈，依靠棋艺，频使诱着，引导对象自投罗网。李武尚谈到他下让子棋的经验时说：“棋越是不灵光了，越是要想得快、走得快。棋越是有和局可能就越要慢慢来。”于是他像是一位魔术师，在 9×10 的线格之间和 32 个棋子上，施展“遮眼法”似的，明明是快要完蛋的棋，被他七弄八弄，竟会出现转机，顷刻间挽狂澜于既倒，化颓劣败象为稳操胜券，使得对手惊愕失措而败下阵来。“白莲教主”名噪凌云阁也正因如此。

李武尚博得人们的好感还在于他重交情，肯助人，做过不少好事。比如当谢文俊遇到难事，是李找了人去把他保释出来；周德裕生活穷困潦倒，是李在经济上给予了大力支持。此外，李也尽到老棋手的责任，在棋艺上传帮带，把徒弟培养成为一流名手。四十年代初期，上海棋坛盛行团体比赛。当时崭露头角的何顺安，作为下风象棋队的新手，以白袍小将的姿态，出现于南京路江西路口的华联同乐会赛场。

据有“快金刚”之称的谢文俊介绍：何原是种德堂药店的一名送药员。因为体弱多病而学弈，继而索性弃业从棋，向有“猛张飞”与“白莲教主”之誉的李武尚学棋。由于李的悉心教导，何自己又勤奋钻研，竟能于数月间由被饶双马十先逐步上升到接近“对子”水平，可谓进步神速。

1945 年秋，周德裕海外归来，在上海市二马路（今九江路）宁波状元楼摆设擂台，应战各路英雄，当时上海棋人不相信小何能与周匹敌，而李武尚则力排众议，促之登台。不料年纪轻轻的何顺安以一胜一和攻下了周的擂台。

成名后，何顺安常对外人说：“李先生是我的老师，待我极好，可说亲如父子，培育之恩，没齿难忘。”

李武尚的侠气，还反映在善于发现人才和帮助人上。三十年代中期，何顺安还是叶种德堂药店的送药小伙计，由于酷爱弈棋，在送药时，常抽空看人弈棋，间或奔一盘。由于何顺安常能弈出超水平的棋，李武尚就收之为徒，经常给予指点，还常与之对弈，使何的棋艺得到迅速的提高，为 1945 年攻破周德裕的象棋擂台搭了阶梯，也为何顺安以后成为上海乃至全国的名棋手铺平了道路，何顺安后来带出了“十连霸主”胡荣华，上海象棋发展的繁荣兴盛，李武尚是有一定功勋的。

1942 年秋，周德裕由港来沪，在上海高乐歌场设擂，历时一月，棋王之宝座依然。及君（李武尚）报名参战，周氏遂订城下之盟。翌日即束装南返矣。

1944 年 12 月 9 日—1945 年 1 月 6 日假座中央西菜社举行的由周德裕、李武尚、连学正、许弼德参加的上海四大名手循环赛，由于水平接近，争斗激烈，盛况空前，是四十年代上海棋坛的一件大事。这四位象棋名手，说来也凑巧，他们都于三十年代和四十年代在各大报刊上担任过象棋栏目主编。

周德裕1930年荣获“七省棋王”称号，1934年任香港“华字日报”象棋栏主编。并著有《象戏勾玄》上下册和“象棋残局新编”等棋谱。

李武尚是闻名遐迩的上海名手何顺安的老师，号称“猛张飞”，擅长让子，善布疑阵，被让者多堕入彀中。因此多称他的诨号为“白莲教主”。曾在上海文汇报“棋栏”主编象棋。后来李武尚与何顺安合编《象棋大观》初续集。

1951年，朱剑秋拟开办“东南棋社”，但因缺少本金，盼请董齐亮下棋为他筹钱。跟谁下呢？下棋讲究旗鼓相当、有悬念和新鲜感，观众才会买票观看。最后选定有《文汇报》象棋专栏主编以及国民党上海警察局嵩山分局便衣警察这双重身份的李武尚。

因为李“份儿”很大，不易请动，为了激李“出山”，朱剑秋对李说：“李先生，小董那小子太狂，他说他要宰你！”李听了大怒，骂道：“娘希匹，跟他下，不能白下，要挂彩！”挂多少？在李的坚持下，决定每盘挂30块钱的彩金，约好下四盘。30块钱相当于现在的一千余元，当时上海普通工人一个月的工资就这么多，这属于高彩了。董齐亮当时骑虎难下，硬着头皮前去应战。

首局董方失利，事后得知，由于董经常和何顺安拆棋，何对董的棋路非常熟悉，战前何为其师傅出谋划策，设计了成功的布局，导致董方被动，先丢一局。次局，董使出浑身解数，扳回一城。李察觉再赛下去对他不利，于是托人说和，免去了后面的比赛。

1956年上海市体育运动委员会主办的全市象棋比赛，自11月16日起至12月3日止，分为预赛、初赛、复赛、决赛四个阶段，采用分组循环比赛制，结果优胜者十名：冠军何顺安，亚军朱剑秋，季军龚一苇；以下的名次是：徐天利、韩文荣、陈昌荣、刘彬如、窦国柱、谢文俊、李武尚。

1957年上海市体育运动委员会主办的全市象棋锦标赛，于8月14日开赛，经过一个半月的角逐，至9月29日结束。比赛结果：徐天利冠军，朱剑秋亚军，龚一苇季军，以下为李武尚、李立远、丁上迪。

1958年初，上海名手朱良达、朱剑秋、李武尚、何顺安、高琪、徐大庆、徐和良、许立勋、陈昌荣、陈荣棠、谢文俊、韩文荣、窦国柱、龚一苇以及特约名手武汉李义庭共同组成的上海象棋表演队在城内得意楼等地连续进行了多场次的象棋表演，极受沪上棋迷欢迎。

1959年以后，李武尚由上海迁居常州。自此，常州棋坛又添一番盛世佳话。定居常州后，李仍以拳拳之心热情培育幼苗，带出了一大批后起俊秀。曾获省青年赛季军的邵康年、省少年赛冠军李璧患以及于七十年代名震棋坛的骁将徐乃基等，均出自李之门下。其女弟子徐小媛获得1965年“江苏省九城市棋类锦标赛”象棋少年组冠军，曹慧珠获象棋青年组第二。朱汉良获得1977年常州市第三名，1978年常州市冠军，1979年江苏省第七名，1979年常州市运动会银牌，1995年常州市运动会银牌。后来，弟子费仲光、刘国桢分别获得2007、2008年常州一市三县老年冠军。

一时间，常州棋坛大有睡狮复醒、雄风再现之势。遗憾的是，一场浩劫，李武尚夫妇先后含恨赴水而去！一代宗师在人生的终点留下的，竟是一串如泣如诉的省略号。受此重创，常州棋坛顿觉群龙无首，元气大伤。但是，人去精神在，常州棋界的有识之士并不甘于寂寞。随着时代前进的步伐，他们前仆后继，兢兢业业地耕耘着。国运昌、棋运盛，在市体育局、文化宫、少年宫、市棋协等组织的大力扶掖下，几度寒暑几度春秋，他们终于培育出了常州市的第一个女子象棋大师——高懿屏！

李武尚于十年动乱期间死于常州，据说是被揪斗时跳河自尽。在那个是非不分的年代，“白莲教主”李武尚的悲惨结局，不得不令人痛心疾首、扼腕惋惜。

第八章
西安街头一局棋　云里雾里两迷离

第 1 局　炮打中营（一）
江湖揭秘

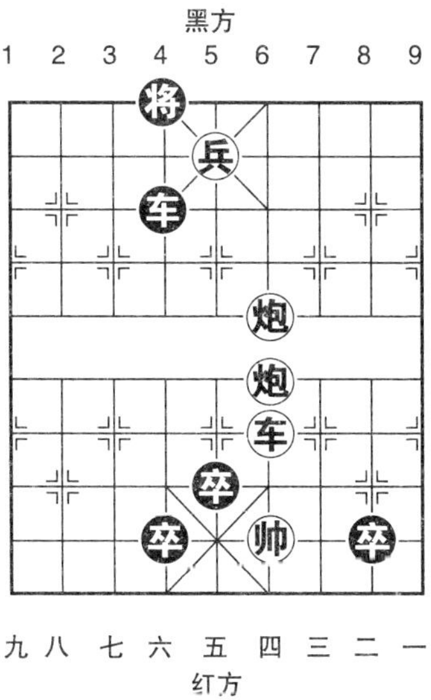

西安市张戈华棋友寄给我一个棋局（如图），并详细叙述了当初一个大学生在西安市人才市场附近的棋摊连输五局的过程。现叙述如下：

第一局大学生执红棋：前炮平六，车 4 进 2；炮四平六，车 4 平 6；车四进二，卒 8 平 7；帅四退一，卒 7 进 1；帅四平五，卒 5 进 1；黑胜。

第二局大学生执红棋：前炮平六，车 4 进 2；炮四平六，车 4 平 6；车四进二，卒 8 平 7；帅四退一，卒 7 进 1；帅四进一，卒 4 平 5；黑胜。

连败两局的大学生认为此局棋红方赢不了，有位“好心人”建议让他走黑棋，于是第三局大学生执黑棋：帅四退一，卒 4 平 5；前炮平六，车 4 进 2；炮四平六，车 4 平 6；车四进二，红胜。

摊主说道："我走红棋必胜你，难道你怀疑我解残棋的能力吗?""好心人"建议让他第一回合走卒 8 平 7 催杀，大学生认为很有道理，于是第四局大学生仍执黑棋：帅四退一，卒 8 平 7；这下大学生以为必胜了，正洋洋得意时，摊主走出了车四平三，以下卒 7 平 6；前炮退四，红胜。

"好心人"说了句"看来这盘棋还真是红胜，那你就走红方，把钱赢回来"。于是第五局大学生执红棋：帅四退一，摊主却走出车 4 进 3 的绝妙佳着，以下后炮平五，卒 4 平 5；炮五退三，卒 5 进 1；黑胜。大学生知道自己走哪方都不是对手，只好无奈离开了。

大学生最后选择离开，是明智的。本局虽然是一则小局，但变化细腻，颇为微妙。

查此局脱胎于古谱刊载的"炮击中营"（如下局），只是删去了红方八·八位兵。这样一来，此局既非和棋亦非红胜，则变成一局黑胜棋了，现介绍如下：

着法：（红先和）

1. 前炮平五①	卒 4 平 5	2. 炮五退四	卒 5 进 1
3. 帅四平五	车 4 平 5	4. 帅五平四	车 5 退 1
5. 车四平三②	车 5 进 4	6. 炮四退一	车 5 进 1
7. 车三进六	将 4 进 1	8. 车三退一	将 4 进 1
9. 车三退一	将 4 退 1	10. 车三进一	将 4 进 1
11. 车三退一	将 4 退 1	12. 炮四进四③	将 4 平 5
13. 炮四平五	车 5 退 4④	14. 车三平五	将 5 进 1
15. 帅四进一	卒 8 平 7	（黑胜）	

注释：

①红方另有两种着法均负：

甲、帅四退一，车4进3（要着。如卒8平7则车四平三，卒7平6；前炮退四，红胜）；前炮平五，卒4平5；炮五退四、卒5进1；黑胜。

乙、前炮平六，车4进2；炮四平五（如炮四平六则车4平6；车四进二，卒8平7；帅四退一，卒7进1；帅四进一，卒4平5；黑胜），卒4平5；炮五退三，卒5进1；帅四平五，车4平5；帅五平四，车5退3；黑胜。

②如改走炮四平三则车5进4再将4平5，黑胜。

③如改走炮四进六则将4平5，黑胜。

④着法凶狠，一锤定音。“炮击中营”局红方有八·八位兵，此时黑方兑子即和；本局红方无八路兵，故黑方强行夺子而胜。

既然本局结果黑胜，那么为何大学生提出走黑棋时，摊主还和大学生走呢？究其原因，摊主在和大学生的对弈中，已经了解了对方的棋力，所以是绝对敢和他下的。更为胆大的是，他竟敢走帅四退一，他知道大学生短时间内是走不出车4进3的，所以他一会儿让对方认为和棋，一会儿又误以为红胜，简直遁入云山雾绕的山中。

第2局　炮打中营（二）

如将上一局八·八位兵移至七·五位，则成为本局图式。这是笔者好友沈通声先生所作。结论和局，现介绍如下：

着法：（红先和）

1. 后炮平五　卒4平5　　2. 炮五退三　卒5进1
3. 帅四平五　车4平5　　4. 帅五平四　车5退1
5. 车四平三　车5进3　　6. 车三进六　将4进1

7. 车三退一　将4进1
8. 车三退一　将4退1
9. 炮四进二　车5平2
10. 炮四平五① 车2进4
11. 帅四进一　卒8平7
12. 车三退三② 车2平5
13. 炮五退三　将4平5
14. 兵七进一　车5平3
15. 帅四平五　车3退4
(和局)

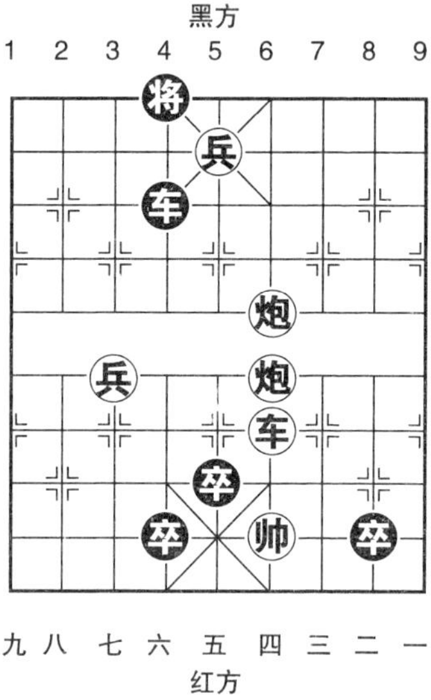

注释：

①如改走帅四平五则卒8平7；下着红方有两种应法均负：

甲、炮四退五，车2进4；帅五进一，卒7平6；炮四平一，车2退2；车三平五，车2平9；炮一平二，车9平8；炮二平三，车8平7；帅五平四，卒6平7；帅四平五，车7进1；帅五退一，车7平6；兵七进一，卒7平6；帅五退一，车6平4；黑胜。

乙、帅五进一，车2平5；帅五平四，车5平3；车三进一，将4进1；车三平五，车3平8；帅四平五，车8进3；帅五退一（如炮四平五则卒7平6；车五平四，车8平2；帅五平四，卒6平5；车四平五，车2平7；帅四平五，卒5平4；帅五平四，车7退2；帅四退一，车7平5；炮五退四，卒4平5；炮五退二，车5退6；黑胜），车8平6；车五平八（如车五平七则卒7平6；帅五进一，车6平3；帅五平四，卒6平7；帅四平五，车3平5；帅五平四，将4平5；车七退一，将5退1；炮四平五，车5退4；兵七进一，车5退1；兵七进一，车5退1；兵七平八，车5平2；帅四平五，车2平5；帅五平六，车5退1；黑胜），卒7平6；帅五进一，车6平5；帅五平四，卒6平7；车八退六（如兵七进一则车5平3；车八退六，将4退1；车八平六，将4平5；车六平五，将5平6；车五退一，车3退2；车五进一，车3退3；车五进五，车3平6；帅四平五，车6退2；黑胜），将4平5；车八进五，将5退1；炮四平五，车5退3；兵七进一，车5平3；帅四平五，卒7平6；帅五平四，卒6平5；帅四平五，卒5平4；帅五平六，车3平4；帅六平五，将5平4；炮五平六，车4平3；帅五平六，卒4平3；帅六平五，　　车3退2；炮六退四，车3平5；帅五平四，将4平5；车八平四，车5进5；炮六平四，卒3平4；帅四退一，卒4平5；帅四进一，车5平7；黑胜。

②如改走帅四平五则车2退1；帅五退一，车2退1；帅五进一，卒7平6；帅五平四，车2平6；帅四平五，车6平3；帅五平四，卒6平5；车三进一（如帅四平五则卒5平4；帅五平四，将4平5；车三平四，车3退1；炮五退四，车3进4；车四平六，车3平6；帅四平五，车6平5；帅五平六，卒4平3；车六平七，车5退3；黑胜），将4退1；车三退一，将4平5；帅四平五，车3平5；帅五平四，将5进1；兵七进一，车5平3；帅四平五，卒5平6；帅五平四，车3平6；帅四平五，将5平6；炮五平四，车6平3；帅五平四，卒6平7；帅四平五，车3退2；炮四退四，车3平5；帅五平六，将6平5；车三平六，车5进5；炮四平六，卒7平6；帅六退一，卒6平5；帅六进一，车5平3；黑胜。

第3局 炮打中营（三）

在上一局基础上增设一只黑方8·7位卒，则成为本局图式。本局亦是好友沈通声先生所作。据他说在梦里梦见的棋图，醒来后记录下来，并在网上贴出棋图，台湾陈明仁先生贴出脱帽着法后，沈通声先生才华横溢，先后戏言曰：先锋联吟客，急欲把敌破。险些砍着头，帽子忽地落。沉默不沉默，一语便说破。“炮打中营”局，迟早要下课。由于增加了黑卒，本局结论也发生了变化。经好友赵殿忠先生研究本局结论为黑胜，但仍不失为一则佳构。现介绍如下：

着法：（红先黑胜）

1. 后炮平五① 卒4平5　　2. 炮五退三 卒5进1
3. 帅四平五 车4平5　　4. 帅五平四 前卒平7
5. 帅四进一 车5退1
6. 车四平二 车5进3②
7. 炮四退二 车5进2
8. 车二进六 将4进1
9. 车二退一 将4进1
10. 车二退一 将4退1
11. 炮四进四 将4平5
12. 炮四平五 车5退1
13. 兵七进一 车5平3
14. 帅四平五 卒7平6③
15. 帅五平四 车3平6
16. 帅四平五 将5平6
17. 炮五平四 车6平3

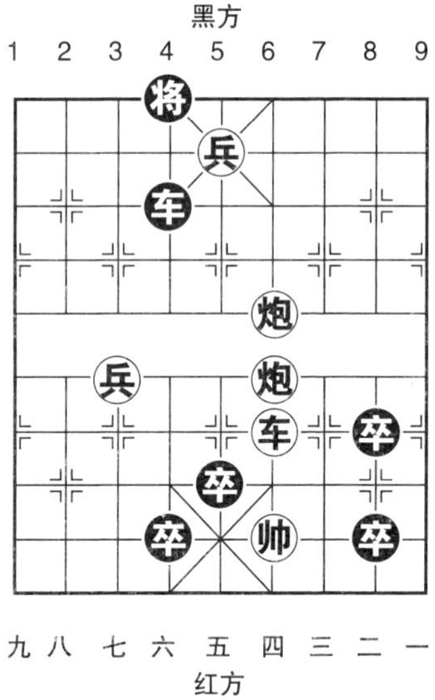

18. 帅五平四　卒6平7　　19. 帅四平五　车3退1
20. 炮四退四　车3平5　　21. 帅五平六　将6平5
22. 车二平六　车5进5　　23. 帅六退一　卒7平6
24. 炮四平六　卒6平5　　25. 帅六进一　车5平3
26. 车六退二　车3退2　　（黑胜）

注释：

①也可改走前炮平五，此外红方另有两种着法均负：

甲、帅四退一，车4进3；后炮平五，卒4平5；炮五退三，卒5进1黑胜。

乙、前炮平六，车4进2；帅四退一，前卒平7；炮四平五，卒7进1；帅四进一，卒4平5；炮五退三，卒5进1；帅四平五，车4平5；帅五平四，车5退3；车四平二，车5进8；兵七进一，将4平5黑胜。

②如改走车5进4则车二进二，车5平3；炮四平五和局。

③如改走车3退1则车二进一，将5退1；炮五进一，车3平5；帅五平四，车5平6；帅四平五，将5平6；车二退二，车6平5；帅五平六，车5退2；帅六退一，将6平5；车二进二，卒7平6；帅六进一，车5平2；车二平一，车2进5；帅六退一，车2退1；帅六进一，车2平6；帅六平五，将5平6；帅五平六，车6平4；帅六平五，车4平5；帅五平六，车5退4；车一平三和局。

第4局　炮打中营（四）

沈通声先生将上局红方七·五位兵移至三·六位成为本局图式。结论也是和局，现介绍如下：

着法：（红先和）

1. 前炮平五① 卒4平5
2. 炮五退四 卒5进1
3. 帅四平五 车4平5
4. 帅五平四 车5退1
5. 车四平二 卒8平7
6. 帅四进一 车5进4②
7. 炮四退一 车5进1
8. 兵三平四 将4平5
9. 兵四平五 车5退2
10. 炮四平五 车5平2
11. 帅四平五 （和局）

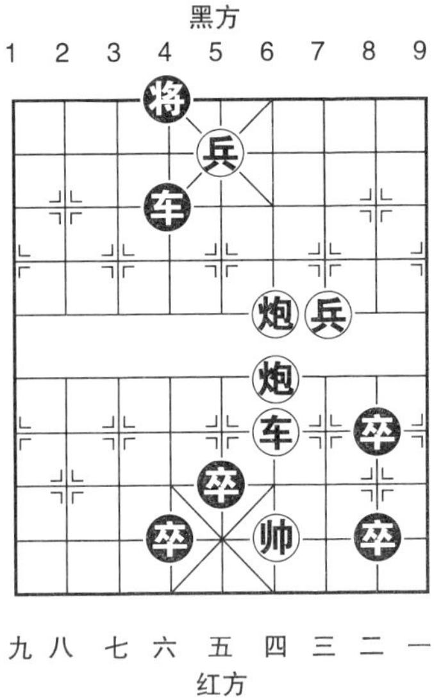

注释：

①红方另有两种着法结果不同：

甲、前炮平六则车4进2；帅四退一，前卒平7；炮四平五，卒7进1；帅四进一，卒4平5；炮五退三，卒5进1；帅四平五，车4平5；帅五平四，车5退3；兵三进一，车5进8；车四进六，将4进1；兵三平四，将4平5黑胜。

乙、后炮平五，卒4平5；炮五退三，卒5进1；帅四平五，车4平5；帅五平四，车5退1；车四平二，卒8平7；帅四进一，车5进3；炮四退二，车5平7；帅四平五（如炮四平三则将4平5；车二平一，车7平8；炮三平二，车8退4；黑胜），卒7平6；帅五平四，卒6平5；帅四平五，卒5平4；帅五平四，车7进3；帅四退一，车7平5；炮四平五，将4平5；车二平一，和局。

②如改走车5进3则兵三平四，车5平6；车二平六，将4平5；车六平五，将5平4；帅四平五，车6平4；帅五退

一，和局。

第5局　炮打中营（五）

如将上局红方三路兵退后一步，则是沈通声先生所作的本局图式。结论也是和局，现介绍如下：

着法：（红先和）

1. 后炮平五①　卒4平5
2. 炮五退三　卒5进1
3. 帅四平五　车4平5
4. 帅五平四　前卒平7②
5. 帅四退一③　车5退1
6. 炮四平三　卒8进1
7. 炮三退四④　卒8进1⑤
8. 炮三平九　卒8平7
9. 炮九进七⑥　车5进4
10. 炮九平三　车5平7
11. 炮三退七　车7进3

（和局）

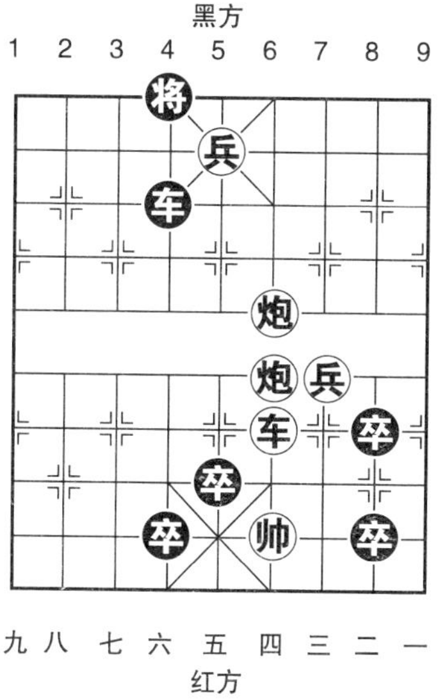

注释：

①如改走前炮平五则卒4平5；炮五退四，卒5进1；帅四平五，车4平5；帅五平四，车5退1；车四平二，卒8平7；帅四进一，车5进4；炮四退一，车5进1；车二进六，将4进1；车二退一，将4进1；车二退一，将4退1；炮四进四，将4平5；炮四平五，车5平7；帅四平五，卒7平6；帅五平四，车7平6；帅四平五，将5平6；炮五平四（如帅五平六则车6进1；帅六退一，车6退2；炮五退五，车6平

4；炮五平六，车4平5；车二退六，车5进3；帅六退一，车5平3；兵三进一，卒6平5；黑胜），车6平7；帅五平四，卒6平7；帅四平五，车7退1；炮四退四，车7平5；帅五平六，将6平5；车二平六，车5进4；炮四平六，卒7平6；帅六退一，卒6平5；帅六进一，车5平3；黑胜。

②如改走车5退1则炮四平三，后卒进1；车四进六，将4进1；车四退七，车5进4；车四平二，车5平7；车二退一，车7退1；黑胜。

③如改走帅四进一则车5退1；炮四平三，卒8进1；车四平三，将4平5；黑胜。

④如改走车四进六则将4进1；车四退七，车5进7；炮三退四，卒8进1；车四退一，车5退3；车四平六（如炮三退一则卒8进1；车四进七，将4退1；帅四进一，卒8平7；兵三进一，车5进4；兵三平四，将4平5；黑胜），将4平5；炮三平五，车5平6；炮五平四（如帅四平五则车6平7；帅五平四，车7进4；帅四进一，卒8平7；帅四进一，车7平8；炮五进一，车8平6；黑胜），车6平5（如车6平7则车六平五，将5平4；帅四平五，车7平4；炮四退一，卒8平7；车五平三，车4平5；车三平五，车5进3；帅五进一，和局。又如卒8平7则车六平五，将5平4；帅四平五，车6进3；车五平四，卒7平6；和局）；炮四平五，车5平7；炮五退一，车7平6；车六平四，车6进3；帅四进一，和局。

⑤如改走卒8平7则炮三平九，车5进6（如车5进7则车四平六，将4平5；车六退一，车5平1；车六平五，将5平4；帅四平五，车1平4；车五平三，车4退4；车三平五，红胜）；炮九进五，将4平5；炮九平三，卒7平6；炮三平

五，卒 6 平 7；炮五平三，卒 7 平 6；炮三平五，车 5 退 4；车四退一，车 5 进 1；和局。

⑥如改走炮九进四则车 5 进 3；炮九进一，将 4 平 5；黑胜。

第 6 局　炮打中营（六）

这是沈通声先生所作的另一则“炮打中营”。将上一局红方三路兵移到了九·八位，结论也可以成为和局。现介绍如下：

着法：（红先和）

1. 前炮平五　卒 4 平 5
2. 炮五退四　卒 5 进 1
3. 帅四平五　车 4 平 5
4. 帅五平四　车 5 退 1
5. 车四平二　卒 8 平 7
6. 帅四进一　车 5 进 8
7. 炮四退一　车 5 退 3
8. 车二进六　将 4 进 1
9. 车二退一　将 4 进 1
10. 车二退一　将 4 退 1
11. 炮四进四　车 5 退 4①
12. 车二进一　将 4 退 1
13. 炮四进一　车 5 平 1
14. 帅四平五　卒 7 平 6
15. 帅五平四　卒 6 平 7②
16. 帅四平五　车 1 平 5
17. 帅五平四　将 4 进 1
18. 炮四退一　将 4 退 1
19. 炮四进一　车 5 平 7
20. 帅四平五　卒 7 平 6

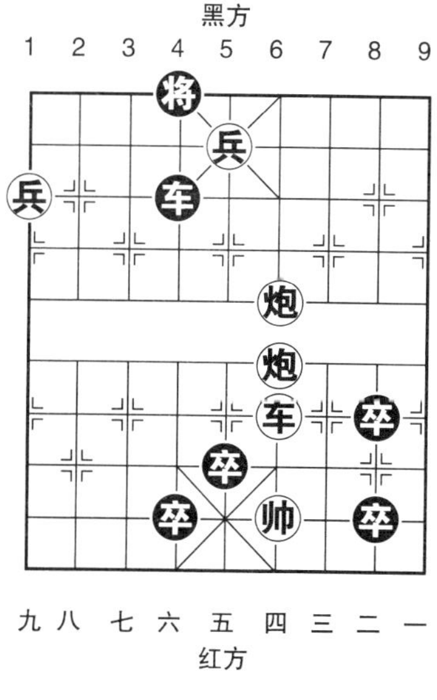

21. 车二进一③ 将4进1　22. 车二退三　车7平5④
23. 帅五平四　卒6平5⑤　24. 车二平七　车5进3⑥
25. 炮四退二　将4平5　26. 炮四平五　车5进1
27. 车七平八　（和局）

注释：

①如改走车5平1则车二进一（如帅四平五则车1退4；车二进一，将4退1；炮四进一回归主变，和局），将4退1（如将4进1则车二平五，车1平8；帅四平五，车8进3；帅五退一，车8平6；车五平七，卒7平6；帅五进一，车6平1；帅五平四，卒6平7；帅四平五，车1平5；帅五平四，将4平5；车七退一，将5退1；炮四平五，车5退7；车七平五，将5进1；和局）；车二平五，车1平6（如车1退4则炮四进一，车1进7；车五退七，车1退8；炮四平五，车1进6；车五进一，车1进2；车五退一，车1平6；帅四平五，卒7平6；车五退一，车6平5；炮五退八，和局）；帅四平五，车6进3；炮四平五，卒7平6；车五平三，车6平1；帅五平四，卒6平5；车三退五，车1平8；帅四平五，卒5平4；帅五平四，车8平6；帅四平五，车6平1；车三平六，将4平5；车六退二，车1退7；车六进三，车1平5；帅五平六，和局。

②如改走卒6平5则车二进一，将4进1；车二平五，卒5平4；车五退四，和局。

③红方另有两种着法均负：

甲、帅五平四，卒6平5；帅四平五，卒5平4；帅五平四，车7进5；帅四退一，车7退1；帅四进一，车7平6；帅四平五，车6平5；帅五平四，将4进1；炮四退二，将4

进 1；车二退二，车 5 退 3；车二进一，将 4 退 1；炮四进一，将 4 平 5；炮四平五，车 5 退 1；黑胜。

乙、车二平一，车 7 进 5；炮四退六，车 7 退 1；炮四进六，车 7 平 3；帅五平四，卒 6 平 7；帅四平五，车 3 平 5；帅五平四，将 4 进 1；炮四退二，将 4 进 1；车一退二，车 5 退 3；车一进一，将 4 退 1；炮四进一，将 4 平 5；炮四平五，车 5 退 1；黑胜。

④如改走车 7 平 4 则帅五平四，卒 6 平 7；车二平五，车 4 进 7；车五退五，将 4 退 1；炮四进一，车 4 退 3；车五进三，和局。

⑤如改走将 4 平 5 则炮四退二，车 5 进 3；炮四平五，和局。

⑥如改走将 4 平 5 则车七进二，将 5 退 1；炮四平五，和局。

第 7 局　炮打中营（七）

本局是好友沈通声先生将“炮击中营”局红方八·八位兵移至二·八位，增设黑方 2·9 位卒而成。沈先生的作品子少、图美、着精，颇具江湖特色，是真正的江湖型作品，局局堪称佳构，笔者甚为喜爱。本局结论和局，现介绍如下：

着法：（红先和）

1. 前炮平六①	车 4 进 2	2. 帅四退一②	卒 8 平 7
3. 炮四平五	卒 7 进 1	4. 帅四进一	卒 4 平 5
5. 炮五退三	卒 5 进 1	6. 帅四平五	车 4 平 5
7. 帅五平四	车 5 退 3	8. 兵二平三	车 5 进 3③

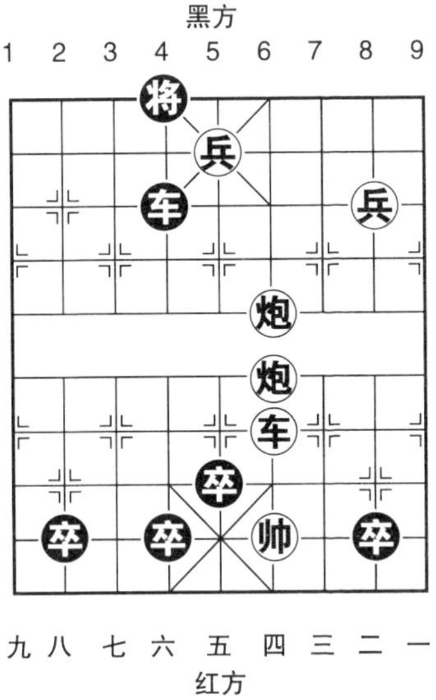

9. 兵三进一④　卒2平3
10. 车四平八⑤　卒3平4
11. 帅四进一　车5平6
12. 帅四平五　车6平4
13. 帅五平四　车4进3
14. 帅四退一　车4平5
15. 车八退二　将4平5
16. 车八进八　将5进1
17. 兵三平四　将5平4
18. 车八退八　车5平4
19. 车八进七　将4进1
20. 车八退一　将4退1
21. 车八平五　车4退1
22. 兵四平五　将4退1
23. 帅四进一　卒4平5
24. 车五退一　车4进1
25. 车五退四　车4平5
26. 帅四平五（和局）

注释：

①如改走前炮平五（如帅四退一则车4进3；后炮平五，卒4平5；炮五退三，卒5进1黑胜），卒4平5；炮五退四，卒5进1；帅四平五，车4平5；帅五平四，车5退1；车四平三，车5进6；炮四退一，卒2平3；兵二平三，卒3平4；炮四平五，将4平5；兵三平四，卒4平5；炮五退二，车5进1；帅四进一，车5退1；帅四退一，卒8平7；车三退二，车5进1；帅四退一，车5平7黑胜。

②如改走炮四平六则车4平6；车四进二，卒8平7；帅

四退一，卒7进1；帅四进一，卒4平5黑胜。

③黑方另有两种着法均和：

甲、卒2平3；兵三平四（如车四平七则车5进1；车七退二，将4平5；车七平八，车5进4；车八进一，车5进3黑胜），卒3平4；车四平八，车5进6；车八退二，车5平4；车八进八，将4进1；车八退一，将4退1；兵四进一，车4平5；车八退七，卒4平5；车八平五，车5进1；帅四平五，和局。

乙、车5进8；车四进六，将4进1；兵三平四，卒2平3；兵四进一，车5退2（如卒3平4则帅四进一，车5退3；车四平八，车5退1；车八退三，将4进1；车八平九和局）；车四平八，卒3平4；车八退八，卒4平5；车八平五，车5进1；帅四平五和局。

④如改走兵三平四则将4平5；兵四进一，车5进5黑胜。

⑤如改走车四平七则车5平6；帅四平五，卒3平4；帅五进一，车6平4；车七退一，车4平5；帅五平四，车5平7；车七进四（如车七进七则将4进1；车七退一，将4进1；车七平五，卒4平5；帅四平五，卒5平6；下着红方有两种应法均负：甲、帅五平四，卒6平7；帅四平五，车7进3；帅五退一，车7平6；兵三平四，后卒平6；帅五退一，卒7平6；黑胜。乙、车五平四，车7进3；车四退六，车7退6；车四平一，车7平5；帅五平四，车5进7；黑胜定），车7进3；帅四退一，车7平5；车七平六，将4平5；车六退五，车5退1；车六进一，车5进3黑胜。

第8局　炮打中营（八）

本局中，沈通声先生将红兵移到了三·八位，将黑卒设置在7·6位。结论也是和局，现介绍如下：

着法：（红先和）

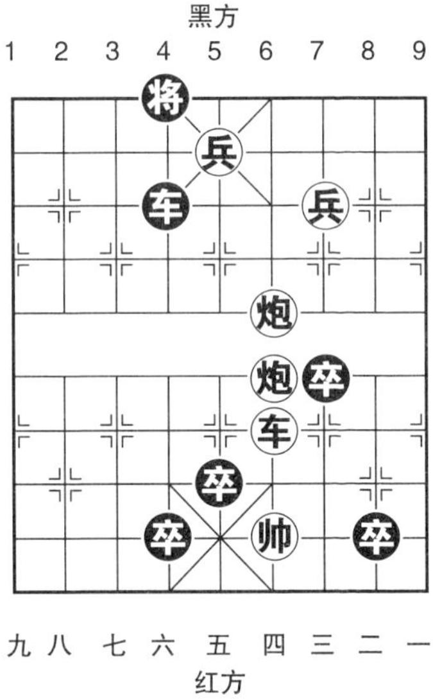

1. 前炮平六①　车4进2
2. 帅四退一　卒8平7
3. 炮四平五　前卒进1
4. 帅四进一　卒4平5
5. 炮五退三　卒5进1
6. 帅四平五　车4平5
7. 帅五平四　车5退3
8. 车四平八　车5进4②
9. 兵三平四　将4平5
10. 车八进六　将5进1
11. 兵四进一　将5平4
12. 车八退九　将4进1
13. 车八平三　将4平5
14. 车三进二　卒7进1
15. 车三平四　将5平4
16. 车四平八　卒7平6
17. 车八进五　将4退1
18. 车八退四　卒6平5
19. 车八进五　将4进1
20. 车八平五　车5平6
21. 帅四平五　车6进1
22. 车五退二　车6平8
23. 帅五退一　（和局）

注释：

①如改走后炮平五则卒4平5；炮五退三，卒5进1；帅

四平五，车4平5；帅五平四，车5退1；炮四平三（如炮四平二则卒8平7；帅四进一，后卒进1；车四平三，将4平5；黑胜定），车5进8；车四进六（如兵三进一则卒7平6；车四平三，卒6进1；车三退一，将4平5；兵三平四，卒6进1；车三平四，卒8平7；黑胜），将4进1；车四退一，将4退1；兵三进一，卒7平6；炮三平二，卒8平7；帅四进一，卒6进1；车四退五，车5平6；帅四平五，车6退3；黑胜定。

②黑方另有两种着法均负：

甲、车5进1；车八进六，将4进1；车八退一，将4退1；兵三进一，后卒进1；兵三平四，后卒进1；兵四平五，红胜。

乙、车5进8；兵三平四，将4平5；车八进六，将5进1；兵四进一，将5平4；车八退五，将4进1；车八平三，卒7平6；车三平六，将4平5；车六进五，车5平2；车六平三，将5平4；车三退二，将4退1；车三平五，车2平4；兵四平五，将4退1；车五平七，红胜。

第9局　炮打中营（九）

本局构图更加迥异，几乎与所有作品都不类同。足见沈先生构思之精巧。本局结论和局，现介绍如下：

着法：（红先和）

1. 前炮平五①	卒4平5	2. 炮五退六	卒5进1
3. 帅四平五	车4平5	4. 帅五平四	车5退1
5. 炮四平二②	卒9进1	6. 炮二退一③	卒9进1④
7. 兵三进一	车5进6	8. 车四进一	卒8平7

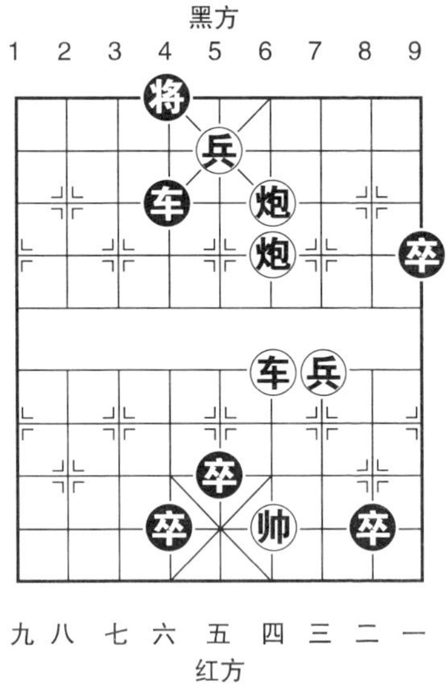

9. 帅四退一　卒9平8
10. 车四平六　将4平5
11. 车六平五　车5退3
12. 炮二平五　卒8平7
13. 帅四平五　前卒平6
14. 帅五平六　卒6平5
15. 兵三进一　（和局）

注释：

①如改走后炮平五则卒8平7；帅四退一，卒4平5；炮五退五，卒5进1；黑胜。又如帅四退一则卒4平5；后炮平六，车4进1；黑胜。

②如改走炮四平三则车5进1；兵三进一，将4平5；炮三进三，卒9进1；兵三进一，卒9进1；兵三进一，车5平7；车四平五，将5平4；帅四平五，车7平4；车五进五，将4进1。下着红方有两种应法均负：

甲、车五退六，车4进6；帅五进一，卒8平7；炮三平九，卒7平6；帅五平四，卒9平8；炮九退五，卒8平7；炮九平八，卒7平6；炮八平九，前卒平7；帅四平五，车4退4；炮九退一，车4进1；炮九平六，车4平3；炮六退二，卒6平5；车五平六，将4平5；帅五退一，车3进3；车六平四，卒7平6；车四退二，将5平4；帅五退一，车3进1；帅五进一，车3平4；帅五进一，卒5进1；帅五平四，将4平5；车四平五，车4平6；黑胜。

乙、车五退五，卒8平7；炮三平九，车4进6；帅五进一，卒7平6；帅五平四，卒9进1；炮九退七，卒9平8；车五退一，卒6平7；帅四平五，车4退3；帅五退一，卒8进1；炮九退一（如炮九平八则车4进3；帅五进一，车4退1；帅五退一，卒7平6；帅五平四，车4平2；黑胜），车4进3；帅五进一，车4退3；帅五退一，车4进3；帅五进一，车4退3；炮九平八（红长捉犯禁，只得变着），卒7平6；帅五平四，卒6平5；帅四平五，卒5平4；帅五平四，卒8平7；帅四退一，车4平6；黑胜。

③如改走炮二退二则卒9进1；车四平五（如车四平六则将4平5；车六平五，卒9平8；黑胜定），车5平8；帅四平五，卒9平8；兵三进一，后卒平7；兵三平四，卒7平6；车五进五（如车五进一则卒6进1；兵四进一，卒6进1；兵四进一，卒8平7；黑胜），将4进1；兵四进一，卒8平7；车五退四（如兵四平五则车8进5；兵五平六，车8平4；车五退三，卒6进1；黑胜定），车8进1；兵四平五，车8平4；兵五进一，车4进3；兵五进一，将4退1；黑胜。

④如改走车5进6则炮二退一，卒8平7；帅四退一，卒9进1；车四平六，将4平5；车六平五，车5退2；炮二平五，卒9进1；帅四平五，卒7平6；帅五平六，卒6平5；兵三进一，和局。

第10局　巡查白河（一）

本局是载于《新江湖残局破解》的“巡查白河”，在上一局“退归林下”基础上添红炮而成。加了一只红炮，更具江湖特色，但沈通声先生指出，原着法前炮平六并非唯一和法，改走前炮平五也和。现介绍这路变化如下：

着法：（红先和）

1. 前炮平五　卒4平5
2. 炮五退四　卒5进1
3. 帅四平五　车4平5
4. 帅五平四　车5退1
5. 车四平二　卒8平7
6. 帅四进一　车5进4
7. 炮四退一　车5进1
8. 车二平三　将4平5
9. 相九退七　车5平3
10. 炮四平五　车3进1
11. 相七进五　车3进1
12. 相五进七　车3退3
13. 帅四平五　（和局）

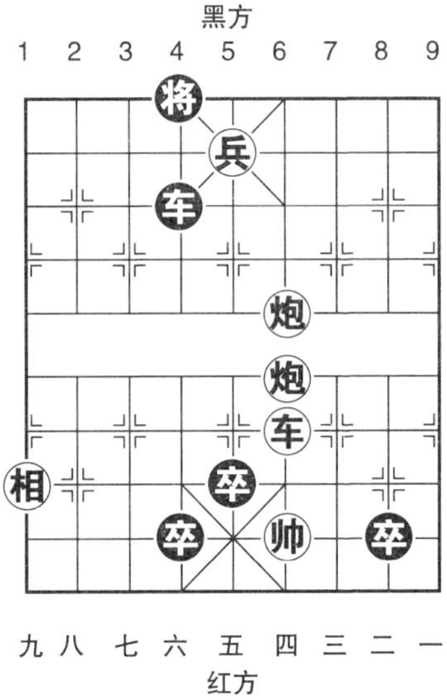

第11局　巡查白河（二）

本局收集于网络。如在“炮击中营”局基础上增加一只黑3·9位卒，则成为本局图式的“巡查白河”，结论为黑胜。现介绍如下：

着法：（红先黑胜）

1. 前炮平五　卒4平5
2. 炮五退四　卒5进1
3. 帅四平五　车4平5
4. 帅五平四　车5退1

5. 炮四平九　卒 8 平 7　　6. 帅四进一　车 5 进 8
7. 车四平三　将 4 平 5　　8. 车三退二　车 5 退 2
9. 帅四退一　车 5 进 1　　10. 帅四退一　车 5 平 7
（黑胜）

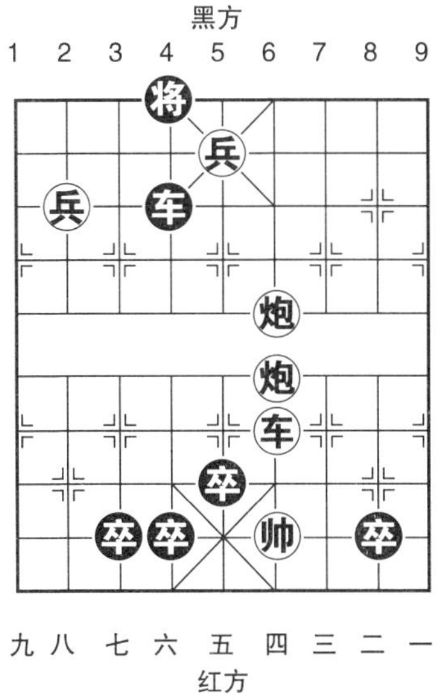

第 12 局　巡查白河（三）

本局收集于网络。在上一局基础上加了红马，结论则是和局。现介绍如下：

着法：（红先和）

1. 帅四退一　卒 8 平 7　　2. 炮四平五　卒 7 进 1
3. 帅四进一　卒 4 平 5　　4. 炮五退五　卒 5 进 1

5. 帅四平五　车4平5
6. 帅五平四　车5退1
7. 马九进八① 车5进1
8. 马八进六② 卒3平4③
9. 马六进七④ 车5进6
10. 帅四进一　将4进1
11. 车四进五　将4退1
12. 车四退四　将4进1
13. 车四平六　将4平5
14. 车六平五　车5退3
15. 马七退六　将5退1
16. 马六退五　（和局）

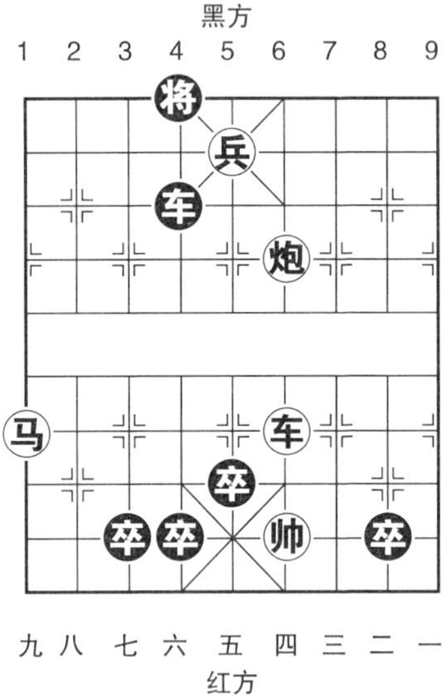

注释：

①如改走马九进七则卒3平4；车四平六，将4平5；车六平五，车5进5；马七退五和局。

②如改走马八退七则车5进7；车四平三，将4平5黑胜。

③如改走车5平4则车四平六，卒7平8；帅四平五，卒8平7；车六进一，卒7平6；马六退四，车4进3；马四退六和局。

④如改走车四平六则车5进6；帅四进一，将4平5黑胜。

第13局　巡查白河（四）

本局收集于网络。是将上局黑方3路卒移到了9路。结论也是和局。现介绍如下：

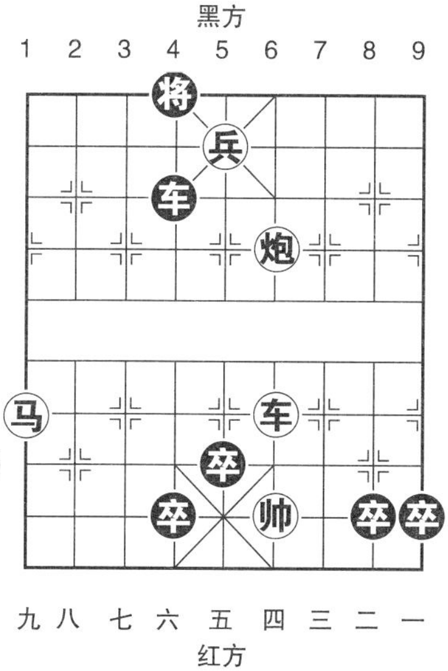

着法：（红先和）

1. 帅四退一　卒8平7
2. 炮四平五　卒7进1
3. 帅四进一　卒4平5
4. 炮五退五　卒5进1
5. 帅四平五　车4平5
6. 帅五平四　车5退1
7. 马九进八①　车5进1
8. 马八进六　车5平4②
9. 车四平六　卒9平8
10. 车六进一　卒8平7
11. 帅四平五　前卒平6
12. 马六退四　车4进3
13. 马四退六　（和局）

注释：

①如改走马九进七则车5进8；车四平六（如车四平二则将4平5；车二平五，车5退3；马七退五和局），将4平5；车六平五，车5退3；马七退五和局。

②如改走卒9平8则马六进七，车5平4；车四进三，卒8平7；帅四平五，车4进6；帅五进一，后卒平6；车四平六，车4退5；马七退六和局。

风云名手回顾之“江南七星”之一张观云

张观云，浙江省余姚人，约出生于光绪二十年（公元1894年），身材颀长，面庞微有麻点，性格随和，待人接物诚挚。张是个以棋为生的江湖棋人，主要足迹在余姚、宁波、杭州、绍兴等地，亦到过扬州、上海、南京。

二十年代末有“锦马超”之誉的南京万启有，在访问北京时，和北方棋坛名手张德魁、那健庭、钱梦吾等人结下了友谊。在赛后的座谈中，纵论全国棋坛和当今名手时，万就提出“杭州”张观云堪称全国第一！应该说，万启有走南闯北，和上海、浙江、江苏、湖北、江西的众多名棋手较过艺，战绩较好，他的评价受人重视。万启有还说：其弈之不可及处，在于善持先手，不论与何人对弈，总是持此一先，以身份论，不知高出几许矣！这话说得很绝对，很难商榷了。基本可以认定，张观云具有国手水平。

不过，万启有也有三处疏忽：一是万没有全面地了解张观云的棋艺素质。张的棋艺水平虽高，但偶有不稳定之时，杭州棋界称他不能着“重头棋”，包括着大彩时常要失态。如 1929 年“西湖博览会象棋比赛”，冠军奖金为一千银元，张因心理紧张，负给平时让长先的蔡阿福；在上海谢侠逊家中夜弈，因轻敌而连负数局，比陪同前往的徐葆康的战绩差。二是张非杭州人，称浙江张观云或余姚张观云均可，称杭州张观云或宁波张观云却是以讹传讹。三是张虽是名棋手、江湖棋人，但他对棋场角逐及棋坛的风云变幻比较冷静，中年以后选择了见好就收的做法，最后息隐棋坛，成了“半载子职业棋手”。

张观云的出生和成长之地余姚，清末民初时，是浙江丘陵地区的一个小镇，人口仅两三万。张观云少年时即爱好象棋，常在镇上和人对弈争胜。其时，宁波方面常有几个摆残局为生的江湖棋手，往来于余姚、嵊县、新昌、绍兴等地，这引起少年张观云的兴趣。他常常在棋摊边观弈，并记下局势和排演着法，日积月累，张观云的弈棋水平有所提高，促使他以后走上以棋为生、飘泊江湖的道路。

大约在一十年代中期，张观云的棋艺已在余姚镇称为第一，并掌握了不少的江湖残局。为了弈游各地，张常乘埠船往来于宁波、绍兴等地，以摆棋摊、布残局谋生，并与当地的好手弈满盘。在绍兴时，他曾和开元寺月印和尚及士绅汪挹青等人对弈过。张初到杭州，约在 1915 年，当时，杭州的弈棋中心地喜雨台刚开张，正届青壮年的张，既为了游历西湖，又想在杭州闯荡。他常在城隍山东岳庙前、清河坊、昭庆寺前及旗下广场设摊，所摆的大都为“七星聚会”“野马操田”等大路残局，偶尔也换一下戴了帽的“蚯蚓降龙”“双擒四将”等。

旧时，在杭州街头摆棋摊，或在茶馆中弈棋，都能碰上一个中等个子的人，他叫尚春和，人称尚先生，是江南的残局名家。因祖上房产多，民国时期以出租房屋为生。尚爱好象棋，特别喜爱研究残局，至三十年代中期，就收有七百多局棋谱。凡有江湖棋人来杭州设摊，他总会在街头和之攀谈、交流并探讨象棋残局；对于已熟悉的棋友，还会借给一间空房免费居住。有人推断《蕉竹斋》和《湖涯集》与尚春和、张观云有渊源，这是不无道理的。张观云在杭州时就受到这种待遇，省了住旅社的钱，这对一个跑码头的穷棋手来说已是感恩不尽了。

张观云与尚春和交上朋友后，来杭州设摊的次数就更多了，基本是每年二、九月都来，过年过节才回去。那时钱江大桥尚未建，火车、汽车未通，只能乘夜航船再渡江来杭。由于张观云的对局水平较高，有时张也去喜雨台或四海第一楼弈棋，在喜雨台和“五虎一豹”对弈中，大都让长先。张在和外地来杭的棋手弈战中，最有影响的当数对南京万启有之战，数次交锋均万负，万向张请教棋艺，张提出“仙人指路”三要着。这次弈战，对张和万的影响都比较大。

1929 年 8 月，杭州西湖博览会举办“博览会象棋比赛”，冠军奖金为一千银元，其时张观云不在杭州，由尚春和通知他来杭参赛。一般预测，张将获得冠军，但因患得患失的心理，临场发挥不够好，最后由蔡阿福获得冠军。张在杭州时，尚春和还介绍少年刘忆慈向张请教，为此，刘成名后自称张观云为其师。

作为一名江湖棋人，跑码头是他们的“天职”。弈满盘为主的江湖棋人，以跑大城市为主；摆残局为生的江湖棋人，多以中小城市及离家乡不远为圈。张观云的棋艺虽然高超，但由于生长在浙江的小城市里，为此他走的是以摆残局为主的路子。

在张观云三十多年的弈棋生涯中，以到宁波的时间为多。在宁波他除了摆残局谋生外，也和当地的棋手弈棋角艺，既结交棋友，又为宁波棋史留下了业绩。宁波是个中等城市，二十年代时，有近二十万人口。虽然宁波人颇为聪明，但弈棋人口中的佼佼者，在艺技大成后大都离开家乡，到大城市求发展，为此，留在本地的棋手，高的也不过大城市中的大二路水平。有段时间，南昌江湖棋手邓春林弈游宁波，口出狂言：宁波棋界无人能和他下对手棋。据《宁波棋活》载：“邓春林身背一块写有‘象棋访友，天下无敌’的纸牌，在宁波找人挑战。”宁波的第一手徐葆康虽可一战，但取胜无把握。此时，张正在宁波，徐就请张出马，和邓春林约定对弈四局。结果张以二胜一和一负击败邓春林，摘掉了邓的“无敌”牌子。

1932 年，宁波象棋活动开展较好。宁波青年会函约上海，不久，有罗天扬、窦国柱及朱剑秋三员大将的上海队来宁波。宁波出场人员为张观云、徐葆康和谢鸿元。比赛为分先二局，在江北青年会进行。当棋讯传出后，从四面八方赶来许多观战者。结果张观云对朱剑秋二局弈平，徐葆康对窦国柱以一胜一和告捷，而谢鸿元对罗天扬以二负结束，总比分打平，但论盘数上海多胜一局。张的棋艺成长虽在杭州，但由于他的家乡离宁波较近，就以到宁波弈游的时间为多。在宁波他和一般棋手可让双马、单马，对著名棋手徐葆康让长先，而实际水平徐谦称约差二先。由于徐倾慕张的棋艺及张的为人，徐葆康常请张到家中对弈，还待茶待饭，成为较好的棋友。徐还约张同去上海找谢侠逊弈棋，介绍张去扬州张毓英处攻擂，使张的足迹远及江苏、上海。

“在家千日好，出门一时难”。一个穷棋手要出远门，常感力不从心。张观云曾去过上海，但那次是由徐葆康作东才成行的。此外，张曾两次弈访过扬州。

第一次约在20年代中期，由徐葆康举荐才成行。徐葆康由于经济条件较好，常去上海弈棋而小有弈名，为此，他收到过扬州张毓英的邀请函，于是就举荐张观云前往。据《扬州棋话》载，张到扬州后，先在教场和“小盐豆”沈文荧等对弈获胜，到“张宅”攻擂时，连破三关，但最后没有攻破王浩然的擂台。不过，张观云弈出的棋很得张毓英的赏识，在离开扬州时，“棋孟尝”例行赠送盘缠。

张观云第二次访问扬州约在1932年。张在经过“西湖博览会棋赛”的失败后，调整了情绪，恢复了弈棋的信心，得悉扬州张宅仍有象棋擂台，就筹足了盘缠，再次去张宅攻擂台。这一次张观云出手不凡，先后击败了守门大将朱锦堂、杨万源等，直通主帅张锦荣。张锦荣看过张观云的出手后，又使出了慢功夫。有一局棋进入残局时（如图）张锦荣持黑棋已有多三卒之优，眼看可胜，但不料在得意洋洋之际，竟然下了几着快棋，被张观云妙着取胜。具体弈法如下：车三进七，车8进6；仕五退四，车2退4；车七平三，马3进2、前车平5，车2平5；炮三进一红胜。其实这局棋张锦荣只要稍加审视，当

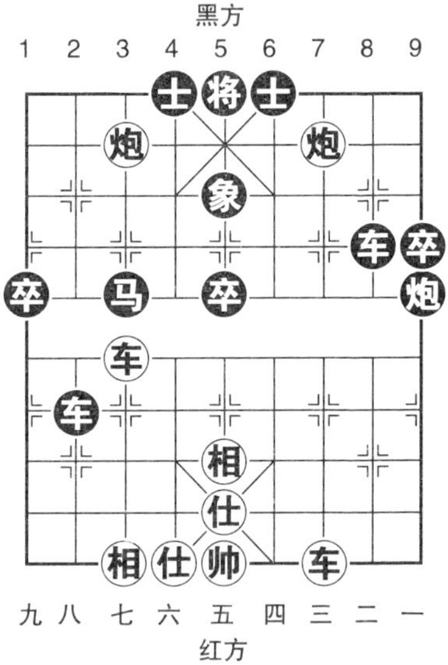

张观云走车三进七捉象时，他只要如王浩然所说应将5进1，或象5退7，仍是胜势，张锦荣是聪明反被聪明误，但也可以看出张观云的水平很好。张观云和张锦荣交战三局，以多胜一局攻下张宅擂台。张锦荣不服，另约分先再战，仍一负一和。赛后张观云向东家张毓英透露自己经济不佳，希望将得金牌为改拿相应的银元，张毓英慨然应允并另赠盘缠。张观云返回故乡后，就用这笔钱开了个油漆铺，为人加工油漆活，还出售一些脚盆、木梳等。由于成了坐商，再没有时间去杭州、宁波弈游，外界也认为张不知去向。

张观云是一个江湖棋手，他的棋风轻灵飘逸，开局、中局和残局都臻上乘，但以残局比较突出。不幸的是，张最后死于抗日战争时，据说在一次被日寇拉夫后不知所终，正值余姚沦陷时的1942年。

第九章
晴天霹雳一声响　四郎探母家族广

第 1 局　惊天霹雳
江湖揭秘

“晴天霹雳”是江湖棋摊流行的热门棋局之一，随着江湖排局的发展，逐渐已经成为了一个系列局，计算起来有八十多个姐妹局。这足以称谓江湖排局大系了。发展的这些同类局，多为江湖艺人创作或改拟，自然也有排局家的作品。

如图所示本局在古局“惊天霹雳”的基础上，将红方前炮退后一步，又将原局黑方 1·7 位卒移至 2·7 位而成，靠近红帅的距离则近了一步，结论因此也是黑胜。本局首着需要兵五进一将军，犹如“惊天霹雳”。

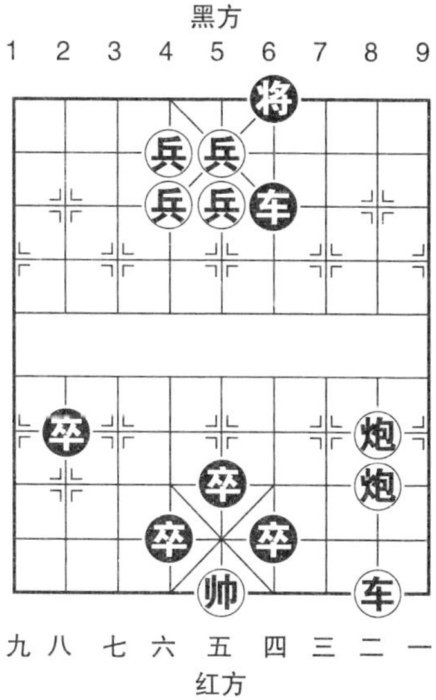

且看下面的一幕。

2013 年江苏常州雪堰桥庙会上，一个河南中年人摆着如图的江湖排局“惊天霹雳”，正在讲着：“这盘棋有个好听的名字。谁理解了这个名字就可以解开这局棋。名字叫做——三请诸葛亮。红方哪个子力是诸葛亮，大家算一算吧！”

一分钟以后一个托儿走了第一个托儿步：兵五进一，将6平5；兵五进一，将5平6；兵五平四，车6退1；前炮平四，车6进4；炮一平四，车6进2；车二进九，将6进1黑胜。

摊主摆回原来的局面，说：“刚才这位朋友第一步棋动了中兵，结果最后黑将可以上下自由了。看看谁能把诸葛亮请出山，把黑方老将将死。最后一分钟了，马上换一个新棋啦！要玩的抓紧时间。”

随后第二托儿步推出了：前兵平四，将6进1；兵五平四，将6进1；车二进七，将6退1；车二平五，卒6平5黑胜。

摊主可惜的说：“如果把黑车吃掉，红方就没有炮架子啦！这是不对的。看看谁的走法不同就赢了吧！”

一个打工模样的小青年看得很认真，摊主发现后就叫他说：“这位兄弟看出来了吧？如果看出来就玩一盘棋赢一把吧！”

刚才那两个托儿走棋时，小青年就感觉走得太笨了，如果走两个炮将军再车下底不就赢了吗？现在摊主一叫自己上阵，正好自己也要玩，就说：“好，我下二百。”然后按规矩交了200块钱。

他走前炮平四，摊主则走车6平5；小青年又炮二平四，摊主则卒5平6；并说：“将！”此刻有托儿也说：“将，下车将，赢了。”小青年便车二进九，以为自己赢了。

可是摊主说：“你看好了，我先将你呢，我走卒吃炮带将军呢？刚才告诉你将你呢？可是你却走车，我只能吃你老帅了。”

小青年一看摊主的黑车在将着自己，就认输了。可还是说：“你这个摆棋的，将我要告诉我啊？”

摊主说：“我告诉你了。可是你非要走车下底啊？”

一个好心人说：“兄弟，你刚才输得冤枉啊？他将你军，你吃了他的车不就不将了吗？你可以用兵吃车的，那不就赢了吗？”然后给小青年讲起了棋路。小青年感觉是有道理的，就决定再玩一把，于是又交了200块钱。摊主把钱接到手里，又说：“最后一把了，最低500块的，反正都漏了，你也会赢了，就赌一赌你有没有这个胆量。”

好心人说：“那就再加300块，200能赢，500也一样赢，他这是拿钱压你呢。”在他的鼓励下，小青年又加了300块，这回走的是：前炮平四，车6平5；炮二平四，卒5平6；这时好心人提醒说：“走兵吃车。”于是小青年后兵平五，但是摊主走前卒平5；小青年只好走帅五平四，摊主卒6进1黑胜。

小青年又输了一局之后，觉得很没有面子，一下子挤出了棋摊，快速地走了。

现将本局着法介绍如下：

着法：（红先黑胜）

1.	兵五进一	将6平5	2.	前炮平五	将5平6
3.	炮二平四	车6平5	4.	车二进九	将6进1
5.	前兵平五	车5退1	6.	车二退一	将6退1
7.	炮五平四	卒5平6	8.	车二平五	卒2平3
9.	车五退五	前卒平5①	10.	车五退二	卒4平5
11.	帅五进一	卒3平4	12.	兵六平五	将6进1
13.	炮四平一	卒4进1	14.	炮一退一②	卒6进1
15.	帅五退一	卒4进1		（黑胜）	

注释：

①如改走卒 3 平 4；则炮四退三，红胜定。

②如改走炮一退二则卒 6 平 5；帅五退一，卒 4 进 1；炮一平四，卒 5 进 1；帅五平四，卒 5 平 6；帅四平五，卒 6 平 5；黑胜。

第 2 局　移兵探母

本局原载于李洭、陶诒谟编著的《江湖残局陷阱奇观》一书，但原书中和棋结论错误，应为红胜局。如将本局红方七路兵移到六·八位，则成为“四郎探母”局，故名“移兵探母”。现介绍如下：

着法：（红先胜）

1. 兵五进一　将 6 平 5　2. 兵六进一①　将 5 平 6②
3. 车三进九　将 6 进 1
4. 车三退一　将 6 退 1
5. 兵六平五　将 6 平 5
6. 兵五进一　将 5 平 6
7. 前炮平四　车 6 进 4
8. 炮二平四　车 6 进 1
9. 车二进九　炮 2 平 8
10. 车三进一　（红胜）

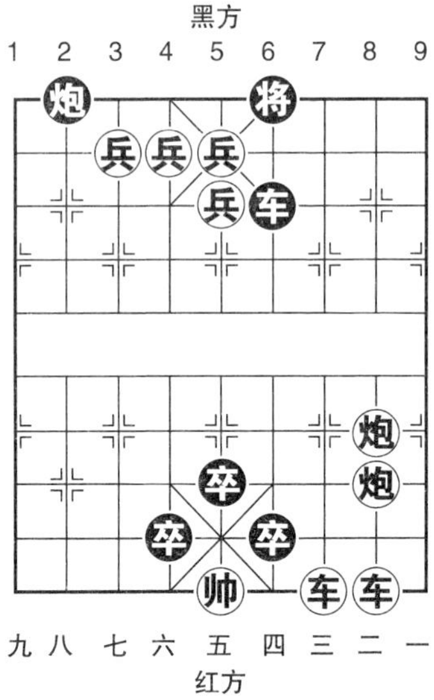

注释：

①取胜佳着，是廖静先生的见解！

②如改走将 5 平 4 则兵七进一，将 4 平 5（如将 4 进 1

则车三进八，车6退1；车三平四红胜）；车三进九，车6退2；前炮平五红胜。

第3局　右象探母

本局来源华工象棋网，估计是当代江湖艺人所作。本局增加了黑方3·5位象，着法则又有了不同变化，但结果仍属和局。现介绍如下：

着法：（红先和）

1. 兵五进一　将6平5
2. 前炮平五　将5平6
3. 炮一平四　车6平5
4. 车一进九　炮1平9
5. 车二进九　将6进1
6. 前兵平五　车5退1
7. 车二退一　将6进1①
8. 炮五平四　卒5平6
9. 车二平五　炮9进2
10. 车五退三　前卒平5
11. 车五退四　卒4平5
12. 帅五进一　炮9平4

（和局）

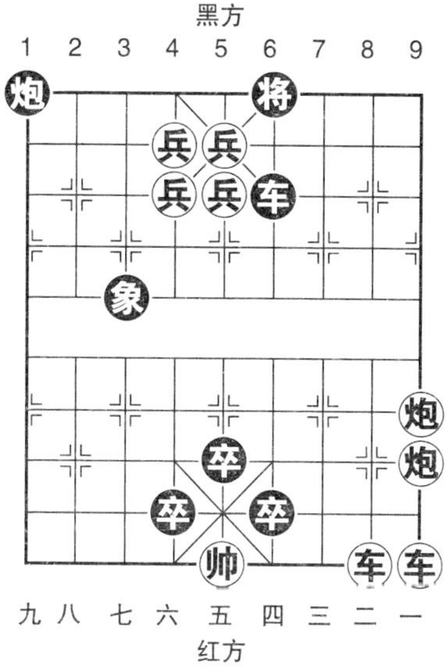

注释：

①如改走将6退1则炮五平四，卒5平6；车二平五，炮9进8；车五进一，将6进1；车五退四，卒4平5；帅五平六，炮9进1；炮四退二，卒6进1，车五平四，将6平5；兵六进一，将5进1；车四平一，卒6进1；车一退五，卒6

平 5；车一平五，卒 5 进 1；帅六进一，和局。

第 4 局　炮霹雳局

本局刊载于《百 花齐放象棋谱》第 7 集，读者很难见到这种内部资料。现介绍如下：

着法：（红先和）

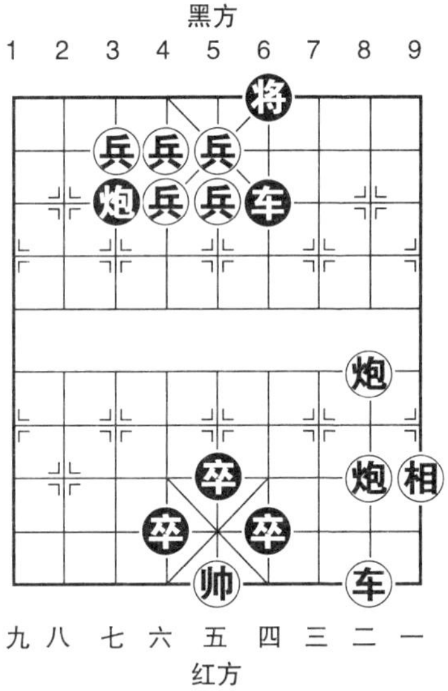

1. 兵五进一　将 6 平 5
2. 前炮平五　将 5 平 6
3. 炮二平四　车 6 平 5
4. 车二进九　将 6 进 1
5. 前兵平五　车 5 退 1
6. 车二退一　将 6 退 1
7. 炮五平四　卒 5 平 6
8. 车二平五　炮 3 进 6
9. 炮四进四①　前卒平 5
10. 车五退七　卒 4 平 5
11. 帅五进一　将 6 进 1
12. 兵七平六　卒 6 进 1
13. 帅五平六　炮 3 退 2

（和局）

注释：

①红方另有两种着法结果不同：

甲、车五退三，前卒平 5；车五退四，炮 3 平 5；兵六平五，炮 5 退 3；兵五平四，将 6 平 5；兵七平六，卒 6 进 1；兵四进一，卒 6 平 5；帅五平四，卒 4 进 1 黑胜。

乙、兵七平六，前卒平 5；车五退七，炮 3 平 5；后兵平五，炮 5 退 4；兵五平四，将 6 平 5；兵四进一，卒 6 平 5；炮四平五（如帅五平四则炮 5 平 6；炮四平五，卒 5 平 6；帅四平五，炮 6 平 2；兵六平五，将 5 平 4；兵四进一，炮 2 退 4；兵四平五，炮 2 平 5；炮五进五，卒 6 进 1 黑胜），炮 5 平 2；帅五平四，卒 5 平 6；兵六平五，将 5 平 4；兵四进一，炮 2 退 4；兵四平五，炮 2 平 5；炮五进五，卒 4 平 3；炮五平二，卒 3 平 4；炮二平五，卒 4 平 3；炮五平二和局。

第 5 局　炮象霹雳

本局收录于网络，结论是黑胜，现介绍如下：

着法：（红先黑胜）

1. 兵五进一　将 6 平 5
2. 前炮平五　将 5 平 6
3. 炮一平四　车 6 平 5
4. 车一进九　将 6 进 1
5. 前兵平五　车 5 退 1
6. 车一退一　将 6 退 1
7. 炮五平四　卒 5 平 6
8. 车一平五　炮 8 进 4
9. 车五进一　将 6 进 1
10. 车五退三　卒 4 平 5
11. 帅五平六　后卒平 7
12. 兵六进一　将 6 进 1
13. 车五平四　将 6 平 5
14. 炮四平五　卒 5 平 4
15. 帅六平五　卒 7 进 1

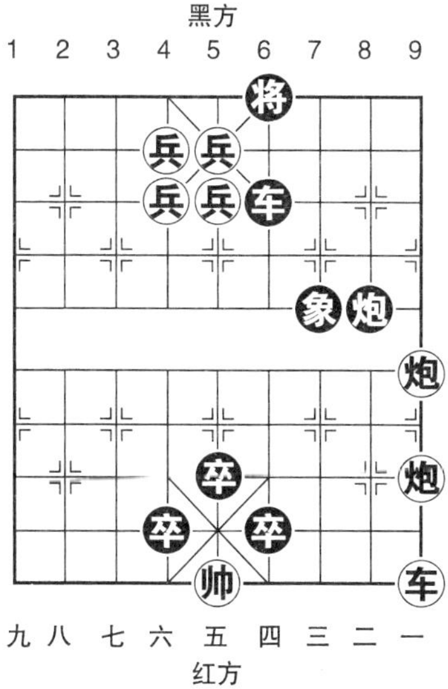

16. 车四平五　将5平6　　17. 车五平四　将6平5
18. 车四平五　将5平6　　19. 车五平四　将6平5
20. 车四平五　将5平6　　21. 炮五平四　卒6平5
22. 车五退五　卒4平5　　23. 帅五平六　卒7进1
（黑胜）

第6局　红马霹雳（一）

本局是好友敖日西先生创作，他对江湖排局深有研究，排拟出了许多局“红马霹雳”局。现选录6则编入本书。本局结论是和局。现介绍如下：

着法：（红先和）

1. 前兵进一　将6平5
2. 前炮平五　将5平6
3. 炮二平四　车6平5
4. 车二进九　将6进1
5. 兵六平五　车5退1
6. 车二退一　将6退1
7. 炮五平四　卒5平6
8. 车二平五　前卒平5
9. 车五退七　卒4平5
10. 帅五进一　卒6平5
11. 帅五进一　炮1进2
12. 帅五退一　炮1平9

（和局）

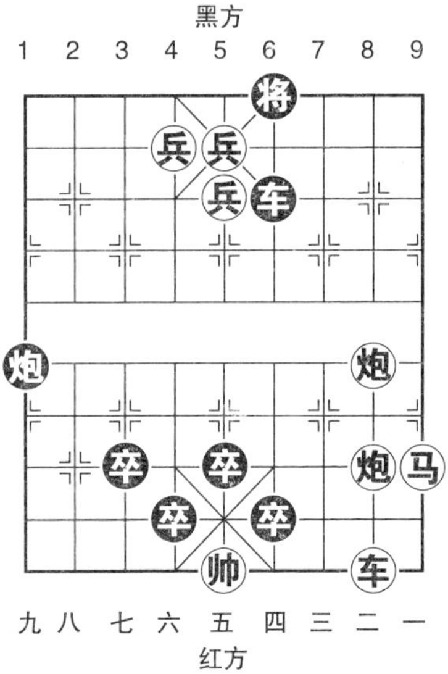

第7局　红马霹雳（二）

本局棋图与上局类似，只有黑炮和卒的位置稍有不同，本局结论是和局。现介绍如下：

着法：（红先和）

1. 前兵进一　将6平5
2. 前炮平五　将5平6
3. 炮二平四　车6平5
4. 车二进九　将6进1
5. 兵六平五　车5退1
6. 车二退一　将6退1
7. 炮五平四　卒5平6
8. 车二平五　炮3进3
9. 车五进一　将6进1
10. 马一进三　前卒平5
11. 车五退八　炮3平5
12. 马三进五　炮5平6
13. 马五退四　炮6退3
14. 马四退六　（和局）

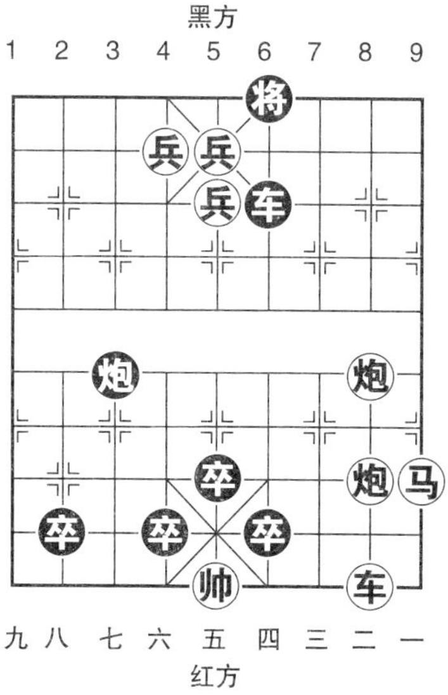

第8局　红马霹雳（三）

本局棋图中红马到了另一侧，变化又有了不同，本局结论是和局，现介绍如下：

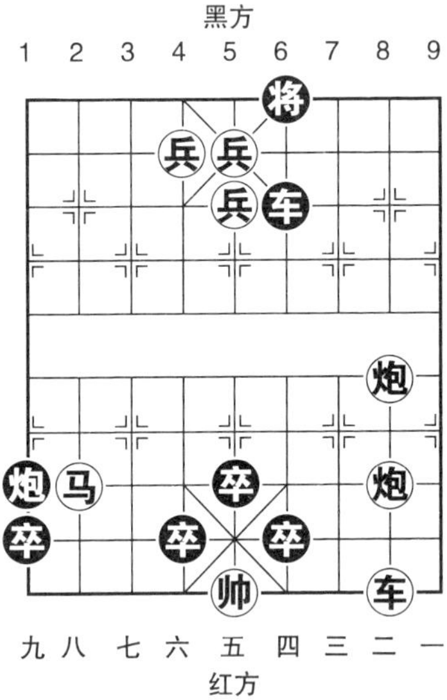

着法：（红先和）

1. 前兵进一　将6平5
2. 前炮平五　将5平6
3. 炮二平四　车6平5
4. 车二进九　将6进1
5. 兵六平五　车5退1
6. 车二退一　将6退1
7. 炮五平四　卒5平6
8. 车二平五　前卒平5
9. 车五退七　卒4平5
10. 帅五进一　卒6平5
11. 帅五退一　卒1平2
12. 马八进六　炮1进2
13. 帅五平四　炮1退1
14. 炮四退一　卒5进1
15. 炮四退一　将6平5
16. 马六退五　炮1平5

（和局）

第9局　红马霹雳（四）

本局没有了黑炮，本局结论也是和局。现介绍如下：

着法：（红先和）

1. 前兵进一　将6平5
2. 前炮平五　将5平6
3. 炮二平四　车6平5
4. 车二进九　将6进1
5. 兵六平五　车5退1
6. 车二退一　将6退1
7. 炮五平四　卒5平6
8. 车二平五　前6平5
9. 车五退七　前卒平5
10. 帅五进一　卒9进1

11. 马九进七　卒 4 进 1
12. 马七退六　卒 6 平 5
13. 帅五退一　将 6 平 5
14. 炮四平五　卒 4 进 1
15. 帅五平四　卒 9 平 8
16. 炮五平六　卒 5 进 1
17. 炮六退三　卒 5 平 4
18. 帅四进一　卒 8 平 7
19. 帅四进一　卒 7 平 6
20. 马六进五　卒 6 平 5
21. 马五退七　卒 5 平 6
22. 马七进五　（和局）

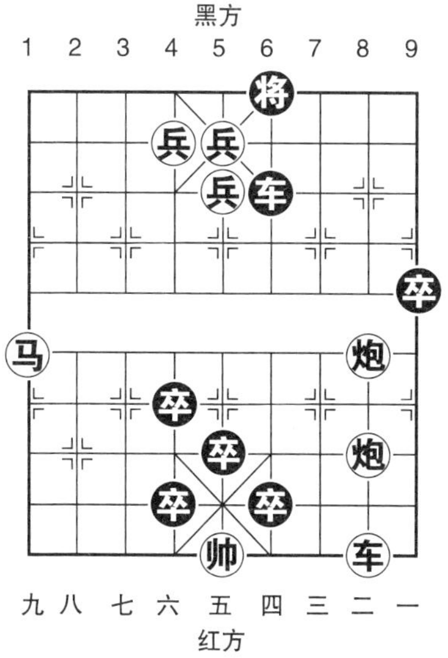

第 10 局　红马霹雳（五）

本局红方双炮车马都在一条线上，颇为壮观。本局结论也是和局，现介绍如下：

着法：（红先和）

1. 前兵进一　将 6 平 5
2. 前炮平五　将 5 平 6
3. 炮二平四　车 6 平 5
4. 车二进八　将 6 进 1
5. 兵六平五　车 5 退 1
6. 车二退一　将 6 退 1
7. 炮五平四　卒 5 平 6
8. 车二平五　前卒平 5

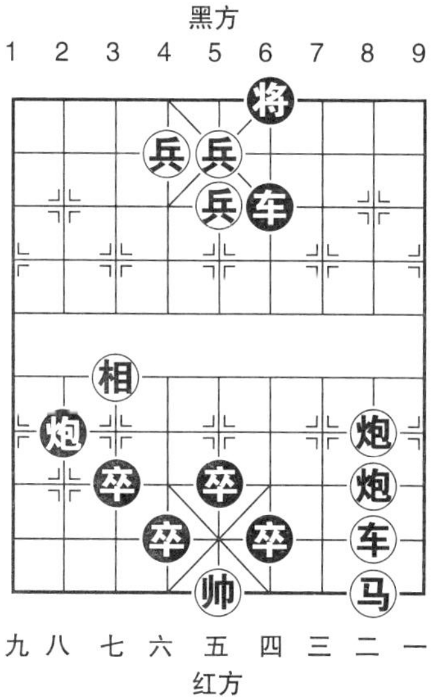

9. 车五退七　卒4平5　　10. 帅五进一　炮2进2
11. 炮四平三　卒3进1　　12. 帅五退一　炮2进1
13. 帅五进一　将6进1　　14. 炮三退一　炮2退1
15. 帅五退一　卒3平4　　16. 炮三退二　卒6进1
17. 马二进三　炮2退4　　18. 炮三平四　卒6平5
19. 马三退五　将6平5　　20. 相七退五　炮2平5
21. 炮四进三　卒4平5　　22. 帅五平六　（和局）

第11局　红马霹雳（六）

本局用子较少，结论是和局，现介绍如下：

着法：（红先和）

1. 前炮平四　车6平5　　2. 炮三平四　卒5平6
3. 车五退一　后6平5　　4. 车三进九　将6进1
5. 车三退一　将6退1
6. 车五退五　后卒平5
7. 车三平五　卒5进1
8. 车五退七　卒6平5
9. 帅五平四　卒4进1
10. 马二退三　卒9进1
11. 炮四退三　卒9进1
12. 马三进四　将6平5
13. 炮四平五　将5平6
14. 炮五平四　将6平5
15. 马四退六　卒9平8
16. 炮四平五　卒8进1
17. 马六进五　将5平4

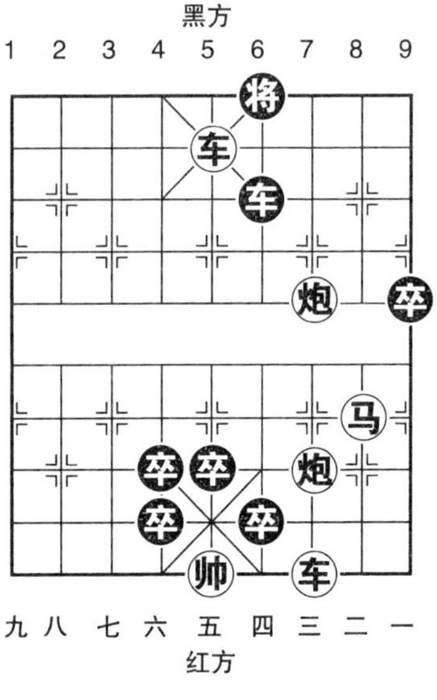

18. 马五进七　卒 8 平 7　　19. 马七退六　卒 4 平 5
20. 炮五退二　卒 5 进 1　　21. 帅四平五　(和局)

第 12 局　前炮霹雳

本局也是好友敖日西先生所作，结论是和局。现介绍如下：

着法：（红先和）

1. 前兵进一　将 6 平 5
2. 前炮平五　将 5 平 6
3. 炮一平四　车 6 平 5
4. 车一进九　将 6 进 1
5. 兵六平五　车 5 退 1
6. 车一退一　将 6 退 1
7. 炮五平四　卒 5 平 6
8. 车一平五　炮 3 进 5
9. 兵三平四　前卒平 5
10. 车五退七　炮 3 平 5
11. 炮四退四　将 6 平 5

（和局）

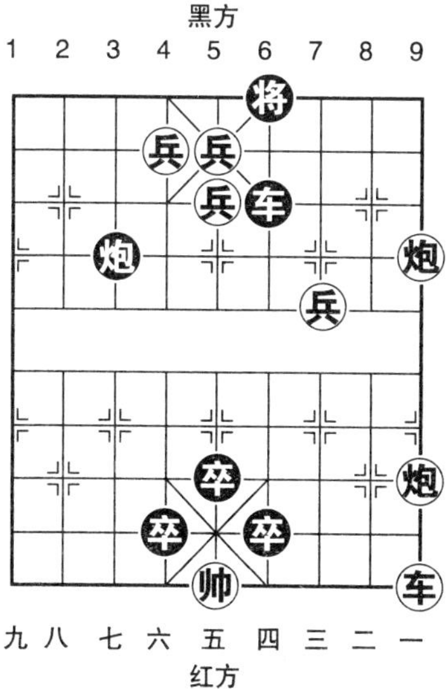

第 13 局　五卒霹雳

本局是好友敖日西先生所作，图式简洁美观。黑方五只卒，故名“五卒霹雳”，结论是和局，现介绍如下：

着法：（红先和）

1. 前炮平四　车 6 平 5　　2. 炮二平四　卒 5 平 6

3. 车五退一　前 6 平 5　　4. 车五退六　前卒平 5
5. 帅五进一　前卒平 5　　6. 帅五退一　卒 6 进 1
7. 车二进九　将 6 进 1　　8. 车二退一　将 6 进 1
9. 帅五平六　卒 4 进 1　　10. 车二平六　卒 6 平 5
11. 车六退三　卒 4 进 1　　12. 车六退四　前卒平 4
13. 帅六进一　　（和局）

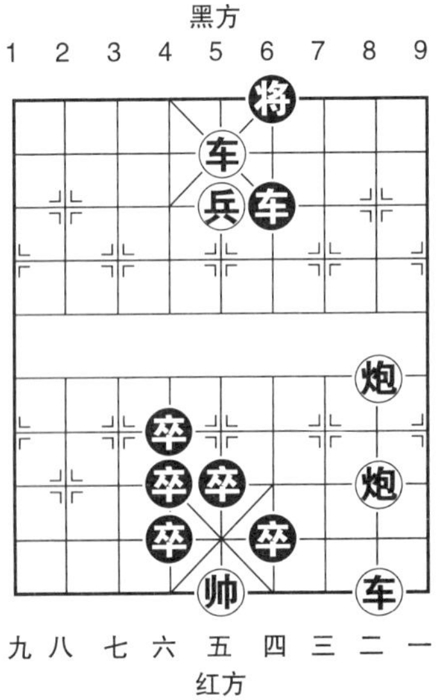

第 14 局　中马霹雳

本局收集于网络。构图新颖，短小精悍，结论是和局，现介绍如下：

着法：（红先和）

1. 前兵进一　将 6 平 5　　2. 前炮平五　将 5 平 6

3. 炮二平四　车6平5　　4. 车二进九　将6进1
5. 兵六平五　车5退1　　6. 车二退一　将6退1
7. 炮五平四　马5退6　　8. 车二平五　卒6平5
9. 车五退七　卒4平5　　10. 帅五进一　马6进4
11. 马七退六　卒3平4　　（和局）

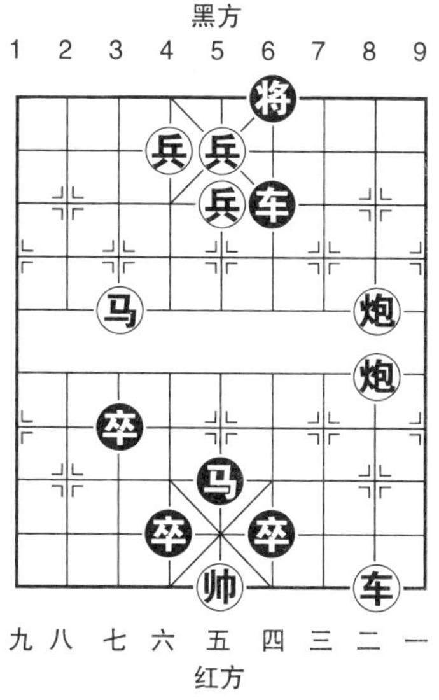

第15局　振岳霹雳

诗云：霹雳振秋岳，折松横洞门。云龙忽变化，但觉玉潭昏。

本局是杭州好友沈济英的作品，结论是和局。现介绍如下：

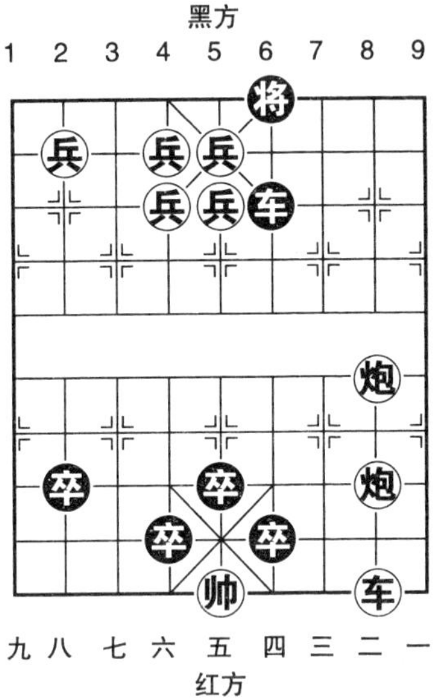

着法：（红先和）

1. 兵五进一　将6平5
2. 前炮平五　将5平6
3. 炮二平四　车6平5
4. 车二进九　将6进1
5. 前兵平五　车5退1
6. 车二退一　将6退1①
7. 炮五平四　卒5平6
8. 车二平五　卒2平3
9. 兵八平七②　卒3平4
10. 车五进一③　将6进1
11. 兵七平六　前6平5
12. 车五退八　前卒平5
13. 帅五进一　卒6平5
14. 帅五平四④　将6进1⑤
15. 后兵平五　将6平5
16. 炮四进五⑥　卒5进1
17. 帅四退一　将5平4⑦
18. 兵六平五　将4平5
19. 兵五平四　将5平4
20. 兵四平五　将4平5
21. 兵五平六　将5平4
22. 兵六平五⑧　将4平5
23. 兵五平四　将5平4
24. 炮四平五　将4退1
25. 兵四平五　将4平5
26. 炮五退八　（和局）

注释：

①如改走将6进1则炮五平四，卒5平6；车二平五，前卒平5；车五退七，卒4平5；帅五进一，卒2平3；兵六平五，将6退1；兵八平七，卒3平4；兵七平六，卒6平5；帅五平四，卒4进1；兵六平五，将6退1；后兵平四，红胜。

②如改走车五退三则前卒平5；车五退四，卒4平5；帅五进一，卒3平4；兵六平五，卒6平5；帅五平四，卒4进

1；兵五平四，将6平5；炮四平五，卒4平5；炮五退三，卒5进1；帅四进一，将5进1；兵八平七，卒5平4，和局。

③如改走兵七平六则前卒6平5；车五退七，前卒平5；帅五进一，卒6平5；帅五平四（如帅五退一则卒4进1；后兵平五，卒4平5；帅五平六，后卒平4；炮四退三，卒5平6；兵六平五，卒6平5；后兵平四，卒4进1黑胜），卒4进1；后兵平五，卒4平5；帅四退一，后卒平6；兵五平四，将6平5；炮四平五，卒6进1，黑胜。

④如改走帅五退一则将6进1；炮四平八（如帅五平四则卒5平6；前兵平五，卒4进1；兵六平五，将6平5；炮四平八，卒4平5；炮八退三，卒5进1黑胜。又如后兵平五则将6平5；炮四进五，卒4进1；炮四平五，将5平6；兵六平五，卒5平6；炮五平四，卒6平5；炮四平五，卒5平6；炮五平八，卒6进1；炮八退九，卒6平5黑胜），卒4进1；炮八退三，卒4平5；帅五平六，后卒平4；炮八进六，将6退1；后兵平五，卒4进1，黑胜。

⑤如改走卒4进1则后兵平五，卒4平5；帅四退一，后卒平6；兵六平五，将6退1；后兵平四，红胜。

⑥如改走炮四平五则卒4进1；炮五进一，卒4平5；炮五退四，卒5进1；帅四进一和局。

⑦如改走卒4平3则炮四平五，将5平4；兵六平五，卒5平4；帅四平五，卒4平3；炮五平六，后卒平2；帅五进一，卒2平3；帅五进一，前卒平2；兵五平四，卒2平3；帅五平四，将4平5；炮六平二，后卒平4；炮二退七，卒4进1；炮二退一，将5平4；帅四平五，卒3进1；炮二退一，卒3平2；炮二进九，卒2平3；炮二平六，卒4平3；帅五退一，前卒平2；帅五平四，将4平5；炮六平二，卒3平4；

炮二退八，卒4进1；炮二退一，卒2平3；炮二平一，将5平4；帅四平五，将4退1；兵四平五，将4进1；炮一平二，卒3平2；炮二平八，卒4平3；炮八进九，卒3平4；炮八平六，卒4平3；帅五退一，卒3平2；炮六平二，卒2平3；炮二退九，卒3平2；炮二平八红胜。

⑧如改走兵六平七则卒4平5；炮四平九，后卒平6；炮九退八，将4平5黑胜。

风云名手回顾之 “扬州三剑客”之一窦国柱

窦国柱，扬州人，1901年出生，6岁时就开始学象棋。其父为商人，在扬州开有九如斋茶食店，支持其子学棋。

清末时，扬州棋风鼎盛，有“棋孟尝”之称的张毓英，常常出场地、出彩金、出奖品，在当地举办象棋比赛。少年窦国柱向往棋艺，常到张宅去看名手对弈，并接受张毓英的指导。

清亡之后，少年窦国柱的棋艺已有了一定的基础，其父总想给窦找个名师。当时扬州棋坛的象棋高手，有周焕文，还有从镇江来的王浩然，以及新近崛起的张锦荣。三人的棋名基本相当。不过王浩然工作较忙，张锦荣年岁较轻，最理想的师傅是中医师周焕文。周不但棋艺高，而且也在培养儿子周德裕和周德广学棋。在几经恳请后，周焕文答应带窦国柱学棋，但未行旧时代拜师礼。不过，这样一承诺，窦国柱就有了去周家弈棋的机缘，常和周德广、周德裕兄弟俩对局。周焕文是扬州名手，与“神马”王浩然、“慢国手”张锦荣并称“淮扬三杰”。由于张锦荣崛起时，周曾经两次和张锦荣较艺。一次在王去上海向林弈仙挑战时，时间大约在1916年；也许是周自视甚高，也许是张的慢功夫和棋艺确实厉害，尽管周花了力气，还是小输一局。1919年在王去北平和孟文轩比赛期间，张、周比赛的结果是，周竟以二胜四负四和二负！这一输，输得周从此不想去茶楼和张宅，他怕那里的棋人用异样的眼光看他。经此一战，张锦荣名声一下子高涨起来，“淮扬三杰”的称誉不胫而走。于是周焕文于烟花三月之际离开了扬州，在上海广益善堂行医，使窦国柱有了学棋的机会。

因德裕弈棋的兴趣和钻劲都比其弟德广大，为此，窦国柱和德裕磨砺切磋的机会多，他们总是从早上弈至下午，一天非弈十多局棋不可。因德裕较窦年长一岁，为此，窦总是亲切地呼其为“大师兄”。

在1912年至1920年这几年时间里，“棋孟尝”张毓英常在其宅举行棋赛。其间的一次，有南昌名棋手邓春林、南京名棋手万启有、永嘉名棋手林弈仙及本地众多棋手参加。窦在现场观看后，对万启有的棋艺和幽默很感兴趣。经过交谈，邀万到家中作客。当得悉万四海为家、以棋为生后，就请万在家多留一段时间，以便多一些切磋的机会。

这段时间，窦国柱之父因年迈早退出店务，“九如斋”由20岁的窦国柱掌管。窦出生于茶食业之家，业务是熟手，然而，他醉心于棋艺，平时很少顾问店务，现在来了个较他年长6岁，棋艺高他一二先的棋友，就整日忙于弈棋，更加不理店务，逢到风雨落雪天，就干脆不落排门。之后，生意日渐清淡，业务更趋不振。

当窦国柱的“九如斋”不得不倒闭时，既为了生计，又为了弈棋，窦又在原址开出了小茶馆，取名“华阳观”，以弈棋招徕茶客，并由万和窦轮流在“华阳观”以棋应客，由万作为台主。当然，万亦帮助窦料理店务，乃至和窦一起下厨做饭做菜，一起弈棋。

在“华阳观”期间，由于窦比较好客，棋友们来弈棋常不收茶资，为此，日子久了也难以维持，有时连伙计的工钱也发不出，于是，窦只好再将华阳观盘让于人。不过，在这段时间（1920年前后一年多时间），窦的棋艺却得到了提高，闯过了和名手对局最难闯的“二先”关。并受万的“仙人指路”局法的影响，棋艺风格不仅精于炮的攻杀，亦兼有善用马兵的细密，已具有和万基本相当的棋艺。

三十年代前后，窦国柱曾访问苏州、常州、镇江、南京等地，战胜了当地众多“棋王”。窦的棋风既有周焕文式的刚猛，又有王浩然式的细密，稳重雄健，开局不拘一格，随机应变，精于残局变化。为此，窦被誉为“丝绵老虎”。

因为这段时间扬州又出了个后起的朱剑秋，棋艺也达到国手水平，于是周德裕、窦国柱、朱剑秋三人被并称为“扬州三剑客”，言他们挟技走遍南北，棋艺锋利无比。

后窦到上海弈棋，以天蟾茶楼、老城隍庙等处为主，在和上海诸多名棋手交流中胜多负少。

1932年，由南京方面发起“上海、南京象棋埠际赛”。上海方面经过棋坛总司令谢侠逊的平衡，由资格较老的福建名手——炮王连学正和窦国柱为代表，去南京征战。在对南京代表万启有和客串南京队的名手邓春林交锋后，窦超过了万、连、邓获得冠军，充分显示了“丝绵老虎”的功力。为了扩大视野，窦国柱于1936年访问广州和香港。在广东和“四大天王”黄松轩、冯敬如、卢辉交流过棋艺，在香港又和“三凤”之一的曾展鸿对弈过，还和其他名手陈镜堂、刘寿彭对弈，都取得了较满意的成绩。其中对“四大天王”之首黄松轩弈赛六局，为一胜一负四和，其中的一局被周德裕列为名局。

1937年，杭州青年会发起江、浙、闽、鲁四省象棋名手邀请赛，由谢侠逊主持赛事。窦以1932年沪、宁棋赛冠军及华东名棋手的头衔，代表江苏省参赛，在西子湖畔和山东棋圣邵次明、福建炮王连学正、浙江新秀董文渊较艺，获得亚军，给杭州棋迷留下了深刻的印象。赛后，窦、谢、董三人，拜望了当地士绅高子白。1950年时，北京的中央民革发起，为抗美援朝筹款义赛，邀请全国著名棋手表演，窦国柱作为华东的代表荣幸地赴京参赛。当筹款义赛结束后，窦又和北京名手张德魁、谢小然等发起筹办什刹海棋艺研究社，给当时冷落的北京棋坛注入了活力，并和北方的新、老棋手结下了友谊。

窦国柱自从成为职业棋手后，主要活动由扬州移往上海，在上海二十多年间，曾主持过象棋擂台，担任过徐汇区棋队的指导，为各报刊撰写过棋局和棋评，还常应邀去文化馆等场所表演。

新中国成立后的窦国柱，虽已年过半百，但仍从弈不断。1956年全国象棋锦标赛前夕，他应邀去天津，和参赛选手王嘉良共同研究棋艺，为王在比赛中夺得亚军出力。窦还于1957年参加了上海七区的象棋选拔赛，虽已近60高龄，但仍勇夺冠军。

窦在弈坛驰骋六十多年，著有《近代象棋名手对局选》等书。由于窦在棋艺方面的贡献，上海文史馆吸收他为馆员。1978年，窦于上海病逝，终年77岁。

第十章
八仙过海胜与和　结论反复百年说

第1局　八仙过海
江湖揭秘

关于江湖排局中的带反将的棋局，江湖艺人比较喜爱。古局“八仙过海”是既带有“江湖八大名局”之“七星聚会”的落象反将的陷阱，还带有“江湖八大名局”之“火烧连营”炮打炮的陷阱。一局棋能含有两大名局的机巧，这在所有江湖排局之中是罕见的，因此本局颇受江湖艺人喜欢，成为一则江湖棋摊热门的棋局。

下面介绍十年前哈尔滨市松花江边的一个老式清盘棋摊。

老式清盘就是比较文明的下法，即使有托儿，也是为了达到招人围观之目的。所以那时候来下棋的挑战者也是明白的。有的江湖高手摆摊则单干，一个托儿也不带，因为他本身能力超强。

气候到了初夏，旅游的人多了，松花江边的棋摊就多了起来。且看这个江湖高手的表演，他摆的棋局就是如图的“八仙过海”。

摆完之后，他开始讲道：“大家都爱好象棋，有的人喜欢解棋，有的人喜欢看热闹。估计大家一定看到过很多棋局了，但是像这盘棋红方两只车和两只炮都在一条线上的，却是很难

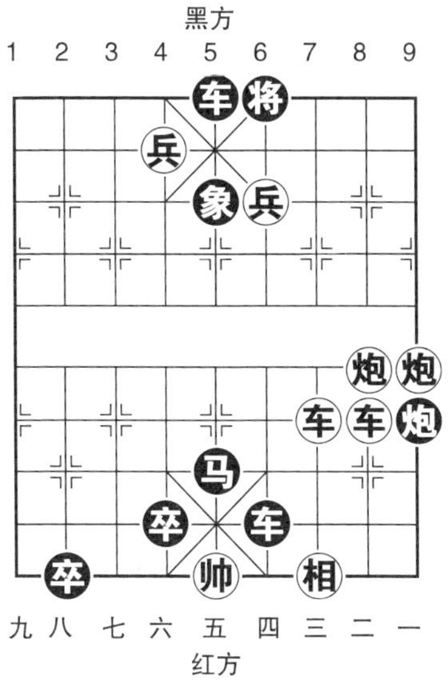

见到的。这局棋也是红棋先走，黑棋后走。这盘棋红方开局进兵有将、平炮有将，进车也有将，但是无论怎么将，第一步都是要弃子。弃子就是舍子，俗话说舍得舍得，有舍才有得，其实无论是棋局还是人生，有的时候都是一样的道理。舍得微笑，得到的是友谊；舍得宽容，得到的是大气；舍得诚实，得到的是朋友，舍得面子，得到的是实在；舍得子力，得到的是胜利；舍得 50 块钱，得到 100 元的奖金。但有时候我们需要一定的勇气去冒险，因为没有任何一件事是百分之百的有把握，做什么事都可能失败的。人生和棋局有相似之处，棋局有的时候是赌一步棋，人生又何尝不是一场赌局，在人生的关键转折点上，谁又能一定把握好正确的方向呢？有的时候何尝不是赢得了金钱输了感情，赢了天下输了她。所谓没有随随便便就成功，风雨之后才能见彩虹。得到一些就意味着失去另一些，任何事情都是相对而言的，下棋时有的着法看着很蠢，却是解开棋局的好棋，有的着法看着精彩，实则正是败着。舍就是放弃，放弃也需要勇气的。所以下棋也需要一定的勇气。这局棋就是要有勇气来弃子攻杀，才能赢得胜利。说到勇气，但是下棋还需要的是智慧。因为光有勇气没有智慧那是蛮干，光有智慧没有勇气等于空想，如果智慧加勇气就等于成功。闲话少说，大家看看这盘棋，昨天有一个朋友是这么走的，他第一步走的是进兵将军。”

一大堆的开场白说完，他一边说一边手拿棋子走棋演示着，继续说：“他进兵将，我只能走将吃兵，这就是所谓的兵来将挡。然后他走的是进三路车将军，我只能走将 6 退 1，他又车三进一，我就走象 5 退 7，接着他走炮二进六将军，我走象 7 进 5，当他走炮一进五时，我则将 6 进 1，老将上来了。这样他就输了，我走红棋第一步绝不动兵，就用这只兵控制老将，所以说我走红棋第一步不是走车就是走炮。现在就等于是二选一的答案，看看谁能选对吧？自然也要好好考虑一下怎么下这盘棋，不要光听我在这里乱讲，我这个人就是好扯淡，随口胡说八道。大家这个耳朵进，那个耳朵出就行了。我是摆棋摊的，没有办法；摆棋摊就需要说话，卖啥吆喝啥嘛！一个不说话摆棋摊的，绝对不是一个好摆棋摊的。但现在我不能再说了，要把时间留给大家看棋，三分钟之后没有人下，我就再换一局新棋。只要观众不断，我的节目就不断。”

他说话的时候，已经把棋局摆回了原来的初始局面。

这番讲话，他已经直接自己带了一个托儿，毕竟摆棋还是需要有收益的。

一个人摆棋，业务方面要做到出类拔萃，才会有收获。摆棋摊不一定就是靠着棋艺高超，残局功夫了得。往往有一些残局功夫到家的，摆棋摊的水平还真的很一般，主要是他的“条子活”太软（口才不好），业务不到家。自然如果既是残局功夫了得，又是业务到家者，收入一定是不错的。这样的人到哪里去混，都不怕有当地的棋皮子来解棋，甚至就是当地的摆摊者来破棋，也可能输给他。

纵横江湖的高手绝对是有的，这样的人才有更大的优势，其优势还在于可以杀一些棋艺高超的回头客。这些回头客棋艺水平很高，可以解开棋局的帽子，但是往后则走不出正解，可是他们走的棋路，低手摆棋的则就会输给他们。只有真正的高手才可以拿下这些回头客，在一次一次的对弈中，反复研究之后，往往会把这些回头客也培养成了下残棋的高手了。

虽然这个摊主说自己好扯淡，是在胡说八道，可是他说话还是有一定水平的，有些语言还真不是一般人能讲出来的。

有的话是具有一定道理的，有的观众就是喜欢听他演讲，觉得他还是有一定学识的摆棋人。所以在观众之中，有那么几个天天来捧场的。他也从来不叫他们和自己下棋，知道叫也不会下的。有的事情是不需要点破的，只需意会，不用言传。

观众里一个中年人交了 50 元率先上阵了，他的思路属于重炮的想法，似乎受摊主讲解的影响。他走的是车三进六，摊主说了句“好棋”然后象 5 退 7，心里想到：最好他走二路炮，这样可以再来一把。

那中年人果然摸起了二路炮走炮二进五将军。

摊主待对方的棋子落地之后，快速地走了象 7 进 9，挡住了红方一路炮的去路。并说：“我可捡了一把棋，刚才吓得我后背都发凉了，就像有一股寒风一样飕飕的。这位师傅走错了顺序哦。我再摆回来，你好好看看吧！应该先走哪个子，后走哪个子。不过我摆半分钟，因为已经露馅了。别说是棋，在这里明摆着，就是饺了煮久了也露馅了。”

说完，摊主假装在棋袋子里找棋子的样子，那中年人立刻说：“不能换，我再下一把。下 100 的行吧？”说完他交了 100 块钱。

摊主一看对方自己张价了，接过了钱，然后才说：“这位师傅，最后一把了，咱就 200 块的，考验一下你的胆量，反正也露了，我情愿让你赢一把，就看看你敢不敢下。”

那中年人有些犹豫了，摊主说：“现在这局棋已经露出破绽了，有没有别人看出来的，如果有咱们就大方点，来一盘200元的，没有我就换了，反正我也不想摆这局棋了。因为多摆一分钟就多一分钟的危险，好，既然没有，我就换了。”说完他就用手去换棋。

中年人又看一下棋，感觉自己刚才是有点急了，应该先走一路炮、再下二路炮，他就挡不住自己的重炮了，就鼓足了勇气说：“200就200。”于是加了100，就要走棋。

摊主则说：“师傅，咱们说好。你赢了我可就换了，你输了没有事吧？咱们都是男子汉，可别输了和我这个那个的。”

中年人说：“愿赌服输。”

摊主封完了口，就说：“好的，走吧！”

中年人自然依旧走的是车三进六，摊主说了句：“还是这么走啊！”然后象5退7，中年人又走炮一进五将军，以为可以翻本了，并且可以赢200块钱。摊主则走的是象7进9。

中年人心里想：这回你挡不住我的炮了吧？我的一路炮先下去了。于是，中年人走炮二进五，说道：“重炮将，我这回赢了。”

摊主说：“你确实是重炮，也确实是将军，但是你看好了，我的黑炮打掉你的一路炮，你就不是重炮了，你也就不将我了。”

摊主就接走炮9退6打掉了红方一路炮。

中年人再度失败了。

摊主依旧把棋局摆回初始的局面。然后说：“师傅，如果我走红棋，第一步就走炮，不走炮算我输。再研究研究，能看出赢就赢回去，看不出就别下了。现在这盘棋还有悬念，看看谁的走法更好、更技高一筹就能解开这盘棋。有没有下的？有没有啦？”

这时候，只听有人说：“摆棋的师傅，这局棋我下一盘50块的行不行？”

摊主说：“刚才下的棋都是200块的，你下50块的，那位师傅也不能同意啊？”

输钱的中年人也想看看那个人能否破开这局棋，看看他是咋走的。就说：“我同意，没有关系的。”

摊主却说：“这样吧！既然那位师傅他同意，我也退一步，咱们下100块钱的。行就来一把，不行我就换了。”

那人说：“好吧！我下100块钱的。”便交了100块钱，走的是炮二平四，摊主说道“你看，走对了”，随后他应以马5退6。那人第二步走车二进六，摊主就走象5退7。

那人拿起二路车就要吃象将军，摊主说：“等一下，我的车将你呢，我落象是反将。”

那人一看果然黑车正对着自己的老将呢，便认输放下了红车。

摊主把棋局复原，说道：“刚才我说过，这位师傅第一步走平炮将军，走对了，我走红棋也是这样走。但是我第二步绝对不走车，这样走有点操之过急，我会走进兵将，把象眼压住，再用双车则必胜。我走红棋胜不了给你双倍加双倍的钱。大家看看，谁能做一把真正的冠军，把这局棋破开。这局棋我一定让大家赢一把，让大家知道我摆的棋都是红棋赢。现在越来越接近答案了。”

这局棋是江湖排局中难得的佳构，因为它包含了“火烧连营”重炮杀的陷阱。这个陷阱运用得好的话，如果顾客先走二路炮，可以打两把。同时还具有“七星聚会”落象反将的陷阱，所以说是难得的佳构，在江湖排局中，一局棋可以具有两大名局的陷阱，怎能不是好局呢？

一般情况之下，人与人的思维是不一样的。你是这样想的，他是那样想的。你想的是重炮将死，他想的则是用车将死。

所以当有人利用重炮将军受挫之后，想到用车将死的人，则认为自己的思路是对的，于是就抓住机会，立刻出手了。

这种现象，在江湖棋摊上很常见。

棋局依旧摆着，还是这局“八仙过海”。后来第二个人又下了一盘，还是被反将了。看着没有人再下了，摊主也就收摊了。

“八仙过海”是一则局，最早出现在清朝中叶（清 1636—1911），这从古谱《蕉竹斋》的形成中可知。《蕉谱》系民间排局整理汇集而成，原谱手抄流传，因此可以判断出“八仙过海”的成局时间。

在 1927 年出版的《象棋谱大全·象局汇存》第 46 局就是这则“八仙过海”。20 世纪 80 年代起刊有“八仙过海”局的棋谱有近 10 种，如《中国象棋流行排局选》《蕉竹斋》《江湖排局集成》等，但都认为是和局。

1992 年第 1 期《象棋研究》，特级大师杨官璘将“八仙过海”局诠正为红胜局，2002 年在他编著的《杨官璘象棋研究》一书中，刊载了红胜结论的“八仙过海”，此后一直被认为红胜结论。

2012 年，网友们在泓弈象棋网再度反复讨论研究，得出了和棋结论。当真是：局里乾坤大，人间日月长。八仙胜与和，百年竟隐藏。百余年来有关本局的介绍均有误差，故破例将本局收录本书。现将本局介绍如下：

着法：（红先和）

1.	炮二平四	马5退6	2.	兵四进一	将6进1
3.	兵六平五	车5进1	4.	车三进五	将6退1
5.	车二进六	象5退7	6.	车三平五	卒4进1
7.	帅五平六	车6平7	8.	车二退九①	象7进5
9.	车五平七②	炮9平8	10.	车七退六	象5进3③
11.	车七进三④	车7平6	12.	车七进四	将6进1
13.	车七退一	将6退1	14.	车二进二	卒2平3
15.	帅六平五	马6进4	16.	车二平六	炮8进3
17.	相三进一	车6退2	18.	帅五进一⑤	车6进2
19.	帅五退一	车6退2	20.	帅五进一	车6平5⑥
21.	帅五平六	车5进3	22.	车七进一	将6进1
23.	车七退七	炮8退7	24.	车七退二	车5平3
25.	车六进一	车3平5		（和局）	

注释：

①特级大师杨官璘提出的观点。古谱走车二退七则卒2平3；帅六平五，车7进1；帅五进一，马6进7；车二平三，车7退2；炮一进五，象7进5；车五退一，车7平6；车五进二，将6进1；炮一平四，炮9平6；炮四退六，车6退1；车五退五和局。

②此着是特级大师杨官璘研究出的，被认为是红可胜的变化！

③这是最近棋友们提出的新变化，目前认为可以和棋。

黑方另有两种着法结果不同：

甲、车7平6；车二进二，马6进4；车七平六，卒2平3；帅六平五，车6进1；帅五进一，马4退5；车六平四，马5进6；炮一退四红胜。

乙、将6平5；相三进五，车7平6；相五进三，马6进4；炮一退四，马4进6；相三退五，车6平9（如马6进8则车二平三，炮8平7；车三进二，车6进1；帅六进一，车6退3；车三退一，车6平2；帅六退一，马8退9；炮一平五，车2平6；车七进七，将5进1；车七退一，将5退1；车三平六，炮7退6；车七平三，将5平6；车六进七，车6进3；车六平四，车6退8；车三进一红胜）；车二平四，卒2平3；车七退二，马6进8；车四平三，马8退7；车七进二，马7进6；帅六平五，炮8进3；车三进七，马6退8；车三平五，将5平6；车五平四，将6平5；车七进四，马8进7；车四退七，车9进1；车七平五，将5平4；相五退三，车9退8；车五平六，车9平4；车六进二，将4进1和局。

④如改走车七平四则将6平5；相三进五，炮8平1；车二进九，将5进1；车二平九，马6进4（如炮1进3则车九退九，卒2平1；车四进二和局）；车九退六（如车九退一则将5退1；车四进六，卒2平3下着红方有两种应法均负：甲、帅六平五，马4进3；帅五平四，马3退5；帅四平五，炮1平5黑胜。乙、相五退七，车7进1；帅六进一，马4进2；帅六进一，车7平4黑胜），卒2平3；帅六平五，马4进6；帅五平四，车7平5；车九平五，象3退5；炮一平五，马6退5；车五进一，卒3平4黑胜。

⑤如改走车七平五则马4进6；帅五进一，马6进7；相一退三，车6进2；帅五进一，车6退1；帅五退一，车6平4；车五退六，车4平5；帅五进一和局。

⑥黑方一将一杀不变做负，所以变着。

“八仙过海”局曾经出现过多个修改局，现在逐步介绍如下。

第2局 得道成仙

笔者在“八仙过海”局的基础上，于黑方8.8位加一只黑卒，成本局棋势，结果就可以与原局设计的和棋着法完全一样，既保留了原局精彩的着法，又可成为和棋结论。笔者取名为“得道成仙”，刊载于拙作《热门棋局揭秘》。着法介绍如下：

着法：（红先和）

1. 炮二平四　马5退6　2. 兵四进一　将6进1
3. 兵六平五　车5进1　4. 车三进五　将6退1
5. 车二进六　象5退7　6. 车三平五　卒4进1
7. 帅五平六　车6平7
8. 车二退七①　卒2平3
9. 帅六平五　车7进1
10. 帅五进一　马6进7
11. 车二平三　车7退2
12. 车五进一　将6进1
13. 炮一进五　象7进9
14. 车五退三　车7平6
15. 炮一退六　车6进1
16. 帅五退一②　卒3平4
17. 帅五平六　车6平5
18. 车五退六　卒4平5

（和局）

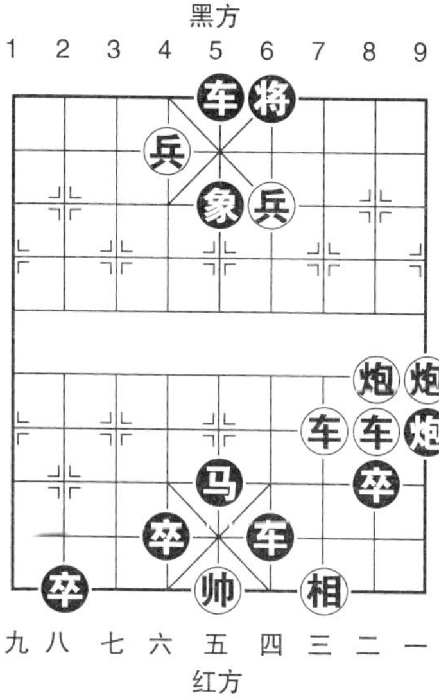

注释：

①如改走车五平七（如相三进五，炮9平1；车五平九，

马6进5；帅六平五，炮1平5黑胜）则车7进1；帅六进一，车7退1；帅六退一，马6进5；帅六平五，炮9平5黑胜。

②如改走炮一平五也和定。

第3局　七子八仙

本局收集于网络，据说出自街头棋摊。是在“八仙过海”局基础上，删去底卒底相而成。这样一来，双方均为七子，图式更加简洁美观，更适合做江湖排局。真正会解棋局的，明知道有几个托儿，就是会赢，也不会花300元、200元去冒险，去惹那个麻烦。虽然结论是红胜，但是街头弈可大都是看到重炮或二车错赢棋的，甚至连帽都脱不开，故红胜局也没有关系。现介绍如下：

着法：（红先胜）

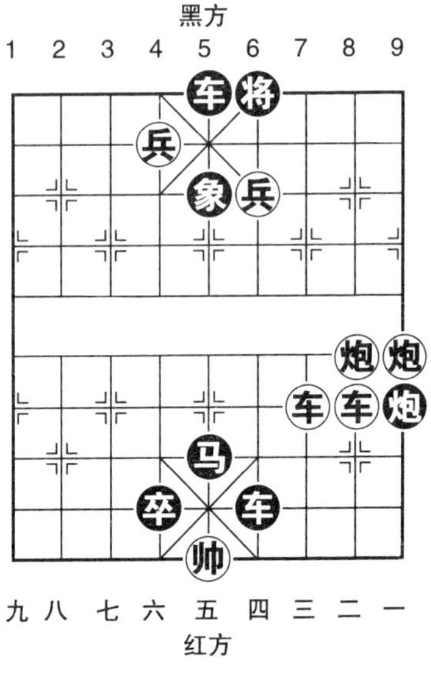

1. 炮二平四　马5退6
2. 兵四进一　将6进1
3. 兵六平五　车5进1
4. 车三进五　将6退1
5. 车二进六　象5退7
6. 车三平五　卒4平5①
7. 车五退七　车6平5
8. 帅五进一　将6进1
9. 车二平三　马6进4
10. 帅五平六　马4进2
11. 帅六退一　炮9平4
12. 车三平七　炮4退2

13. 车七退一　将6退1　　14. 车七退二　马2退4
15. 帅六平五　炮4平5　　16. 车七平四　将6平5
17. 帅五平四　炮5退2　　18. 车四进一　将5进1
19. 炮一平五　将5平4　　20. 车四平五　（红胜）

注释：

①黑方另有两种着法均负：

甲、车6平7；车五进一，将6进1；车二退一，将6进1；车五平四红胜。

乙、卒4进1；帅五平六，车6平7；炮一进五红胜定。

第4局　各显神通

本局是一则江湖散局，估计是现代江湖艺人所作。2012年秋，笔者在浙江定海夜市收集，当初只是记下图式。这次编写本书，觉得有必要收录本谱。经笔者研究，本局着法短小精悍，结论是黑胜。现介绍如下：

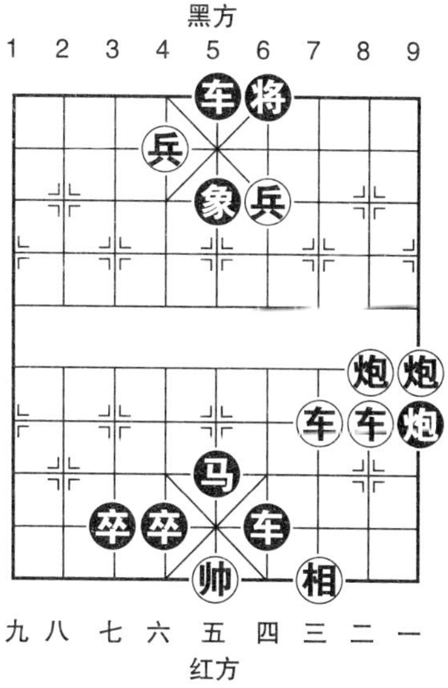

着法：（红先黑胜）

1. 炮二平四　　马5退6
2. 兵四进一　　将6进1
3. 兵六平五　　车5进1
4. 车三进五　　将6退1
5. 车二进六　　象5退7
6. 车三平五　　炮9进3
7. 车二退九①　卒4进1
8. 帅五平六　　车6进1

9. 车五退八　马6进5　　10. 相三进五　车6平5

（黑胜）

注释：

①如改走相三进一则卒4进1；帅五平六，车6进1；车五退八，马6进5黑胜。

第5局　九伐中原

本局是笔者在“八仙过海”局图式基础上，增设黑方3.6位卒而成。图式简洁，着法精彩。使黑方较为主动，有几处精彩的陷阱，符合江湖排局的特色，丰富了本局的内涵，是所有修改局中较为优秀的。笔者曾将本局图式传给大连棋友，后流传到江湖棋摊，当地甚为流行。现将着法介绍如下：

着法：（红先和）

1. 炮二平四　马5退6
2. 兵四进一　将6进1
3. 兵六平五　车5进1
4. 车三进五　将6退1
5. 车二进六　象5退7
6. 车三平五　卒4进1
7. 帅五平六　车6平7
8. 车二退七①　卒2平3
9. 帅六平五　车7进1
10. 帅五进一　马6进7
11. 车二平三　车7退2
12. 车五进一　将6进1
13. 炮一进五　象7进9

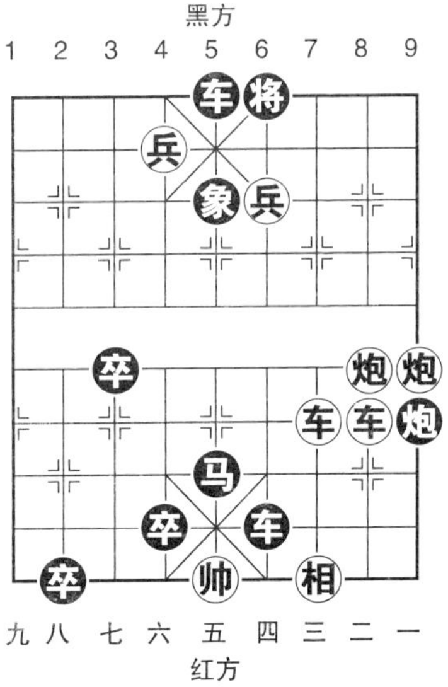

14.	车五退六②	车7进1	15.	帅五进一	车7平6
16.	炮一退六	后卒平4	17.	炮一平二	象9进7
18.	炮二进六	车6进1	19.	帅五退一	卒3平4
20.	帅五平六	将6退1	21.	炮二平一	前卒平3
22.	帅六平五	卒3平4③	23.	帅五平六	车6退4
24.	帅六退一	卒4平5	25.	车五平六	车6进4
26.	帅六进一	车6平5④	27.	车六进六	将6进1
28.	车六平五	卒5进1	29.	炮一退八	卒5进1
30.	炮一平五	车5退1	31.	帅六退一	象7退9
32.	车五退四	将6退1	33.	车五进一	(和局)

注释：

①如改走车二退九则炮9进3；车二平一，马6进4；相三进五，马4进6；车五平六，车7平3；炮一进五，象7进9；车一平二，卒2平3；相五退七，车3进1；黑胜。

②如改走车五退五则车7进1；帅五进一，车7平6；炮一退六，后卒进1；车五退一，车6退1；帅五退一，后卒进1；炮一退一，车6进1；帅五进一，车6进1；帅五退一，前卒平4；帅五平六，车6退1；帅六退一，卒3进1；帅六平五，卒3平4；黑胜。

③如改走车6退4则车五进六，将6进1；炮一平四，车6平8；车五退四，象7退5；车五进二，卒4平5；炮四平五，卒5平4；炮五平三，车8平6；车五进一，将6退1；车五进一，将6进1；炮三平四，车6平7；车五退四，车7平5；车五退一，卒4平5；炮四平一和局。

④如改走车6退1则帅六退一，车6平5；车六进六，将6进1；车六平五，卒5进1；车五退四，将6退1；炮一退三，卒5进1；炮一平五，和局。

风云名手回顾之“扬州三剑客”之一朱剑秋

朱剑秋，江苏省扬州市人，清宣统元年（1909 年）出生，身高约 1.65 米，稍长的脸庞，待人谦和，但棋风却刚健泼辣，以敢于搏杀著称。朱虽于扬州成长，但成年后移居上海，并代表上海弈战，新中国成立前夺得过“上海·南京埠际象棋比赛”第一名、“江南象棋比赛冠军”等名衔。新中国成立后，又多次为上海队在全国团体赛中夺魁、得名次，他本人则得过全国赛第四名等，是建国后的第一批象棋大师之一。所以说，尽管朱剑秋成长于扬州，但丰硕成果却结在上海。

年幼时，就酷爱下象棋。民国初期扬州棋风较盛，朱一边读书，一边习弈；参加工作后，念念不忘下象棋，在一步步习艺研究中，棋艺逐渐提高，还形成了敢于搏杀、善于搏杀的风格特点。青少年时，朱剑秋在扬州读过初级师范，当过小学教师。因有争雄棋国之心，在研究棋艺方面倾注了较多精力。

到了 20 岁左右，朱剑秋的棋艺已渐趋成熟，在和当地的名手杨万源、朱锦堂交手时，已胜多负少。为了多方面测试棋力，以利外出访问，朱多次托人转请老名手王浩然对弈指导，但王一直未有回应。

1930 年春节后，朱原想经王浩然指点后再外出的想法看来要落空，他准备提前进军上海。然而就在朱行前，王浩然着人来找他。原来王浩然自封刀退出棋坛一线后，对扬州的后起之秀仍十分关心，听说朱要去上海闯世界，就决定满足朱的要求，对弈一局，测测其棋力。

据《朱剑秋倾慕王浩然》载：这盘棋共弈了三天，虽以和棋终局，但王浩然比较满意，对朱说，看你现在的水平，的确可以到外面去闯世界了。又问朱：下过这盘棋后是否嫌我太慢？当朱回答确有此感觉时，王说：慢有慢的好处，认真下一盘棋，漏着必然少了，比草率下十盘棋还要受益。何况，在耐心等待对方应手时，还可培养养气的功夫，是成为一流棋手不可缺的。听了这些教诲，朱剑秋茅塞顿开，在今后数十年征战中，每逢处于下风时，常自我调整情绪，鼓气再战，且仍敢于搏杀，并弈出好成绩来。朱自忖这是一盘最有意义的指导棋。

离开家乡的朱剑秋，首先来到名棋手如林的上海试艺，第一仗对湖北名手吴淞亭。吴的棋风谨慎而细腻，但思路缓慢，有“慢国手”的誉称。而朱凭年轻人精力充沛及精熟的棋艺，以迅猛雄健的棋步，一天内竟连胜吴淞亭两局，很快小有名声。朱剑秋是“三剑”中出道最迟、年岁最轻的一位。不过，他又是“三剑”中享寿最高的一个。是不是因为他个子比较瘦小又有文化的缘由？或是因为他有幸活到新中国成立后过上安宁而又有保障的生活，心情比较乐观之故？不过，我们从朱剑秋的生活足迹去求索，他之所以成为长寿老人之一，除上述原因之外，和他比较达观，坚持弈棋不止，心灵比较充实有关。

朱剑秋大弈饶子棋，以求生活的基本保证，好在他的棋风勇猛泼辣，行棋大刀阔斧，杀下手更是高人一等。但是，他知道要在大上海成名立业，必须弈顶手棋。为了较快地传名，最好的办法是找本地名手弈棋，因本地棋手大都属业余性质，且经济基础较好，若胜了他们，传名更快。为此，朱剑秋看准目标，一个一个地找来上海棋手的对局资料，研究他们的棋路，然后出其不意地约弈。大约经一两年时间，朱剑秋和上海的较多名手都较过艺，由于胜多负少，于是上海棋坛上慢慢传开了“扬州三剑客”的誉称。1932 年，宁波举办“沪、宁埠际象棋比赛”，棋界推举朱剑秋、罗天扬、窦国柱为上海代表，对宁波的张观云、徐葆康、谢鸿元弈赛中，朱的对手是东南第一高手张观云，朱取得两战均和的好成绩。

1934 年，常熟、昆山、苏州、镇江等几家报社联合举办象棋比赛，定名为“江南象棋比赛”，朱当时在镇江工作，即以镇江代表的资格，出席比赛，荣获第一。

作为一个有文化的名手，朱剑秋深知以棋为生的艰难。经过一段时间的等待，朱约于三十年代中期找到一份工作，进推销公债的证券公司任职，过着亦工亦棋的生活，直至抗日战争后，随公司迁往重庆。

抗战期间，朱剑秋是在大后方的重庆度过的。朱剑秋怎么会随着抗日战争而迁居后方的重庆呢？这要和“棋坛总司令”谢侠逊谈起。

三十年代前期，日本帝国主义一步步深入侵略我国。一些爱国人士、爱国学生激于义愤，纷纷起来宣传抗日，棋界也不例外。早在二十年代谢侠逊先生以“字形排局”刊诸书报，宣传抗击外侮，又以象棋义赛（表演）所得，捐作抗日。随着抗日形势的全面发展，募捐工作更有所加强。朱曾多次和谢侠逊谈起参与宣传之事。后来，朱剑秋终于进了劝募公债部门工作。日本占领上海前，各机关均撤离上海，转往大后方，朱也随之去了重庆，在劝募公债委员会工作。

1939 年，重庆举办全市象棋比赛，朱剑秋以“劝募公债委员会”职员的身份参赛，经过三天的角逐，夺得冠军。在渝期间，朱还常去重庆民教馆及茶馆弈棋，和当地名棋手交艺。还参加象棋表演赛，为活跃当地棋艺出力。当时，国民政府为了加强公债推销工作，职能部门考虑以象棋艺术作为手段，去南洋向华侨宣传抗日，劝募和推销公债。派出人员既要棋艺高，又要有文化并会英语，经朱的要求，信托局初步考虑由朱剑秋及叶惠石两人同行。叶虽远在昆明，但同属中央信托局管辖，调来担任劝募工作不难。且叶当时是中央信托局的处长，口头英语很好。1940年底，谢侠逊自南洋劝募回国，经广州到了重庆，由中央信托局陈冠球电召叶惠石来重庆，陈、谢、叶、朱四人商议并确定：由谢、朱和叶再次去南洋，分二路，一路以谢、叶为主，另一路由朱来负责。正当一切就绪，准备出发之际，太平洋战争爆发，日本占领了南洋诸国，于是，南下宣传并劝募公债之事被迫停顿下来。

朱剑秋在重庆时，和谢侠逊作了多次棋艺交流，有一局棋由朱先行，以当头炮攻谢的屏风马，最后成和。另外，朱和谢在重庆对弈过多次，胜负相当。

五十年代前期，华东棋坛的人物结构和实力形势已起了较大的变化，“七省棋王”周德裕，于新中国成立前夕去世；“扬州三剑客”中的另一剑窦国柱，因上了年纪而棋锋稍钝；早年活跃于棋坛的万启有、张锦荣、吴淞亭、邓春林或老或死；而朱剑秋正届壮年，棋力正旺。在上海的众多象棋擂台中，他和何顺安轮流主持大世界的棋坛，迎战各地棋手的挑战。对朱剑秋来说，在这段时间里，比较著名的有下列一些战绩：

一、代表华东，迎战华南队。1951年，杨官璘北上访艺，稍后，陈松顺也来到上海。于是经谢侠逊等人策划，组织了一次“华东、华南名棋手比赛”，虽然不是官方组织的棋队，但和历史上的“东南大战”一样，基本是众望所归的棋手代表本地区。华东由何顺安和朱剑秋应战。谢侠逊为此撰联曰：华东、华南争先半着，棋经棋诀各擅千秋。

二、以华东棋界的一员，夺得过三角赛的第一。1955年9月，上海春风得意楼棋坛筹办“名手三角对抗赛”，外地的两位名手杨官璘和李义庭已经确定，但还需增一名本地名手。根据当时有“两虎”在上海，将从何顺安和朱剑秋中选取一人。多数人认为何比较稳健，但有“快金刚”之称的谢文俊力主朱剑秋登场，理由是朱敢于搏杀，颇受观众欢迎。主事人认为意见正确，就请来参赛，比赛结果杨、李不分胜负，而朱战平了杨，但胜了李，夺取第一。

三、和何顺安主持大世界象棋擂台，迎战各路英豪，为丰富人们文化生活和繁荣象棋事业做出贡献，并吸引了众多外地名手来沪。

从1956年起，象棋列入体育项目，从此连续举办全国性象棋比赛，使棋艺事业不断走向繁荣，棋人生活也逐步趋向稳定。对于朱剑秋来说，在弈棋业绩和个人生活安定两方面都取得了丰收。

从1958年起朱多次参加全国比赛，取得过好成绩。1960年，51岁的朱剑秋与何顺安、胡荣华代表上海队参加全国团体赛，并坐镇第三台，获得9胜3平2负的佳绩，夺得全国第一个团体冠军。在同年举行的全国象棋个人比赛中获得第4名，胡荣华获得冠军。胡荣华夺冠时年仅15岁，幼时在上海少年宫学棋，师从朱剑秋。胡荣华的夺冠，当然也有朱剑秋的功劳。

此后朱剑秋淡出全国个人赛。作家王晓玉对此颇有感慨地写道：“我从胡荣华辉煌的背后，看到了朱剑秋所曾有的辉煌。我在明白胡荣华什么时候开始辉煌的同时，也明白朱剑秋什么时候失去了辉煌。”青出于蓝胜于蓝，长江后浪推前浪，这是历史的规律。

对朱剑秋先生的人品和棋风，象棋大师朱永康曾撰文写道：“朱老年轻时当过教师，满腹经纶，文笔甚好，且为人谦和，涵养极佳，他那句‘君子不争一日长短’的格言，至今我还记忆犹新。但他的棋风和为人处事的风格，则大相径庭。朱老属攻击性棋手，无论在布局还是中局，他经常为争取主动而大胆弃子，使对手措手不及，被公认为有自己的独特风格。”

1970 年，他从上海棋社退休。1971 年 8 月，上海市象棋集训队组队恢复训练，各地象棋活动开始复苏。此后朱老为培养少年棋手成才做了许多工作，著名棋手、象棋大师林宏敏，曾多次得到他的教益。

由于生活的安定，朱剑秋不仅能专心弈棋，也有条件关心枰场角逐以外的棋事，并结出丰硕的成果。朱老在 50 和 60 年代著有：《中国象棋谱》《象棋开局概要》《中炮过河车专集》，这些棋书都是一版再版供不应求，深受广大象棋爱好者青睐。

晚年时，朱老的夫人已先他离开人世，女儿均不在身边。朱剑秋先生长期独居于上海中山北路，以棋为伴，性情淡泊且随和，闲来时便活动活动身体。长期以来身体健康，无痛无病。

80 年代朱老已是七十多岁高龄，他除继续培养青少年棋手外，还倾所有精力，著书立说。1988 年，他与朱永康合著的《六冠军争雄谱》问世。随后当他继续准备着手写《象棋鬼手百局》，开始了他一生中意义重大、具有挑战性、也是最艰难的写作。但此时他不幸肱骨骨折，其困难和痛苦是可以想见的。即使在这种情况下，朱老仍坚韧不拔，克服一切困难，翻阅不计其数的象棋资料，孜孜不倦地为写好这本书而默默工作。其惊人的毅力和为象棋事业的奋斗精神，实在令人敬佩！朱老的这部书稿，选自 50 至 90 年代各地名手访问赛、邀请赛及全国个人和团体大赛的名局 100 局，分编成布局（50 篇）、中局（40篇）和残局（10篇）三大类，定名为《象棋鬼手百局》，这在象棋著作中尚属首创。鬼手的内涵，包括妙手、巧手、凶着、冷着等，着术有别，手法各异。什么叫鬼手？朱剑秋先生在该书序言中写道："鬼手的内涵，包括妙手、巧手、凶着、冷着等，着术有别，手法各异。"鬼手诡异、奇谲，攻时出其不意，守时难以预料，一招出手，便通盘弥漫鬼气。

1993年6月，此书手稿已基本完成。

1994年5月，朱老逝世于家中，享年85足岁，是棋手中的高寿者之一。较为遗憾的是，朱老没有看到他呕心沥血编著的《象棋鬼手百局》的出版问世。

棋友闻讯大多送来花圈，旧金山李树明还作了《悼朱剑秋》寄托哀思：

星殒棋坛噩耗惊，满枰车马忽悲鸣。

未缘一战君西去，共仰遗风忍吞声。

1999年3月，由人民体育出版社出版了朱剑秋先生的著作《象棋鬼手百局》，这部凝结朱老一生心血的作品终于问世了。

《象棋鬼手百局》出版之后，这部宝贵的图书深受读者喜爱，逐渐难以寻觅，成为收藏佳品一时间洛阳纸贵。

2013年1月，上海人民出版社再次出版了朱老的《象棋鬼手百局》，盛况空前。综观朱剑秋先生的一生，他把一切献给了象棋事业。他的精神、他的著作，将永远闪烁着光彩。我们将永远怀念朱剑秋先生！

上海万安平先生有诗赞曰：

阳刚泼辣战诸侯，大摆擂台斗智谋。

鬼手百篇传后代，扬剑剑客誉神州。

第十一章
虎牢关三战吕布　设陷阱弹精竭虑

第1局　三战吕布
江湖揭秘

如图的“三战吕布”局，在20世纪40年代就已是江湖上流行的一则散局，曾刊于《象棋谱大全》初集，此后更加流行。这局棋正确结果是红胜，现代江湖棋摊也经常可以见到。

既然这局结果是红胜，那么为什么在江湖棋摊又会经常出现呢？

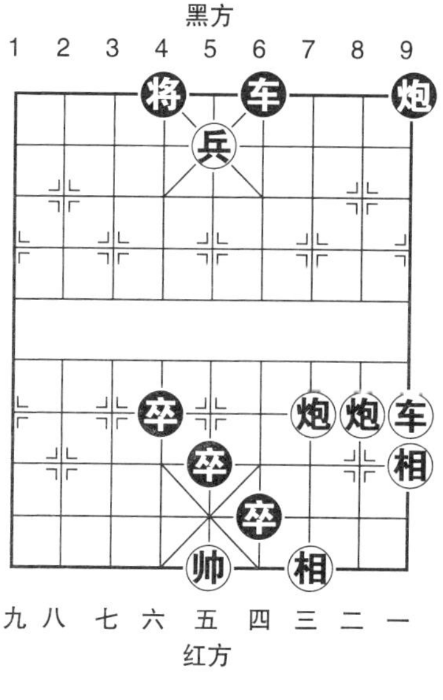

究其原因，是因为街头挑战的人，多数情况下都是棋艺肤浅的低手。就是摆设红胜的棋局，挑战者也不一定会赢下来的。如果有挑战者输棋之后，提出走黑棋，江湖艺人自己则正好可以走红棋取胜。

请看宁波天一广场江湖棋摊的一幕。

摊主摆上了这局棋后，开始说：“这局棋红方兵坐中心，使得黑方老将不能动弹。红方先走兵可以将军，先走炮也可以将军。平兵将、进兵将都是将，三路炮、二路炮，炮炮都能将。看看哪位朋友能选择对，就获得 100 元的奖金。”

一个托儿交了 100 元，说：“我来一盘。”

摊主说：“好，看看这位师傅是怎么赢的，不过在他下棋的过程中，大家都不要说话，以免影响这位师傅的思路。”

托儿走的是炮三进六，摊主走车 6 平 7；托儿又走炮二退二，摊主则车 7 进 9；托儿则故意相一退三。其实由于红炮压相眼，是不可以走相一退三的。

摊主说：“师傅，这可不能走，你的红炮压着相眼，不能走相一退三的，这局棋你输了，我再摆上你看一看。”

说完，他便把棋局摆回了原来的局面。

只听摊主继续说：“这位师傅第一步走得很好，第二步棋有问题。看看谁的走法和他走的不同，就玩一把，赢了这局棋吧！只要走对三步连将，就可以解开这局棋。”

过了一会，另一个托儿又下了一把。走的是：车一进一，卒 6 平 5；帅五平六，车 6 进 9；黑胜。

摊主再次摆回原来的局面，说道：“这位师傅嫌弃我在红车前面摆设了两只炮，就抬一步车，企图迎头一将就取得胜利。可是被我将死了。我就是要在红车前面加一只拦路虎，摆一个绊脚石，看看谁会愚公移山，排除障碍，才能取得胜利。这局棋是一个三步连将的棋局，再摆一分钟，看看有没有看出来的。”

该局乍一看，红方只要进双炮照将，然后走车一平六就速胜了。殊不知，黑方吃完三路炮后，不吃第二只炮，当二路炮照将时，黑方有车 7 进 9 弃车反将，然后运卒取胜。黑方的反击手段较为隐秘，一般街头低手难以发觉，经常上当，所以这种江湖排局，江湖艺人们比较喜爱摆设。

观众里有一个老者，他是这样想的："红方先走三路炮进底将军，黑方必须吃的，否则二路炮下去不就是重炮吗？黑方吃了三路炮，再下二路炮将军，然后红方车一平六，不就正是三步棋连将赢了吗？"

于是，老者交了100元钱给摊主说："我玩一把。"便要走棋。

摊主把钱接在手里后说："好，老将出马，一个顶俩！不过，老人家，这局棋漏步错步都走出来了，最后一把了，咱们要下就200元的吧！"

老者说："我就下100块钱的，你不玩算了。"

这时，一个托儿拿出200块钱说："那我下200块钱的。"

摊主说："好吧！谁下200谁就下。"

老者说："200就200，我再加100块钱。"就又押了100块钱。摊主说："好的，您走棋吧！咱们不长将、不悔棋，按照棋规走，走到中途，谁不走棋算谁输。咱们看看这位老师傅是怎么赢的，大家不许乱说话，做一个文明的观众。"

老者走的是炮三进六，摊主走车6平7；老者又走炮二进六，然后得意洋洋地看着摊主，一副胜券在握的神情。

只见摊主走的是车6进9，并说："将。"

老者虽然面临将军，但走相一退三吃掉黑车。

摊主故意说："老师傅的棋下得就是好，不愧已经下了一辈子的棋啦！走对了，赢了。我就乱走两步，让你赢了吧！没有办法啊！"然后摊主走卒5进1，老者只能帅五平六，摊主再卒5平4，并说："只能送你一个小卒吃了。您赢了！谁赢都是赢，我送谁都是送。"

看到送到嘴边的肥肉，老者想都没有想，就随手走了帅六进一。

摊主立即走了卒 4 进 1，老者刚要走帅六进一吃卒，一看对方的老将也在这条线上呢？只能走帅六退一，摊主又续走卒 4 进 1。

老者无奈走帅六平五，摊主卒 4 平 5 黑胜。

摊主把残局摆回原来的局面，对老者说："老师傅开局走对了，我走红棋，也走炮将军。只是后面的应着走错了，给了机会。您再考虑一下，想想错在哪里？能赢就赢回去吧！我最后再摆一分钟就换棋了，因为已经露馅了！"

一个托儿轻声对老者说："老师傅，你不吃卒就好了，给他连将的机会了，你可以走帅六平五就赢了，再走一把赢回来吧！"

老者考虑了一会，觉得确实自己走得太失误了，就又玩了一把。这次走到卒 5 平 4 时，老者不吃卒了，改走帅六平五，但摊主走了后卒平 5，老者无奈走车一平五。摊主卒 4 进 1 再下一城。

老者则陷入了沉思。另一个托儿凑到了老者的身旁，小声地对他说："老师傅，我看这局棋第一步，应该先走老帅到六路，然后退二路炮守一着，再进炮平车就可以赢。"

老者看了看棋盘后说："如果第一步先走老帅到六路，他走卒 5 进 1 咋办？"那个托儿说："他走卒 5 进 1 的话，你就走炮二退三，做到有攻有守。"

老者又说："不行啊！他可以走卒 6 进 1，你如果炮二平四则车 6 进 9 黑胜。

那个托儿回答："他走卒 6 进 1，你不要走炮二平四，等他卒 6 平 5 再走炮二平五。你可以直接走炮三进六啊！他要是走车 6 平 7，你就车一平六赢了，他要是走车 6 进 6 献车，你就车一平四也是你赢了。你再研究一下，如果认为我说的有道理，就押200块钱赢回来。毕竟输的是自己的钱，这年头挣点钱不容易啊！”

老者没有立即出手翻本，而是在继续考虑。

摊主一见这样的情况，就说道：“最后半分钟了，没有人赢，我就换一局棋了。因为这局棋的错步已经走出来了，再走就是正解了。这位输过两把的老师傅，看出来就赢回去吧！看不出来就算了，否则您再输了，我也不好意思。不过您最多只能押400块钱，把您输的赢回去，如果您看出来了，一把押2000块钱，我可以不同意，我就赔大了。老师傅，怎们样？看出来就赢回去吧！最后一把了，咱们俩个闹个白玩得了。”

老者又押了400元，摊主说道：“老师傅，如果您赢了，就不要下了。如果您输了，没有关系吧？因为玩就是有输赢的，不是赢就是输。不要光考虑赢，也有输的危险。”

老者道：“没有事的，输赢最后一把。”

于是老者走了帅五平六。

摊主看了看局面，没有走卒5进1，而是选择走卒6平5。

老者则走炮二退三，摊主则前卒平4献卒。

老者一看这一步棋，知道坏了，因为他已经看出来如果自己走帅六平五，对方走卒5进1，自己的老帅就没有地方走了。他只能走帅六进一，摊主接下来卒4进1。老者帅六退，摊主再卒4进1，老者只有走帅六平五，摊主卒5进1黑胜。

那个托儿把老者扶了起来，推走了，边走边说：“这局棋太复杂了，走了不玩了。你下棋下不过他啊！”

老者说：“不玩就不玩吧！就算花钱买个教训。”

“三战吕布”局在四十年代就已是江湖上流行的一则散局，

曾刊于《象棋谱大全》初集，但所列着法，仅六个回合就作为和局，其实只刚刚“脱帽”而已，后面的着法还很复杂，尚未终局，续弈下去红方可以获胜。胜法紧凑精细。1951 年李志海编著的《橘中乐》、1957 年曾益谦编著的《象艺选粹》、黎子健编著的《棋坛秘奥录》均曾诠订其为红胜。现介绍如下：

着法：（红先胜）

1. 炮二进六①	车 6 平 8	2. 帅五平六②	炮 9 进 7③
3. 炮三退二④	炮 9 进 2	4. 车一退三	卒 6 平 5
5. 相三进五⑤	卒 4 进 1	6. 相五进三	车 8 平 6
7. 炮三平二⑥	车 6 平 8	8. 车一平四	车 8 平 9⑦
9. 相三退一	车 9 平 7	10. 炮二平一⑧	车 7 平 5⑨
11. 车四进八⑩	车 7 平 8	12. 车四平三⑪	卒 5 平 4
13. 帅六平五	后卒平 5	14. 帅五平四⑫	卒 5 平 6
15. 车三退七	卒 4 平 5	16. 相一退三⑬	卒 6 平 5
17. 炮一平五	卒 5 进 1	18. 车三平五	车 8 进 9
19. 车五平六	（红胜）		

注释：

①如改走炮三进六（如帅五平六则卒 6 平 5；炮二退三，前卒平 4；帅六进一，卒 4 进 1；帅六退一，卒 4 进 1；帅六平五，卒 5 进 1；黑胜），车 6 平 7；炮二进六，车 7 进 9；相一退三，卒 5 进 1；帅五平六，卒 5 平 4；帅六平五，后卒平 5；车一平五，卒 4 进 1；黑胜。

②先出帅避一手，看似平淡，实是算度深远的佳着。如改走炮三退二则卒 6 平 5；帅五平六，前卒平 4；帅六进一，卒 4 进 1；帅六退一，卒 4 进 1；帅六平五，卒 4 平 5；帅五平四，车 8 平 6；连杀，黑胜。

③以炮打相，黑方解围的妙手，黑棋另有两种着法均速负：

甲、卒4进1；炮三退二，卒5进1；车一平六，红胜。

乙、卒6平5；炮三退一，前卒平4；帅六进一，卒4进1；炮三平六，卒5平4；帅六退一，卒4进1；帅六平五，红胜。

④如改走车一退一则卒4进1；炮三退二，卒6进1；车一平五，卒4进1；黑胜。

⑤飞相吃卒是必走之着，如贪杀改走车一进三则前卒平4；帅六进一，卒4进1；帅六退一，卒4进1；帅六平五，卒4平5；帅五平四，车8平6；黑胜。

⑥如改走车一平二则车6平9；炮三平一（如车二平四则卒5平6；黑胜定。又如相三退一则卒5平4；帅六平五，后卒平5；车二进八，卒4平5；帅五平四，车9平6；兵五平四，后卒平6；黑胜），车9平6；炮一平三（如相三退一则卒5平4；帅六平五，后卒平5；黑胜），车6平9；炮三平一，车9平6；黑幸和。

⑦如改走卒4进1则炮二平六，卒5平4；帅六平五，车8平9；相三退一，车9平8；车四平三，车8平9；车三进二，红胜。

⑧如改走炮二平三则车7平8；相一退三（如车四进四则卒4进1；炮三平六，车8进9；反成黑胜），车8平7；相三进一（如炮三平一则卒5平6；车四平五，车7进8；车五进三，卒4进1；反成黑胜），车7平8；炮三平二，车8平7；炮二平一，局势还原。

⑨如改走车7平8则炮一平三，车8平5；车四进八，车5平8；兵五平六，将4平5；车四平五，将5平6；车五退

七，红胜定。

⑩如改走兵五进一则将 4 平 5；车四进九，将 5 进 1；车四退九，卒 5 平 4；反成黑胜。

⑪平车保相，以守带攻，要着。如改走兵五平六则将 4 平 5；车四平五，将 5 平 6；车五退七，车 8 进 9；车五退一，卒 4 进 1；帅六进一，车 8 平 5；反成黑胜。

⑫如改走兵五平六则将 4 平 5；车三退七，车 8 进 9；相一退三，将 5 平 6；炮一平六，红胜定。

⑬如改走炮一平五则卒 6 进 1；帅四平五，卒 6 平 7；黑胜。

第 2 局　加象四战

“三战吕布”局结果红胜，有违江湖惯例，后来出现了多种修改局。现代棋谱也多有收录，本书不再赘述。本局是刊载于钟志康先生编著的《民间象棋排局》，取材于“无敌中炮”林弈仙留下的棋图，着法是钟志康先生所拟。现介绍如下：

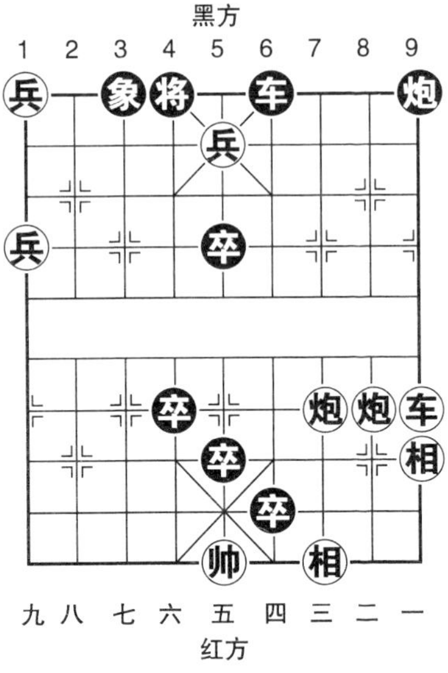

着法：（红先和）

1. 炮二进六　车 6 平 8
2. 帅五平六　炮 9 进 7
3. 炮三退二　炮 9 进 2
4. 车一退三　卒 6 平 5
5. 相三进五　卒 4 进 1
6. 相五进三　后卒进 1
7. 后兵平八　后卒进 1

8.	兵九平八①	象3进5	9.	后兵平七	后卒进1
10.	兵七平六	后卒进1	11.	相三退五	卒5平4
12.	帅六平五	后卒平5	13.	兵五平四	车8平7
14.	炮三进二②	卒4平5	15.	帅五平六	后卒平4
16.	炮三退二	卒5平4	17.	帅六平五	后卒平5
18.	帅五平四③	卒4平5	19.	炮三进七	后卒平6
20.	车一进一	车7平8	21.	炮三退八	车8平7
22.	炮三进八	车7平8	23.	炮三退八	卒6进1
24.	车一平四	卒5平6	25.	帅四进一	车8进8
26.	帅四进一	车8平4④	27.	兵六平五	车4进1⑤
28.	帅四退一	车4平5⑥	29.	兵五平六⑦	车5平4
30.	兵六平五	车4退1	31.	帅四进一	车4退2
32.	炮三平四	象5进3	33.	兵四平五	象3退1
34.	后兵平四⑧	车4平5⑨	35.	兵五平四	车5进3
36.	帅四退一	将4平5	37.	后兵进一	象1进3
38.	后兵平三	车5退1	39.	帅四进一	车5平2
40.	兵八平九	车2平4	41.	兵三进一	车4退8
42.	兵三平二	车4平1	43.	兵四平三	车1进9
44.	帅四退一	车1退1	45.	帅四进一	车1平8
46.	兵二平一	车8进1	47.	帅四退一	象3退1
48.	兵一平二	（和局）			

注释：

①如改走兵八平七则后卒进1；兵九平八，象3进1；兵七平六，后卒进1；相三退五，卒5平4；帅六平五，后卒平5；兵五平四（如炮三进七则卒5进1；帅五平四，卒4进1黑胜定），车8平7；帅五平四，卒4平5；炮三进七，后卒平6；车一进一，车7平8；炮三退八，车8进9；车一进八，将

4进1；兵六进一，将4进1；车一平六，将4平5；车六平五，将5平6；车五退八，车8平7；黑胜。

②如改走炮三进七则卒5进1；帅五平四，卒4进1；炮三退八，车7进9；车一平三，卒4平5；黑胜。

③如改走炮三进二则卒4平5；帅五平六，后卒平4；炮三退二，双方不变作和。

④如改走车8退5则炮三平六，将4平5；炮六平五，将5平4；兵六进一，车8平6；帅四平五，车6退2；兵八平七，将4平5；兵六平五，将5平6；兵五进一，车6进6；帅五退一，车6进1；帅五进一，车6进1；帅五退一，车6退1；帅五进一，车6平4；炮五平九，车4平1；兵七平六，车1退8；兵六平五，车1平5；兵五进一，将6进1和局。

⑤如改走车4退7则炮三平四，车4进8；帅四退一，象5进3；兵四平五，象3退1；前兵平四，车4退1；帅四进一，车4平2；兵五进一，车2退8；兵五进一，车2进9；帅四退一，车2平5；炮四平三，象1进3；炮三进八，车5退8；兵四平五，象3退1；和局。

⑥如改走车4平7则兵五进一，车7平3；兵五进一，车3退3；兵八平七，车3退6；兵四进一，红胜。

⑦如改走兵五进一则车5退7；炮三平四，将4进1；兵八平九，车5退2；黑胜定。

⑧如改走后兵进一则车4进3；帅四退一，车4平5；黑胜定。

⑨如改走车4进3则帅四退一，车4平2；兵四进一，车2退1；帅四进一，车2退8；兵四进一，车2进9；帅四退一，车2平5；炮四平三，象1进3；炮三进八，车5退8；

兵四平五，象3退1；和局。

第3局　乘风破浪（一）

本局收集于网络，网友自江湖棋摊所见。估计是江湖艺人在古局“破浪乘风”局基础上所改作。本局图式简洁，在现代江湖棋摊可以有用武之处。本局结论是黑胜。现介绍如下：

着法：（红先黑胜）

1. 炮二进六①　车6平8
2. 车一进五　前卒平5
3. 帅五平六　卒4进1
4. 兵五平六　将4平5
5. 车一平五　将5平6
6. 车五退七　卒6平5
7. 炮三退二　车8进9
8. 炮三退一　卒4进1

（黑胜）

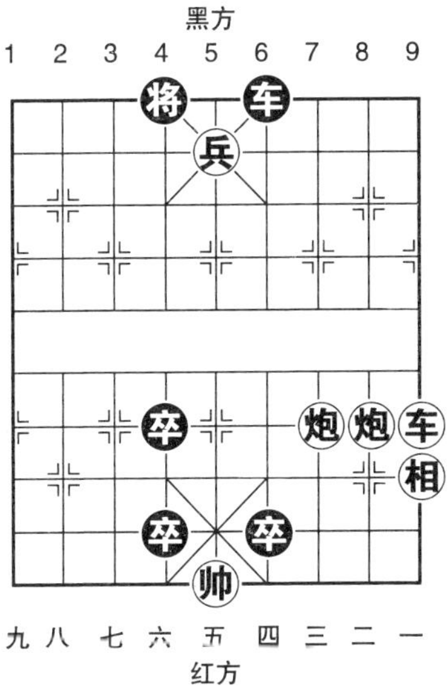

注释：

①如改走炮三进六则车6平7；炮二进六，车7进9；相一退三，前卒平5（也可走后卒平5速胜，但江湖中通常在此处这样走，以迷惑挑战者多输一局）；帅五平六，卒5平4；帅六进一（如帅六平五则后卒平5；黑胜），卒4进1；帅六退一，卒4进1；帅六平五，卒4平5；黑胜。

第 4 局　乘风破浪（二）

本局收集于网络，估计是今人在古局“破浪乘风”局基础上所改作。本局图式简洁，结论是和局，现介绍如下：

着法：（红先和）

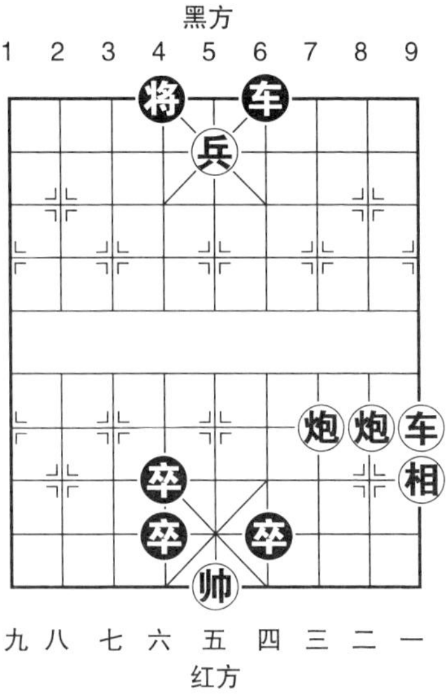

1. 炮三进六　车 6 平 7
2. 炮二平六　前卒平 5
3. 车五退七　卒 6 平 5
4. 帅五进一　车 7 进 8①
5. 帅五退一　卒 4 进 1
6. 车一平四②　卒 4 平 5③
7. 帅五平四　将 4 平 5
8. 车四平五　将 5 平 4
9. 车五平四　将 4 平 5
10. 车四平五　将 5 平 4
11. 车五平四　车 7 平 8
12. 炮六退三　将 4 平 5④
13. 车四平五　将 5 平 4
14. 车五平四　将 4 平 5
15. 车四平五　将 5 平 4
16. 车五平四　（和局）

注释：

①如改走车 7 平 5 则帅五平四，卒 4 平 5；车一平四，车 5 进 5；炮六退三，卒 5 进 1；帅四退一，卒 5 进 1；帅四进一，卒 5 平 4；车四进三，将 4 平 5；车四退一，车 5 进 3；帅四进一，车 5 进 1；帅四退一，车 5 退 1；帅四进一，车 5 退 1；帅四退一，车 5 平 9；车四平五，将 5 平 4；帅四平五，

车9平4；和局。

②如改走车一平五则车7平8；车五平三（如帅五平四则卒4平5；黑胜），卒4平5；帅五平六，车8平6；车三退三，车6退1；炮六退二，车6平3；黑胜。

③如改走车7平5则帅五平四，将4平5（如卒4进1则炮六平五，和局）；炮六平五，车5平8；炮五退三，和局。

④如改走车8平6则车四退二，卒5平6；帅四进一，和局。

第5局　乘风破浪（三）

本局收集于网络，在上一局基础上，加了一只底卒，结论也是和局。现介绍如下：

着法：（红先和）

1. 炮二进六①　车6平8
2. 炮三退三　前卒平5
3. 车五退七　卒6平5
4. 帅五进一　卒4进1②
5. 帅五退一　车8平5
6. 帅五平四　车5进8
7. 车一平四　卒9平8③
8. 车四退二　车5退1④
9. 车四平六　将4平5
10. 炮三进一⑤　车5平9
11. 车六平五　将5平4
12. 帅四平五　车9平4
13. 车五进八　将4进1

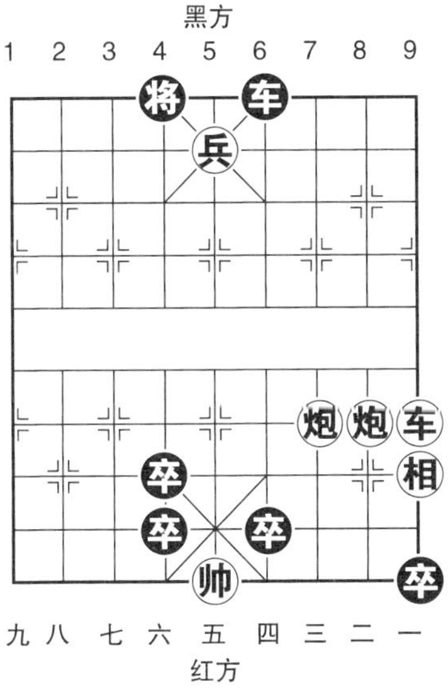

14. 炮三平七	卒8平7	15. 炮七进八⑥	车4进2
16. 帅五进一	卒7平6	17. 帅五平四	车4平5
18. 车五退九	卒6平5	（和局）	

注释：

①如改走炮三进六则车6平7；炮二平六（如炮二进六则车7进9；相一退三，前卒进1；帅五平六，卒4进1；帅六平五，卒4平5；黑胜），前卒平5；车五退七，卒6平5；帅五进一，车7进8；帅五退一，卒4进1；帅五平四（如车一平四则车7平8；以下红方有两种应法均负：甲、车四平三，卒4平5；帅五平六，车8平6；车三退三，车6退1；炮六退二，车6平3黑胜。乙、帅五平四，卒9平8；炮六平九，卒8平7；帅四平五，车8平5黑胜），车7平8（如卒4平5则车一平四，卒9平8；炮六退三，和局）；车一平四，卒9平8；炮六平九（如车四平三则卒4平5；车三平四，卒8平7；黑胜），卒8平7；帅四平五，卒4平5；黑胜。

②如改走车8平5则帅五平四，车5进7；相一进三，车5进2（如车5平7则车一平六，将4平5；车六平五，将5平4；炮三平六，卒4平5；相三退五，车7进2；炮六进一，车7平4；车五平六，将4平5；炮六平五，红胜）；车一平六，将4平5；车六退一，车5平7；车六平五，将5平4；车五进二，卒9平8；帅四平五，车7平4；相三退一，和局。

③如改走将4平5则车四退二，车5平6；帅四进一，和局。

④如改走卒8平7则相一退三，将4平5；车四平五，卒4平5；相三进五，和局。

⑤如改走车六进三则卒8平7；相一退三，车5退1；和局。

⑥如改走炮七退一则车4进2；帅五进一，车4平3；车五退五，卒7平6；帅五平四和局。

第6局　乘风破浪（四）

本局收集于网络，黑方加了2.8位卒，局势更加复杂多变，结论是和局。现介绍如下：

着法：（红先和）

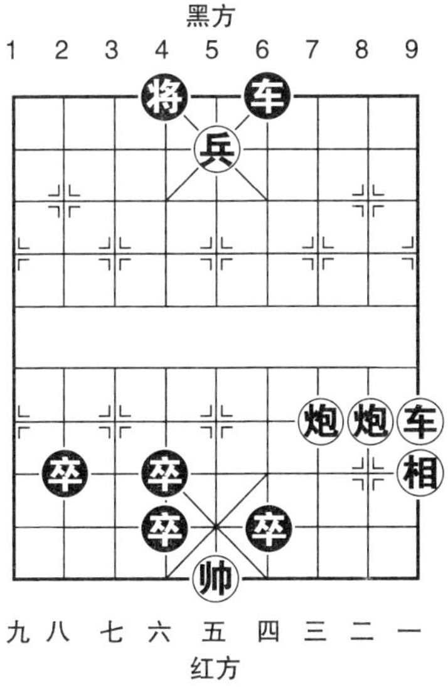

1. 炮二进六①　车6平8
2. 炮三退三　前卒平5
3. 车五退七　卒6平5
4. 帅五进一　卒4进1
5. 帅五退一　车8平5
6. 帅五平四　车5进8
7. 车一平四②　卒2平3
8. 车四退二　车5退1③
9. 车四平六　卒3平4④
10. 车六平一　将4平5⑤
11. 相一进三　车5平7
12. 车一平五　将5平4
13. 炮三进一　车7退2
14. 帅四平五　车7进2
15. 车五进三　卒4平5
16. 车五进一　车7平8
17. 炮三平二　车8平7
18. 炮二平三　将4进1
19. 车五退一　（和局）

注释：

①如改走炮三进六则车6平7；炮二平六，前卒平5；车五退七，卒6平5；帅五进一，车7进8；帅五退一，卒4进

1；车一平四，卒2平3；帅五平四，车7平8；炮六平九，卒3平4（如卒4平5则炮九退三，卒3进1；下着红方有两种应法均负：甲、炮九平六，将4平5；车四平五，将5平4；车五平四，卒3进1；炮六平五，车8退7；车四进六，将4进1；车四退三，车8进1；车四进二，将4退1；车四退二，车8平4；车四进三，将4进1；车四退三，卒3平4；黑胜。乙、炮九平五，卒5进1；帅四平五，车8进1；车四退三，车8退2；相一进三，车8平4；车四进四，车4进2；帅五进一，卒3平4；帅五平四，车4平7；车四平五，车7退1；帅四进一，车7退2；车五平四，车7平5；黑胜定）；炮九退三（如车四平六则将4平5；车六平五，将5平4；炮九退二，前卒进1；黑胜定），前卒进1；炮九进三，后卒进1；炮九退二（如炮九平五则后卒平5；黑胜），后卒平5；黑胜。

②如改走车一平六则将4平5；车六退一，卒2进1；以下红方有两种着法均负：

甲、相一进三，车5平7；相三退一，卒4平5；车六平五，将5平4；车五平四，卒2平3；车四进七，将4进1；车四退一，将4退1；车四退六，卒3平4；车四进七，将4进1；车四退一，将4退1；车四退六，车7退2；车四进七，将4进1；车四退一，将4退1；车四退六，车7平4；相一进三，卒4进1；相三退一，卒4平5；炮三平五，车4进3；车四平五，车4平5；黑胜。

乙、车六平四，车5退3；车四进七（红方另有两种应法均负：一、相一进三，车5平7；车四平五，将5平4；炮三进二，卒4平5；车五退一，车7进2；车五进三，卒2平3；帅四平五，车7进2；帅五进一，卒3平4；帅五平四，车7

退1；帅四进一，车7平5黑胜。二、炮三进一，车5进4；帅四进一，卒4平5；炮三平五，车5退1；帅四退一，卒2平3；相一进三，车5平7；车四平五，将5平4；帅四平五，车7进1；帅五进一，卒3平4；帅五平四，车7退4；黑胜），将5进1；车四退一，将5退1；车四退六，卒4平5；车四进七，将5进1；车四退一，将5退1；车四退六，卒2平；车四进七，将5进1；车四退一，将5退1；车四退六，卒3平4；车四进七，将5进1；车四退一，将5退1；车四退六（如车四退五则卒5进1；帅四进一，卒4平5；帅四进一，车5进2；黑胜），卒5进1；炮三平五，车5进4；帅四进一，卒4平5；黑胜。

③如改走卒3平4则车四平五，前卒平5；相一进三，和局。

④如改走将4平5则相一进三，车5退2；相三退一，卒3平4；车六平四，车5进2（如卒4平5则车四进二，卒5进1；车四退一，和局）；相一进三，车5平7；车四平五，将5平4；炮三进一，车7退2；帅四平五，车7进2；车五进三，卒4平5；车五进一，和局。

⑤如改走车5退2则车一平四，卒4平5；车四进二，卒5进1；车四退一，和局。

第7局　虎牢关（一）

本局是南京好友敖日西先生的作品，在“三战吕布”局基础上删去黑炮和红方底相，增设红方八·八位兵和1·6位黑马而成。构图上另具新姿，着法奥妙。但结论是黑胜，现介绍如下：

着法：（红先黑胜）

1. 炮三进六　车6平7
2. 炮二进六　车7进9
3. 相一退三　卒5进1
4. 帅五平六　卒5平4
5. 帅六平五　后卒平5
6. 兵五进一　将4进1
7. 车一进五　将4进1
8. 兵八平七　将4平5
9. 车一退三①　卒5进1
10. 车一平五　将5平6
11. 车五平四　将6平5
12. 车四退四②　卒5进1
13. 车四平五　卒4平5
14. 帅五平四　马1进3
15. 炮二退七③　马3进5
16. 炮二退一　马5进3④
17. 相三进五⑤　马3进4
18. 兵五平六　马4退5
19. 炮二进一　马5退7
20. 炮二平三　马7退5
21. 兵六平五　马5进4
22. 炮三平五　马4进2
23. 兵五平六　马2进4
24. 炮五进二　马4退6
25. 炮五平三　马6退7
26. 兵七平六　将5退1
27. 后兵进一　将5进1
28. 炮三进二　卒5平6

（黑胜）

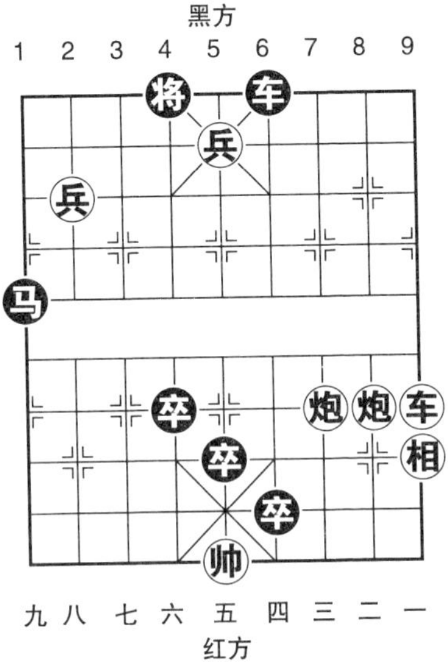

注释：

①如改走车一退七则卒4平5；帅五平六，后卒平4；兵七平六，将5退1；车一平四，卒5平6；炮二退八，卒6平5黑胜。

②如改走兵七平六则将5退1；车四退四，卒5进1；车四平五，卒4平5；帅五平四，马1进3；兵五平六，马3进4；相三进五，马4退5；炮二平三，马5进7；后兵平七，马7进8；炮三退八，马8退7；炮三进一，马7进5；兵七平六，马5退7；前兵平七，马7退5；兵七平六，马5进4；炮三平五，马4进2；前兵平七，马2进4；炮五进二，马4退6；兵七平六，马6进8；炮五平三，卒5平6黑胜。

③红方另有两种着法均负：

甲、炮二退八，马3进4；相三进五，马4退5；炮二平三，马5进7；炮三进一，马7进5；兵五平四，马5退6；炮三退二，马6退4；炮三进七，将5退1；兵七平六，马4退2；兵六平七，马2进3；炮三退五，马3进5；炮三退二，将5平4；炮三进一，卒5平6；帅四平五，卒6平7；兵七进一，将4进1；帅五进一，马5进7；帅五进一，马7退6；帅五退一，马6退8；兵四平五，马8进7；帅五退一，卒7平6黑胜。

乙、相三进五，马3进5；炮二退八，马5退6（如马5进7则炮二平三，马7退9；兵五平六，马9进8；相五退七，马8退7；炮三进一和定）；炮二平三，马6进7；炮三进一，马7进5同甲黑胜。

④如改走卒5平6则帅四平五，将5平6；炮二进一，马5进7；帅五平六，卒6平5；兵七平六，马7退5；相三进五，马5退4；相五退三，马4进3；炮二平七和定。

⑤如改走炮二进四则马3进4；炮二平五，马4退6；炮五平三，马6退5；炮三退四，卒5平6；帅四平五，卒6平7；帅五进一，卒7平6；帅五进一，将5平6；兵七平六，马

5 退 4；帅五平六，将 6 退 1；兵六平五，马 4 退 5；相三进一，马 5 进 3；相一进三，将 6 平 5；相三退五，卒 6 平 5；兵五平四，马 3 进 4；兵四平五，马 4 进 6 黑胜。

第 8 局　虎牢关（二）

本局也是南京敖日西先生的作品，在“虎牢关”局基础上，增加一只二路后兵，成为本局图式，则可以成和。现介绍如下：

着法：（红先和）

1. 炮三进六　车 6 平 7　　2. 炮二进六　车 7 进 9
3. 相一退三　卒 5 进 1　　4. 帅五平六　卒 5 平 4
5. 帅六平五　后卒平 5　　6. 兵五进一　将 4 进 1
7. 车一进五　将 4 进 1　　8. 前兵平七　将 4 平 5
9. 车一退三①　卒 5 进 1
10. 车一平五②　将 5 平 6
11. 车五平四　将 6 平 5
12. 兵七平六③　将 5 退 1
13. 兵六进一④　将 5 进 1⑤
14. 车四退四　卒 5 进 1
15. 车四平五　卒 4 平 5
16. 帅五平四　马 1 进 3
17. 兵八平七　马 3 进 4
18. 相三进五　马 4 退 5
19. 炮二平三　马 5 进 7
20. 炮三退一　马 7 进 5⑥
21. 炮三平五　将 5 平 4

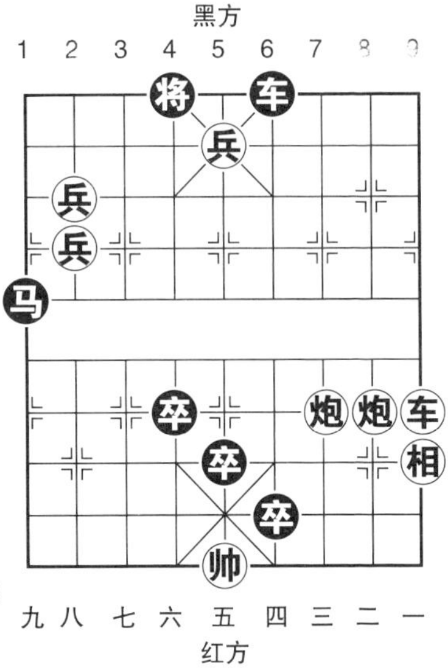

22. 兵七平六　将4退1　　23. 炮五退七　马5进7
（和局）

注释：

①如改走车一退七则卒4平5；帅五平六，后卒平4；兵七平六，将5平4；车一进一，马1进2；炮二退八，卒4进1；炮二平五，卒6平5；车一平六，马2进4；兵八平七，将4平5；兵七平六，马4进2黑胜。

②如改走兵七平六则将5平4；车一平六，将4平5；车六退四，卒5进1；车六平五，卒6平5；帅五平四，马1进3；兵八平七，马3进4；相三进五，马4退5；炮二平三，马5进7；兵七平六，马7进5；兵五平四（如兵六平五则将5退1；后兵平六，将5退1；炮三退九，马5退6；兵六进一，马6进7；炮三进一，将5进1；兵六平七，马7退5；炮三平二，将5平4；兵七进一，将4进1；炮二平一，卒5平6；帅四平五，马5进7；炮一平三，卒6平7黑胜定），将5退1；炮三退九，马5退6；炮三进一，马6进7；兵六平五，马7退5；炮三退一，将5平4；兵四平三，卒5平6；帅四平五，马5进7；兵五平六，卒6平5；帅五平六，将4平5；炮三平五，将5平6；兵六平五，马7退6；炮五平四，马6进4；兵五平四，将6平5；炮四平五，将5平6；炮五平四，将6平5；兵四进一，马4进6；炮四进一，卒5平黑胜。

③如改走车四退四则卒5进1；车四平五，卒4平5；帅五平四，马1进3；兵八平七，马3进5；炮二退八，卒5平6；帅四平五，将5平6；炮二进三，将6退1；前兵平六，马5进7；炮二平五，卒6平5；帅五平六，马7进6；兵六进一，马6退4；炮五平八，马4退5；炮八进四，将6进1；炮八平七，马5退6；兵七进一，马6进4；相三进一，将6

平5；相一进三，将5平6；炮七进一，将6平5；相三退五，将5平6；相五退三，将6平5亦和。

④如改走车四退四则卒5进1；车四平五，卒4平5；帅五平四，马1进3；兵八平七，马3进5；炮二退八，卒5平6；帅四平五，将5平6；炮二进三，马5进7（如马5进3则炮二平四，卒6平5；帅五平四，马3退5；炮四退一，马5退3；相三进五，马3退5；兵七平六，马5进6；后兵平五，将6平5；后兵进一，将5退1；兵六进一红胜）；炮二平五，卒6平5；帅五平六，马7进6；兵六进一，马6退4；炮五平八，马4退5；炮八进四，将6进1；炮八平七，马5退6；兵七进一，马6进4；兵五平四，将6平5；相三进五，将5平6；相五退三，将6平5；相三进五，将5平6；相五退三和局。

⑤如改走将5平4（如将5退1将弈成红胜，略），则车四退四，卒5进1；车四平五，卒4平5；帅五进一和局。

⑥如改走马7进8则炮三退七，马8退7；炮三进一，马7进5；兵七平六，马5退6；炮三退一，马6进7；后兵平五，将5平4；兵六平五，马7退5；炮三退一，马5进7；炮三进一，马7退5；炮三退一，马5进7；炮三进一黑一将一捉，不变作负。

第9局　近身擒拿

本局是黄志琦先生所作，图式简洁精美，别有意境，结论是和局。现将本局介绍如下：

着法：（红先和）

1. 马三进四①　卒4平5②　　2. 炮三退二③　后卒平6

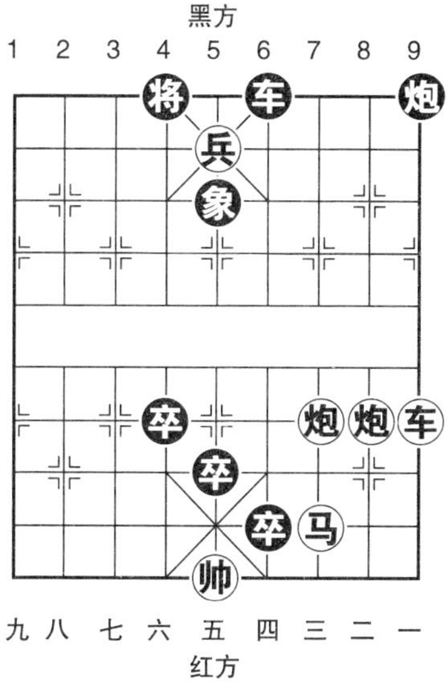

3. 炮二退二④ 卒5进1⑤
4. 炮三平五 车6平7
5. 炮二平三 前卒平5
6. 帅五进一 车7进8
7. 帅五退一 车7进1
8. 帅五进一 车7退8
9. 车一平四⑥ 车7平5
10. 车四进六 将4进1⑦
11. 车四平一 象5退7
12. 帅五平四 车5进2
13. 车一平三 将4平5
14. 车三平四 (和局)

注释:

①如改走炮三进六则象5退7;炮二进六(如马三进四则卒4平5,以下红有两种应法均负:甲、炮二平五,卒5进1;马四退五,卒6进1;黑胜。乙、炮二退二,车6进6;黑胜定),卒5进1;帅五平六,卒5平4;帅六进一(如帅六平五则卒6进1;黑胜),卒4进1;帅六退一,卒4进1;帅六平五,卒4平5;黑胜。

②如改走卒5进1则马四退五,卒4平5;马五进六,卒5进1;车一进三,红胜。

③如改走车一进三则前卒进1;马四退五,卒6进1;黑胜。

④如改走车一进三则前卒平5;帅五平四,卒6平7;黑胜。

⑤如改走车6平7则炮二平四,红胜定。

⑥如改走车一进六则象5退7;车一退六,车7平5;帅

五平四，车 5 进 5；黑胜定。

⑦如改走车 5 退 1 则车四平五，将 4 平 5；和局。

第 10 局　无为而治

本局是好友沈通声先生所作，变化奥妙，结论是和局。现介绍如下：

着法：（红先和）

1. 炮三进六　车 6 平 7　　2. 炮二进六　车 7 进 9
3. 相一退三　卒 5 进 1　　4. 帅五平六　卒 5 平 4
5. 帅六平五　后卒平 5　　6. 兵五进一　将 4 进 1
7. 车一进五　将 4 进 1　　8. 兵八平七　将 4 平 5
9. 车一退四①　卒 5 进 1②　　10. 车一平五　将 5 平 6
11. 车五平四　将 6 平 5
12. 车四退三　卒 5 进 1
13. 车四平五　卒 4 平 5
14. 帅五平六③　马 9 退 8
15. 兵五平六④　马 8 进 7
16. 炮二平五　卒 5 平 6
17. 帅六进一　马 7 退 6
18. 帅六进一　马 6 退 4
19. 兵七平六　将 5 退 1
20. 后兵进一　将 5 进 1
21. 前兵平七　马 4 退 2
22. 兵七平八　马 2 退 3
23. 炮五平三　马 3 进 4
24. 炮三平五　马 4 进 6

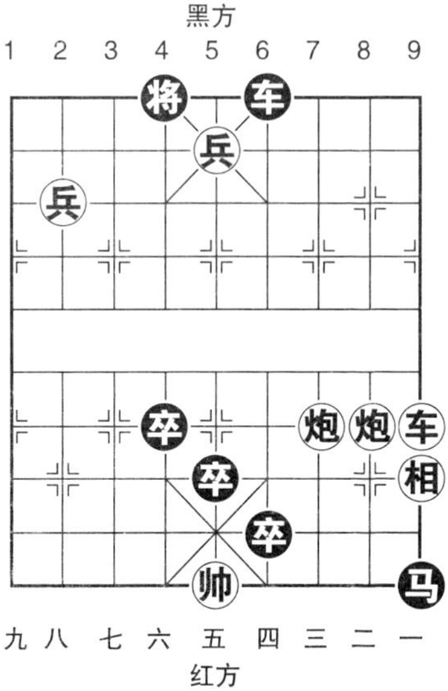

25. 帅六退一 马6退7 26. 帅六进一 马7退6

27. 炮五平七 马6进7 28. 炮七退六 马7进6

29. 炮七平五 （和局）

注释：

①红方另有两种着法：

甲、车一平六，卒5进1；车六退七，卒5进1；车六平五，卒6平5；帅五平六至此回归主变。

乙、车一退七，卒4平5；帅五平六，后卒平4；兵七平六，将5平4；车一进一，马9退8；车一平二，卒6进1黑胜定。

②如改走马9退8则兵七平六，将5退1；兵六进一，将5平4（如将5退1则车一平五，将5平6；车五平四，将6平5；车四进四红胜）；车一平六，将4平5；车六退三，卒5进1；帅五平六，卒5进1；车六进二，马8退7；车六平三，卒6进1；炮二退九红胜定。

③如改走帅五平四则马9退8；相三进五，马8进6；炮二平三，马6退7；兵五平六，马7进8；炮三退八，马8退7；炮三进一，马7进5；兵六平七，马5退6；炮三退一，马6进7；前兵平六，马7退5；炮三平二，马5退3；炮二进一，马3进4；炮二平五，马4进2；炮五进二，马2进4；兵六平七，马4退6；炮五平三，马6退7黑胜。

④如改走相三进五则马8退6；兵五平六，马6退4；炮二退七，马4进5；炮二退二，马5退3黑胜。

第11局 火烧赤壁

本局流传于网上，原局有红方一·三位相，结果经过

yir123（上海余俊瑞先生）诠正为红先胜（诠法见注1）。如果删去红相，成为本局图式，则可以成为一则和局。现介绍如下：

着法：（红先和）

1. 炮二进六① 车6平8
2. 炮三退三 卒5进1
3. 帅五平六 卒5平4
4. 帅六平五 后卒平3
5. 车一平五 卒4平5
6. 车五退二 卒6平5
7. 帅五进一 车8进5
8. 兵四进一 车8平9
9. 炮三进九 车9平5
10. 帅五平四 车5平6
11. 帅四平五 车6退4
12. 兵五平四 （和局）

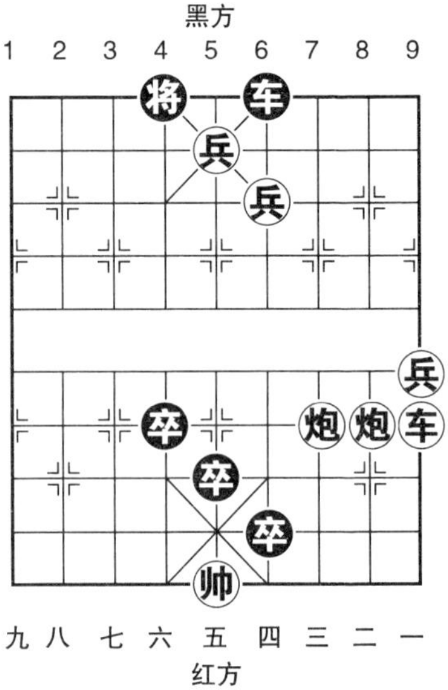

注释：

①如果有红方一路边相，则首着可走帅五平六以下卒4进1，炮二退二卒5进1，炮三进六车6进2，车一平六，红胜。

第12局　五卒三战

本局流传于网上，是台湾陈明仁先生所作，着法另有弈趣。结论是和局，现介绍如下：

着法：（红先和）

1. 炮三进六 车6平7
2. 炮二进六 车7进9
3. 相一退三 卒5进1
4. 帅五平六 卒5平4

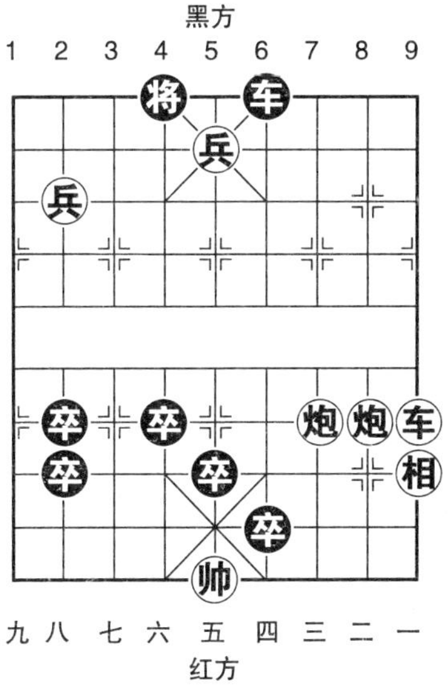

5. 帅六平五　后4平5
6. 兵五进一　将4进1
7. 车一进五　将4进1
8. 兵八平七　将4平5
9. 车一退四　卒5进1
10. 车一平五　将5平6
11. 车五平四　将6平5
12. 车四退三　卒5进1
13. 车四平五　卒4平5
14. 帅五平四　前卒平3
15. 兵五平六　卒3平4
16. 炮二平五　卒4进1
17. 相三进一　卒2平3
18. 相一进三　卒3平4
19. 兵六平七　将5退1
20. 后兵平六　后卒平3①
21. 兵七平六　卒3进1
22. 炮五平二　卒3进1
23. 炮二退九　卒3进1
24. 前兵平七　卒3平4
25. 兵七平六　前卒平5
26. 炮二平五　卒5进1
27. 帅四进一　卒4平5
28. 帅四进一　（和局）

注释：

①如改走后卒进1（如将5退1则兵六进一红胜）；炮五平二，前卒进1；炮二退九，后卒进1；兵七平六，前卒平5；炮二平五，卒5进1；帅四进一，卒4平5；帅四进一，和局。

第13局　高相三战

本局流传自网络，是好友黄志琦先生所作，结论是和局，现介绍如下：

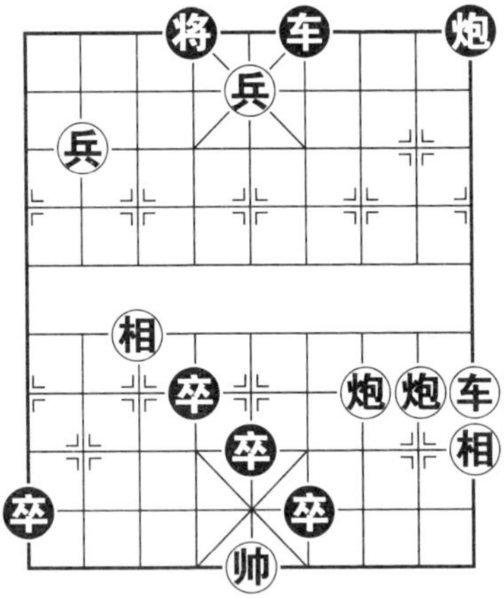

着法：（红先和）

1. 炮三进六　车6平7
2. 炮二进六　车7进9
3. 相一退三　卒5进1
4. 帅五平六　卒5平4
5. 帅六平五　后卒平5
6. 兵五进一　将4进1
7. 车一进五　将4进1
8. 兵八平七　将4平5
9. 炮二退九①　将5平6
10. 车一退七　卒6平5②
11. 车一平五　卒4平5
12. 帅五进一　炮9进8
13. 相三进五　卒1平2③
14. 炮二平四　卒2平3
15. 兵七平六　卒5平4
16. 炮四进二　炮9退6
17. 炮四退一　炮9平4
18. 炮四平七　（和局）

注释：

①这是步不易想到的求和妙着，其他走法都会被黑巧胜。此外红方另有四种着法均负：

甲、炮二退八，卒6平5；帅五平四，卒4进1黑胜。

乙、车一退二，炮9平5；车一平六，将5平6；车六平五，卒6进1黑胜。

丙、车一退一，将5退1；兵七平六，将5平6；车一进一，将6进1；兵六平五，将6平5；车一退七，卒4平5；帅五平六，后卒平4；车一进一，卒5进1；帅六进一，卒6平5，黑胜。

丁、车一退七，卒4平5；帅五平六，后卒平4；兵七平六（如车一进一或炮二退八则卒5进1；帅六进一，卒6平5黑胜），将5平4；车一进一，炮9进5；车一进二（如炮二退五则卒6进1；炮二平五，卒6平5；炮五退四，炮9平4；车一平六，卒4进1黑胜），卒4进1；车一平六，将4平5；车六退二，卒5进1；帅六进一，卒6平5，黑胜。

②如改走卒4平5则帅五平六，后卒平4；炮二进一，卒6进1；炮二退一，红胜。

③如改走卒5平6则炮二平四，卒6平7；相五退三，卒7进1；兵七平六，卒1平2；兵六平五，将6退1；帅五平六，卒2平3；帅六进一，炮9平8；相七退五，和局。

风云名手回顾之“山东棋圣”邵次明

“棋国仰山斗，鲁东一古稀。枰缘结海内，桃李遍天下。”

这是已故著名棋艺家张雄飞先生赠给民国早期著名棋手邵次明的一首诗，表达了对邵次明的崇敬之情。的确，邵次明先生毕生精研棋艺，从称雄于山东起，弈游棋国近80年，足迹遍及全国三十多个城市，无愧于“山东棋圣”的桂冠，在培养棋艺人才方面建树良多，当得“桃李遍天下”的称誉。邵次明生前还是山东省文史馆的馆员。

邵次明，清光绪六年（公元1880年）出生于山东省潍坊县十里堡村，家庭亦农亦商，经济状况中等。邵幼年时，山东农村弈棋风气十分盛行，常在田间劳作之余杀上一盘；有些好手没带棋具时，就来个口弈。邵次明所在的十里堡村，还要借蒙馆、祠堂等地来个比赛呢！

自幼聪明异常的邵次明，在蒙馆念书时成绩优异，常得到塾师的称道。由于逢年节日私塾常被借做象棋比赛之用，因此，幼年时的邵次明也学会了弈棋。其时，有个叫王尚纯的老人，棋艺出众，是山东的名手。一次，王尚纯在塾间弈棋时，发觉邵次明聪明过人，棋路明畅，是个可造之才，表示愿收他为徒，此年邵13岁。在王尚纯的门下，邵棋艺进步很快，14岁时，在乡里已无敌手。王又以秘谱《自出洞来无敌手》相授。邵得棋书后，经反复研读，棋艺猛进，15岁时，乃师已不能对他让子。邵17岁时，潍县一家茶馆举办象棋比赛，邵次明力压群雄，挫败县名手李子正，夺得桂冠，一时被称为“潍县棋王”。此后，邵去济南求学，在省城亦鲜逢对手，一时有山东新星之誉。

毕业以后，邵次明去青岛工作，从事数理科教学。因为邵酷爱弈棋，总想遍访天下名手，于是他利用教育岗位这一有利条件，向各方表示：愿去全国各地教课，实现他以棋会友的愿望。宣统元年（1909年）邵应邀赴昆明讲武学堂教数理科，在搞好教学之余，经常到滇池边的棋茶馆弈棋，和那里的名棋手交流了棋艺，赢得了名声。还在学堂内提倡下象棋，并开展小型象棋活动。由于邵次明不仅工作认真负责，上课质量高，学员反映好，该校校长李根源作诗一首相赠：

讲武开学日，教理名教师，象棋成战略，足并曹氏传。

邵次明在青岛成名后，利用工作之机，游遍了山东诸多城市，和各地名手进行了交流，总的是胜多负少，名声更著。20年代前后，西方体育的各种形式虽已传入，但尚未普遍开展，群众中活动得最普遍的还是象棋，开展得较好的有上海、扬州、北平、广州等地。就名棋手而言，东有“淮扬三杰”和林弈仙、谢侠逊，南有“粤东三风”和冯敬如，北有“京华一雄”孟文轩等，崛起于山东的邵次明总想找机会和他们交手。

1922年，邵弈访北京，在天桥茶社和当时当地的诸多好手进行了交流，都是胜多负少，震动北京棋坛，后又在天桥茶社与北京的第一手孟文轩对弈。两人都是用炮为主的棋手，交流多局，互有胜负，其中的一局，邵以当头炮开局，孟以顺手炮对之，开局后妙棋迭出，最后邵胜。邵在和其他名手对弈中，也不乏名局。

30年代时，邵次明一度弈游上海、南京、扬州等地，和华东名手鲍子波、李武尚、罗天杨、吴淞亭、邓春林、万启有等交了手，胜负相当，名声更著。1937年5月，杭州青年会举办“鲁、闽、江、浙四省象棋名手邀请赛”，由谢侠逊赴杭主持赛事，根据当时的声望，邵次明是山东的当然代表（当时，他在青岛山东田粮处工作，任科长）。他在杭州和福建“炮王”连学正、江苏窦国柱、浙江新秀董文渊进行了弈赛，虽因年事已高（57虚岁），仅获季军，但对推动四省棋艺活动却有很大的作用。比赛期间邵还联系上了一个亲戚，为此之后他来杭州市府工作一段时间，实现他弈游全国和玩赏西湖风光的愿望。在杭州工作时，还帮助棋友董文渊解决过房屋产权问题呢！在比赛之后，谢、邵相商，邵回山东后在青岛筹办一次全国名手邀请赛，但可惜不久战火燃起，此举未能实施。

邵次明先生是棋界长寿者之一，为了保持身心健康，他常进行心练和体练二项。心练是脑中有棋，终身弈棋不止，壮年时天天弈棋，不弈反而心里觉得发慌，老年时亦然。体练除打太极拳外，还坚持长跑，年轻时跑得多，年长时跑得少些慢些。1957年全国赛时，邵和谢侠逊等被聘为裁判，邵时年77岁，但仍精神矍铄，谈笑风生。一次，二老漫步南京路，不知谁提议，以国际饭店为终点，两人进行百米赛，不久，谢、邵二人同时到达。又一次，邵老和夫人刘竹云“金婚纪念”时，谢侠逊赴青岛祝贺，邵以《诗棋唱酬录》相赠，反映了二老的深情厚谊。

邵次明的象棋业迹人人称道，主要有三方面：

一、培育新进，诲人不倦。邵次明性格开朗，乐于助人，对年轻棋手，总是循循善诱，耐心指导。在昆明讲武学堂时，组织过棋艺社，提倡象棋有益身心，除教棋艺基础较好的学生外，对初学象棋者亦耐心教导，有时乃至陪弈一盘，以激发初学者的兴趣。据载，无产阶级革命家朱德也是在昆明讲学堂时学的象棋。邵的学生中，以名棋手陈天才最为著名，是 30 年代至 50 年代山东省象棋界的佼佼者。著名棋艺理论家张雄飞亦多受邵的指导，对邵仰慕至深。

二、总结棋理，潜心著述。邵次明有 70 多年的弈棋经历，可谓实战经验丰富，在驰骋棋坛中，他积累了丰富的弈棋心得。抗战时期，他闭门著述，将这些研究成果整理成文字，于 1948 年写成《象棋战略》一书，由当时的《民言报》出版。

三、积极参加各种棋事活动。新中国成立后，由于社会安定，象棋事业得到空前的繁荣，各种棋事活动相继开展，邵老总是积极参加，如为本地举办赛事、培养新手等。他还多次参加全国的赛事。1962 年邵老去上海游历，和谢老在旧地重逢，故人相见，不免手谈一局。其时，邵老已 81 岁高龄，但身体健康，步履轻健，这也是常年坚持弈棋和身体锻炼的结果。谢侠逊老人深有所感，作一“七绝”相赠：

年高是童尽还童，老树开花分外红。
春到江南别无恙，故交有梦绕山东。

1969 年，邵次明因病逝世，终年89 岁，一代棋圣仙游天国。若天上有棋，相信他一定会仙弈天堂。2011 年，笔者

（王首成）到苏州拜访象棋名家周孟芳先生时，周老知道我在青岛，说起了他和邵次明先生曾经交往过，并拿出了20多年前的信让我观看，复印之后，这封信送给了我，嘱咐有机会的话，转给邵老的后人。当时也不知道邵老的后人是否还在青岛。经过联系，一个月以后，我在青岛，把这封信转到了邵老的孙女手中，她特别高兴，珍贵地保留下来。

上海万安平先生有诗赞曰：

崛起潍坊意志遒，名成功就壮心酬。
以棋会友留佳局，纸上谈兵震九州。

第十二章 眼看将军就抽车　老帅憋死空唏嘘

第1局　多炮归田

江湖揭秘

江湖排局“解甲归田”类型的棋局，有一个共同特点，那就是看着红方进车将军后，再平炮照将，就可以退炮打掉中心车，看似红方必胜，实则黑方另有妙着解围。

如图的本局乍一看，就有红车进底照将的棋，无论黑方下象或下士，红方炮三平五将军，就可以抽吃坐镇花心威胁最大的黑车，如此红方尚有双车炮兵，黑方有攻杀能力的仅有一只小卒。不料黑方这只小卒，却另有妙用。且看浙江省东阳市花园村人才市场的一幕。

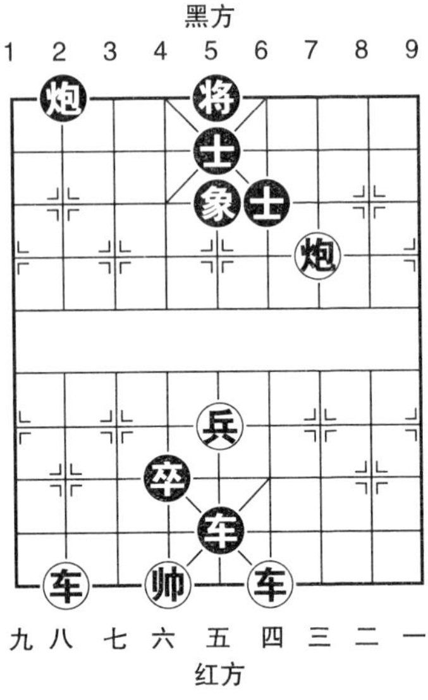

摆摊的是一个五十多岁的男人，他摆设的本局，就是“解甲归田”类型中的一则。摆完棋局之后，他说道：“爱好象棋的老板们看一看，这盘

棋红方先走，黑方后走。为什么呢？因为如果黑方先走，小卒进一步将军就没棋了。对于红方威胁最大的一个棋子就是黑车，他控制住了红方老帅，看看哪位老板有好的方法，可以取得胜利，就可以赢得200元的奖金。红方先走的话，下底就将军，将军就吃炮，吃炮就是将，将军还能吃象。这盘棋走好了，我就只会剩下一只小卒，一只小卒总赢不了你吧？这盘棋看谁能吃得明白。就可以赢得奖金。”

过了一分钟，一个托儿交了200元，走了第一个托儿步：车八进九，象5退3；车八平七，士5退4；炮三平五，卒4进1黑胜。

摊主可惜地说：“这位老板第一步棋走对了，可是我走红棋，第二步不吃象，我可能走炮，怎么走，大家想一下吧！我再摆一会儿就换一个新棋了。有要下棋的，抓紧时间。”

一个中年人看了一会儿棋局，问道：“你这盘棋怎么下的？”

摊主一看来生意了，就说：“红方先走，黑方后走。押300块的话，连本带奖金给你800块。老板看出来就下一盘吧！”

中年人从钱包里拿出300块钱，交给了摊主。

摊主说：“老板，咱们不长将、不悔棋。走一步算一步。”

中年人第一步走的是车八进九吃炮将，摊主说：“老板就是老板，走对了。”便应以象5退3；中年人再炮三平五，摊主则走将5平4；然后忽悠说：“这回你赢了。”

中年人又看了一下棋盘，就走了炮五退五打掉了黑车。

摊主一看中年人打车，就说：“没有办法了，你打车我只能用卒将一下了。”于是走卒4进1。

中年人刚要拿帅吃卒，摊主说：“老板，这个不能再吃了。两个朋友可以面对面，但是两个老将不能面对面啊？”

中年人一看坏了，因为他只能走帅六平五，可是如果摊主再走一步卒4进1，自己的老帅就没有地方去了，活活憋死了。但也只能走了一步帅六平五，摊主则卒4进1黑胜。中年人不由得唏嘘感叹道：“这盘棋太阴毒了。”

摊主笑了笑，把棋局摆回原来的局面后说：“老板应该说这盘棋太奥妙了。我可以告诉你实话，你第一步进车吃炮是对的，可是你平炮打将再吃我的车就错了，吃的太饱，撑死了。我走红棋一定会吃象将。你再看一看吧！有没有更好的着法，能赢就赢回去吧！”

这时，一个托儿对中年人小声说：“对啊！第二步吃象将军，再走炮三退五守一着就赢了。再下一盘赢回来。”

中年人摇了摇头，说道：“我不下了。你要下你就下吧！”

摊主一看这种情况，就说：“都把我的棋说漏了，我换一局吧。”

然后就换了一局棋，接着再忽悠。

本局原局没有黑方底炮，是一则和局。现在增加了黑炮，情况完全不同了，它不仅是设饵引诱红方，而更主要的是迫使红车吃炮，离开底线，削弱红方防守力量，结论则变成黑胜了。但是它的变化甚多，可以说深奥莫测，纵使有一定棋艺水平，也不易摸到获胜规律。现按照黄志琦先生和敖日西先生提供的研究着法，将本局做全面介绍如下：

着法：（红先黑胜）

1. 车八进九	象5退3	2. 车八平七	士5退4
3. 炮三退五	车5平4	4. 帅六平五	卒4平5
5. 车四进一	车4平6	6. 车七退七	车6退1
7. 车七退一①	车6退1	8. 兵五进一	车6平8②

9.	炮三平四③	士6退5	10.	兵五进一④	车8退2
11.	兵五进一	车8退1	12.	兵五进一	车8退1
13.	炮四进四	车8平5	14.	炮四平九	将5平6
15.	炮九退四⑤	士5进6	16.	车七平六	车5进4
17.	炮九平七	车5平8	18.	炮七退一	车8平3
19.	炮七平六	车3平5	20.	炮六平七	士4进5
21.	炮七进一	将6平5	22.	炮七平八	车5平8
23.	炮八退一	车8平3	24.	炮八平六	车3平5
25.	车六平四	士5退4	26.	帅五平四	卒5进1
27.	车四进六	卒5平4	28.	帅四进一	车5进3
29.	车四进二	将5进1	30.	炮六进九	卒4平5
31.	帅四进一	车5平6		(黑胜)	

注释：

①如改走帅五平六则卒5平4（如车6进2则帅六进一，车6平5，炮三进一，将5平6，炮三平四，士6退5，车七进四，车5退1，帅六退一，车5平6，车七平四，士5进6，车四进一，将6平5，车四退一，车6平3，炮四退二，车3平7，车四平五，士4进5，车五平七，车7平6，车七进三，士5退4，车七平六，将5进1，炮四平五，卒5进1，兵五进一，车6进1，兵五进一，车6平5黑胜）；炮三平五，将5平6；车七退一，车6进1；车七平九，卒4平5；炮五平七，车6进1；帅六进一，车6退3；车九进二，车6退1；兵五进一，车6平5；车九平六，车5平6；车六进六，将6进1；车六退六，士6退5；炮七进七，将6退1；炮七退七，车6退2；车六进一，车6进3；炮七平九，车6平3；车六平四，将6平5；车四平六，车3进2；帅六退一，车3平1黑胜定。

②取胜最关键的要着。古谱走车6平2，经研究不能取胜，着法如下：车6平2，炮三平六车2平7（如将5平6则兵五进一，卒5平6以下红方有两种应法结果不同：甲、炮六进五，车2平5，帅五平六车5退2，炮六平八卒6平5，炮八退五车5平7，车七平一车7进5，帅六进一车7平2，黑胜。乙、车七进一，2平5，帅五平四卒6平5，车七进五卒5进1，车七平四将6平5，车四进二将5进1，车四退三车5退2，炮六进五将5平4，炮六退二车5进1，炮六退二将4平5，炮六进四车5平7，炮六退六卒5进1，帅四进一卒5平4，车四平五将5平4，帅四平五车7平4，和局），炮六平三（如炮六平四车7退1，兵五进一车7退1，兵五进一车7退1，兵五进一士6退5，炮四退一车7平5，车七平二车5退1，炮四平一士5进4，炮一进一卒5平4，帅五平四车5进7，帅四进一车5退1，帅四退一车5平8，黑胜），车7退1（如车7平2则炮三平六，还原），兵五进一车7退1，兵五进一车7退1，兵五进一士6退5，兵五进一将5进1，车七平四将5退1（如车7平5，则帅五平四车5平8，车四进三，车8平5，车四退三，和局），帅五平四士4进5，帅四平五车7平3，炮三退一车3平4，帅五平四车4进3，帅四平五士5进6，帅五平四将5进1，车四进五车4平5，炮三进一卒5进1，车四退一，和局。

③如改走炮三平二，则士6退5，兵五进一，车8退2，兵五进一车8退1，兵五进一车8退1，兵五进一，将5进1，帅五平四（红方另有两种应法均负：甲、帅五平六车8平5，车七平六卒5进1，车六进七将5退1，车六进一将5进1，车六退一将5退1，车六退四卒5平6，帅六进一车5进7黑胜。乙、车七平四车8平3，炮二退一车3平7，炮二平四车

7平5，帅五平六卒5平4黑胜）车8平7，炮二平五（如炮二平三则车7平6，炮三平四，车6平5，炮四平三卒5进1，车七进七将5退1，车七平四车5平7黑胜）卒5平6，炮五退一车7平6，车七进七将5退1，车七退七将5平6，炮五平八卒6进1，帅四平五车6平5，帅五平六卒6平5，黑胜。

④如改走炮四进四，则士5进4，炮四退四将5平6，炮四退一车8平5，车七平四将6平5，炮四平三车5退1，帅五平四卒5进1，车四进八将5进1，车四退七将5平4，炮三进五车5平4，炮三退五车4平8，车四进六士4进5，车四退六车8进3，黑胜。

⑤如改走车七平三，则车5进2，炮九退四士5进6，炮九进八士4进5，炮九退八车5平3，炮九平七将6平5，车三平六车3进2，帅五平六车3平1，炮七退一车1进3，车六平七卒5进1，车七进八士5退4，车七退八士6退5，车七进二车1退1，炮七进一车1退3，车七平六车1进4，炮七退一车1平3，黑胜。

第2局　小解甲

本局在朱小坚棋友的“江湖小谱”中，局名“小解甲”局。现将着法介绍如下：

着法：（红先和）

1. 车二进九	象5退7①	2. 车二平三	士5退6
3. 车三平四	将5平6	4. 车四进七	将6平5
5. 车四平五②	将5平6	6. 车五平六	卒4平3③
7. 炮三退五	车5退1	8. 炮三平五	车5平6
9. 帅六进一	车6进1	10. 帅六退一	卒3进1

11. 车六退一　车6进1
12. 车六平七　车6退1
13. 车七平六　将6平5
14. 车六平五　将5平6
15. 车五平六　车6进1
16. 车六平七　车6退1
17. 车七平六　卒3平4
18. 车六退五　车6平4
19. 帅六进一　（和局）

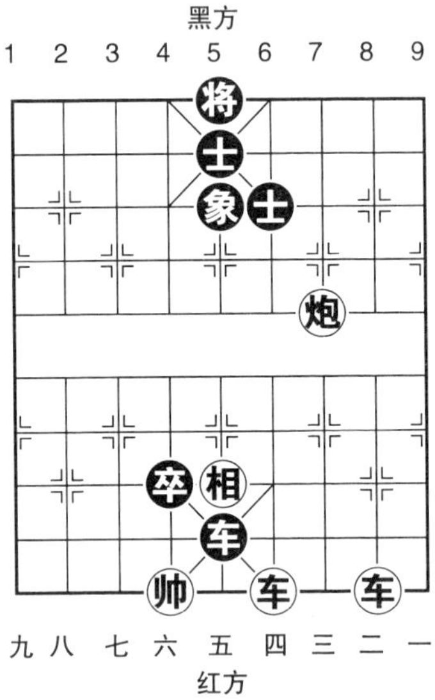

注释：

①如改走士5退6则车二平四，将5平6（如将5进1则前车平六，车5退1，车四平五，红胜定）；车四进七，将6平5；炮一平五，将5平4；炮五退四，红胜定。

②如改走车四平六则车5退1；炮三平五，卒4平3；车六退二，卒3进1；车六进四，将5进1；车四退四，车5进1；黑胜。

③如改走车5退1则炮三退四，卒4平3；车六平七，卒3平4；车七平六，将6平5；炮三平五，车5平7；炮五平三，卒4平5；车六平五，将5平6；车五退四，卒5平4；车五平六，卒4平5；车六平五，车7进1；车五退一，和局。

第3局　解甲休士

本局是敖日西先生所排拟，与“解甲归田”局的变化有所不同，各有其奥妙之处。现介绍如下：

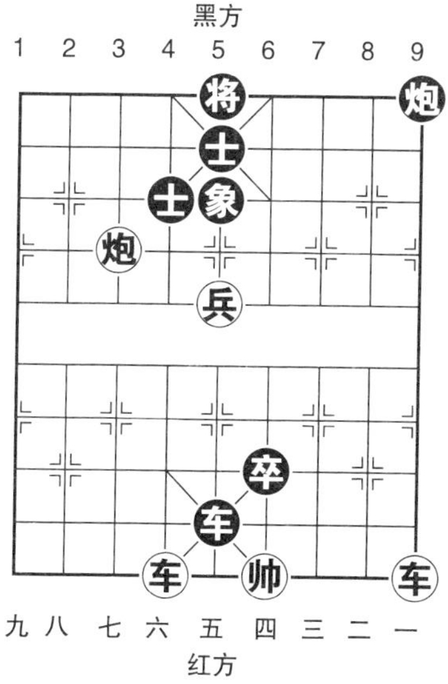

着法：（红先和）

1. 车一进九　象5退7
2. 车一平三　士5退6
3. 炮七退五　车5平6
4. 帅四平五　卒6平5
5. 车六进一　车6平4
6. 车三退七　车4退1
7. 车三进一①　车4平2②
8. 炮七退一　车2进1
9. 车三平五　卒5平6
10. 兵五平六　士6进5
11. 炮七进六　卒6进1
12. 炮七平五　将5平4
13. 帅五平六　车2退4
14. 兵六平五　车2进1
15. 车五平六　车2进3
16. 车六进二　卒6平5
17. 炮五退五　车2平5
（和局）

注释：

①红方另有三种着法结果不同：

甲、帅五平四，卒5平6；炮七平五，将5平4；车三进七，士4退5；车三退八，车4进1；车三平一，卒6平5；炮五平三，车4进1；帅四进一，车4退3；帅四退一，车4平5；炮三进八，将4进1；车二平六，士5进4；车六平七，将4平5；车七平四，车5退2；炮三退八，将5平4；帅四平五，士6进5；车四平九，士5进6；车九平四，将4退1；帅五平四，将4平5；炮三平二，士4退5；帅四平五，车5平3；炮二退一，车3平8；炮二平四，车8平5；炮四平三，士5退4；帅五平四，卒5进1；车四进一，士4进5；车四进二，车5进3；炮三进三，车5平4；炮三退三，车4平7；黑胜。

乙、车三退一，车4退1；兵五进一，车4平2；炮七平八，车2平3；炮八平六，车3退3；兵五进一，士4退5；炮六进二，车3进6；炮六退三，车3退7；炮六进三，车3平5；炮六平二，将5平4；炮二退二，士5进4；车三平四，车5进4；炮二平三，车5平8；炮三退一，车8平3；炮三平四，车3平5；炮四平三，士6进5；炮三进一，将4平5；炮三平二，车5平2；炮二退一，车2平7；炮二平四，车7平5；车四平六，士5退6；帅五平六，卒5进1；车六进六，卒5平6；车六进二，将5进1；炮四进九，车5进3；帅六进一，卒6平5；帅六进一，车5平4；黑胜。

丙、车三进四，车4退1（如士4退5则车三平五，将5平4；兵五平六，车4退3；车五退四，车4进5；帅五进一，车4退1；帅五退一，车4平3；车五平六，将4平5；车六平八，车3退8；和局），车三平五，士6进5；兵五平六，卒5平4；兵六进一，卒4进1；炮七退一，车4平3；炮七平六，车3进3；帅五平四，车3平4；车五退六，车4平5；帅四平五，将5平6；和局。

②黑方另有两种着法均和：

甲、卒5平6；车三平四，卒6平5；车四平五，车4平2；炮七平八，车2平1；炮八平九，车1平3；炮九平七，车3进1；车五退一，和局。

乙、车4退2；车三平五，卒5平4；炮七进五，将5平4；炮七平五，卒4进1；车五进一，车4进1；车五退一，车4退3；车五平四，士4退5；车四进二，车4进4；帅五平四，车4平7；帅四进一，车7进1；帅四退一，卒4平5；

炮五退五，车7平5；和局。

第4局　居高临下

本局是好友沈通声先生所作。沈通声先生对江湖排局素有研究，并创作出不少作品。结论是和局，现介绍如下：

着法：（红先和）

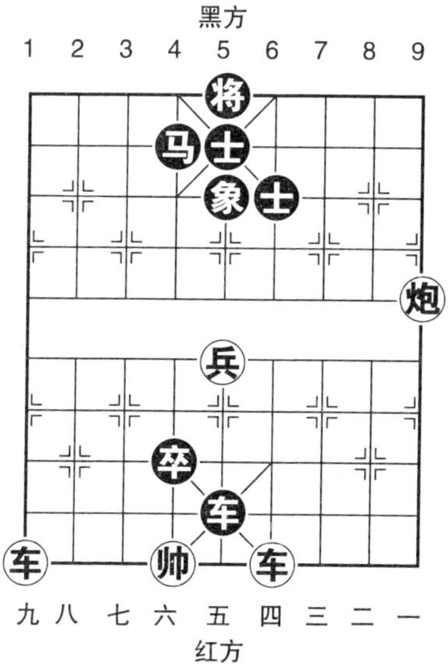

1. 车九进九①　马4退2
2. 车九平八　象5退3
3. 车八平七②　士5退4
4. 炮一退四　车5平4
5. 帅六平五　卒4平5
6. 车四进一　车4平6
7. 车七退七　车6退1
8. 车七进一　车6平7
9. 炮一平四　车7进2
10. 炮四退一　车7退1
11. 车七平五　卒5平6
12. 兵五进一　卒6进1
13. 兵五进一　车7进1
14. 帅五平六　车7平6
15. 车五退三　车6平5
16. 帅六平五　（和局）

注释：

①如改走炮一退四（如炮一平五则将5平4；炮五退四，卒4进1；帅六平五，卒4进1黑胜），则车5平9；车九进九（如车四平二则马4进2；车九进二，卒4进1；帅六平五，卒4平5；帅五平六，车9退2；车九平六，将5平6黑胜定）

士5退4；车四平二，车9平3；车二进九，将5进1；帅六平五，卒4进1；车九退九，卒4平5；帅五平四，车3退1，黑胜。

②红方另有两种着法均负：

甲、炮一平五，将5平4；炮五退四，卒4进1；帅六平五，卒4进1，黑胜。

乙、炮一退四，车5平3；帅六平五，卒4平5；帅五平六，车3进1；帅六进一，车3退3；帅六退一，卒5进1，黑胜。

第5局　迂回作战

本局也是好友沈通声先生所作。着法上有和江湖大局“小征东”异曲同工之妙，变化复杂多变，结论是和局。现介绍如下：

着法：（红先和）

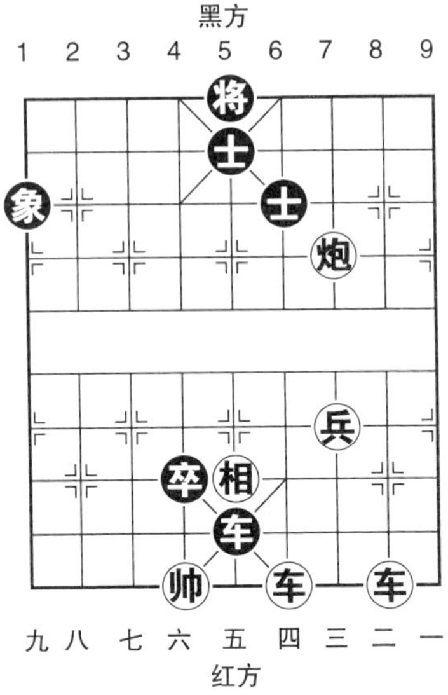

1. 车二进九① 士5退6
2. 炮三进三② 士6进5
3. 炮三退五③ 士5退6
4. 车二平四　将5平6
5. 车四进七　将6平5
6. 车四平五　将5平6
7. 车五平六　卒4平3
8. 炮三平五　车5退1④
9. 车六平七　将6平5
10. 车七平五⑤ 将5平6
11. 车五平七　卒3平4
12. 车七平六　象1进3⑥

13. 车六退二　卒4平3　14. 车六平七　车5平4
15 .帅六平五　车4平6　16. 帅五平六⑦　卒3平4
17. 车七平五⑧　车6平5　18. 车五平六⑨　卒4平3
19. 车六平七　车5平4　20. 帅六平五　车4平6
21. 帅五平六　卒3平4　22. 车七平五　车6进2⑩
23. 炮五退四　车6退1　24. 炮五进一　车6退2
25. 炮五退一⑪　车6平7　26. 车五进一　车7平6
27. 车五退一　车6平4⑫　28. 炮五平四　卒4平5
29. 帅六平五　车4进1　30. 炮四平三　车4平2
31. 车五退一　车2平3　（和局）

注释：

①如改走炮三平五则将5平4；炮五退五，卒4进1；帅六平五，卒4进1，黑胜。

②如改走车二平四则将5平6；车四进七，将6平5；车四平五，将5平6；车五平六，卒4平3；炮三平五，车5退1；车六平七，车5平4（也可走象1进3，逼红车炮同处在一条红线上，从而取胜）；帅六平五，车4平6；帅五平六，卒3平4；车七平五，象1进3；车五进一，卒4平5；炮五平八，车6进2；帅六进一，车6平5；车五平八，车5平2；炮八退五，将6平5；车八退四，卒5进1；炮八平五，车2退4，黑胜。

③如改走炮三退四则士5退6；车二平四，将5平6；车四进七，将6平5；车四平五，将5平6；车五平六，卒4平3；炮三平五，车5退1；车六平七，车5平4（也可走象1进3，逼红车炮同处在一条红线上，从而取胜）；帅六平五，车4平6；帅五平六，卒3平4；车七平五，象1进3；车五退一，卒4平5；炮五平二，车6进2；帅六进一，车6退1；帅六

退一，卒5进1，黑胜。

④如改走车5平6则相五退七，黑无趣，不足取。

⑤如改走车七退三则车5平4；帅六平五，车4平7；帅五平四（如帅五平六则卒3进1；帅六平五，卒3平4；帅五平四，卒4平5，黑胜），车7平6；帅四平五，卒3平4；车七退三，将5平6；车七平二，卒4进1，黑胜。

⑥如改走将6平5则车六平五，将5平4；车五平六，将4平5；兵三进一（也可走炮五退一，给红车腾出巡河线），将5进1；车六退二（如车六退一则象1进3；车六退一，卒4平3；车六平五，象3退5；兵三进一，卒3进1；兵三平四，车5进1，黑胜），卒4平3（如象1进3则兵三进一，卒4平3；车六平五，象3退5；兵三平四，卒3进1；炮五进三，车5退3；兵四平五，将5进1和局）；车六平五，将5平6；兵三进一，卒3进1；兵三平四，车5平6；炮五退三，车6进2；炮五退一，车6退3；炮五进三（如炮五进一则卒3平4；帅六平五，车6进2，红欠行，黑胜）车6进3；炮五退三，车6退1；车五平六，车6进1；车六平五（如兵四平五则卒3进1；帅六进一，车6平5；车六平八，将6平5；车八进三，将5退1；车八退三，将5进1，和局）车6退1；炮五进一，车6退2；帅六平五，卒3平4；炮五进一，象1退3；炮五平七，象3进5；炮七退二，将6退1；炮七平六，车6退1；车五进二，车6退1；车五退一，和局。

⑦红方另有两种着法均负：

甲、兵三进一，卒3平4；兵三进一，车6平5；帅五平六，车5退2；车七平六，车5进2；兵三平四，车5平7；帅六平五，卒4平5；帅五平六，卒5进1，黑胜。

乙、炮五平四，车6平5；帅五平四，将6平5；帅四进一，卒3平4；车七退四（如车七平四则卒4进1；炮四平八，车5进1；帅四进一，车5进1；炮八平四，车5退2；帅四退一，卒4平5；帅四退一，车5平6，黑胜），车5平8；车七进二，卒4平5；车七平五，将5平4；车五平四，车8进1；帅四退一，卒5进1，黑胜。

⑧红方另有两种着法均负：

甲、车七平六，卒4平5；炮五平七，卒5进1；炮七退四，车6平3，黑胜。

乙、炮五退三，车6进2；炮五退一，车6退1；炮五进四，卒4进1；帅六平五，车6进1，黑胜。

⑨如改走兵三进一则车5进1；车五平六，卒4平3；车六退四，车5退3；兵三进一，将6平5，黑胜。

⑩如改走卒4平5则炮五平八，车6进2；帅六进一，车6平5；车五平四，将6平5；炮八退三，卒5进1；炮八平五，车5退1；帅六退一，车5退2；车四平六，车5平7，和局。

⑪如改走兵三进一，卒4进1；帅六进一，车6平4，黑胜。

⑫如改走卒4平5则车五退二，车6平5；炮五进三，和局。

第6局　藕断丝连

本局是好友沈通声先生创作的“迂回作战”的姊妹局。是将上局1路边象移到中路，结论也是和局。现介绍如下：

着法：（红先和）

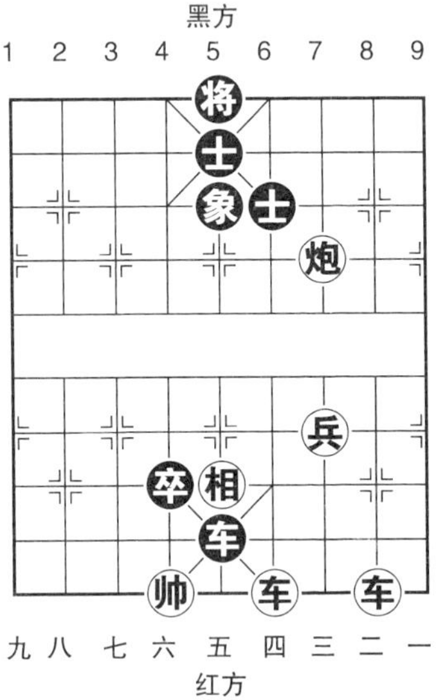

1. 车二进九　象5退7①
2. 车二平三　士5退6
3. 车三平四　将5平6
4. 车四进七　将6平5
5. 车四平五②　将5平6
6. 车五平六　车5退1
7. 炮三平五　卒4平3
8. 车六平七　将6进1
9. 车七进一　将6进1
10. 车七进一　将6退1
11. 车七退一　将6退1
12. 车七退一　卒3平4
13. 车七平六　将6平5
14. 车六平五　将5平4
15. 车五平六　将4平5
16. 炮五退二　将5进1
17. 车六退二　卒4平3
18. 车六平五　将5平6
19. 车五平七　车5平4
20. 帅六平五　车4平6
21. 帅五平六③　卒3平4
22. 车七平五④　车6平5
23. 车五平六⑤　卒4平3
24. 车六平七　车5平4
25. 帅六平五　车4平6
26. 帅五平六　卒3平4
27. 车七平五　车6进1⑥
28. 炮五退三　车6退2
29. 炮五退一　车6平7
30. 炮五平四　车7进3
31. 车五平四　将6平5
32. 车四退三　将5退1
33. 车四平六　车7平6
34. 帅六进一　（和局）

注释：

①如改走士5退6则车二平四，将5平6；车四进七，将6平5；炮三平五，将5平4；炮五退五，红胜。

②如改走车四平六则车 5 退 1；炮三平五，将 5 进 1；车六退一，卒 4 平 3；车六平七，车 5 平 4；帅六平五，车 4 平 7；帅五平四，车 7 平 6；帅四平五，卒 3 平 4；车七退五，将 5 平 6；车七平二，卒 4 进 1，黑胜。

③红方另有两种着法均负：

甲、炮五平四，车 6 平 5；帅五平四，将 6 平 5；帅四进一，卒 3 平 4；车七平四（如车七退一则车 5 进 1；帅四退一，卒 4 进 1；炮四平五，车 5 退 2；兵三进一，车 5 平 6；帅四平五，车 6 进 2 黑胜），卒 4 进 1；炮四平八，车 5 进 1；帅四进一，车 5 进 1；炮八平四，车 5 退 2；帅四退一，卒 4 平 5；帅四退一，车 5 平 6，黑胜。

乙、兵三进一，卒 3 平 4；兵三进一，车 6 平 5；帅五平六，车 5 退 2；车七平六，车 5 进 2；兵三平四，车 5 平 7；帅六平五，卒 4 平 5；帅五平六，卒 5 进 1，黑胜。

④红方另有两种着法均负：

甲、车七平六，卒 4 平 5；炮五平七，卒 5 进 1；炮七退四，车 6 平 3，黑胜。

乙、炮五退三，车 6 进 2；炮五退一，车 6 退 1；炮五进四，卒 4 进 1；帅六平五，车 6 进 1，黑胜。

⑤如改走兵三进一则车 5 讲 1；车五平六，卒 4 平 3；车六退四，车 5 退 3；兵三进一，将 6 平 5，黑胜。

⑥如改走卒 4 平 5 则炮五平八，车 6 进 2；帅六进一，车 6 平 5（如卒 5 平 4；帅六平五，车 6 退 1；帅五退一，卒 4 进 1；炮八退四红胜定）；车五平四，将 6 平 5；炮八退三，卒 5 进 1；炮八平五，车 5 退 1；帅六退一，车 5 退 2；车四平六，车 5 平 7，和局。

第 7 局　先予后取

本局是好友沈通声先生创作。结论是和局，现介绍如下：

着法：（红先和）

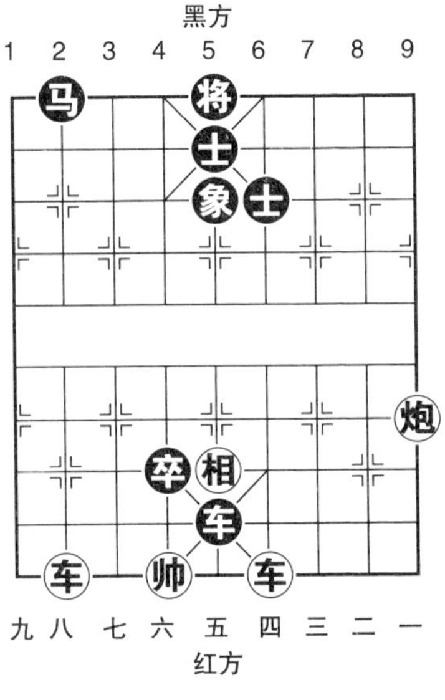

1. 炮一退二①　车 5 平 9②
2. 车八进九　士 5 退 4
3. 车四平二　象 5 退 7③
4. 车二平三　象 7 进 9
5. 车八退七　卒 4 进 1
6. 帅六平五　卒 4 平 5
7. 帅五平六　卒 5 平 4④
8. 帅六平五　车 9 平 5
9. 帅五平四　卒 4 进 1
10. 车八退二　车 5 退 1⑤
11. 车三进一⑥　车 5 进 2
12. 帅四进一　车 5 退 1
13. 帅四进一　车 5 退 3⑦
14. 车八进四　车 5 平 2
15. 车三平五　士 6 退 5
16. 车五进二　车 2 平 6
17. 帅四平五　车 6 进 4
18. 帅五平六　卒 4 平 3
19. 帅六退一　（和局）

注释：

①如改走车八进九则象 5 退 3；车八平七（如炮一平五则将 5 平 4；炮五退二，卒 4 进 1；帅六平五，卒 4 进 1 黑胜。又如炮一退二则车 5 平 3；帅六平五，卒 4 平 5；帅五平六，

车3进1；帅六进一，车3退3；帅六退一，卒5进1，黑胜），士5退4；炮一退二，车5平4；帅六平五，卒4平5；车四进一，车4平6；车七退七，车6退1；车七退一，车6退1；炮一平五，士6退5；炮五平一，士5进4；炮一平五（如车七平三则将5平6；车三退一，车6进2；炮一平三，车6平4；车三平四，将6平5；车四进三，卒5进1；帅五平四，车4进1黑胜），将5平6；炮五平四，将6平5；炮四平一，车6平5；车七平三，卒5平4；帅五平四，车5进3；帅四进一，车5退1；帅四退一，车5平7，黑胜。

②黑方另有三种着法：

甲、马2进3；车八进二，车5退1；车八退一至此黑乏有效攻击手段，将面临红方反扑，黑方不利。

乙、车5平4；帅六平五，卒4平5；车四进二，卒5平6；车八进九，士5退4；车八退七，车4平9；车八平四，和局。

丙、车5平3；帅六平五，卒4平5；车四进二，卒5平6；车八进九，士5退4；车八退七，车3进1；帅五进一，车3平6；炮一进二，卒6进1；帅五平六，车6平3；车八进一，车3退1；帅六进一，车3退1；帅六退一，车3平5；炮一平五，士6退5；车八平九，和局。

③如改走士6退5则车二进九，象5退7；车二平三，士5退6；车三平四，将5平6；车八平六，将6进1；车六退七，和局。

④如改走车9退2则车八平六，士6退5；车三进一，车9平2；相五退七，车2进3；车六平七，车2退1；车七平六，车2平3；相七进九，车3平2；车三平五，车2平5，

和局。

⑤如改走车 5 进 1 则帅四进一，车 5 平 7；车八进二，和局。

⑥如改走帅四进一则车 5 进 1；帅四进一，车 5 退 2，黑胜。

⑦如改走车 5 平 7 则车八平六，车 7 平 5；车六进三，车 5 退 3；车六平四，和局。

第 8 局　以攻为守

本局是好友沈通声先生创作。结论是和局，现介绍如下：

着法：（红先和）

1. 车七进九①　士 5 退 4
2. 炮三退六　车 5 平 4
3. 帅六平五　卒 4 平 5
4. 车四进一　车 4 平 6
5. 车七退四②　车 6 退 4
6. 炮三平五③　车 6 退 1
7. 车七平五　将 5 平 6
8. 炮五平四　车 6 进 5
9. 车五退三　卒 2 平 3
10. 车五进七④　将 6 进 1
11. 车五退五⑤　将 6 退 1
12. 车五进五　将 6 进 1
13. 车五退五　车 6 进 1
14. 帅五进一　卒 3 平 4
15. 帅五平六　卒 4 平 3

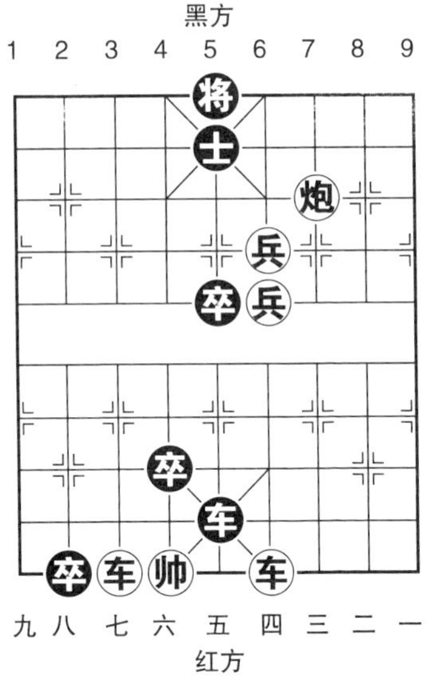

16. 帅六平五　（和局）

注释：

①如改走炮三平五则将5平4；炮五退六，卒2平3；帅六平五，卒3平4；帅五平六，卒4进1；帅六平五，卒4进1，黑胜。

②如改走车七退七则车6平5；帅五平四，后卒进1；炮三进六（如前兵进一则后卒进1；炮三退一，车5平7；炮三平八，车7平2；炮八平五，前卒进1；前兵进一，车2退3；车七平四，车2进4，黑胜），卒2平3；炮三平五，后卒进1；车七退二，车5平7；车七进二，车7进1；帅四进一，车7退2；帅四退一，前卒平6；帅四平五，车7进2；帅五进一，卒5进1；车七平五，车7退1；帅五退一，卒6平5；帅五平六，卒5进1，黑胜。

③也可走兵四进一，但红不占优势，没必要纠缠。

④这样较简单和。也可走车五进二。

⑤如改走车五平六则车6进1；帅五进一，卒3平4；帅五平六，车6平5，黑胜。

第9局　小归田

收集于“广东象棋网”，具有“解甲归田”局将军抽车的江湖的特色，且结论为和棋。现介绍如下：

着法：（红先和）

1. 车一进五	马6退8	2. 车一平二	象5退7
3. 车二平三①	士5退6	4. 车六进九	将5平4
5. 车三平四	将4进1	6. 车四退七	车5退2

7. 炮二退三　将4平5
8. 车四进六　将5退1
9. 车四进一　将5进1
10. 帅四进一　卒3平4
11. 车四退一　将5退1
12. 炮二平六　车5进2
13. 帅四退一　车5平4
14. 车四退二　车4平5
(和棋)

注释：

①如改走炮二平五，则将5平6，炮五退三，卒6进1，帅四平五，卒6进1，黑胜。

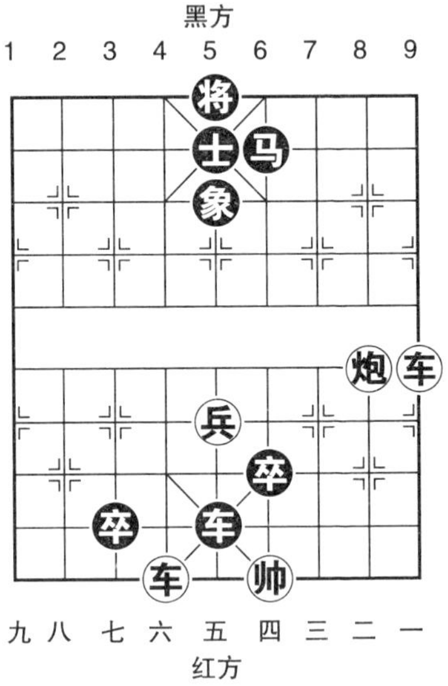

附图一

风云名手回顾之　“天津名手”钱梦吾

在三十年代初期，为促成“华北华东象棋大赛”的钱梦吾，在搞好本职工作同时，一生致力于象棋事业的繁荣和象棋技艺的交流，为现代中国象棋史册谱写了华丽的篇章，受到了华北、华东棋界的普遍敬重。他的一生可以说是“为棋辛苦为棋忙”的一生。

钱梦吾，原是浙江省镇海县人，因镇海古称蛟川，为此，他在对局录谱时，常以蛟川钱梦吾自称。钱出生于光绪二十七年（公元1901年），在天津生长、求学并工作。据称，他早年进教会学校专修英文，毕业后在一所中学里担任英语教师。

青少年时，钱梦吾就会弈象棋，并对纵横驰骋河界两岸的三十二子十分感兴趣，而穷究其理。由于不断和人对弈，棋艺水平在不知不觉中提高。

从读书到工作，钱梦吾走的是一条比较正规的路，因此，他到天津各茶馆去弈棋的机会不多，实战的锻炼不及许多茶馆棋手来得多。不过，钱对于研究棋谱方面下过较深功夫，如对于《橘中秘》《梅花谱》《适情雅趣》《百局象棋谱》等书都进行过研究，并用于实践，为此，他有比较明显的书房棋风格。

大约自一十年代中期起，少年钱梦吾已在天律棋坛崭露头角，在参加青年会举办的象棋比赛中，由最初的第十五名，到二次得第三名。到一十年代后期，他的棋名约略为天津市的第三，仅次于老名手庞蔼庭和吕锦波，成了天津的知名棋手之一。

二十年代前期，作为一名新进棋手，为了在天津争雄，钱常利用假日去北平寻访名手对弈，以锻炼和提高棋艺。一次，钱梦吾专程到北平向第一名手孟文轩挑战。到了京城，找到了孟常设局的茶馆，但孟文轩认为，钱非天津的第一名手，不愿与之对弈，只介绍“二十八宿”之一的刘夑如及孟鹤龄（浩然）与之对局。虽然棋锋正锐的钱梦吾连胜刘两局，接着又以一胜一和击败孟浩然，但孟文轩仍不愿亲自出马，又介绍了北平的另两位大名手那健庭和张德魁与钱相搏。

钱梦吾深知，那、张都是北平的一流名手，只有击败他们，才能和名气最高、有“北孟”之称的孟文轩交手试艺。为此，在天桥启新茶馆他和那健庭交艺时用足了功夫，但取得的战绩是互有胜负，最后还多输了一局；在和张决战时，胜负情况和对那健庭的战绩基本相同。这个战果，使钱失去了进一步向孟文轩挑战的“资格”。钱梦吾爱好象弈，更多反映在偏爱对各地名手的交流上。三十年代初，西北棋圣彭述圣单骑访问北平，战败了北平和东北的沈阳、锦州等众多棋手，钱闻讯也从天津赶往京都，和彭较了艺。虽然也和京都的其他名手一样，小输了一局，但会过了西北的高手，对他来说达到了倾心棋艺的愿望，心满意足地返回天津。二十年代末，华东名棋手万启有访问北平，会战过张德魁、那健庭等众多名手，战绩基本持平，钱从天津赶赴北平，和万对弈了两局。重要的是，钱、万的会面，传递了华东和华北象棋界的双向信息，钱梦吾请万启有返回时带去了举行“华北、华东区际象棋大赛”的意向，转告谢侠逊，促成了1931年“华东、华北象棋比赛”的举办。

1931年，为了选好征战华东的棋手，钱梦吾主持选拔赛事务，在北京，经过七人的角逐，选出了赵文宣和张德魁两人，作为北方代表队成员，南下上海，和华东队比赛。钱还主动担任起和上海“万国象棋会”谢侠逊君的联络工作，具体安排好旅途日程，还亲自带队南下。在上海时，广泛结交，弈战了华东的诸多好手，为华东、华北的棋艺交流及两区的棋艺繁荣做出了应有的贡献。

由于钱梦吾热心象棋事业，且又有较高的文化素养，为此，从棋艺驰名天津时起，就受到各新闻单位的注意。当地的《天津商报》《庸报》《华北日报》《民强报》等，为了吸引读者，陆续办起了“象棋专栏”，刊登名手对局、精彩残局以及名棋手的报道等，钱曾先后应聘任上述几种报纸的象棋编辑，并于1929年8月编辑出版了《象局汇刊》一书，是由天津商报馆出版的。这些对天津、北平乃至全国各地的棋艺活动有很大作用。

二十年代后期，为了推动平、津两地的棋艺活动，钱梦吾还主动和北平方面联系，举办了“京、津象棋名手对抗赛”。

三十年代后期，天津青年棋手田玉书的棋艺处于巅峰状态，1939年田征战华东的青岛等地，取得了较佳的战绩。为了庆祝华北和天津名手的胜利，田玉书返回天津时，钱组织了一百多名棋友去车站迎接，使田玉书感动得热泪盈眶，也博得棋界的好评。

在中国象棋界，提起《渊深海阔》几乎无人不知。这部棋谱的作者陈文乾，广泛采集古代排局精华、民间佳构和江湖名局，历时17年，于1808年手工抄写完成了这部多达16册的巨著。全书16卷371局，数量为四大名谱之首，但作者苦于家贫，无力刊印，只有孤本流传于世。在《渊深海阔》成书100年以后，在江湖上渐渐归于沉寂，许多棋手梦寐以求。直到1933年这部书才突然出现。这一年，原在《天津商报》主编象棋专栏的华北棋界领军人物钱梦吾意外得知，天津巨绅李某手中有一部棋谱叫《渊深海阔》。此前他并没有听说过此书，但凭着棋手的敏感和报人的好奇心，他找到了李某，提出在商报披露棋谱的内容，被李某断然拒绝。他又提出刊印此书也被拒绝。于是，他提出购买此书，李某开价8000块“袁大头”（在当时相当于3500袋名牌洋面粉的价钱）。钱梦吾心有余而力不足，只得作罢。

事已至此，钱梦吾仍不死心，他找到朋友从中斡旋，李某答应以100块银圆作抵押，借钱梦吾看一夜。钱梦吾借书在手，立即请来两三个棋友，连夜赶抄，由于篇幅太大，他们从当晚7时抄到次日上午11时，只抄完了3篇序文和100多幅棋图。此后，钱梦吾将抄写的棋谱，加上自己的创作和各地棋手的投稿，统统当作《渊深海阔》的棋局在报刊上陆续发表，一时间《渊深海阔》名声大噪。后来，有多种手抄本在江湖上流传，难辨真伪。以至于1957年12月，杨官麟、屠景明等象棋大师主编的《中国象棋谱》在序言中也仅仅提及书名，不敢冒然断定是否真有《渊深海阔》这部书存在。

1964年，棋谱收藏家刘国斌在北京琉璃厂寻得此手抄谱，这套书到手后，刘国斌激动不已，但苦于不能辨别真伪，于是辗转请钱梦吾先生掌眼。钱先生一看，当时就断定：这就是他当年抄写的那一部。在文化大革命时此谱被疑为密码本而被没收，险遭不测，所幸“文革”后仍物归原主到刘先生手中，之后80年代才加以印行。

40年代时，钱还全力投入华北、东北区际象棋大赛的工作，受到了两区棋手的普遍好评。50年代初期，为了支援抗美援朝，北京举办“抗美援朝象棋义赛”，钱积极筹款捐献，为义赛尽了应尽的义务。

在长期弈棋生活圈里，钱梦吾还手编《梦吾象集》一册，收入天津及全国各地名手对局共22局，是棋艺宝库中不可多得的资料。

钱梦吾于1986年逝世，一生经历85个春秋，其中有70多年弈棋生涯。他认为弈棋能锻炼心智，保持健康不衰，又是寄情托志的好项目，为此，他于1963年退休去北京定居，仍爱好弈棋不止，这也许是他能享受长寿的原因之一吧！上海万安平先生有诗赞曰：

为棋辛苦为棋忙，对坐纹枰胜果尝。
儒将棋风书卷气，《梦吾象集》永珍藏。

第十三章
莫看小棋不起眼　关键时刻杀大点

第1局　小五鼠（一）
江湖揭秘

有一些江湖小局，子力少、陷阱好，在弈客输过棋不敢再出手时摆上这种小局，则有意料不到的效果，江湖艺人们称这种小局为“送礼棋”。这种棋局，江湖艺人们绝对不是一开始就摆设的，而是在弈客输了两局后才摆出的送礼棋，因为摊主通过走棋，已经看出了你的棋力，让你可以有翻本的机会（如果你是个棋艺高深的弈客，江湖艺人是不会给你这个机会的，通常会将最为拿手的镇山之宝摆出来对付你）；殊不知这种送礼小局的陷阱也是好深的，绝非一般低手所能看透的，但是弈客输了棋之后，一看见这些小局如此简单，是更容易出手的，也就越捞越深，无法自拔了。所以小棋有时候专能杀“大点”。

在弈客输了两局棋之后，摆设这种小局，确实是明智之举。本局就是送礼小局中最为优秀的作品，本局江湖俗称“小五鼠”，亦称“五鼠闹东京”，是2000年开始流行于现代江湖棋摊的。乍看红方有兵五平六再平车照将速胜的假象，黑方的杀法紧凑精彩，摆上此局送礼，弈客是很容易上钩的，而且还将不止一把，切为实用。所以本局流传广泛，在现代江湖棋摊

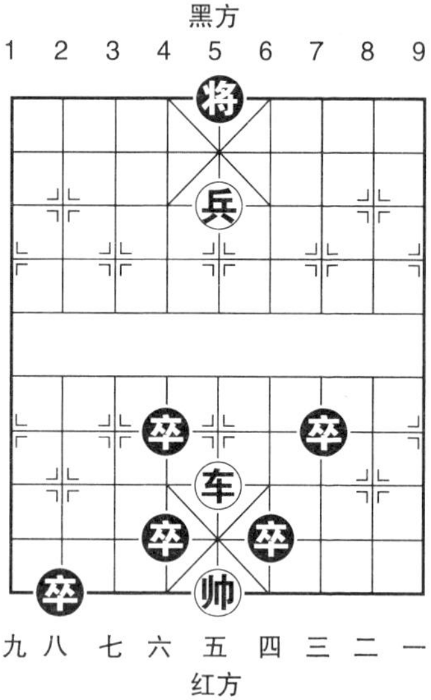

十分盛行，可谓风靡之极。请看合肥市“卫岗桥”江湖棋摊的一幕。

一个中年人挑战者输过两局“大鹏展翅”之后，摊主摆设出“马跳檀溪”，虽然挑战者看出可以赢棋了，但还是犹豫不下。摊主示意托儿赢掉“马跳檀溪”。然后就摆设本局了，并对挑战者说：“我是摆棋局的，不能直接把钱给你；这样吧，我摆这局送礼棋，让你把输的钱赢回去，这局棋我从来都不摆的，太简单了。刚才那位老板输了600块钱，已经赢回去了，现在就看你的啦。好好看看，研究一下吧！大家也都看看这盘棋，不过要声明，由于这是送礼棋，只有输过棋的人可以下。”

一个托儿率先走了第一个托儿步：兵五平四，将5平4；车五进七，将4进1；兵四进一，前卒平5；车五退八，卒6平5；黑胜定。摊主把棋局摆回原来的局面后说：“残局、残局，贵在开局，你第一步棋兵的方向就走错了，我走红方第一步也走兵，但绝不是这个方向。往哪个方向走，我不能说，大家自己琢磨。这个小兵只能左右逢源和前进，就是说只有三个方向，现在已经有一个错误方向了，谁再走也不要这样走了。这是不对的，剩下两个方向，是二选一的答案，看看谁能选对就赢。”其实此话充满了忽悠。

一分钟后，另一个托儿走了第二遍托儿步：兵五进一，将

5平4；兵五进一，将4进1；车五进二，前卒平5；车五退三，卒6平5；黑胜。

摊主摆回原来的局面，说："最后30秒，有没有其他的走法，没有的话，我就换棋了。"

通过这两个托儿步的表演，输过棋的中年人也似乎看出了赢的希望，于是他押了500块钱就出手了，第一步走的是兵五平六，摊主说："别出心裁的好棋。"就走后卒平5；中年人想都没有想就车五进一吃卒，摊主则将5平6，中年人拿起红车刚要走车五平四，一看有个小卒在7路呢，就放下了车，无奈只有走车五进六，以下将6进1，车五退一，将6退1，车五退三，卒6进1，黑胜。

摊主再次摆回原来的局面，说道："刚才那位老板已经横着走兵输掉了，你怎么还横着走呢？这样，我透露一下棋局的关键之处吧！告诉你这局棋的名字，对你解开这局棋会有帮助的。这盘棋的名字是有典故的，它叫——五鼠闹东京，那么何为五鼠呢？就是《三侠五义》中宋朝陷空岛的彻地鼠、穿山鼠、翻江鼠、钻天鼠、锦毛鼠，在本局中黑方的五只小卒就是代表五鼠。大家难免要问了，哪只鼠是锦毛鼠呢？我告诉大家，黑方这只2路底卒就是指传说中的锦毛鼠——白玉堂。既然有五鼠了，就该有另一个重要人物，这个重要人物是谁呢？自然是南侠展昭，在本局中红车就是指南侠展昭。展昭号称"御猫"，他如何才能擒拿住锦毛鼠呢？这就需要大家开动脑筋了。刚才有个朋友第一步走兵五进一，这步棋很有谋略，黑方老将一下子就被固定了；但是他第二步再走兵五进一就错了，因为把黑方老将解放了。反正现在我也不输钱，就提示一下，如果我走红方的话，把老将固定后，我会让展昭埋伏在一条攻守兼备的要道上，进可攻城擒王、退可守防住白玉堂。现在看谁能看出这局棋的秘密。”

这时，第三遍托儿步开始了：兵五进一，将5平4；车五平八，前卒平5；帅五平六，卒2平3，黑胜。这是诱惑观众走兵五进一，将5平4；再车五平七的托儿步。摊主又摆回原来的局面，他说：“这位老板第一步走对了，第二步的方向和意图也对，可是位置搞错了，最后一分钟了，没有人下我就换棋了。因为多摆一分钟，就会有被解开的危险”。

一个托儿小声对输过棋的中年人耳语说：“这局棋第一步走兵五进一是对的，但第二步要走车五平七，看住底卒的杀着，再进车将军就赢了。你快下一局把钱赢回来吧。”

中年人又押了500块钱，准备再次披挂上阵，可是摊主说：“这位老板，你刚才已经输了1000块了，这一盘你就走1000块吧！赢回去就不要来了，咱两个打个平局算了。”

中年人坚持地说：“我就下500块，你下不下？不下算了。”

摊主一看，就说：“你赢一把也不能下了。”

中年人说了句“好”就走兵五进一，摊主说：“唉！这回老板走对了。”则应以将5平4；中年人稳健地走出第二步车五平七，摊主说：“赢了，赢了，反正我也输了，就乱走吧，看看能不能拣个便宜。”随后走前卒平5；中年人帅五平六，摊主又卒2平3，这时有个托儿“好心”提醒：“吃它，啥将军都吃它。”其实是为下一步做一个伏笔，中年人就走车七退二，摊主走卒5平4。此时那个托儿又说：“吃了，吃了就赢了。”中年人顺手就走帅六进一，摊主则卒4进1；以下中年人帅六退一，摊主卒4进1；中年人帅六平五，摊主卒4平5，黑胜。

好心教棋的那个托儿在二人走棋时并不说话，一看他们走完了，就对中年人说："你不吃卒就好了，你可以走帅六平五，然后就赢了"，中年人感觉他的话挺有道理的，自己刚才再吃卒太随手了，给了摊主连将的机会。于是又押了500块最后一搏。摊主接过了500块钱，然后说："最后一把了，你押1000块，赢了我把你1000块给你，再把你输的1600块都返回去，行就下，不行就算了。反正这盘棋也露了，再下你也会赢了。"

托儿在附和着："他怕输了，拿钱压你呢""1000就1000，500能赢1000也能赢"。中年人一咬牙又加500块，说："输就输了，赢就赢回来了，最后一把。"这次走：兵五进一，将5平4；车五平七，前卒平5；帅五平六，卒2平3，车七退二，卒5平4；帅六平五，后卒平3；车七平九，卒4平5，黑胜。

这时，中年人输过棋仿佛明白了送礼棋的意思，并非是给自己送礼，而是给摊主送礼。基本输光了的中年人叹着气走了，边走边想："可能是被骗了，今天上当了。"但是已经晚了。

本局江湖俗称"小五鼠"，故以此为局名。在江湖棋摊上经常出现，木局变化虽简单，却也是充满陷阱，绝非一般低手能解开的。本局图式，是在2000年左右出现在各地的江湖棋摊的。现介绍如下：

着法：（红先和）

1.	车五平七①	前卒平5	2.	帅五平六	将5平4
3.	兵五平六	将4平5	4.	兵六平五②	将5平4③
5.	兵五平六	将4平5	6.	兵六平五④	（和局）

注释：

①红方另有三种着法均负：

甲、兵五平六，后卒平 5；车五平七（如车五进一，将 5 平 6；黑胜），卒 6 平 5；帅五平四，卒 4 进 1；黑胜。

乙、兵五平四，将 5 平 4；车五进七，将 4 进 1；兵四进一，前卒平 5；车五退八，卒 6 平 5；黑胜定。

丙、兵五进一，将 5 平 4；车五平七，前卒平 5；帅五平六，卒 2 平 3；车七退二，卒 5 平 4；帅六平五（如帅六进一则卒 4 进 1；帅六退一，卒 4 进 1；帅六平五，卒 4 平 5；黑胜），后卒平 3；车七平九，卒 4 平 5；黑胜。

②如改走兵六进一则卒 5 进 1；帅六进一，卒 6 平 5；黑胜。

③如改走将 5 平 6 则兵五进一，卒 2 平 3；车七退二，卒 4 进 1；车七进九，红胜。

④形成对杀，谁也无法强变，作和。

在古往今来众多的小型棋局之中，本局给江湖艺人带来的收益是最多的，可以说在送礼小局之中，本局理所当然的排名第一，任何小局无出其右者。甚至于有的江湖艺人只要学会“大鹏展翅”“马跳檀溪”和这局“小五鼠”就足够了，因为经过“大鹏展翅”和“马跳檀溪”的洗礼后，只要再来一局“小五鼠”送送礼，挑战者的钱也就全部扫光了。

第 2 局　小五鼠（二）

由于上一局“小五鼠”局结果可以引起纠纷，牵涉棋规，不是正和；因此江湖艺人改拟成本局图式，着法精妙，变化更深。在江湖上，有的顾客当他持红方输棋以后，会要江湖艺人走红方，则正中下怀。“小五鼠”局已经在江湖上流行了多年，对棋局进行改头换面是必要的。加了红方兵、相的本局是在 2005 年左右出现在江湖棋摊的。本局增子后已非上局那么简单了，变化则比较复杂，结论是红胜。现将着法介绍如下：

着法：（红先胜）

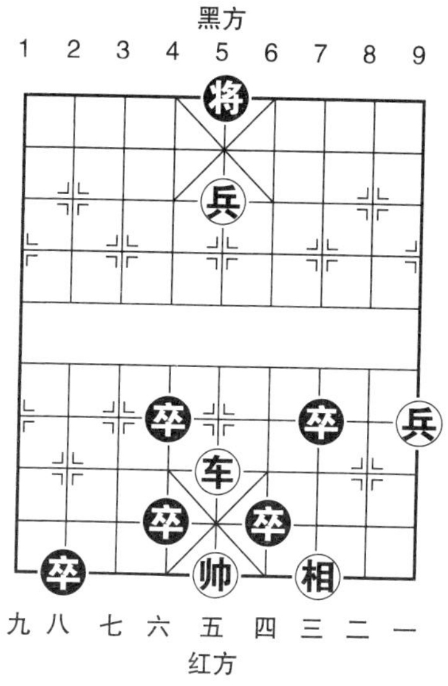

1. 车五进二① 前卒平 5
2. 车五退三 卒 6 平 5
3. 帅五进一 卒 7 平 6
4. 兵一进一② 卒 4 进 1
5. 相三进一③ 卒 6 平 5
6. 相一进三 将 5 平 4
7. 兵五平六 将 4 平 5
8. 兵一进一 将 5 平 6
9. 兵六平五 卒 5 平 6
10. 兵五平四 卒 6 平 5
11. 兵一平二 将 6 平 5
12. 兵四平五 将 5 平 4
13. 兵五平六 将 4 平 5
14. 兵二平三 将 5 平 6
15. 兵三平四 卒 5 平 6
16. 兵四进一 卒 2 平 3
17. 兵四进一 卒 6 平 5
18. 兵六平五 卒 5 平 6
19. 兵五进一 卒 6 平 5
20. 兵四进一 （红胜）

注释：

①如改走兵五进一则将 5 平 4；车五平七，前卒平 5；帅五平六，卒 2 平 3；车七退二，卒 5 平 4；帅六平五（如帅六进一则卒 4 进 1；帅六退一，卒 4 进 1；帅六平五，卒 4 平 5；

黑胜）后卒平 3；车七平九，卒 4 平 5；黑胜。

②如改走相三进一则将 5 平 4；兵一进一（如帅五平四则卒 4 进 1；相一进三，卒 4 平 5；兵一进一，卒 6 进 1；帅四退一，卒 5 进 1；黑胜）将 4 进 1；兵一进一，卒 6 进 1；相一进三，卒 4 进 1；兵一平二，卒 4 进 1；帅五退一，卒 6 进 1；黑胜。

③如改走兵一进一则卒 6 进 1；兵一平二，卒 2 平 3；兵二平三，卒 3 平 4；兵三平四，前卒平 5；兵四进一，卒 5 平 6；兵四进一，前卒平 7；兵四进一，卒 6 平 5；帅五平四，卒 4 进 1；兵五进一，将 5 平 4；兵四进一，卒 4 平 5；黑胜。

第 3 局　小五鼠（三）

本局收集于网络。因加子后的上局“小五鼠”，着法激烈，着法也趋于复杂了，可惜结论是红胜；所以修改后的本局出现了，黑红双方各自增加一只象（相），看似实力相当，由于黑象可以退捉中兵，故本局结论黑胜。现介绍如下：

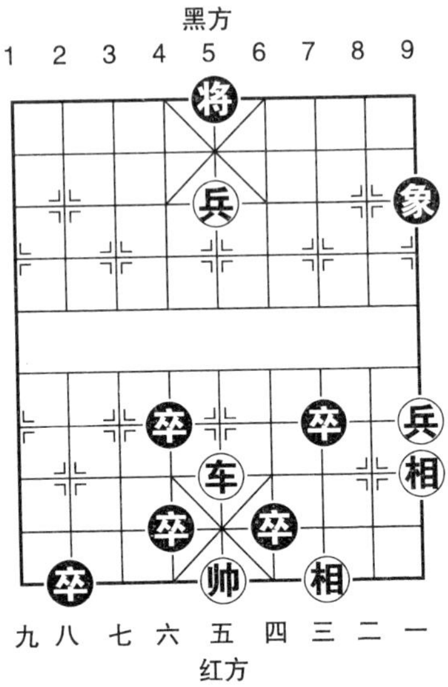

着法：（红先和）

1. 车五进四　　前卒平 5
2. 车五退五　　卒 6 平 5
3. 帅五进一　　卒 4 进 1
4. 兵一进一①　卒 7 平 6
5. 兵一进一　　象 9 退 7

6. 兵一平二　象7进5　7. 兵二平三　将5平4
8. 兵三平四　卒6进1　9. 帅五退一　卒4进1
10. 兵四平五　卒6进1　(黑胜)

注释：

①红方另有三种着法均负：

甲、帅五平四，卒4平5；相一进三，卒7平6；帅四退一，卒5进1；黑胜。

乙、相一进三，卒7平6；兵一进一，象9退7；兵一进一，象7进5；兵一平二，卒6进1；兵二平三，将5平4；黑胜。

丙、相三进五，象9退7；相五进三，象7进5；兵一进一，卒2平3；兵一进一，卒3平4；兵一进一，卒7平6；兵一平二，卒6进1；兵二平三，将5平4；相一退三，后卒进1；黑胜。

第4局　小五鼠（四）

上局“小五鼠”由于黑象起到了关键作用，导致黑胜。笔者修改成本局图式，以增加红方攻势，赵殿忠好友指出本局首着如兵五进一可以红胜，现介绍如下：

着法：（红先胜）

1. 兵五进　将5平4　2. 车五进四　前卒平5
3. 车五退五　卒6平5　4. 帅五进一　卒4进1
5. 兵八进一　卒7平6　6. 兵八平七　卒4进1①
7. 帅五平四②　卒6平5　8. 相一进三　卒5平6
9. 兵七进一　卒2平3　10. 兵七平六　(红胜)

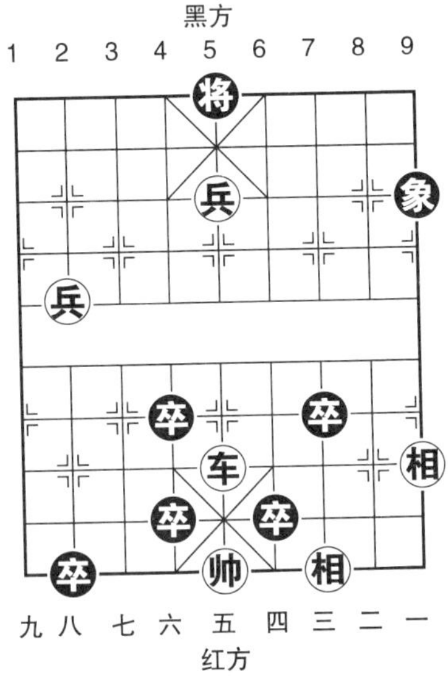

注释：

①如改走卒 6 进 1 则兵七平六，红胜定。

②如改走帅五进一红亦胜定。

第 5 局　小五鼠（五）

本局收集于网络，是将第 3 局的“小五鼠”一路兵前进两步，结论也是和局，现介绍如下：

着法：（红先和）

1.	车五进四①	前卒平 5	2.	车五退五	卒 6 平 5
3.	帅五进一	卒 4 进 1	4.	兵一进一	象 9 退 7
5.	兵一平二	象 7 进 5	6.	兵二平三	卒 7 平 6

7. 兵三平四　将5平4
8. 兵四平五　卒6进1
9. 兵五平六　卒2平3
10. 相一进三　将4进1
11. 相三退五　将4平5
12. 兵六平五　象5退7
13. 相五进七　卒3平4
14. 相三进五　将5平6
15. 兵五平四　将6平5
16. 兵四平五　将5平6
17. 兵五平四　（和局）

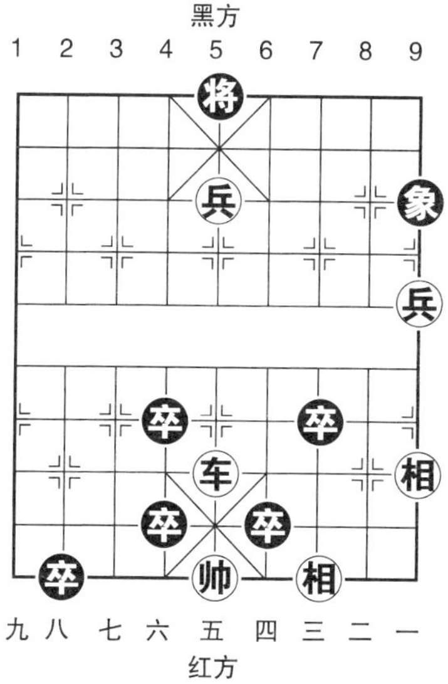

注释：

①如改走兵五进一则将5平4；车五进四，前卒平5；车五退五，卒6平5；帅五进一，卒4进1；兵一进一，象9退7；兵一平二，卒7平6；兵二平三，卒6进1；兵三平四，卒4进1；帅五退一，卒6进1，黑胜。

第6局　小五鼠（六）

本局收集于网络，是邢春波先生的作品。结论是和局，现介绍如下：

着法：（红先和）

1. 车五进四　卒4平5　　2. 车五退五　前卒平5
3. 帅五进一　卒3进1　　4. 兵八平七①　卒3平4
5. 兵七平六　卒6进1　　6. 兵六平五　卒2平3

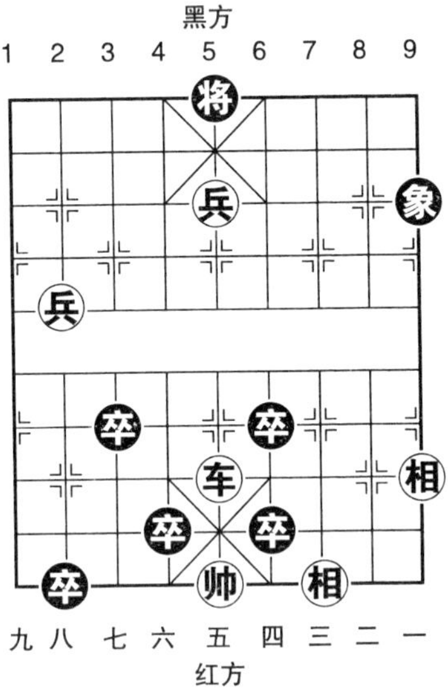

7. 后兵进一　　象9退7
8. 前兵平六　　卒3平2
9. 兵六进一　　卒2平1
10. 相一进三　　卒1平2
11. 相三进五　　将5平6
12. 兵五平四　　将6平5
13. 兵四平五　　(和局)

注释：

①如改走兵五进一则将5平6；帅五平六，卒6平5；兵八平七，卒5平4；帅六平五，卒4进1；兵七平六，卒3进1；帅五退一，卒3平4；兵六平五，卒2平3；后兵平四，卒3平4；帅五平四，中卒平5，黑胜。

第7局　小五鼠（七）

本局是近两年出现在江湖棋摊的，是江湖艺人改拟而成。图式简洁、美观，但经研究，本局结论是红胜。现介绍如下：

着法：（红先胜）

1. 车五平二　　前卒平5①　　2. 帅五平六　　将5平6
3. 车二进七　　将6进1　　4. 车二退五　　将6退1
5. 车二平四　　将6平5　　6. 车四平三　　将5平6
7. 车三进五　　将6进1　　8. 车三退六　　将6退1
9. 兵五平四②　将6平5　　10. 兵四平五③　将5平6④

11. 车三平六　卒1平2
12. 车六平四　将6平5
13. 车四平七　将5平6
14. 兵五平四　将6平5
15. 兵四进一　将5平4
16. 兵四平五　（红胜）

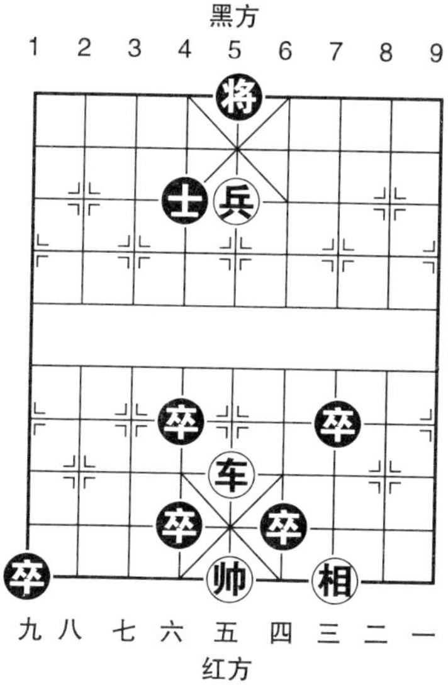

注释：

①如改走士4退5则车二进六，士5退6；车二平九，卒6平5；帅五平四，将5平4；车九进一，将4进1；车九退三，将4退1；车九平六，将4平5；车六平四，士6进5；车四进二，士5进6；车四退一，将5平4；兵五进一，红胜。

②也可以直接走车三平六取胜。

③如改走车三平六则卒1平2；车六平五，士4退5；车五退二，卒6平5；相三进五，士5进6；黑胜。

④如改走士4退5则车三进五，士5退6；车三平九，将5平4；车九进一，将4进1；车九退四，将4退1；车九平六，将4平5；车六退二，士6进5；车六进五，士5进4；车六退一，将5平6；兵五进一，红胜。

第8局　小五鼠（八）

本局收集于网络，估计是江湖艺人改拟，结论是红胜。现介绍如下：

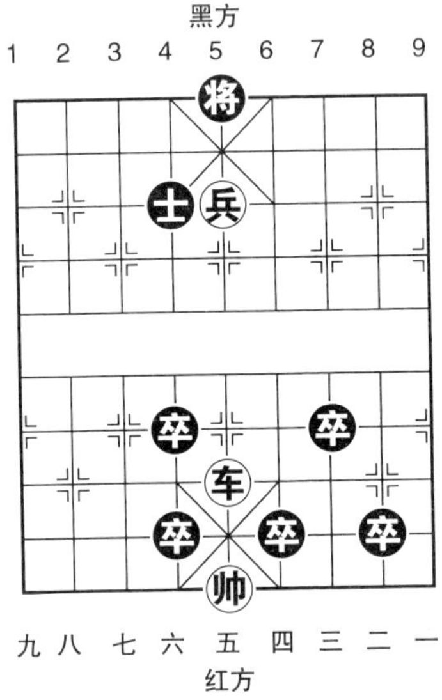

着法：（红先胜）

1. 车五平八① 前卒平5②
2. 帅五平六 将5平6
3. 车八进七 将6进1
4. 车八退四 将6退1
5. 车八平四 将6平5
6. 车四平三 士4退5
7. 车三进三 士5退6
8. 车三平八 将5平4
9. 车八进一 将4进1
10. 车八退六 卒5平4
11. 帅六平五 卒6平5
12. 帅五平四 将4退1
13. 车八平六 将4平5
14. 车六平八 将5平4
15. 车八进六 将4进1
16. 车八退五 将4退1
17. 车八平六 将4平5
18. 车六平四 士6进5
19. 车四进四 卒5平6
20. 帅四进一 （红胜）

注释：

①如改走车五平二（如兵五平六则后卒平5；车五进一，将5平6；黑胜），则前卒平5；帅五平六，将5平6；车二进七，将6进1；车二退五，将6退1；兵五平四，将6平5；车二平五，将5平6（如将5平4则车五平六，卒6进1；车六进三，将4平5；车六平五，将5平4；车五退六，卒4进1；车五平二，卒7进1；兵四平五，将4进1；车二平四，卒7平6；车四退一，卒4进1；帅六平五，卒6平5；车四进八，将4退1；兵五进一，红胜）；车五平三，将6平5；车三

进五，将5进1；车三退一，将5退1；兵四平五，将5平6；车三进一，将6进1；车三退六，将6退1；车三平六，卒8平7；车六平四，将6平5；车四平八，将5平6；车八进六，将6进1；车八退一，将6退1；兵五平四，将6平5；兵四进一，将5平4；兵四平五，亦红胜。

②如改走卒6平5则帅五平四，将5平4；兵五平六，将4平5；车八进七，将5进1；车八退一，将5退1；兵六平五，将5平4；兵五进一，红胜。

风云名手回顾之“棋艺理论家”贾题韬

贾题韬，字玄非，清宣统元年（1909年）出生于山西省赵城县的书香之家。自幼天资聪明，记忆力特别强。贾从小受的是“学而优则仕”的传统文化教育，不论是家庭或是他个人，总希望将来在仕途上有所成就。为此，童年时，他虽已学会了弈象棋，不过是课余玩玩，似乎没有想到今后会成为象棋国手和棋艺理论家。

贾老是教师，有大学教授的底蕴和经历，也曾屈尊在中学任过教。为人师表嘛，人品当然要好，而贾的人品和棋品却好得足可楷模，令人尊敬。据《贾题韬与竹园棋社》等文载：贾弈棋时总是戴一副眼镜，正襟危坐，目不斜视；他从不敲子以免影响对方的思绪，更不在弈棋时谈话。至于弈完后，除了对方有意请他分析指教外，从不倚老卖老，自以为是。如果在弈棋的中途，需小解之类的，必和对方招呼后才离开；弈棋中偶尔说一两句话也很谦逊，绝没有自我吹嘘的成分。

在弈棋的内在品质方面，贾更是顶呱呱的。既讲求实事求是，又以棋艺和事业为重；既诲人不倦，又严于律己。1940年时，谢侠逊从南洋回国，到了重庆，后又来到成都，经李铁樵先生介绍，贾和谢约定，为成都蜀华中学对弈20局，以交流棋艺，由崔复作棋证。当弈完17局后，谢曾提议改为共弈30局，以利于今后单独印一本专集，贾亦表示同意，但后来谢因事离开成都，弈赛之事无形告一段落。于是棋人们就关心起已弈的17局情况来。一段时间来，谢侠逊未提及谁胜谁负；贾题韬也未公开向外界披露过胜负之数，只是到逼迫不过的情况下，透露"小胜"两字。更为使人钦佩的是，这17局，贾是有记录的，但被谢索去，后来未见在《象棋谱大全》之类的棋书中刊出。贾氏就向谢索回，但没有得到，就这样，这17局宝贵的棋艺珍品竟于世间消失。不过，我们从中可看出贾题韬的高洁棋品来。

贾老的高尚棋品，还反映在他撰写棋书时，基本上未举对子棋作例局。我们从《象棋指归》《象棋论坛》等书所举例局来看，凡对子棋的例局，贾全部用其他名手的棋局，这一方面可以宣传别人，保留他们的作品，另一方面是对自己的苛严要求，因为若举了自己的胜局，难免有扼人的"嫌疑"。

贾题韬的好棋品，还表现在弈棋之外的人品上。据《刘剑青师徒弈海情深》载：贾当时在成都的竹园弈棋，有个名叫刘剑青的小孩常站在棋旁观看，贾觉得此子可教，遂主动邀刘到自己家里去教棋。刘起初不愿去，什么原因似不消说。为了打消刘的顾虑，贾说：我不收学费的。更为奇特的是，贾不仅教刘下棋，还教刘读《孟子》。有一次贾氏需暂离成都，在一本《孟子》上题了这样几句话："人当立志，无志则不成其为人矣！然志者，非志于名，志于利，乃志于为人，无亏于父母、家国、社会也。汝年少，尚不知事，特示此，期事事着力。所讲《孟子》，务熟读深思，写字读书，日有定课，以其余力志于象棋，暇则闭目存养，令精神勿外驰。其余大端，他日再及，此留剑青念之。”从这段话中，我们可看出贾题韬课徒既重棋艺更重于人品。

贾题韬把弈棋作为一种艺术境界，而不是把比赛的胜负作为主要目标。尽管贾氏大部分弈棋经历在成都，很少见到他弈棋业迹的介绍，但我们还是隐约可感贾先生的高超棋艺。主要有下述方面：

一、从一些名手对局中感知。由于贾题韬有不愿宣扬自己的内在品质，因此，其棋艺作品公开流传的甚少，特别是他在棋艺高峰时期的棋艺作品更少见。这当然和旧中国时很少举行棋赛及贾不大愿意在比赛中争胜有关。除了在四川的一些对局及胜负外，1956 年全国赛前夕，贾因公出差，恰在北京，留有一些胜负数字：在天然轩，他胜过宋景岱、孙登魁、曹德纯等名手，惊动了全国象棋锦标赛裁判组。从棋艺水平来说，许多人认为胜者可能是贾题韬，但名字——贾自报贾玄非及工作地点——西藏，又对不上号，为了试探贾玄非是否贾题韬，张雄飞想出了一个办法。据《先农坛巧会佳宾》载：次日在天然轩茶社前贴出“贾题韬速来赛场一谈”的字条以试探怪客，贾看到字条后即去了赛场。原来贾其时已调西藏宗教界工作，此次来北京开会。贾还被临时邀请担任裁判工作。

二、从贾对四川名手对局得知。四川是西南地区的中心，弈棋人口相应也多些，限于地理条件，和外界的交流相对少些。但整个棋艺水平仍足可和江、浙、粤、冀、黑、沪、京、津等省市媲美。当时四川棋坛有“五虎”之说，贾题韬迁川后，和“第一虎”高佛泉对局可让二先，和另外的“虎将”唐晋尧、陈德元等也让二先才互有胜负。值得一提的是，有的棋手为了抬高自己，硬要让人家长先或二先；又有些棋手为了赢得彩金，偏要人家让二先，贾与他们绝不相同。贾能够让四川的一流棋手二先，就可验证出他的棋艺水平了。

三、从贾的棋艺评析中感知。他的撰述，已见到的有《象棋指归》《象棋论坛》等，评析联系线、路、增强棋势，保持和转换先手等，分析精辟，还举出演变的着法，以利印证，体现了很高的艺术境界。对当头炮、对屏风马、对兵局等大路开局，对列手炮、巡河炮对当头炮等当时少见的开局，都举了例证，使全书 15 种 101 局开局法，都有了例局。分析演绎的着法，细致绵密，令人叫绝，是不可多得的好书。

迄今为止，贾先生写过《象棋指归》《象棋论坛》《象棋残局新论》三种书，虽都很“薄”，但蕴理却甚深厚。现就对贾先生三种书，谈一点粗浅认识。

一、关于象棋起源问题，贾先生论述得合情合理，富于雄辩。他在《象棋指归》的《序》中说：象棋的象，并非指走兽的象，而是模拟战斗形态的象，这个“象”是类似之意。又认为象棋起源于春秋战国。从棋盘有河界，表明当时的政治、经济、军事中心大体在黄河流域。在棋子方面，有司内的士、相（象），有担任进攻的车、马、炮、兵四类，其中车的力量最强大，表明当时以车战为主要的手段，是吻合春秋战国时代的。这里再补充一句，当时军队最基础的组织是“伍”，也合乎春秋战国的时代特征。贾先生的论述，不凭空，不仅及一点，而是从历史上、军事和经济方面来研究它的起源问题，是一种学者的态度。

二、重视“势”和“路”的研究，这是贾先生对棋理的独特认识。贾认为象棋既然是模拟艺术，就必须看到两国交战的胜负基础在于“综合国力”。所以他在《象棋指归》中十分注意到“势”的研究及从属于“势”和“路”的阐述。他在《视察战场——棋盘》这一小节中引了孙子的话：“夫地形也，兵之助也。料敌制胜，计险厄远近，上将之道也。乔此而用，战者必胜；不知此而用，战者必败。”对棋盘上的纵线分为主力线（四、五、六路），侧翼线（二、三及七、八路），迂回线（一路和九路）；横线分后卫、生命、布置、前卫、前哨五线，还用“表一”的形式讲了这些线路的要略。对于两线交叉的“点”，更以“表二”的形式讲了要略。对于棋子——即每个军种的攻防要略，也作了阐述，如炮不宜轻发，“轻发则无力”；马宜置于可据之地，“为守兵之用”等。对于局势——阵形研究，更是结合各种布局法再参照“名局评解”来阐述。所以，贾先生是重视于棋的基础来讲的，和一般棋艺书籍偏重于具体战术不同。

三、将象棋看作是一种艺术的境界，而不是作为沽名钓誉的工具。贾的棋艺水平高出四川众多棋手约一、二先（当年）。但他从不宣扬，很少将自己的胜局公布于众，他认为如果这样，就会“客观上贬低别人”。又如贾和谢侠逊的十七局对局记录，谢拿去后未能出版发行，这对象棋艺术恐怕是一种损失。是不是没有留底呢？退一步说，总有一两局能回忆出来。但贾考虑到谢“总司令”的地位，所以他一直没有在公开场合提起这件事。

贾少年时在太原读书，毕业于山西大学。在校期间经校长常燕生介绍曾加入过青年党，做过少将参议，当过国大代表，后一直从事教育工作。解放初在金陵大学、光华大学任哲学、逻辑学教授，后被委派进西藏，做佛教方面的工作。贾先生一生好弈，除了棋艺创作和理论著述外，还积极参加其他棋事工作。他担任过四川、西藏佛教协会等领导工作，是德高望重的仁厚长者，是棋界师风的一位“立人”。

贾先生于 1995 年 1 月逝世，享年 86 岁，是棋界的高寿者之一。

第十四章
小二炮炮炮千秋　九连环环环相扣

第1局　新小二炮
江湖揭秘

江湖排局“小二炮”，属于双炮盖车类型的排局。在现代江湖棋摊上经常可以见到。主要原因是现代江湖艺人已经把“小二炮”局的下法做了精心研究，使得“小二炮”局有了广阔的用途和前景。下面请看浙江省东阳市夜市街的一幕。

一个挑战者输了两局“马跳檀溪”之后，明显的信心不足了。摊主就摆出了江湖排局“晴天霹雳”（前文已经介绍过），并对挑战者说：“这位兄弟你输了两盘棋不打紧，我给你摆一个简单的让你赢回去。你看看这盘棋简不简单，就三步棋，走对了我就缴枪。”

输棋的挑战者说：“我已经输给你400块了，我再看看棋吧”。

摊主说：“没有关系的，兄弟，看好了就一把赢回去。”

随后有一个托儿输了一把，摊主重新摆回来。一个衣着整齐的中年人对输棋的挑战者说：“兄弟，这局棋把双炮给他吃，然后车下底就赢了。”

输棋的挑战者说：“看好了你就下吧！”

那中年人就押了500块钱走了一把，结果赢了。

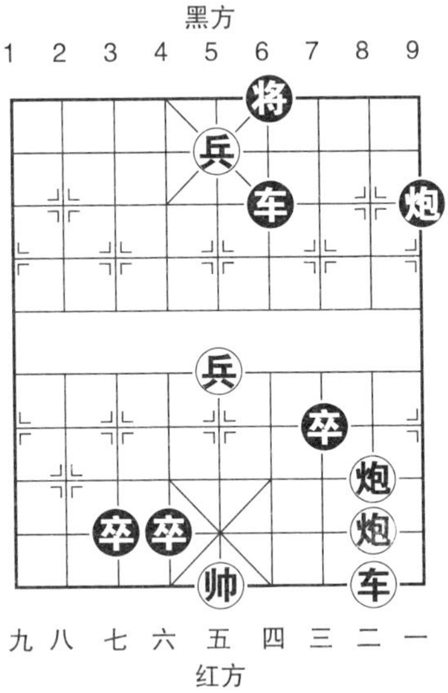

摊主给完中年人钱之后，就摆出了本局图式的“小二炮”（如图）。这是一则由沈通声先生改拟的作品，原局红方后兵退后一步，是一则黑胜局。笔者将本局刊载于拙作《热门棋局揭秘》之后，本局就在江湖中流传起来。

赢钱的中年人依旧在输棋的挑战者身边，并看着棋说：“这盘棋也和上一局道理一样，必须送两个炮给他吃，然后车下底将军就赢了。你好好看看，看好了把自己输的钱赢回来。”

挑战者说：“好好看看的。”

这时候，一个托儿走了一盘：前兵进一，将6进1；前炮平四，车6进5；炮二平四，车6进1；车二进八，将6进1；车二退一，将6退1；车二进二，车6进1；黑胜。

摊主把棋局摆回了原来的局面，说：“刚才这位朋友第一步棋就错了，我走红棋第一步绝对不走中兵。好好研究一下赢回去吧！”

其实这是两个人合作表演的第一个托儿步。刚才摆的“晴天霹雳”局只是铺垫而已，被人赢了之后，再摆设“小二炮”，那么就容易有鱼儿上钩了，这是一种战术。

赢过棋的中年人对输过棋的挑战者说：“要先走炮就赢了。”

那人点了点头，说："我再研究研究。"

这时候，第二个托儿步出现了：车二平三，炮9平7；前炮平四，车6进5；炮二平四，车6进1；车三进七，车6进1黑胜。

摊主仍说："最后半分钟了，没有人下我就换棋了。"

赢过棋的中年人对输过棋的挑战者说："兄弟，抓住机会，他要换棋了。"

输过棋的挑战者说："我下一盘400块钱的。"摊主说："现在都是500块钱的，你也别难为我，就500块钱吧！"

挑战者说："500块就500块。"然后就掏出500块钱交给了摊主。

挑战者走的是：前炮平四，摊主说："走对了。"应以车6进5。挑战者接走炮二平四，他满以为胜券在握，下一步只要摊主走车6进1则车二进九红胜。不料只见摊主走了一步车6平5反将，局势顿起波澜，有托儿在说："垫炮赢了。"挑战者顺手就走了炮四平五，摊主车5进1黑胜，一边把棋局再摆回来，一边说到："这位兄弟，刚才我是拣了一步棋，你开始走对了，就是后来应着错了。我这回可要换了。"

中年人对挑战者说："你不能换，我兄弟一定要再下一盘赢回来的。兄弟，你走得太急了，不能垫炮啊！你把老帅藏到炮下面不就赢了吗？"

挑战者考虑了一会儿，认为中年人的话是有道理的，就又下了一盘1000块钱的，这次走的是：前炮平四，车6进5；炮二平四，车6平5，这时候中年人说："走帅五平四，兄弟。"

挑战者就听话走帅五平四，摊主说："这回走对了，你赢了，我就乱走吧！将！"于是车5进2。

“吃车，白吃一个车，赢了。”托儿在忽悠着。挑战者就走了帅四平五。摊主说：“我再送你一个卒吃，将！”便走卒4平5。

托儿在说着：“吃掉，吃掉就赢了。”挑战者真走了帅五进一，结果摊主炮9平5黑胜。

中年人说：“兄弟，你走得太着急了，问一下我再走嘛。你应该再走帅五平四，他走卒5进1你再帅四平五不赢了吗?”

挑战者看了看棋盘说：“大哥，那他如果走卒5平6吃炮呢?”

中年人说：“你也走帅四平五，他再卒6进1将，你就车二平四赢了。”摊主说：“这回我可真换了。”

挑战者说：“我最后再下一把。”摊主应付着：“那赢回去就算了。”

挑战者看看钱包里只剩下600块钱了，就说：“就600块钱的。”

摊主说：“好的，走吧。”

挑战者最后走到卒4平5时不再吃卒了，径走帅五平四，摊主则卒5平6；挑战者帅四平五，摊主又卒6平5，挑战者帅五平六，摊主卒3平4，黑胜。

挑战者说：“你这盘棋赢不了的，我不下了。”因为也没有钱了。

中年人说：“我下1000块钱的。”他走的是：前炮平一，炮9平8；车二平三，炮8平7；炮二进八红胜。也是赢得合情合理。摊主说：“押1000给你2000嘛，走对了我也没有办法。”

挑战者懊恼的走了，已经输光了所有的钱。

本局的陷阱这么厉害，由此可见本局黑方的暗杀隐藏之深，一般街头的好干分子绝对难以看出来。加上江湖艺人改革的新方式，本局在江湖棋摊上作用极大。

本局前身是“小二炮”最简洁、最深奥的局式，曾经在《羊城晚报》“羊城棋坛”公开答过读者，经陈松顺前辈重新研究，将着法发表在本谱。后经读者吴科苏和廖立奇分别指出其中不当之处，陈松顺前辈将再诠正的着法刊于本谱增订本中，结论是和局。但此局确实变化深奥，经过沈通声棋友研究后认为，本局的结论应属黑胜。并曾经将黑胜着法介绍在《百花齐放象棋谱》第21集中，沈通声先生的着法可以作为最后的定论，沈通声棋友提出将红方后兵前移一格，修改成如本局图式，就可以弈成和局。本局也曾经刊载于《百花齐放象棋谱》第21集中，现介绍如下：

着法：（红先和）

1.	前炮平一①	卒4平5②	2.	帅五进一	车6进6
3.	帅五退一	炮9平5	4.	炮一平五	炮5进5
5.	炮二平七③	炮5退6	6.	帅五平六	车6平3
7.	车二进五④	炮5平4	8.	车二进四⑤	将6进1
9.	车二平六	炮4平5	10.	车六退四	炮5退1
11.	兵五进一	车3平5	12.	兵五平四	将6平5
13.	兵四进一	车5退2	14.	兵四进	炮5平6
15.	车六进三	将5退1	16.	兵四进一	炮6平8
17.	车六平五	车5退5	18.	兵四平五	将5进1

（和局）

注释：

①如改走后兵进一则车6进5；后兵平四（如后炮平五则则卒3进1，炮五平四车6进1，黑胜），卒3进1；后炮平四，卒3平4；帅五平四，后卒平5；黑胜。

②如改走车6平2则车二平四，炮9平6；炮一平四，炮6平5；炮四平五，炮5平6；炮二平四，炮6平5；炮四平七，炮5平6；炮七退一，车2平3；炮七进六红胜定。

③红方另有两种着法均负：

甲、前兵平六，卒3进1；炮二平一，炮5平2；车二进九，将6进1；车二平八，炮2进2；车八退九，卒3平2；黑胜。

乙、前兵平四，车6退7；炮二平一，车6进4；帅五进一，车6进3；帅五进一，车6退3；车二进九，将6进1；车二平五，卒3平4；帅五平六，卒4平5；帅六平五，卒5平6；帅五平六，车6进2；帅六退一，车6平5；帅六退一，卒6平5；车五平六，车5平6；黑胜。

④如改走车二进九则将6进1；车二平六（如车二退三则炮5平4；兵五进一，车3平5；兵五进一，车5退2；车二平三，将6平5；车三平二，炮4平3；车二平三，炮3进2和定），车3退4；车六退一，车3平2；帅六进一，车2进4；帅六退一，车2平5；车六退三，炮5退1；兵五进一，和定。

⑤如改走车二平四则将6平5；帅六平五，车3退3；兵五进一，炮4进3；兵五进一，车3平5；帅五平六，炮4退1；黑胜。

第2局　黑小二炮

本局收集于网络，黑方有两只炮。其实就是等于在第1局的基础上增加一只七·五位兵，然后红黑倒置。这样一来，结论是和局，现介绍如下：

着法：（红先和）

1. 车七平六①　前炮平 1②
2. 兵四平五　将 5 进 1
3. 车六进六　将 5 退 1
4. 炮九平五　炮 1 平 5
5. 炮五进五　炮 2 平 7③
6. 炮五退六　将 5 平 6
7. 车六平三　车 2 进 9
8. 帅六进一　车 2 退 4
9. 炮五退一　车 2 平 7
10. 帅六平五　（和局）

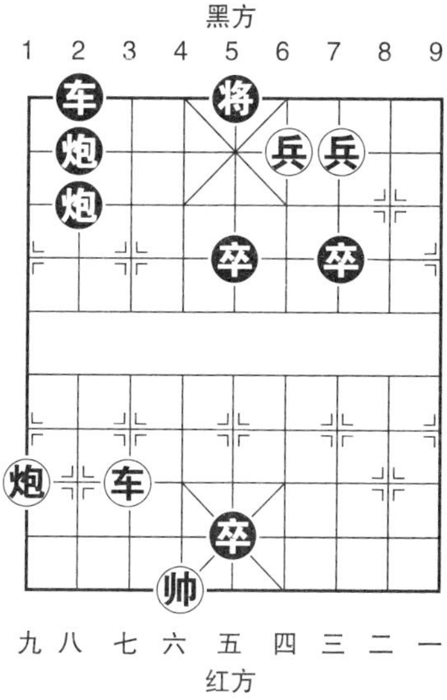

注释：

①如改走车七平一则车 2 平 4；炮九平六，前炮平 4；炮六平五，炮 4 平 5；炮五平六，炮 2 平 4；炮六平五，炮 4 平 7；炮五平六，炮 7 退 1；黑胜。

②如改走前炮平 4 则车六进五，炮 2 平 4；车六平五，将 5 平 4；车五进二，将 4 平 5；兵四平五，将 5 平 4；兵五平六，将 4 平 5；兵六平五，将 5 进 1；炮九平五，红胜。

③如改走前卒平 6 则兵三进一再炮五平二，红胜。

第 3 局　新七子二炮

本局收集于网络。本局是在“七子二炮”局的基础上修改而成。“七子二炮”局刊载于《江湖棋局搜秘》，黑中卒在红方河口，车在 6·7 位；载于《七子百局谱》中的“熏风拂柳”局黑中卒未过河，车在 6·6 位；本局“新七子二炮”则介于上述两谱之间，黑中卒在红方河口、车载 6·6 位。经拆解发现原来另有玄机，由于黑车和卒在一线，导致在变化中无法走车 6 平 5 照将，所以本局既不是黑胜，也不是和局，结论却是红胜。这三局“小二炮”虽然都不是和局，变化却各有千秋，绝对是难得的姊妹局。其实江湖排局并不一定要是和局结论，有的棋局红胜或者黑胜，胜法相当奥妙无穷，就属佳作。现将本局介绍如下：

着法：（红先胜）

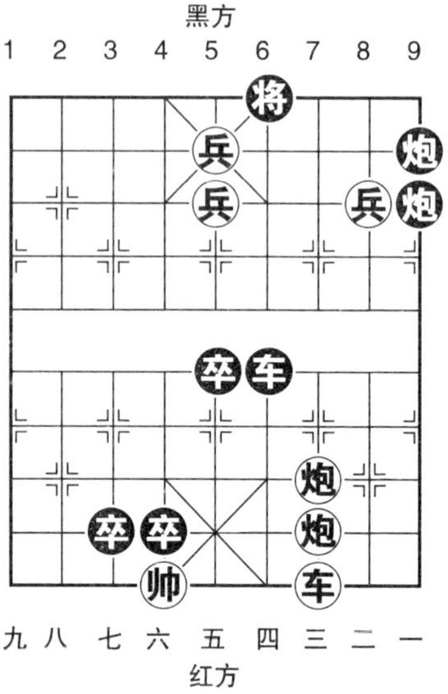

1. 前炮平五① 前炮进 7②
2. 车三平一 炮 9 进 4③
3. 兵二平三④ 卒 3 进 1⑤
4. 前兵平四⑥ 将 6 进 1⑦
5. 兵三平四 将 6 退 1
6. 炮五平六 卒 5 进 1
7. 车一进二 卒 5 平 4⑧
8. 车一平三 炮 9 平 7
9. 炮三退一 后卒进 1
10. 车三平六 车 6 平 5
11. 帅五平四 将 6 平 5
12. 车六平四 卒 4 平 5
13. 兵四进一 车 5 退 3
14. 兵四进一 将 5 进 1
15. 车四进六 （红胜）

注释：

①如改走前炮平四，车 6 进 2；炮三平四，车 6 平 5；帅五平四，车 5 进 2；帅四平五，卒 4 平 5；帅五平四，前卒平 6；帅四平五，卒 6 平 5；帅五进一，前炮平 5；黑胜。

②如改走车 6 进 2 则炮三平五，卒 3 进 1；前兵进一，将 6 平 5；后炮进三，将 5 平 4；车三进九，将 4 进 1；兵五进

一，将 4 进 1；车三平六红胜。

③黑方另有两种着法均负：

甲、车 6 进 2；后兵平四，车 6 平 5；帅五平四，车 5 平 6；炮三平四红胜。

乙、卒 3 进 1；前兵进一，将 6 平 5；兵五进一，将 5 平 4；炮五平六，车 6 平 8（由于本局无法向上局那样走车 6 平 5 取胜，只能平 8 路，因此为败局）；炮三平四，下着黑方有两种应法均负：一、车 8 进 1（如车 8 退 3 则车一进八红胜）；炮四进二，卒 3 平 4（如车 8 平 6 或卒 5 进 1 则车一进八红胜）炮六退二，卒 4 进 1；帅五进一，车 8 进 2；炮四退二，炮 9 进 7；车一平六，红胜。二、卒 3 平 4；炮六退二，卒 4 进 1；帅五进一，炮 9 进 4；车一平三，炮 9 进 3；炮四进四，车 8 进 3；帅五进一，卒 5 进 1；帅五平四，车 8 退 1；帅四退一，红胜。

④红方另有两种着法均负：

甲、车一平三，炮 9 平 7；炮三平七，卒 5 进 1；车三平一，炮 7 平 9；车一平三，炮 9 平 7；兵二平三，卒 5 进 1；兵三平四，卒 4 平 5；帅五平六，车 6 平 4；黑胜。

乙、炮三平七，卒 5 进 1；兵二平三，卒 5 进 1；兵三平四，卒 4 平 5；帅五平六，车 6 平 4；黑胜。

⑤如改走车 6 进 2（如卒 5 进 1 则兵三进一红胜）则兵三平四，车 6 平 5；帅五平四，车 5 平 6；炮三平四，卒 4 平 5；兵四进一；红胜。

⑥如改走炮五平六则卒 4 进 1（如车 6 进 2 则兵三平四红胜定。又如卒 5 进 1 则兵三进一红胜。再如车 6 进 3 则炮三平六红胜定）；帅五进一，车 6 进 3；帅五进一，卒 5 进 1；黑胜。

⑦如改走车6退4则兵三平四，车6平8；兵五进一，卒5平6；帅五平四，卒4平5（如车8平5则车一进四红胜）；炮五进二，车8平5；车一进四，车5平9；车一进四，将6平5；兵四平五，将5平6；兵五进一，红胜。

⑧如改走将6平5（车6进3则炮三平六，炮9平5；后炮平五，车6平5；帅五平四红胜）；则车一平三，炮9平7；炮三进三，将5平4；兵五进一，车6平5；炮三平四，车5退4；炮四平六，卒5平4；后炮平五，前卒进1；帅五进一，车5进4；兵四平五，车5退3；车三进四，车5平9；车三平六，将4平5；车六平五，将5平6；炮五平四红胜。

第4局　九连环（一）

本局收集于网络，红方九路兵与江湖名局“大九连环”（见附图）相比，后退了两步，删去了“大九连环”9路黑卒。这样红方九路兵可以在最后的拼搏时兑车成和，变化别具一格。由于“大九连环”是一则黑胜局，故出现了一些修改局。现将其介绍如下：

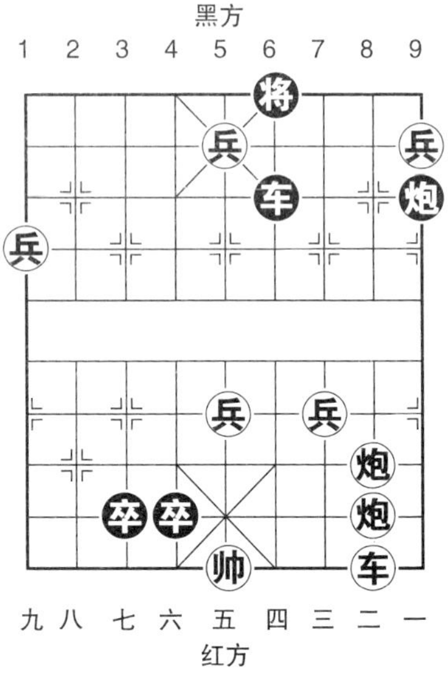

着法：（红先和）

1. 前炮平五　车6进5
2. 炮二平五　炮9平8
3. 兵一平二　炮8平5
4. 前兵平四　车6退6

5. 兵二平三　车6平7　6. 车二平四　将6平5
7. 前炮进五　车7进5　8. 后炮进一　车7平5
9. 车四进二　卒3进1　10. 帅五平四　卒4平5
11. 前炮进一　将5平4　12. 车四进七　将4进1
13. 车四退三　车5进1　14. 炮五退七　车5进1
15. 车四平七　卒3平2　16. 兵九平八　将4平5
17. 车七平六　卒2平3　18. 兵八平七　车5退3
19. 车六平四　车5进3
20. 兵七平六　卒3平4
21. 车四平五　车5退5
22. 兵六平五　（和局）

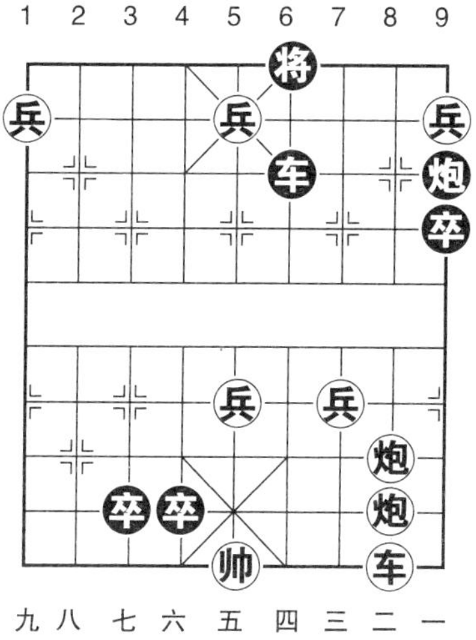

附图

附图就是著名的古局“大九连环”，又名“九进中原”，在众多流行的“九连环”江湖排局中，着法最深奥，变化最复杂，影响最广泛，当属本局图式。60年代，瞿问秋、杨明忠、周孟芳、樊文兆等人对其做过深入的研究，演变结果为红先黑胜，并于1976年首次刊于油印本《推陈出新象棋谱》第2集中，由此更加广泛流传于民间。

第5局　九连环（二）

本局是已故象棋名家江苏徐州陶治谟先生所作，刊载于

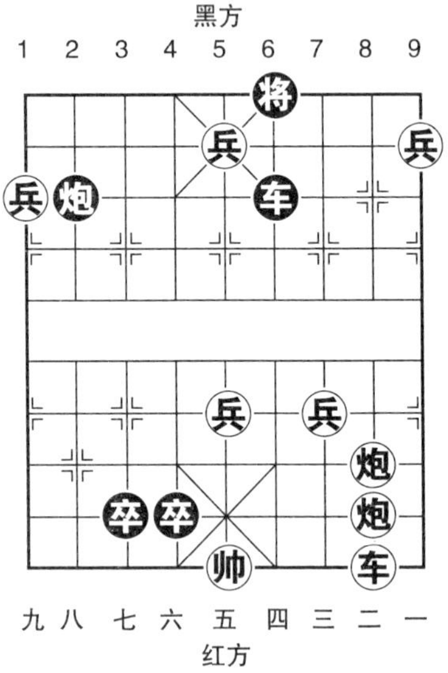

《百花齐放象棋谱》第21集，结论是和局。现收录如下：

着法：（红先和）

1. 前炮平五　车6进5
2. 炮二平五　炮2平8
3. 兵一平二　炮8平5
4. 前兵平四　车6退6
5. 兵二平三　车6平7
6. 前炮进五　车7进5
7. 车二平四　将6平5
8. 后炮进一　车7进2
9. 前炮平六　将5平4
10. 车四进九　将4进1
11. 炮五平六　将4平5
12. 帅五平四　车7进1
13. 帅四进一　车7平5
14. 车四退一　将5退1
15. 前炮平五　车5退3
16. 车四退一　车5进1
17. 帅四退一　卒4平5
18. 炮五退六　车5进1
19. 车四进二　将5进1
20. 炮六进七　车5进1
21. 帅四进一　卒3平4
22. 炮六平五　将5平4
23. 车四平三　车5退7
24. 车三平四　车5平1
25. 车四退六　（和局）

第6局　九连环（三）

本局收集于网络，将上局九路兵前进一步，结果就成为黑胜。现介绍如下：

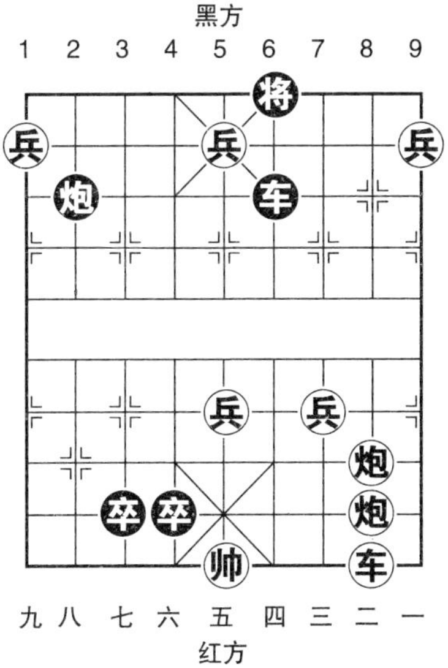

着法：（红先黑胜）

1. 前炮平五① 卒4平5
2. 帅五进一 车6进6
3. 帅五退一 卒3进1
4. 炮五平八 炮2平5
5. 炮八平五 炮5进5
6. 炮二进一② 炮5平2
7. 炮二平六 炮2进2
8. 炮六退二 卒3平4
9. 帅五平六 炮2平8
10. 兵一平二 炮8平7
11. 兵九平八 车6平3
12. 兵三进一 车3退2

（黑胜）

注释：

①如改走前炮平八则炮2平5；炮八平五，卒4进1；帅五平六，炮5进5；前兵平四，车6退1；炮二平一，炮5平8；炮一退一（如兵五进一则车6平1黑胜），炮8退4；炮一进五，车6平1黑胜。

②如改走炮二进八则炮5平2黑胜。

第7局　九连环（四）

本局是笔者好友敖日西先生所作，也是对“大九连环”的修改。着法精彩，变化复杂深奥，堪称佳构。本局结论是和局。现介绍如下：

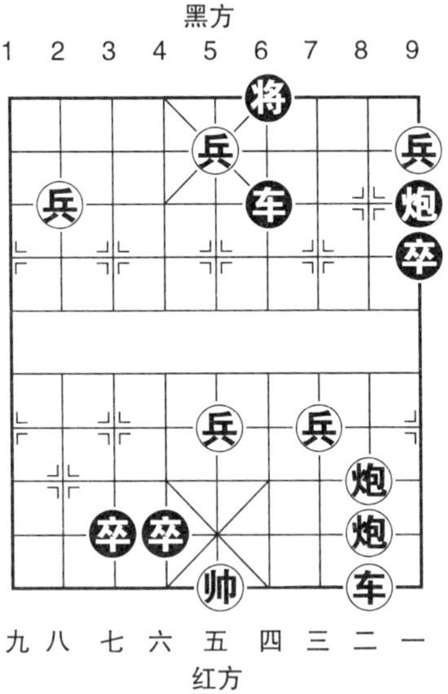

着法：（红先和）

1. 前炮平五　炮9平8
2. 兵一平二　车6进5
3. 炮二平五　炮8平5
4. 前兵平四　车6退6①
5. 兵二平三　车6平7②
6. 前炮进五　车7进5
7. 车二平四③　将6平5
8. 后炮进一　车7进2④
9. 前炮平六　将5平4
10. 车四进九　将4进1
11. 车四退一　将4退1
12. 炮五平六　将4平5
13. 帅五平四　车7进1⑤
14. 帅四进一　车7平5
15. 前炮平五　车5退3
16. 炮五进一⑥　车5进3⑦
17. 炮六进六⑧　卒4平5
18. 帅四进一　车5平2⑨
19. 帅四平五　车2退7
20. 帅五退一⑩　车2平5
21. 帅五平四　车5进7
22. 帅四进一⑪　卒3平4
23. 车四平一　车5平9⑫
24. 炮六平九⑬　车9退2
25. 帅四退一　车9平5
26. 车一平四⑭　卒4平5
27. 炮五退七　车5进1
28. 帅四退一　卒9进1
29. 车四进一　将5进1
30. 炮九进一　卒9进1
31. 炮九平五　车5平4
32. 车四退五　将5退1
33. 车四平一　车4平5
34. 车一平四　（和局）

注释：

①黑方另有两种着法均负：

甲、将6平5；兵二平三，将5平4；车二进九，将4进

1；兵四平五，将4平5；前炮进五，车6退1；后炮进一，车6平5；车二退七，将5平4；前炮平一，卒4进1；帅五进一，卒3平4；帅五平四，车5平6；炮五平四，将4平5；炮一进一，将5进1；车二进五，车6退4；车二平四，将5平6红胜定。

乙、将6进1；前炮进五，将6平5；车二进六，车6进1；后炮平七，卒4平3（如车6退2则兵五进一，卒4平3；兵二平三，卒3平4；炮五退二，车6退1；车二平五，将5平4；车五平六，将4平5；车六退五，车6平5；车六平五，车5进3；帅五进一红胜定）；炮五退三，车6退2；车二平五，将5平4（如将5平6则兵二平三，将6进1；炮五平九红胜定）；兵八平七，车6平7；车五平四，车7进3；车四退六，车7平6；帅五平四红胜定。

②如改走卒4平5则帅五进一，车6平7；炮五进五，车7进5；兵五进一，车7进2；帅五进一，卒3平4；帅五平六，卒4平3；帅六平五，车7退3；兵五进一，卒3平4；车二平四，将6平5；车四进六，车7平2；帅五平六，卒4平3；帅六平五，车2退3；车四平一，车2平5；车一平五，车5进1；兵五进一和局。

③如改走后炮进一则车7平6；兵五进一，卒3进1；后炮平六，车6进2；兵八进一，卒4进1黑胜。

④黑方另有两种着法均负：

甲、车7平5；车四进二，将5平4；前炮平六，卒3进1；兵八平七，卒3平4；帅五平四，后卒平5；车四进七，将4进1；车四退一，将4退1；兵七进一，车5进1；兵七平六，将4平5；车四进一红胜。

乙、车7进1；后炮平四，车7退1；炮四进一，卒3进

1；炮五平六，车7进2；炮四退二，车7退2；炮四进二，车7进2；炮四退二，车7退2；炮四进二红胜。

⑤如改走卒4平5则后炮平五，将5平4；炮六退七，卒3进1（如车7退1则兵八平七，车7平5；兵七平六，将4平5；兵六平五，将5平4；前兵进一红胜）；兵八平七，卒5进1；帅四平五，卒3平4；帅五平四，车7退8；兵七平六，车7进7；车四进一红胜。

⑥如改走车四退一则车5进3；炮六进五（如车四平二则车5退2；炮六进五，卒4平5；炮五退六，车5进1；帅四进一，车5退1；帅四退一，卒3平4；炮六平五，将5进1；车二平四，车5退5；车四平五，将5进1；兵八平七，卒4平5；帅四进一，卒9进1黑胜定），卒4平5；帅四进一，车5平4；帅四平五，车4退7；帅五退一，车4平2；帅五平四，车2平4；车四进二，将5进1；炮五退三，车4进6；帅四进一，车4退1；帅四退一，车4平5；车四退五，卒3平4；车四进四，将5退1；车四退四，卒4平5；炮五退三，车5进1；帅四退一黑胜。

⑦如改走车5进1则炮五平九，卒4平5；帅四退一，车5平4；车四进一，将5进1；兵八进一，车4退6；车四退一，将5进1；车四平六，卒3平4；车六平五，将5平4；车五平四，卒4进1；车四退一红胜。

⑧如改走车四平三则车5退2；炮六进六，卒4平5；炮五退七，车5进1；帅四进一，车5退6；炮六平五，车5平2；炮五退二，车2进5（如车2平6则帅四平五，车6进1；炮五退一，车6进1；炮五退一，车6进1；炮五退一，车6进1；炮五进五，车6平5；帅五平四，卒3平4；车三平一，卒9进1；车一平二，卒9进1；车二平一，卒9进1；车一

平二，卒9平8；车二平三，卒8平7；车三平四，卒7进1；帅四退一，车5进2；帅四退一，卒7进1黑胜）；帅四退一，车2平5；车三退二，卒9进1；车三平四，卒3平4；帅四退一，卒4平5；炮五退五，车5进1；车四退二，车5退2；帅四进一，卒9进1；车四退二，卒9平8；车四进二，卒8平7；车四退二，卒7进1；车四进七，将5进1；车四退七，车5平6；车四进一，卒7平6；黑胜。

⑨黑方另有两种着法均负：

甲、车5平4；帅四平五，车4退8；车四平一，将5平6；兵八平七，车4平2（如卒3平4则炮五平四，车4进2；炮四平八，车4平5；帅五平六，车5平2；车一进一，将6进1；兵七进一，车2退2；兵七平八红胜）；炮五平六，车2进6；帅五退一，车2退4；车一进一，将6进1；车一平五，卒3平4；帅五平六，车2平4；帅六平五，车4退2；车五退三，将6退1；兵七平六，车4平3；车五进三，将6进1；兵六平五，卒9进1；兵五进一，车3平5；车五退一，将6退1；车五退三，卒9进1；车五平四红胜。

乙、车5平9；帅四平五，卒5平4；帅五平四（如兵八平七则车9退2；车四退六，车9平6；帅五平四，将5进1；炮六退五和局），车9平2；兵八平七，车2平6；帅四平五，车6平9；帅五平四，车9平6；帅四平五，车6平9；帅五平四，车9退2；帅四退一，车9平5；炮六平八，卒4平5；炮五退七，车5进1；帅四进一，车5退1；帅四退一，车5平2；兵七平六，卒3平4；兵六平五，将5平4；兵五进一，红胜。

⑩如改走炮六退六则卒3平4；帅五平四，车2平4；炮六平五，将5平4；前炮退五，卒9进1；车四进一，将4进

1；车四退五，车4进5；前炮平四，车4退1；炮四平五，车4进1；车四平三，卒5平6；车三进四，将4退1；车三平一，车4退3；帅四退一，车4平6；后炮平四，车6平5；车一进一，将4进1；车一退三，车5进2；车一平六，将4平5；车六退五，卒9进1；车六进一，车5进2；帅四退一，卒9平8；炮四进七，卒8平7；炮四平七，车5退2；车六平四，卒7进1；炮七退七，车5平6；车四进一，卒7平6和局。

⑪如改走炮六平九则卒3平4；帅四进一，车5平1；炮九平六，车1退2；帅四退一，车1平5；帅四退一，卒4平5；炮六退一，卒9进1；炮五退七，车5进1；车四进一，将5进1；炮六进二，卒9进1；炮六平五，车5平4；车四退五，将5退1；车四平一，车4平5；车一平四和局。

⑫如改走卒9进1则炮六退六，车5退4；炮六平五，将5平4；车一平四，卒9进1；车四退五，车5平4；前炮退四，卒9平8；车四进一，卒8进1；车四退一，卒8进1；后炮平二，车4平5；炮二退一，卒4平5；炮二平三，车5平7；车四平六，将4平5；车六平五，将5平4；炮三进二，车7平4；帅四平五，卒5平6；帅五平四，卒6平7；帅四平五和局。

⑬如改走炮六退六，车9平6；帅四平五，车6平5；帅五平四，将5平4；炮五平六，将4平5；前炮退七，车5退2；帅四退一，车5平4；车一退二，车4进1；帅四退一，车4平5；车一平四和局。

⑭如改走炮九进一则卒9进1；车一平四，卒9进1下着红方有两种着法结果不同：

甲、帅四退一，卒9平8；炮九退九，卒4平5；炮五退七，车5进1；车四进一，将5进1；炮九进九，车5进1；帅四进一，卒8平7；炮九平五，将5平4；车四退六，车5平4；车四平五，卒7平6；炮五平七，车4退4；帅四平五，卒6平5；车五退一，卒5平6；车五进六，将4退1；车五进一，将4进1；炮七平六，车4平5；车五退五，卒6平5；炮六平七和局。

乙、炮五平八，卒4平5；帅四退一，车5平1；炮八退八，车1进1；车四进一，将5进1；炮九平五，车1进1；炮五退八，车1平2；帅四进一，车2退1；车四退五，车2平5；帅四退一，卒9进1；车四退二，卒9平8；车四进六，将5退1；车四退六，卒8平7；车四进七，将5进1；车四退七，车5退2；帅四进一，车5平6；车四进一，卒7平6；帅四退一，卒6进1黑胜。

纵观“九连环”系列，很难说哪一局是“大九连环”的成功改局。从图式、子力布局上看，最成功的应该就是敖日西先生的这则修改局。

第8局　连环无边

本局收集于网络，是好友黄志琦先生所作，结论是和局。现介绍如下：

着法：（红先和）

1. 前炮平一①	炮2平5②	2. 炮一平五	卒4平5③
3. 帅五进一	车6进6	4. 帅五退一	炮5进5
5. 炮二平七④	炮5退6	6. 帅五平六	车6平3

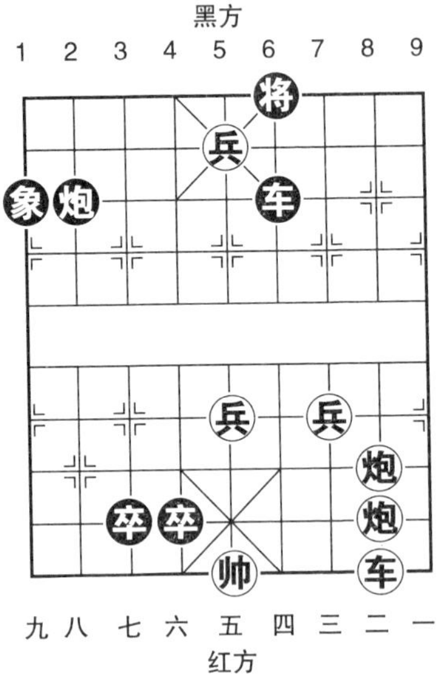

7. 车二进九　将6进1
8. 车二退四　炮5平4
9. 车二平四　将6平5
10. 车四平五　将5平6
11. 兵三进一　车3退3
12. 兵三进一　车3平4⑤
13. 帅六平五　炮4平5
14. 兵三平四　车4平6
15. 帅五平六　车6平4
16. 帅六平五　车4进1
17. 帅五平四　车4退3⑥
18. 帅四进一　象1退3
19. 帅四退一　炮5进1
20. 帅四进一　车4进2
21. 帅四平五　车4进1
22. 帅五平四　车4退1
23. 帅四平五　（和局）

注释：

①红方另有三种着法均负：

甲、车二平一，炮2退2；后炮平七，车6进5；黑胜。

乙、前炮平五，车6进5；炮二平五（如炮二平四则车6平5；帅五平四，车5进2；帅四平五，卒4平5；帅五平四，卒5平6；帅四平五，卒6平5；帅五进一，炮2平5；黑胜），炮2平8；车二平一，炮8退2；车一平二，炮8平7；前炮平六（如后兵进一则卒3进1；前炮平六，卒4进1；黑胜），卒3进1；前兵进一，将6进1；黑胜。

丙、前炮平四，车6进5；炮二平四（如炮二平五则卒4平5；帅五进一，炮2平5；黑胜），车6平5；帅五平四，车

5进2；帅四平五，卒4平5；帅五平四，卒5平6；帅四平五，卒6平5；帅五进一，炮2平5；黑胜。

②黑方另有两种着法均负：

甲、车6平8；车二平四，炮2平6；车四进六，卒3进1；炮一平四，红胜定。

乙、车6进6；炮二平六，炮2退2；炮一进七，红胜定。

③如改走车6进5则炮五进五，卒3进1；炮二平四，红胜。

④红方另有两种着法均负：

甲、前兵平六，卒3进1；炮二平一，炮5平2；黑胜。

乙、前兵平四，车6退7；帅五进一（如炮二平一则车6进5；车二进一，炮5平2；黑得车胜定），车6进7；帅五进一，车6退2；炮二进二，车6平7；黑胜定。

⑤如改走车3退1则车五平七，象1进3；兵五进一，象3退5；兵三平四，炮4平5；兵五进一，炮5进3；兵四平五，和局。

⑥如改走炮5进5则帅四平五，象1退3；兵四进一，车4退3；车五退二，车4平6；和局。

风云名手回顾之“江汉三龙”之一吴淞亭

在晚清至民国早期颇为走红的象棋名手吴淞亭，从江陵棋坛崛起后，走南闯北，挟技漫游全国，曾产生过较大影响。吴淞亭，湖北省江陵县人，圆型脸庞，身高约1米65。根据他比谢侠逊大8岁推算，吴淞亭应出生于清光绪六年（1880年）。据吴生前在上海向棋友透露和在杭州向尚春和先生所述，吴出生于小商贩之家，其父以贩卖荆州土特产金漆盆、桶等工艺品为业。吴少年时曾在蒙馆读过约三年的书，对《百家姓》《三字经》《幼学琼林》等书大体都能背出。由于多年私塾生活，吴还写得一手颇为工整的好字。

少年时吴淞亭除读书、习字外，更喜欢弈象棋。因天资聪明，进步很快，十多岁时就成了街道的“棋王”。由于江陵是湖北省长江沿岸南北交通的要冲之地，晚清时常有一些江湖棋手在那里摆残局谋生，这对少年吴淞亭产生了两种影响：一是吸引他常去棋摊边看棋，不知不觉提高了棋艺水平；二是触发了他成年后浪迹江湖、以棋为生的意识，并终于走上了这条道路。

吴在当地成为“棋王”后，常挟技去武汉的棋茶馆找人斗棋，在棋艺的不断交流中得到进一步提高，并战胜过沈氏老人等武汉名手，俨然是湖北棋坛的一个名将。其时，正届辛亥革命之后，长江中下流的大中城市上海、南京等地的棋艺活动比较活跃，并常通过报纸传来一些弈棋的信息。当时吴已30多岁，正当壮年，棋艺也已成熟，于是挟技远行，去上海弈游。到上海后，他和当时的名手励志英大战十余局，胜负相当，在上海茶馆立住了脚跟。

作为华中的名棋手，吴淞亭在江南征战的二三十年中，足迹遍及上海、南京、扬州、杭州、广州等地，棋艺风格以运子细密、落子缓慢著称。他弈棋常常采取步步为营的策略，不敢冒风险，这主要与长期的江湖棋人生活，要依赖弈棋的彩金维持生活有关。因为他是全国的大名手，为此青壮年时，人们称为“慢国手”。吴在征战各地时，成绩比较突出，与平阳谢侠逊的对局亦不少。

在扬州时，他多次去张宅攻象棋擂台。一次，吴在攻擂中，连胜先锋杨万源和朱锦堂，取得和主将张锦荣对弈的资格。张锦荣在师傅王浩然收山后，则在拥有杨万源、朱锦堂、沈文莹、窦国柱等高手在内的“江都十二名手大赛”上称雄。所以接下来在张毓英宅第内，由张锦荣摆设擂台，迎战天下英豪。其间，善战有万启有、雄放如罗天扬等诸多高才，均未能动摇张锦荣的“金牌王座”。棋界评说：“张锦荣于棋枰角斗多年，经验丰富。他棋路阴沉、细腻诡秘、步步设防，且多陷阱，诱敌之着，对艰难局势，尤为擅长，往往能转危为安、反败为胜。”张是扬州棋坛的一号人物。但张锦荣下棋也是慢，人们就誉张为“慢国手”“丝绵老虎”，张锦荣除了慢，更会磨，在棋势不利时，明明是应下的官着，他不立即走子，而是弄弄棋子，摆摆烟卷，或到外面去溜一圈，进行无形的战斗。吴淞亭在和张锦荣对弈时，就有这个情况。吴是江湖棋人，以此为生，行棋特别谨慎，显得较慢，但逢上应将之着，比较爽脆，不像张有意还有泡。这局棋起初吴形势大好，后来发生逆转，从下午至昏黑尚未终局，但吴已陷入危境，局面已岌岌可危，幸亏天已昏黑，吴约定明日续弈，张认为吴已在劫难逃，就同意明早续弈。晚上，吴淞亭向刚到扬州的罗天扬虚心讨教，罗慨然答应帮吴共同寻求解救之法，直到次日天明，才找到可和的办法，保住了再攻擂的机会。

吴也曾多次到杭州弈游，经济好的时候，就去喜雨台，经济差时，就找茶资低廉的小茶店，所以二三十年代吴淞亭在杭州棋界颇有名声。但因吴时运不佳及年老力衰，1934年来杭时，身穿一件破棉袄，腰围一根稻草绳，使一些有身份的人不愿和他弈棋。

在长期江湖漂泊中，吴淞亭一般寄宿在单身汉的棋友家，有时新到一个码头，尚无熟悉的棋友，便住五等旅舍。当时宿费虽然低，但客居异乡也有难耐的寂寞。颇有文化的吴淞亭闲时抄录对局，既作为提高棋艺的手段，又消遣旅途的寂寞。尤其在过大年前的几天，人们大都忙于办年货，去茶馆的棋客显著少了，吴就在旅舍取出棋子，演绎平日所下的着法，研究新的棋路。每当孤灯相伴，悄然独处，摆弄棋局，演到新变化时，他就作一评语。吴淞亭的个性比较沉静，颇能安于这种静弈生活，为此他自号静弈山人。

和其他职业棋手相比，吴下子较慢，大半天难下完一局棋，似乎欠缺了一点。但吴利用自己手抄对局且十分工整的优势，当和棋友下过棋后，晚上将对局复出后抄清，次回赠给那位棋友，还夹些评注，使棋友既得益又得到一个惊喜。实践证明此法颇有效。如 1933 年时，吴常在上海老西门方浜路的华园茶楼候教，他与周德裕、罗天扬是茶楼的“三鼎甲”。

一天上海名手徐大庆因赛前练兵，找周德裕弈棋。周因嫌徐下子慢，介绍与吴淞亭弈。这盘棋双方各自展开太极功夫，经过六个小时的角逐，吴终因棋高一着以车双兵胜了徐的车卒士双象。次日吴将对局录出送给徐大庆，徐很是感谢，称赞吴的棋艺风格和这个好办法，以后还常找吴弈棋。这样的对局日积月累，数量不少，他将这些评谱集中起来，订成一本棋谱，又精选二十局，取名为《静弈山人雅谱》，以此分赠友人，希望传之后世。

1936 年前后，漂泊江湖已三十多年的吴淞亭，回首自己五十余年的弈棋经历，深感在江湖以棋为生的艰辛。当时吴精力日益衰退，谋生已困难，尤其每临病痛，难耐折磨。倦鸟思归，打算回故乡江陵投亲靠友，摆个小摊头，以度晚年。可是闯荡江湖三十多年，虽然省吃俭用，却一点儿积蓄也没有。他想求助于较富裕的棋友，可是扬州张毓英已多次帮助过自己，再难出口。吴想到了在香港的曾展鸿。曾虽在香港，但常去广州，且是个富商，还比较慷慨。主意定后，吴就寻机来到广州。在广州，吴除了弈让子棋外，不敢再找一流高手黄松轩、卢辉、冯敬如等对弈，这和他年轻初出闯荡时已完全不同。

一次，广州棋界名流何衍璩教授要给儿子做满月，为了热闹一下，何邀集当地棋界名人到家做客，因为吴是湖北名手，也在被邀之列。吴生活十分拮据，为了体面，向棋友借了长衫出客。在何家谈起棋事，总要有人弈一盘助兴，因吴是生客，且和冯敬如的风格十分接近，于是人们提议吴、冯对局。

冯敬如是广东“四大天王”之一，1930年，在东南大战中，冯的比赛成绩虽不突出，但弈出了水平，弈出了名局。冯敬如先胜林弈仙的一局棋，冯以当头炮开局，林以顺炮应手，之后林有躁进之着，致为冯所乘；一时间名声大振，并与黄松轩、李庆全、卢辉称为“四大天王”；冯敬如还曾指点过“棋仙”钟珍，使钟珍受益匪浅，可见冯敬如的棋艺了得。吴淞亭与冯敬如的对弈，吴猜得先行，以“三步虎”，后补中炮对冯的反宫马，吴用足了功力，至中局已占尽上风。但由于连日考虑见曾之事，睡眠不好，精神不济，连打呵欠，出现了好几次应杀而未杀。一旁观战的石光瑛教授曾笑着对冯说：泽叔认输好了。但吴因精神不继，仍未能看出杀着，反而在逃车上寻思“良策”，而走了车六退一，于是冯立即马三进五兑去中炮解了重围。其实吴只要炮三进一挡炮，则左边的车马加上中炮，可立即构成杀势。从这里可看出江湖棋手由于经济而影响到棋艺的发挥，是多么辛酸的处境。不过，吴终于在何家见到曾展鸿，并得到他的帮助，终于回到了故乡。

吴得到曾的资助后来到汉口，仍感度日不易。据《吴淞亭轶事》载，1938 年武汉沦陷后，吴因贫病交迫，不幸饿死于街头，连尸体也无人收殓。一代棋人落得如此下场，实令人可悲。

第十五章
高山流水入黄河　车马争道出曲折

第 1 局　高山流水（一）
江湖揭秘

本章是关于“浑盘”的叙述，是最神奇的“江湖浑盘”，也是江湖中最匪夷所思的“浑盘”手段，估计读者可能都闻所未闻、见所未见。

那是在 1997 年 5 月的一天，笔者当时在黑龙江省大庆市居住。那天正乘坐 1 路“小客”（市内区间的私人客车，招手即停，也称“招手”）去采油四厂办事。

当时车里只有七八个乘客，车出了市区后，在解放村路口，有一个穿着休闲装的中年人招手示意，司机停了车后，那中年人伸头向车里看了看，然后上了车，坐在司机后面的第一排座位，靠窗的是一个老者，衣着讲究，一看就是一个有钱人的样子。那个中年人挨着老者坐，起了 2 块钱的票。老者看了看中年人，中年人说：“大爷，这两天天气挺好的，凉快一点啦。”老者答道：“是的，已经立秋了，咱们北方也不热了。”中年人又问道：“您老高寿啊？”老者回答：“65 了。”

“您老真精神，看起来也就五十七八岁，保养的好啊！一点儿都不显老，您老的气质也好。”于是，二人唠了起来，中年人很会说话，二人其乐融融。

小客车马上就到了二矿，有一个脸长的挺黄的衣着朴素的人上了车，坐在了中年人的身后，就是一个农民工的打扮。

小客车继续向前开，这段路上人烟稀少，路两边都是树林子。

那个挨着老者坐的中年人拿出了一个不到一尺见方的东西，对老者说："这年头啥都涨价，物价珍贵，一副磁力象棋二十多块。"老者说："你会下棋的话，咱俩杀一盘吧？"

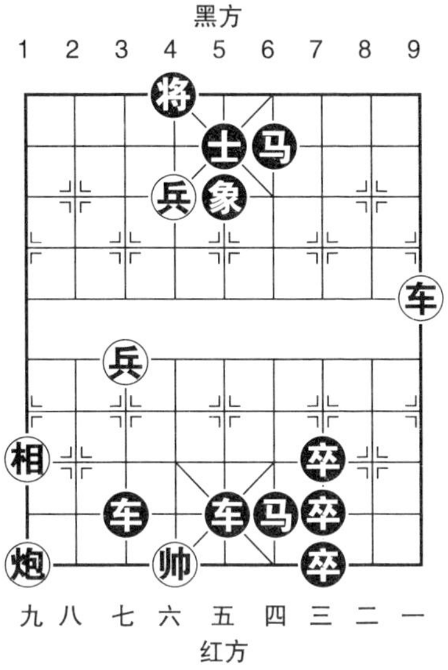

图一

"大爷，哪有心思下棋啊！我前天路过天桥，看见一个老头摆着一个残局，看着很简单的，你看就这样摆的！可有意思喽！"说完，他干净利落的摆上了一个江湖排局（如图一），我也是一个象棋迷，就从后面串到了前面机盖子的侧位坐了下来。

中年人继续说着："你看这局棋，我当时以为红方只要下底将军，无论黑方垫什么都吃，就可以胜了。可是我下车将军，他垫马，我吃马将军，他垫象，我吃象将军，他垫士，我吃士将军，以为就赢了，谁知道他竟然走车 5 退 8 反将，我车四退八，他车 5 进 8；我兵六进一，他将 4 平 5；我车四平五，他车 3 平 5，我输了。你说说能看那么远吧！这局棋关键有个反将，只要一反将，红的就输了。我就买了这副磁力象棋，上班也带着，研究研究。”说完，中年人把棋局摆回了如图的原型。

老者说：“关键是有反将的棋。”

这时候，那个农民工凑了过来，看了看棋，问到：“该到谁走了？”

中年人抬头看了看他，有点瞧不起的语气：“红棋先走，你也懂象棋？”

农民工说：“会下点，不过我老家下棋和你们的不一样，32 个棋子全有。”

中年人说：“这是残局，我输过一回，和我大爷研究研究。”

农民工又说：“如果红方先走，你是不是摆错了，红车下底将军，不将死了吗？”

中年回答：“能垫马。”

农民工说：“垫马吃马，垫士吃士，不就赢了吗？”

老者耐不住了，说：“这里有个反将的棋，黑车能垫回来反将。”

农民工话锋一转，对老者说：“你看看你，这么大岁数咋不会下棋呢？黑车回不去啊！中间有个大象挡着呢？”

“怎么回不去，都给你吃了。”老者回答。

我这时候已经明白，这是在车上打“浑盘”。

农民工说：“这样吧！大爷，咱俩一步一步说说这个棋，比方说我走红棋，你走黑棋，我第一步车下底将军，你怎么走？”于是，二人你一言我一语的说了起来：

“我垫马。”

“你可真不懂象棋，垫马我白吃你的马还将军，垫象”，我吃你的象不还是将你吗？象棋象棋，你连象都不要了，还说你会下棋?”“我垫士”“你真笨，我吃你的士，不就将死你了吗?”

“你怎么能将死?我可以退车反将你啊!”

“将不死?我的兵端着枪在那里等着呢!您老将难道还能上去吗?”

“不是告诉你，我可以退车反将你吗?”

“我不好意思说你啥，这么大岁数了，你的棋怎么下得还是这么臭啊?中间有士象挡着，你回车也回不去啊?这又不是玩跳棋，能跳回去?你真没有看明白啊!”

中年人说：“你们俩有一个人没有看明白。”

农民工说：“这样吧!老爷子，我和你说也说不明白，我们走一盘，我教教你。”

老者被他气坏了，回答：“谁教谁啊?你走吧!”

农民工说：“你看看你，这么大岁数了，一点也不谦虚，好了，你就跟我学学象棋吧!”然后他走车一进四，老者走后马退8。

中年人这时在老者耳边小声说：“大爷，你问问他输了咋办?”

由于刚才农民工出言不逊，老者心里已经很不舒服了，一听中年的话，就说道：“你输了咋办?”

中年人也说：“对，你说你教我大爷棋，你教不明白咋办?”

农民工回答说：“就他这个水平，赢了我的话，我把兜里的钱哗啦哗啦都给他。”

中年人说：“好，这话是你说的，那你带钱了吗?”

农民工从兜里掏出有两千多块钱的百元钞票，说：“这不是钱吗?别瞧不起农村人。”

中年人说："这样吧！我给你们做一个公证人，你把钱放在我这里，你输了，我就给我大爷了。"

农民工把钱递给了中年人，说："我不能输给他。"中年人说："好。这是你说的，你输了的话，这些钱就给我大爷了。"然后他把钱塞到了老者的手里，并用力攥住老者的手摇了两下，对老者说："大爷，拿着，咱们赢了。"这一摇手，连着老者的头也会动，老者当时就觉得气血上涌，十分的激动，手用力攥紧了那些钱。

说到这里，读者不信可以试试，用你的右手抓住左手用力摇两下，你也会激动的。就像赵本山小品中所说的"你踩你也麻"。

农民工接走车一平二，老者象5退7，农民工拿起了红车刚要吃象，又放了下来，问道："不对吧？我输了的话，我的钱给你，那我赢了你，你咋办啊？"

老者说："我输了，也把兜里的钱都给你"。

农民工又说："那你能拿出来我那么多钱吗？"

中年人说："你的意思是你拿出来钱了，我大爷没有拿出来呗，我大爷要是拿出来钱，你输了就把钱都给我大爷呗！"

农民工说："对啊！要公平吧！"

中年人对老者说："大爷赢了，带没带钱？"

老者答说："带了！"

"带了就拿出来啊！"老者从口袋里拿出一叠钱，好像也有两千多，中年人把钱接了过来放在左手中，然后又说："大爷，你把他的先给我。"于是中年人把农民工的钱又拿了过来，放在自己的右手。接着说："这个手的钱是大爷的，这个手的钱是你的，我做公证人，谁赢了这些钱就归谁，你们都同意吗？"

两个人都称同意。老者自以为胜券在握，怎么能不同意？农民工玩的就是这个，自然也是胜券在握，何乐而不为呢？

于是二人商定，农民工不吃象不吃士就算输。然后继续走棋，农民工车二平三，老者士 5 退 6，农民工车三平四，老者车 5 退 8，并说：“我反将你，你输了。”

农民工说：“哪里将我啊？”

老者洋洋得意地说：“我的马将你。”

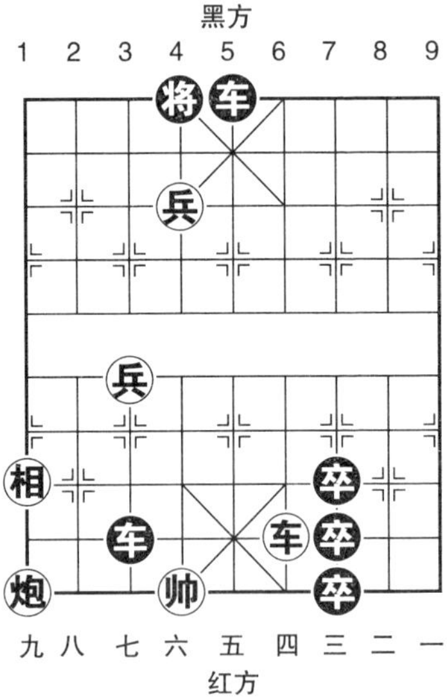

图二

农民工说：“我吃掉你的马不就不将了吗？”于是车四退八，走到了图二形势。

图二形势轮到黑方先走，自然黑方如果走中卒平 6 或车 3 平 7 则兵六进一红胜。

老者记得刚才中年人演习过，于是接走车 5 进 8，以为红方吃车，黑车再吃红车，就赢了。

不料农民工接走车四进八，老者无奈只能车 5 退 8。这时，中年人已经悄然把两只手里的钱合在一只手上，是靠近农民工身边的那只手。

农民工走了兵六进一，红胜。

中年人把钱递给了农民工，并说：“你赢了，钱归你了。”

然后，他把棋合了起来，对老者说：“大爷，你这棋下得也不行啊？连一个农民工都下不过。”

老者此时已经醒悟了，说道：“我明白了，上当了，你们是一伙的。”

中年人一听，立刻翻脸说：“你说什么话呢？我看你是不想回家了吧？你要是再年轻一点，今天我一定好好收拾你，这条线上你好打听打听，别找不自在啊？”

老者一听这些社会话，一下软了下来，说到：“算了，输就输了，吸取个教训。”

中年人大声说了一句：“停一下车，我到地方了。”

车停了，农民工和中年人一起下去了。

小客车，招手即停，但也是可以随时停车的，况且他们也不敢惹这些人，毕竟要天天跑车。

小客车继续快速地向前开去，不一会儿就看不到农民工和中年人的身影了。

在客车上下“浑盘”是一种发明。读者可能听说过，或者看到过在客车上干“易拉罐”中奖和“秘鲁币”换钱的骗人招数，可是谁会想到能在客车上干“浑盘”呢？

后来，随着私人小客车被取缔，在大庆市也就没有在客车上干“浑盘”的了。但是，这种方式的“浑盘”确实存在过。

本局俗名“小黄河”，结论是红胜，无论黑方怎么走，结果都是红胜，故更适合江湖“浑盘”。是笔者改拟，传入江湖后，江湖艺人很乐于摆设本局，尤其在东北三省比较流行。由于这一特色适合混盘棋，故当时江湖艺人很乐于摆设本局。“小黄河”“大黄河”都是“高山流水”浑盘系列局。现将本局介绍如下：

着法：（红先胜）接图一

1. 车一进四　后马退 8　　　2. 车一平二　象 5 退 7

3. 车二平三　士5退6　　4. 车三平四　车5退8
5. 车四退八　车5进9①　　6. 帅六平五　车3进1②
7. 相九退七　中卒平6　　8. 相七进九　前卒平6
9. 炮九平四　卒7进1③　　10. 炮四平一　卒7进1
11. 炮一进二　卒7平6　　12. 帅五平六　后卒平5
13. 炮一平五　将4平5　　14. 兵六平五　将5平6
15. 兵五进一　卒6平5　　16. 炮五退二　卒5进1
17. 帅六平五　（红胜）

注释：

①如改走车3平6或中卒平6则兵六进一，红胜。又如改走车5进8则车四进八再兵六进一，红胜。

②如改走中卒平6则炮九平六，车3平4；兵六进一，红胜。江湖浑盘中，有时上当者在玩第二局时，也是在这个时刻败北的。

③如改走卒6进1则帅五进一，红胜定。

第2局　高山流水（二）

本局是笔者修改“大黄河”而成的一则和局。现介绍如下：

着法：（红先和）

1. 车一进四　后马退8　　2. 车一平二　象5退7
3. 车二平三　士5退6　　4. 车三平四　车5退8
5. 车四退八　车5进9　　6. 帅六平五　车3进1
7. 相九退七　二卒平6　　8. 相七进九　前卒平6
9. 炮九平四　前卒进1①　　10. 帅五平六　卒6平5

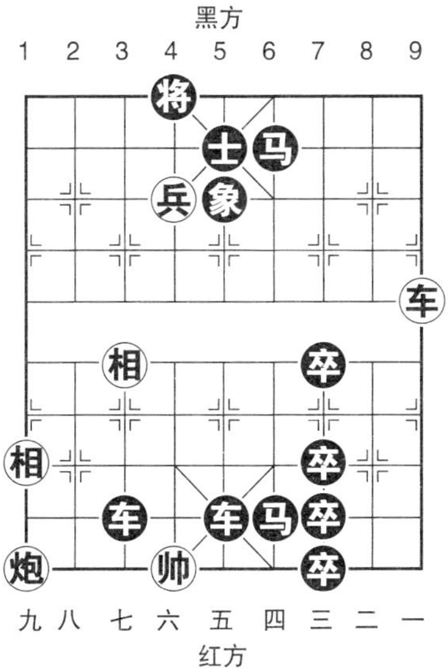

11. 炮四平五　卒5进1
12. 帅六进一　前卒平6
13. 帅六进一　卒7平6
14. 帅六平五　后卒平5
15. 相九退七　将4平5
16. 兵六平五　后卒平4
17. 相七进九　卒5平4
18. 帅五平四　卒6平7
19. 相七退五　后卒进1
20. 相五进三　后卒平5
21. 相九进七　（和局）

注释：

①黑方另有两种着法均和：

甲、卒6进1；帅五进一，前卒平6；相九退七，卒7平6；相七退九，后卒平5；相九进七，卒5平4；相七退五，将4平5；兵六平五，卒4进1；相五进三，将5平6；兵五平四，卒4平5；相三退一，和局。

乙、后卒进1；帅五平六，卒6平5；炮四平五，卒5进1；帅六进一，前卒平6；相九退七，卒7平6；相七进九，后卒平5；帅六平五，后卒平4；相九退七，卒5平4；相七进五，将4平5；兵六平五，将5平4；兵五平六，和局。

第3局　高山流水（三）

本局收集于网络。结论是红胜，现介绍如下。

着法：（红先胜）

1. 车一进四　后马退8
2. 车一平二　象5退7
3. 车二平三　士5退6
4. 车三平四　车5退8
5. 车四退八　车5进9
6. 帅六平五　车3进1
7. 相九退七　二卒平6
8. 相七进九　前卒平6
9. 炮九平四　卒6进1
10. 帅五进一　后卒平6
11. 兵九平八　后卒平5
12. 兵八平七　将4平5
13. 兵六进一　卒5进1

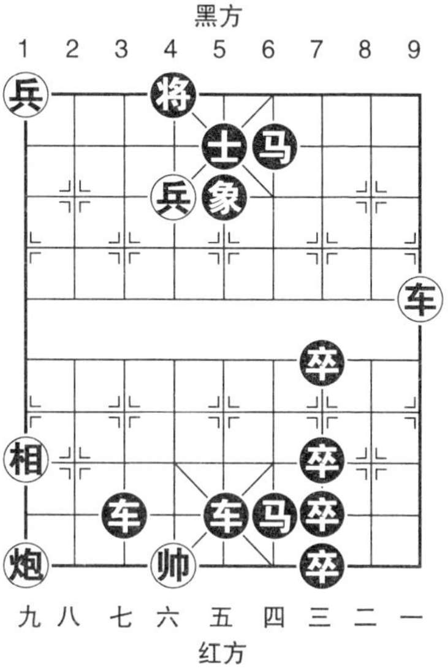

14. 兵七平六　将5平6
15. 后兵平五　（红胜）

第4局　高山流水（四）

如果在上一局的基础上增加一只黑方3路底象则可以弈成和局。现介绍如下：

着法：（红先和）

1. 车一进四　后马退8
2. 车一平二　象5退7
3. 车二平三　士5退6
4. 车三平四　车5退8
5. 车四退八　车5进9
6. 帅六平五　车3进1
7. 相九退七　二卒平6
8. 相七进九　前卒平6

9. 炮九平四　卒6进1
10. 帅五进一　后卒平6
11. 兵九平八　象3进1
12. 相九退七　后卒平5
13. 相七进五　卒5平4
14. 相五进三　卒4进1
15. 相三退五　卒4进1
16. 相五进七①　卒7平6
17. 兵八平九　（和局）

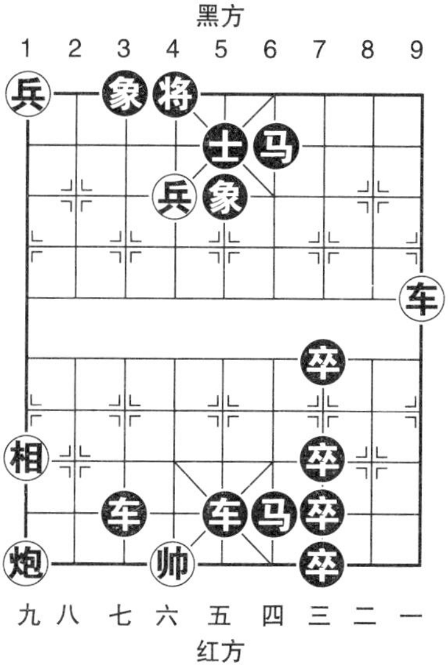

注释：

①如改走相五退七则卒7平6；兵八平九，前卒平5；兵九平八（如帅五退一则卒4进1帅五平四，卒4平5黑胜），卒5平4；相七进九，卒6平5；帅五平四，后卒进1；相九进七，后卒平5；帅四退一，卒4平5黑胜。

第5局　高山流水（五）

本局收集于网络，是一则和局，现介绍如下：

着法：（红先和）

1. 车一进一　后马退8　　2. 车一平二　象5退7
3. 车二平三　士5退6　　4. 车三平四　车5退8
5. 车四退八　车5进9　　6. 帅六平五　车3进1
7. 相九退七　中卒平6　　8. 相七进九　后卒进1
9. 炮九平三　卒7进1　　10. 帅五平六　卒6平5

11. 炮三平二　卒7平6
12. 炮二平五　卒5进1
13. 帅六平五　卒6平5
14. 帅五进一　卒9平8
15. 兵七进一　卒3进1
16. 相九进七　卒8平7
17. 相七退五　卒7进1
18. 相五退七　卒7平6
19. 相七进五　卒6进1
20. 相五退七　卒5平4
21. 相七进五　将4平5
22. 兵六平五　卒4进1
23. 相五进七　（和局）

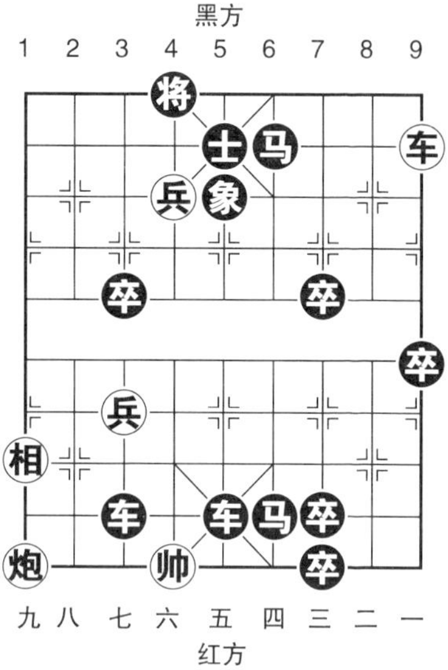

第6局　高山流水（六）

本局收集于网络，虽有黑炮，但也是一则和局，现介绍如下：

着法：（红先和）

1. 车一进一　后马退8
2. 车一平二　象5退7
3. 车二平三　士5退6
4. 车三平四　车5退8
5. 车四退八　车3退7①
6. 车四进一　炮9退5
7. 炮八进九　车3平5
8. 车四平五　炮9进9
9. 炮八平五　车5进6
10. 相三退五　将4平5

（和局）

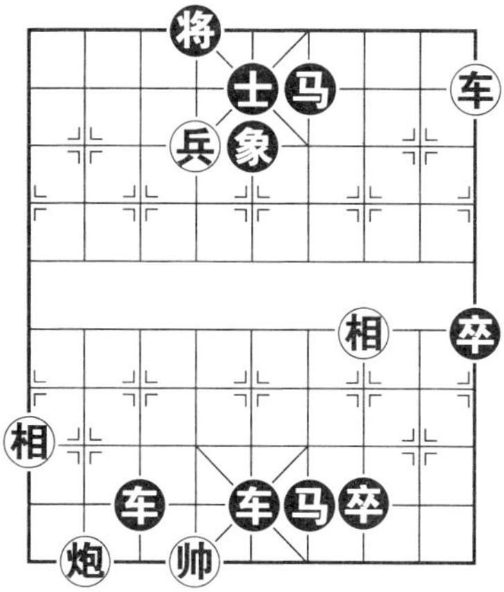

注释：

①如改走车3进1则相九退七，车5进9；帅六平五，卒7平6；相七进九，炮9退4；炮八平六，炮9平4；炮六进八，卒6平7；炮六平七，卒7平6；炮七退二红胜。

第7局　高山流水（七）

本局收集于网络，结果是红胜。现介绍如下：

着法：（红胜）

1. 车一进三　后马退8　　2. 车一平二　象5退7

3. 车二平三　士5退6　　4. 车三平四　车5退8

5. 车四退八　车 5 进 9　　6. 帅六平五　车 3 进 1
7. 相九退七　卒 7 平 6　　8. 炮九进一　卒 8 平 7
9. 炮九平六　（红胜）

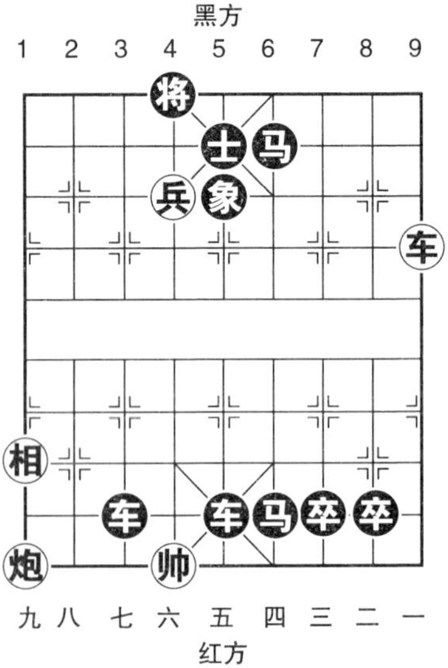

第 8 局　高山流水（八）

本局又名“脱离暗礁”，曾经刊载于《江湖混盘棋秘谱》。经好友余俊瑞先生指出，正确结论应该是黑胜。现介绍如下：

着法：（红先黑胜）

1. 车一进四　后马退 8　　2. 车一平二　象 5 退 7
3. 车二平三　士 5 退 6　　4. 车三平四　车 5 退 8
5. 车四退八　车 3 退 7　　6. 车四平六①　车 5 进 1

7. 车六平三　车5平7
8. 车三平二　车7平8
9. 车二平三　车8平7
10. 车三平一　车7平9
11. 车一平六②　卒2进1
12. 炮八平三　将4平5③
13. 炮三平五④　车9进8
14. 兵六平五　将5平6
15. 车六平四　车3平6
16. 车四平六　车6进8
17. 车六平五　卒2平3
18. 兵五进一　车6平5
19. 车五退一　卒3平4
20. 帅六进一　车9平5
(黑胜)

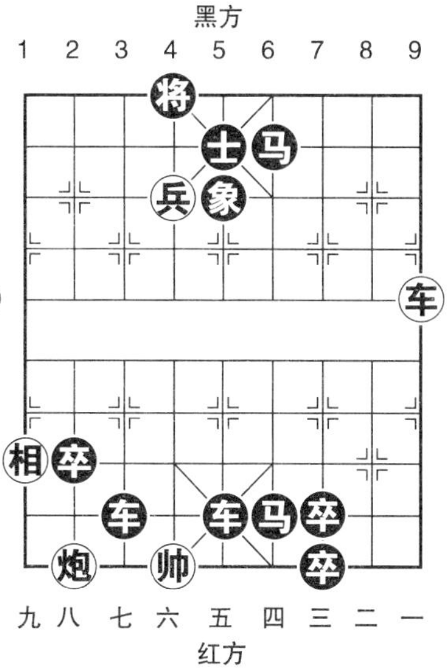

注释：

①如改走车四平三则卒7平6（如卒2平1则车三平八，车3平8；帅六进一，车5进8；帅六平五红胜）；以下红方有三种应法均负：

甲、炮八平四，车3平5；炮四进六，前车进8；帅六进一，后车平9黑胜。

乙、车三平四，车3平5（如卒2平1，则车四平八，红胜），炮八平四（车四平七，卒6平5，炮八平五，前车进8，帅六进一，后车进8，帅六进一，前车平4，车七平六，车4退1，黑胜），卒2平3，黑胜。

丙、车三平六则参见主变着法。

②红方不能长杀，如兑车则必败。另如车一平五，卒2进

1，炮八平三，车9进8，炮三平五，车9平5，车五退一，车3进8，帅六进一，车3平5，黑胜。

③如改走车3进7则车六进三（如兵六进一则将4平5；兵六进一，将5进1；车六进七，将5进1；车六平一，车3平5；炮三进一，车5平7；车一进一，车7进1；帅六进一，卒2平3；帅六进一，车7平4；黑胜），将4平5；兵六平五，将5平6；车六进五，将6进1；车六退一，将6退1；车六平一，车3平7；兵五进一，车7进1；帅六进一，卒2平3；帅六平五红胜。

④红方另有两种着法均负：

甲、兵六平五，车3平4；炮三平五（如兵五平六则车4平5黑胜），将5平6；兵五平六，车4平6；车六平八，车6进2；车八平六，车9进2黑胜。

乙、车六平五，将5平6；车五平四（如车五平八则车9进8；炮三平五，车3平5；车八平四，车5平6；车四平五，车6进2；车五平六，车6平5黑胜），车3平6；炮三平四，车9进8；帅六平五，车9平6；车四退一，车6进8；帅五进一，卒2平3黑胜。

第9局　车马争道（一）

“车马争道”（见附图）是流行于东北的一则江湖排局，曾经刊载于《江湖百局秘谱》第25局，原谱结论和局，实则应为黑胜，所以出现一些修改局。本局是敖日西先生的作品，笔者曾收录于《江湖百局秘谱》修订本，现介绍如下：

着法：（红先和）

1. 前车进一　后马退8　　　2. 车二进六　象5退7

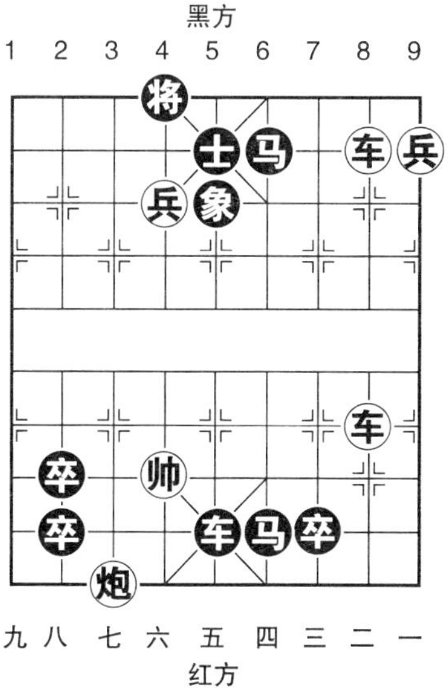

3. 车二平三　士5退6
4. 车三平四　车5退8
5. 车四退八　后卒平3
6. 帅六退一　卒2平3
7. 帅六退一　前卒进1
8. 帅六进一　车5平7
9. 车四进一　后卒进1
10. 帅六进一　将4平5
11. 车四平五　将5平6
12. 车五平一　将6平5①
13. 兵一平二　车7进2
14. 车一进七　将5进1
15. 兵六进一　将5进1
16 .车一平五　将5平6
17. 车五退七　卒7平6②
18. 车五平二　将6平5
19. 兵二平三　前卒平4
20. 车二平五　将5平6
21. 车五平二　将6平5
（和局）

注释：

①如改走车7进2则帅六平五，车7退1；车一平四，车7平6；车四进六，将6进1；兵一平二，后卒平4；兵二平三，将6退1；兵六平五，卒7平6；兵五进一，卒3平4；兵五平四，红胜。

②如改走车7进4则车7退4（若车7平2则车二进五，将6退1；兵二平三，将6退1；车二进二红胜）；帅六平五，卒7平6；车二平四红胜。

附图就是“车马争道”原局，因结论应为黑胜，故本书不再赘述。着重介绍四则修改局。

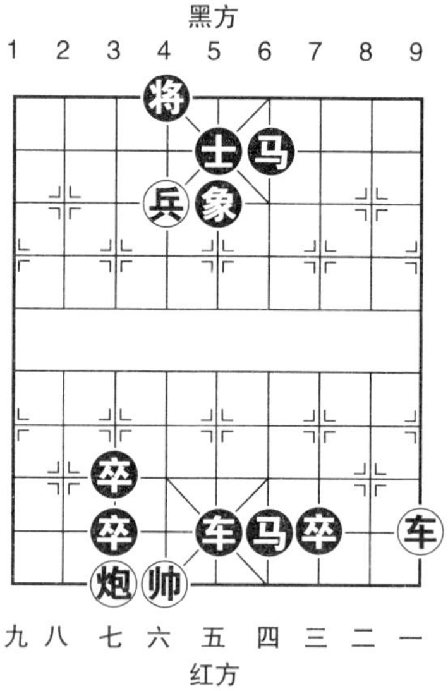

附图

第 10 局　车马争道（二）

本局收集于网络，是上局的修改局，结论是和局，现介绍如下：

着法：（红先和）

1.	车一进六	后马退 8	2. 车一平二	象 5 退 7
3.	车二平三	士 5 退 6	4. 车三平四	车 5 退 8
5.	车四退八	卒 3 进 1①	6. 帅六退一	卒 2 平 3
7.	帅六退一	前卒进 1	8. 帅六进一	后卒进 1②
9.	帅六进一	车 5 平 7	10. 兵六进一③	将 4 平 5
11.	车四平五	将 5 平 6	12. 兵六平五	车 7 进 7

13. 车五进一　车7平5

14. 帅六平五　（和局）

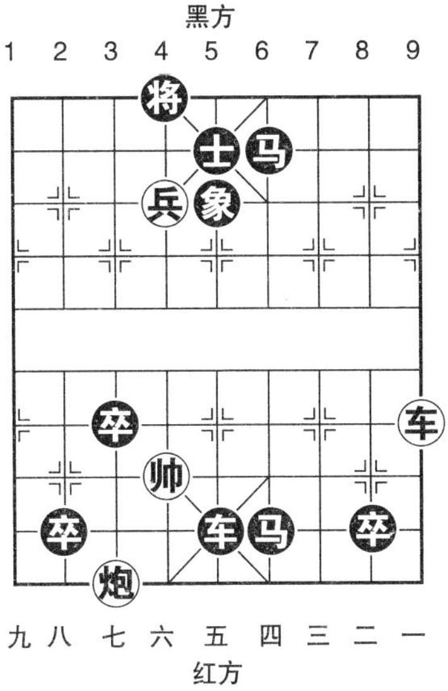

注释：

①如改走卒3平4则帅六退一，卒2平3；帅六退一，卒3进1；帅六进一，车5平7；车四平二，将4平5；兵六平五（如兵六进一则卒4平5；车二平五，车7进6；车五平二，车7退6；车二平五，车7进6红方不变作负），将5平4；兵五平六，将4平5和局。

②如改走车5平7则车四平二，将4平5；兵六平五，后卒进1；帅六平五，将5平4；兵五平六，车7平5；帅五平四，后卒平4；帅四进一，车5平7；车二进七，将4平5；兵六平五，将5平4；兵五进一，红胜定。

③如改走帅六平五则车7进7；帅五退一，车7进1；车四平三，卒8平7；和局。

第11局　车马争道（三）

本局收集于网络，结论和局，现介绍如下：

着法：（红先和）

1. 车一进八　象5退7　　2. 车一平三　士5退6

3. 车三平四　车5退8　　4. 车四退八　前卒进1

5. 帅六进一　后卒进1①　　6. 帅六进一　车5进7

7. 帅六平五　　马 1 进 3
8. 帅五平四②　马 3 退 5③
9. 帅四平五　　卒 7 平 6
10. 兵八平七　　马 5 进 3
11. 帅五平四　　马 3 退 4
12. 兵六进一　　将 4 平 5
13. 兵七进一　　马 4 退 3
14. 兵七平六　　马 3 退 4
15. 兵六进一　　将 5 平 4
16. 帅四退一　　（和局）

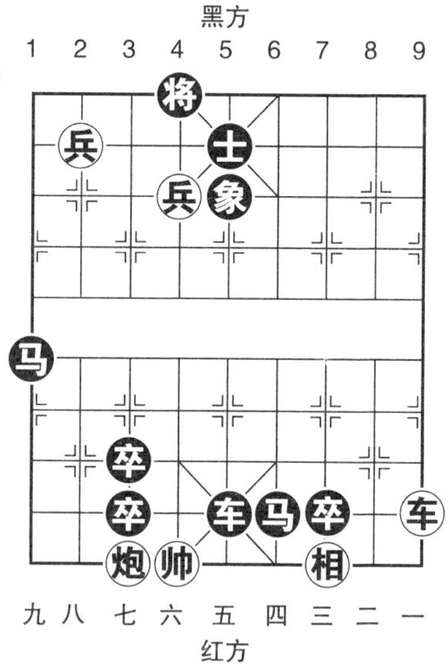

注释：

①如改走车 5 平 7 则车四进七，后卒进 1；帅六进一，车 7 进 7；相三进五，将 4 平 5，兵六平五，红胜。

②如改走帅五平六（如帅五退一则后卒平 4；帅五退一，卒 3 平 4；帅五平四，卒 7 进 1 黑胜），则卒 7 平 6；兵八平七，将 4 平 5；兵七平六，卒 6 平 7；后兵平五，马 3 退 5；帅六平五，马 5 退 4；兵六平五，将 5 平 6；相三进一，和局。

③如改走卒 7 平 6 则兵八平七，将 4 平 5；兵六进一，马 3 退 5；帅四平五，将 5 平 6；兵六平五，马 5 退 4；兵七平六，卒 6 平 7；相三进一，和局。

第 12 局　车马争道（四）

本局是象棋名家钟志康先生和王方权先生的修改局，结论是和局，现介绍如下：

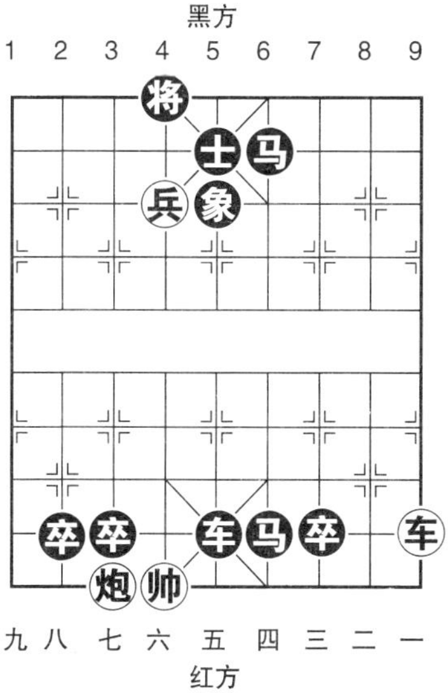

着法：（红先和）

1. 车一进八　后马退8
2. 车一平二　象5退7
3. 车二平三　士5退6
4. 车三平四　车5退8
5. 车四退八　卒3进1
6. 帅六进一　车5平7
7. 车四平五　车7进1
8. 车五进一　卒2平3
9. 帅六平五　卒7平6
10. 帅五平四　后卒平4
11. 车五平四　将4平5
12. 兵六平五　将5平4
13. 车四进七　将4进1
14. 车四退三　将4退1
15. 帅四进一　车7进8
16. 车四进三　将4进1
17. 车四退一　将4退1
18. 帅四退一　车7平5
19. 兵五进一　卒4平5
20. 帅四进一　车5平6
21. 帅四平五　车6退8
22. 兵五平四　卒5平4

（和局）

第十六章
檀溪跃马冲霄汉　江湖棋摊多变幻

第 1 局　马跃檀溪（一）
江湖揭秘

“马跃檀溪”是指三国时刘备在情急之下，驱赶乘马的卢跃出檀溪，从而逃脱蔡瑁追杀的典故。

江湖名局“马跃檀溪”，江湖简称“马跃”和“檀溪”，以其简洁的图式、诱人的假象，关键的一步棋是当红炮照将时走马 6 进 4，宛如檀溪跃马。这局棋在近年迅速流行于现代江湖棋摊，再加上该局非常实用，所以流传更加广泛。江湖艺人们注意对江湖局的修改，由于“马跃檀溪”局的红相的防守作用，致使有时来挑战的顾客会走成和局，所以后来就干脆删去了这只相，使黑方立于不败之地，图式更加美观。在现代的江湖棋摊上很是流行，经常可以看到。“马跃檀溪”一看就有弃掉双车后重炮杀的假象，而且不像“大鹏展翅”局那样有一只可以打回来的黑炮，所以假象更加真实，街头巷尾的弈客很容易看出红方能取胜，因此乐于伸手一试。请看杭州汽车北站的一幕。

摆摊的是一个腿有残疾的人，在江浙赣湘一带，称他为“拐子”。

“拐子”坐下后，先摆的是“大鹏展翅”。现在江湖棋摊，开始摆棋时都是第一局摆“大鹏展翅”。

当三道托儿上过之后，虽无人上钩，但是观众已经有七八个啦！接下来就应该由自己的托儿赢下来，俗称“吃棋”。“吃棋”也不是乱吃的，一个江湖棋摊班子里面，都有一个或者两个活干得特别好的，这样才可以带起来一个班子。而“吃棋”的人赢了之后，需要有更艰巨的任务，他要通过自己赢了摊主的角色，来和观众沟通、忽悠观众下棋。这个角色江湖棋摊则称为“扶点”的。下面，笔者继拙作《街头棋摊揭秘》和《江湖棋摊揭秘》之后，再做深刻的剖析。

拐子输了一盘摆棋后，有个观众对他说：“我认识你，拐哥，前年我就看你摆过残棋，今天居然还输了一盘。可是你咋还在摆残棋啊？”

拐子说：“输赢很正常，上盘棋有人赢了，这盘更会有人和我下棋的。再者说了，兄弟，残棋、残棋，不就是我们残疾人摆的棋吗？我也要生存啊？俗话说靠金者金，近玉者玉，干上了偏门，啥正行也干不下去。我也明白人间正道是沧桑，我也干够了这个啦！我一个残疾人，也不会干别的，只能干这个，对付碗饭吃。人生中有的人你不想见，偏偏就相逢；有的路你不想走，却没有别的出路。人生有许多的无奈啊！兄弟！谢谢捧场啦！因为这位故人，我说了几句题外话，请大家谅解。刚才的花絮就像早些年放的露天电影时，要演一个加演片。现在进入正题，大家看看这盘棋，谁能先解开吧！”话语中透露出江湖艺人们的无奈与辛酸。

“拐子”似乎发现了一个目标，一个小伙子正盯着棋盘看呢。于是他指着这个小伙子说：“这位老板看出赢了吗？如果看出来就赢一把吧。赢了之后，也可以给我打打广告，做做宣传。证明我摆的棋都是红棋赢。”

小伙子身边有一个中年人，那中年人和身边的一个小伙子在讲话："兄弟，这局棋好像红棋真的赢了，你看红方把两个车利用将军，送给黑方吃，然后双炮下去将军，不就赢了吗?"

小伙子说："嗯，差不多。"

中年人说："要不我们一个人100元和他下一把吧！赢了咱俩分。"

小伙子虽然觉得中年人的话有点道理，可是说："你下吧！我不玩。"

中年人就说："好，你帮我看看，我和他斗一把。"于是按照规矩押了200元，弃掉双车后重炮杀，把"大鹏展翅"赢了下来。"拐子"给了中年人400元钱，并说："你走对了就是红棋赢吗？反正钱也不是从家里带来的，我也是赢大家的，取之于民用之于民嘛！我再换一盘棋。"于是，他就摆出了这局"少相檀溪"。（如图）

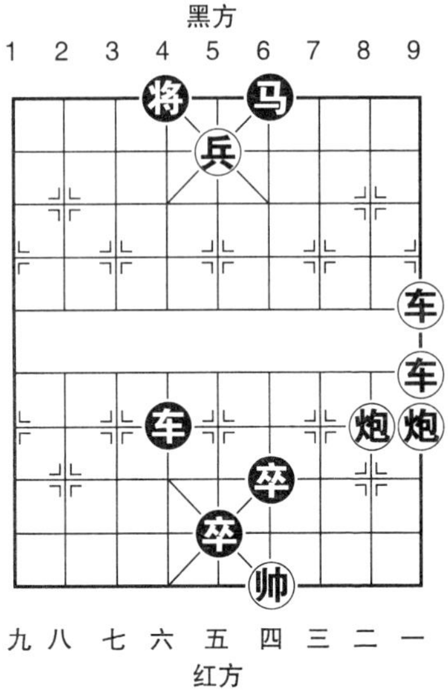

本局一看就有弃掉双车后重炮杀的假象，因为现代江湖棋摊革新的操作方式，使得"马跃"可以打三四道活，所以在所有江湖排局中就属"马跃"杀得钱最多，也最受江湖艺人青睐。

中年人赢了钱，戴上了一副眼镜，又回到小伙子身边，对他说："刚才我们的想法是对的，下棋就是这样，要看好了再下，否则就会输的。"小伙子点了点头。

这时已经有一个托儿上阵了，他走的是：后车平六，车4退1；兵五进一，将4平5；车一平五，将5平4；炮一进六（故意先下边炮，是很重要的，也是这个托儿步的精华，是诱惑观众下棋时也先下边炮，则马6进8黑胜，你必然会再来一把。这是深谋远虑的想法，扶点的托儿也会配合说这步棋走对了），马6进7；炮二进六，将4进1黑胜。“拐子”摊主可惜的说：“你双炮走得好，如果不动中兵，红方就赢了。”然后又摆回了原来的局面。

中年人对小伙子又说：“兄弟，这盘棋和刚才那盘棋道理是一样的，你看先走车将军，他吃了以后再走车将军，然后炮下底将军，他的马走开，再下炮将军，步步带将，两个炮重炮赢了。”

小伙子点了点头。

中年人说：“我今天的运气真好，真是赢钱的好日子。早晨起来就听见了喜鹊在枝头叫，坐车车上放的歌是好运来。我再和他斗一盘。”小伙子未语，笑呵呵的看热闹。

中年人上前和“拐子”说：“我和你下500块的”说完，走后车平六，“拐子”则车4退1，中年人又走车一平六，“拐子”走车4退1；中年人用手摸起3一路炮就要往下走，这个关口，被“拐子”拦住了，说：“这位师傅，你还没有押钱呢，家有千万，不押不算。”

中年人放下了棋子，说道：“钱我会没有吗？你看我像没有钱的人吗？”他就押了500元。

“拐子”已经摆了回去，中年人就走后车平六，“拐子”拿起黑车，刚要走棋，又说：“哦，我想起来了，刚才你已经赢我一盘棋了，你不能下了。你刚才赢了我，就想化装，戴个眼镜，又来赢我，你以为戴上眼镜我就不认识你了？”

中年人一听，把眼镜摘了下来，伸手想再走棋。

拐子说：“你把眼镜摘下来，我照样认识你！你就是不能再下了。”

中年人问：“为什么我不能下了？这盘棋我又没有赢你。”

“拐子”说：“下山的时候，我师傅说过，能赢我第一盘棋的人就不要和他再下了，我就学了三盘棋，道理都差不多的。你不能再下了，把钱给你，你拿回去。我不和你来了。”

中年人只好把钱装回去，站了起来。观众有人说：“他怕你了，你太厉害喽。”

一个托儿说道：“我没有赢过，可以来一把呗？”

“拐子”说：“没有赢过的，都可以下。”

中年人再度回到了小伙子身边耳语说：“他看我三步棋都走对了，就不敢和我下了，要是走错了，他就赢我了，别人看对了，不是一样也赢他吗？”

小伙子对中年人羡慕不已，说：“还是你的棋走得好。”

第二个托儿押了200元钱，走的是，后车平六，“拐子”则车4退1，中年人说：“走对了，再走车。”

那个托儿则走车一平四，“拐子”走车4进4，黑胜。并说：“这盘棋防守不行，我进车进卒都是杀棋。防守是防不住的，最好的防守就是进攻。”然后把棋局摆回到原来的局面。

中年人对小伙子小声说：“刚才第一步走对了，第二步再走车去将军，让他吃掉，然后再下双炮就赢了。残棋就必须步步带将，连将连杀，不能走一步空着，看不出来十块钱也不要玩，一定会输的。”

小伙子点了点头。

中年人又对小伙子说：“兄弟，这局棋你没有看出来吗？”

小伙子说：“看出来了，不就是把两个车送给他吃，然后下两个炮将军吗？”

中年人说：“哎！兄弟，你的看法和我一样，如果看出来这四步棋就可以下，如果只看出来一步两步绝对不能下。”

这时，第三道托儿已经上了，走的是：后车平六，车4退1；车一平六，车4退1。

中年人说：“走对了，再炮将就赢了。”

托儿也确实是走炮将的，但是走的却是炮二平六，车4进1，炮一进六，马6进7，黑胜。

“拐子”一边把棋重摆回去，一边说：“头两步棋都走对了，第三个有问题，你要明白这盘棋赢就赢在两个炮上，你用一个炮是将不死的。我再摆一分钟就换了，谁要下抓紧时间。”

中年人对小伙子说：“你没有赢过他，你和他下一定赢的。快点儿，一会儿就没有机会了。”

小伙子还是犹犹豫豫的，说道：“我再看一下。”

中年人无奈使出了最后一招，他说道：“兄弟，你的想法和我一样的，对吧？是送两个车给他吃掉，然后下双炮赢吧？”

小伙子说：“对，我是这样的想法。”

中年人继续说：“这样吧，兄弟，我赢了他一把，他不让我下了，咱们说好，我出钱你下棋，输了和你没有关系，赢了我给你200块，你就帮个忙。”同时塞给了小伙子500块钱。

小伙子说：“行！”并接过了钱。

中年人边说：“没有赢过的可以下吧？”一边用手扶着小伙子蹲在“拐子”的对面。

小伙子押了500元后，“拐子”摊主说：“好，看看这位小伙子是怎么走的？押500，连本带利1000块。”

中年人指着棋盘上的后车对小伙子说：“车将。”小伙子就走后车平六，“拐子”则车4退1，中年人又指着红车说：“车将，”小伙子继续走车一平六，“拐子”还是车4退1，这时，中年人指着一路炮说：“下炮将赢了。”小伙子顺手摸起了一路炮，刚要往下走。突然“拐子”摊主向中年人问话：“等一下，我问问，这是咋回事？什么情况？为什么他走一步你教一步呢？”

中年人说：“我只是说一句话而已。”

于是“拐子”指着中年人说：“哦！我明白了，原来这个钱是你的，这可不行，你赢过我，你的人不能下，你的钱也不能下。”说完把钱递给了中年人。有托儿附和说：“刚才你给他钱，让他看到了，不敢来了。”

“拐子”对小伙子说：“你自己要是能拿出500元钱的话，我就给1000元。你看看，你这个小伙子就不对了，太不诚实了，你看他出的钱，你走对了就赢我了，走错了他教你，我不是百分百输钱吗？这可绝对不行，你不能拿人家的钱来下棋啊？你自己有钱是可以的，你自己没有钱，怎么好意思拿别人的钱来下棋呢？这年头，刮风下雨不知道，自己有没有钱还不知道？”

赢棋的那人说：“你是不是看我兄弟走对了，你不敢来了。你的意思是我的钱不行，那我弟弟自己拿出钱，你就下呗？”“对，他要是能拿出500元钱，我就给他1000元。不过你不能教他，象棋是有钱人的游戏，拿不出钱来，还想下象棋。”

小伙子在“拐子”的激将法之下，挺生气的，他就说：“好，我自己交钱来下！”就拿出了钱包，里面有2000多元，从钱包里面拿出500元交给了“拐子”，就开始走棋。有托儿指着后车说："走车将军。"

这一点已经和过去有了改变。过去的做法是托儿此时"点"前车，让"点子"走错。但是时间发现，"马跃"这盘棋，最好第一盘先让"点子"走错炮，那样第二把则可以"蹩大兰"（抬高价），因为输钱的"点子"如果看到就差一步就赢了，多少都会下的。第二把再点前车，则更为合理。

小伙子后车平六，"拐子"车4退1；小伙子继续车一平六，"拐子"依然车4退1；托儿用手点着棋盘的底角说："炮将赢了。"

小伙子想也没想就走了炮一进六，本来刚才他也是这样看的。

"拐子"则马6进8，黑胜。并说："就是炮的顺序走错了，我可得换了，这盘棋不能再摆了。"

中年人对"拐子"摊主说："那可不行，我弟弟一定要赢回来的，他着急走错了，你给一个机会，再下一局赢回来，可以吧？"

"拐子"说："确实顺序走错了，这局棋先走哪只炮将军很重要的。我其实就是靠拣漏步赢的，这样吧！最后一局了，赢回去我就换棋了。"

小伙子打开钱包，里面还剩1000多元，就交给了"拐子"500元。刚要走棋，被"拐子"拦住了，只听"拐子"说道："这局棋错步都走完了，你再走就赢了，最少1000元，要不我就换了，看你有没有这个胆量。"说完假装把小伙子的500元往回送。

中年人对摊主说："你是不是看出我弟弟这次技术好，走对了，你怕输故意抬高价，这样，我弟弟已经押500元了，再加500元，一共1000元，你就不许再涨价了。”然后他对小伙子说：“再加500，记着了要先里面的炮。”然后，指着第二个红车说：“记住你走完了车要先走二路炮。”

小伙子又加了500元，这次走的时候，托儿点前车，可是小伙子仍走后车平六，“拐子”车4退1，有托儿说：“炮将赢了，先走炮将他就堵不住了。”

小伙子看了看，觉得有道理就走炮二进六，结果“拐子”走马6进4，黑胜。

中年人对小伙子说：“你留着那个红车干什么，要是没有那个车不就重炮了吗?”

小伙子说：“着急了，又走错了，再来一把。”于是把钱包里的500块钱交给了“拐子”。

中年人问：“兄弟，你输多少了?”

小伙子说：“1500。”

中年人说：“那你押500能赢回来吗？这样吧！我借给你1000，把你输的钱赢回来。”然后拿了1000元，借给了小伙子。

“拐子”却说：“这里谁借给他钱，我都下，只有你借给他钱不行，因为你会赢。”

中年人就说：“那就这样，我弟弟先押500元，赢了你给1500元，输了去给你取钱送回来1000元。”

“拐子”说：“他都没有钱了，还上哪里取啊?”

中年人说：“我弟弟带银行卡了，弟弟拿出卡来让他看看。”小伙子从钱包里拿出一张工商银行卡，说：“输了，我取钱给你。”

“拐子”问道：“你卡里有钱吗？别取不出来啊？我看看你的卡。”

小伙子把卡递给了“拐子”，他看了看，指着卡说：“你看写着呢，里面只有15块钱”。

中年人说：“你拉倒吧！那是卡号。”然后又对小伙子问：“弟弟，你说实话，卡里面有多少钱？”

小伙子说：“有五千多呢。”

中年人说：“听到没有，卡里有五千多呢。我们就用卡顶2000元，你能赔得起吗？”说话间把价格又涨了1000。

摊主说：“我能赔得起的，你看，我手里有4000多元呢。不过，你卡里有钱，我也看不到，你还是管谁借点吧！”

中年人说：“弟弟卡里真有钱吧？”

小伙子说：“绝对有五千多。”中年人说：“我借给你，他不让，我帮你张罗一下，大家有带钱的吗？帮帮忙，借钱用一会儿，赢了给买盒烟。弟弟能给人家买烟吧？”“没问题。”小伙子说。

这时观众里另一个中年人说：“钱我倒是有，可以借给你，不过输赢你都得还给我，我的钱有用，去办事的。”

小伙子说：“我输了取给你。”“你借多少？”中年人问。

赢棋的中年人说：“下2000元的，这种人就得赢他，赢得他抬不起头来，最好赢死他这个垃圾。”那中年人开始点钱，这时“拐子”说：“我换一个吧！”然后用手去拿棋子，赢棋的那人用手按住棋盘，说：“不许换，弟弟快点把钱押上。”小伙子情急之下来不及多想，就接过2000元钱交给了摊主，赢棋的中年人说：“我弟弟刚才有500元，现在一共2500元，赢了你必须给5000元。”

“拐子”说：“对，不过不能悔棋，走吧！”

赢棋的那人对青年人说：“看好了，弟弟。记住走两个车再下炮将。”

这时一个托儿一只手挡着后车，另一只手点着前车说："车将，赢了"小伙子情急之下就走了前车平六，"拐子"车4退2。

此时点车的托儿已经走了，小伙子拿起棋子走车一平六，"拐子"说："你这不是将军，我将你。"然后卒6进1，黑胜。

"拐子"说："走错了，我又拣了一把，刚才吓得我一身冷汗，脑后小凉风飕飕的。有没有玩的啦，我要换了。"

一个托儿上前押了2000元，走的是后车平六，车4退1，车一平六，车4退1；炮二进六，马6进4，炮一平六红胜。于是他赢了2000元。

中年人拍了拍小伙子说："弟弟，你别再下了，走棋太慌了。"小伙子用手一拍自己的头，说："我一上场就发蒙。"

小伙子看见了别人赢了，虽然不是自己赢，可是看到后，心里还平衡一些，认为自己走错了。

借给他钱的中年人对小伙子说："走吧，弟弟，别看了，我还有事呢。"

小伙子说："走吧，我去给你取钱吧！"于是他们两个走了。

摊主也收摊走人了。

在这种操作方法之下，"扶点"的人作用很主要，给"点子"钱，让他走棋，再一步一步把他推上前线，这种方式叫"通把"。一般情况下，能让"点子"自己下棋是最好的，因为"通把"的"点子"，容易醒悟。江湖艺人要把每一场活做好得好一些，讲究技术含量，尽量做得更平稳，这样效果才更好。最好是"点子"输了钱而没醒。有的时候更要因人而异，看着很警觉精明的"点子"，甚至不去推"车"点"炮"，不给他留下把柄，用纯清盘的方式做。这方面，近两年在江湖上比较注重一些了。

“点子”现金没有了，如有银行卡，卡里在有钱的情况下，借给他钱，这种干法的棋摊现在有很多，在江湖中这种手段称之为“放水”“绑点”或“飘兰”。这是一种更新更先进的方式，自然杀伤力也更凶狠。输钱的人也容易觉醒，但江湖艺人的收入却提高了。有时候上当的人即使明白了，为了不惹是非，也会还钱的。这种干法，杀伤力太强，也不会有多久的生存空间。笔者推断，虽然这种最新的干法和趋势，在江湖上很流行，但是江湖棋摊风云变幻，过两年的发展，必定要回到过去的老式清盘的模式，才可继续传承下去。有时候返璞归真是更高的境界。

本局近年在各地江湖棋摊上十分流行，由于江湖艺人把“马跃檀溪”局的红相删去了，对于江湖艺人来说，则胜券在握，结果为黑胜。现介绍如下：

着法：（红先黑胜）

1.	炮二进六①	马6进4	2.	兵五进一	将4平5
3.	前车平五②	马4进5	4.	车五退四	卒6进1
5.	帅四平五	卒6平5	6.	帅五进一	车4平5
7.	帅五平四	马5进4	8.	炮二退七	马4进5
9.	车一进五	将5进1	10.	车一退一	将5退1
11.	车一平六	马5退7	12.	炮二平三	车5进2
13.	帅四退一	车5退1	14.	车六退七	车5平7
15.	车六平三	车7进1		（黑胜）	

注释：

①红方另有两种着法均负：

甲、兵五进一，将4进1；前车进三，将4进1；后车进三，马6进5；炮二进四，马5进7；炮二退一，马7退5；

前车平六，将4退1；车一进一，将4进1；炮二进一，马5进7黑胜定。

乙、后车平六，车4退1；炮二进六，马6进4；兵五进一，将4平5；车一平五，将5平6；炮一进六，将6进1；车五退四，车4进4；车五退一，卒6进1；黑胜。

②如改走后车平五则马4进5；车五退三，卒6进1；帅四平五，卒6平5；帅五进一，车4平5；帅五平六（如帅五平四则马5进6；炮二退七；车5进2；帅四退一，马6进7黑胜）；马5进6；炮二退七，马6进7；车一平六，马7进6；帅六退一，车5进3；帅六进一，车5平3；帅六进一，车3平4；黑胜。

第2局　马跃檀溪（二）

如将上一局中红方双车、双炮都前移一步，成为本局图式，则可以成为和局。本局曾经刊载于1993年由山东友谊书社出版，曲峰先生编著的《江湖棋秘》第38局，后来由张云川先生编著的《象棋残局生死棋型》（第5局）也收录了本局，现介绍如下：

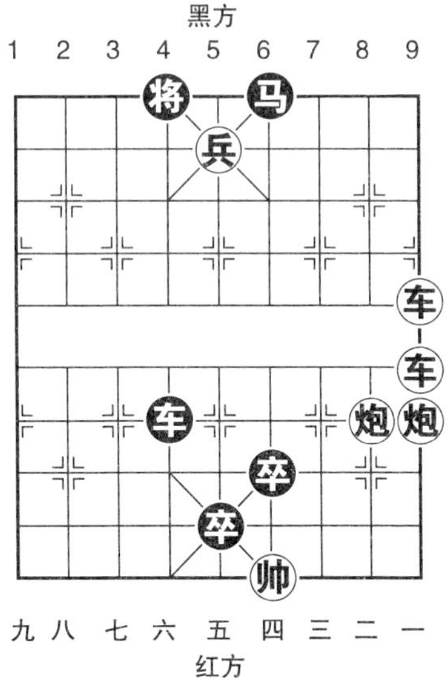

着法：（红先和）

1. 炮二进五①　马6进4

2. 兵五进一　将4平5

3.	后车平五	将5平4②	4.	车五退四	卒6进1
5.	帅四平五	卒6平5	6.	帅五进一	车4平5③
7.	帅五平四④	马4进5⑤	8.	车一平四	马5进4⑥
9.	车四进三	将4进1	10.	炮一进五	车5平6
11.	帅四平五⑦	马4进3	12.	帅五退一	车6平5
13.	帅五平四	车5平9	14.	车四退一	将4进1
15.	车四退六	马3退5	16.	帅四平五	马5退3
17.	车四平五	车9退6	18.	车五进二	马3进4
19.	帅五平六	车9平8	20.	车五退二	（和局）

注释：

①红方另有两种着法均负：

甲、兵五进一，将4进1；前车进二，将4进1；后车进二，马6进5；炮二进四，马5进7；黑胜定。

乙、后车平六，车4退2；车一平六，马6进4；兵五平六，将4平5；车六平五，将5平6；车五退五，车4进5；车五退一，卒6进1；黑胜。

②如改走马4进5则车五进一，将5平4；车五平六，将4平5；车一平五，将5平6；炮一进五，将6进1；车五退五，车4退3；帅四平五，车4平2；车五进八，车2进6；帅五进一，卒6进1；帅五平六，车2退6；帅六进一红优。

③如改走马4进6则车一平四，车4平5；帅五平四，车5退4；车四平七，车5进3；车七进三，将4进1；车七退一，将4进1；炮二退二，红胜。

④如改走帅五平六则将4平5；车一平六，马4进6；车六进三，将5进1；炮一进四，车5平9；炮一平三，车9退3；车六退五，车9平4；车六进二，马6进4，和局。

⑤如改走将4平5则车一平四，马4进5；炮一进四，红胜。

⑥黑方另有两种着法均负：

甲、马5进3；车四进三，将4进1；车四退一，将4进1；炮一进三，车5平9；车四平一，红胜定。

乙、车5退1；炮一进四，车5平6；车四退二，马5进6；帅四平五，马6进4；帅五退一，马4进6；帅五进一，将4进1；炮二退九，马6进7；帅五进一，马7退8；炮二平六，马8进6；帅五退一，马6退5；炮一退二，马5进3；炮六进二，将4退1；炮一平六，马3退4；前炮进二，红胜。

⑦如改走车四退六则马4进6；炮二退九，将4平5，和局。

第3局　马跃檀溪（三）

本局是在越南看到的棋局，主要是在《湖涯集》“马跃檀溪”的基础上加一黑卒，在广东象棋网、华工象棋网、泓弈象棋网上讨论多年未能定论，总是感到红方难以求和。象棋排局特级大师白宏宽先生经过认真探索，终于找到了和局的方法，并将着法贴在网上，结论得到了一致认同。可以说，越南棋摊上出现的此局是“马跃檀溪”系列局中最复杂之局，现将白宏宽先生研究的着法全文介绍如下，仅供读者欣赏研究。

着法：红先和

1.	炮二进六①	马6进4	2.	兵五进一	将4平5
3.	前车平五②	马4进5③	4.	车五退四④	卒6进1
5.	帅四平五	卒6平5	6.	帅五进一	车4平5

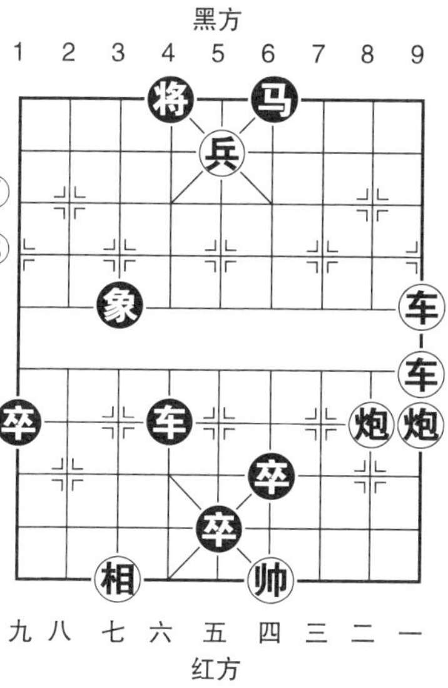

7. 相七进五⑤ 马 5 进 7
8. 车一平三⑥ 车 5 进 1
9. 帅五平四 车 5 进 1
10. 帅四退一 车 5 进 1⑦
11. 帅四进一 车 5 退 3⑧
12. 炮一退一 马 7 进 5
13. 车三平四 马 5 进 3
14. 车四进五 将 5 进 1
15. 车四退一 将 5 进 1
16. 炮二平五 车 5 平 8
17. 炮一平五 车 8 进 2
18. 帅四退一 车 8 进 1
19. 帅四进一 马 3 进 5
20. 炮五退七 车 8 平 5
21. 炮五平三 车 5 退 1
22. 帅四退一 卒 1 进 1
23. 炮三进七 卒 1 进 1
24. 炮三平五 车 5 平 4
25. 车四退三 将 5 退 1
26. 车四平五 将 5 平 4
27. 车五平七 卒 1 平 2
28. 车七平五 卒 2 平 3
29. 车五进一 车 4 平 8
30. 帅四平五 车 8 进 1
31. 帅五进一 卒 3 平 4
32. 帅五平四 车 8 退 9
33. 帅四进一 将 4 退 1
34. 车五退一 （和局）

注释：

①如改走后车平六，则车 4 退 1；车一平六，马 6 进 4；兵五平六，将 4 平 5；车六平五，将 5 平 6；车五退四，车 4 进 4；车五退一，卒 6 进 1；黑胜。

②如改走后车平五，则马 4 进 5；车五退三，卒 6 进 1；帅四平五，卒 6 平 5；帅五进一，车 4 平 5；相七进五（如改

走帅五平四，则马5进6；相七进五，马6进5；车一平六，马5退7；帅四退一，车5进3；黑胜），马5进6；车一平四，马6进7；帅五平四，车5进1；车四进四，将5进1；车四退一，将5进1；炮二平五，马7进8；帅四退一，车5平7；炮一退三，车7平4；黑胜。

③如改走将5平4；则车五退四，车4进3（如改走车4平8；则车一平二，车8平9；车五平二，车9平4；前车平五，马4进3；炮二平一，红胜定）；车五退一，卒6进1（如改走车4退1；则炮一平六，马4进6；车一平六，马6退4；车六平四，红胜定）；帅四进一，车4平5；车一平三，马4进5；车三进五，将4进1；车三退一，将4进1；炮二退二，车5平9；车三平一，红胜定。

④如改走车五进一，则将5平4；车五退五，卒6进1；帅四平五，车4进3；黑胜。

⑤如改走帅五平四，则马5进7；车一平四，车5平9；炮二退七，车9进2；帅四退一，车9进1；帅四进一，车9平3；车四进一，车3退1；帅四退一，车3退1；炮二进二，车3平5；黑胜定。

⑥如改走车一进五，则车5进1；帅五平四，车5进1；帅四退一，车5进1；帅四进一，马7进5；炮二退一，将5进1；炮一进五，将5进1；车一平五，将5平4；车五平六（如改走车五平三，则马5进4；帅四进一，车5平8；车三退二，象3退5；炮一退一，将4退1；车三进一，将4退1；帅四平五，车8退2；帅五退一，车8进1；帅五进一，马4进2；黑胜），将4平5；车六退六（如改走炮一退六，则马5进7；炮一平三，将5退1；车六退七，马7退6；炮三平五，

卒1平2；炮二退五，马6进7；炮五平三，马7进5；炮二平五，马5退7；车六进一，马7进9；炮三平九，马9进8；帅四进一，卒2进1；炮九进二，车5平6；帅四平五，马8退7；车六平八，车6退3；炮九退一，车6进2；黑胜），卒1平2；炮二退五，卒2进1；炮一退五，马5进6；车六进六，将5退1；炮二进五，马6退5；炮一进五，将5进1；炮一退六，马5进7；炮一平三，将5退1；车六退七，马7退6；车六平八（如改走炮三平五，则卒2平3；车六平七，马6进4；黑胜定），马6进5；炮三平五，马5进7；炮二平四，车5退1；帅四进一，马7退9；黑胜。

⑦如改走车5退2；则炮一退二，车5平6；炮一平四，车6平8；炮四进一，车8退6；车三进一，和棋。此变着法与本局来源是由台湾陈明仁先生提供的。

⑧如改走马7进5；则炮一进六，将5进1；车三进四，将5进1；车三退六，车5退3；炮二平五，将5退1；炮五退五，车5退1；车三平四，和棋。

第4局 马跃檀溪（四）

本局收集于网络，据发帖者说出自于江湖棋摊。这是在“少相潭溪”基础上，将红方前车移至一·一位而成。看似摆错了，实则可以成为一则和局。

着法：（红先和）

1.	前车平六	马6进4	2. 车一进一	车4退1
3.	兵五进一	将4平5	4. 车一平五	将5平4
5.	帅四平五	马4进6	6. 炮二退三	马6进7

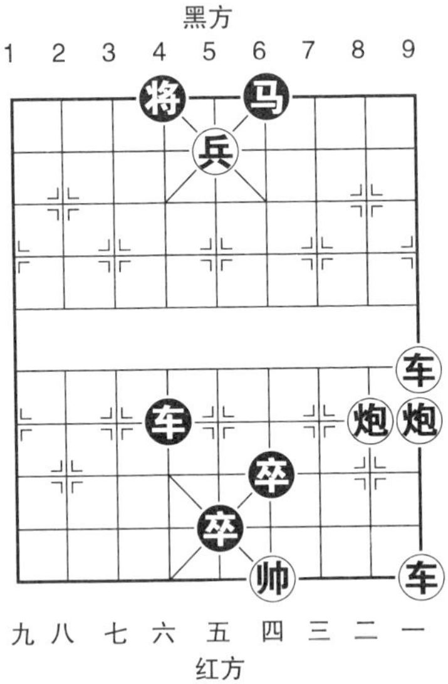

7. 炮一平七① 车4进2②
8. 车五进二 车4平5
9. 车五退一 卒6平5
10. 炮七平五 马7进8
11. 炮二进一 马8进6
12. 炮二平四 （和局）

注释：

①如改走炮二平四，则马7进5，炮一平六车4进1，车五进三卒6进1，车五进五将4进1，车五退五，和局。

②如改走马7进5，则车五进二马5退6，炮七平六车4平3，炮六退三，和定。又如马7进8，则炮七退二红方足可抗衡，亦和定。

第5局　马跃长城

本局流行于网络，是双炮盖车类型的小局。棋局的构图上，红方布子与“马跃檀溪”相同，但黑方布子似乎有江湖排局“桃红柳绿”和“马入宫廷”的影子。本局虽然是一则江湖小局，但图式简洁美观，不失为一则短小精悍的佳构，现介绍如下：

着法：（红先和）

1. 后车平六 马3进4　　2. 兵五进一 将4平5
3. 车六平五 将5平4　　4. 车五退三 车4平5

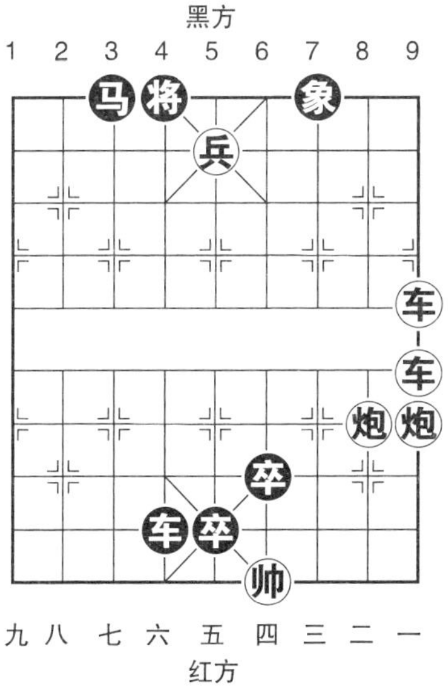

5. 车一平四　车 5 退 1①
6. 车四进四　将 4 进 1
7. 炮二进五　将 4 平 5
8. 炮一退三　马 4 进 5
9. 炮一进八　将 5 进 1
10. 炮一退六　卒 6 进 1
11. 帅四进一　车 5 平 9
12. 车四平五　将 5 平 4
13. 车五退四　（和局）

注释：

①如改走卒 6 平 7，则炮二进五车 5 平 9，车四进四马 4 退 5，帅四平五车 9 退 2，车四平五将 4 进 1，车五退一将 4 退 1，车五退六象 7 进 5，车五平三和棋。

第 6 局　黑马无常

在浙江省杭州一代，最新的江湖棋摊兴起了如图一的一局棋。这局棋从表面上看，红方可以连弃双车，然后双炮下底重炮杀棋；那么实际上是怎么回事呢？又有什么玄机呢？

而实际上的本局，也确实就是红胜，四步棋重炮即杀。可是如此简单的红胜棋局，江湖棋摊上为何有人敢摆呢？

其实本局是江湖艺人自己随意排拟的一则红胜局，摆设棋摊时作为第一局棋来摆设的。从棋图上看似乎脱胎于前文介绍过的“桃红柳绿”。摆完这局棋，第一个托儿步会走：后车平六，车 4 退 2；兵五进一，将 4 平 5；车一平五，将 5 平 4；

炮二进九，炮7进2；炮一进九，将4进1；车五退三，车4进3；车五退一，炮7平6，黑胜。

摊主把棋局摆回原来的局面，说道："刚才这位师傅不应该动中兵，我走红棋四步棋就赢，看看谁能看出来。"这时则会有第二个托儿步：后车平六，车4退2；炮二进九，炮7进5；车一平三，卒6进1黑胜。

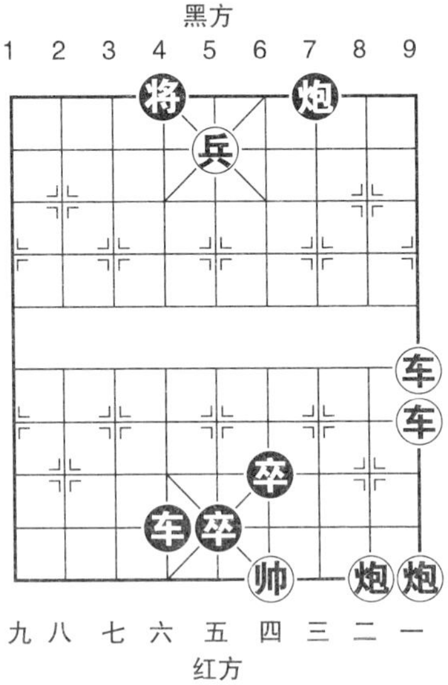

图一

不久会有一个自己人把这局棋赢下来：后车平六，车4退2；车一平六，车4退1；炮二进九，炮7进2；炮一进九红胜。赢得理所当然，观众里有人会后悔没有下这局棋。

如果有真正的顾客要下这局棋，摊主会从200元涨到500元一局，一般情况下客人不会500元下一盘棋的，自然你如果500元也下，摊主就会涨到1000元，托儿则会问道："1000元你下不下？你不下我就和他下。"一盘棋1000元，观众再看出赢棋，也不敢下了，于是，由托儿真的合理地赢下来，摊主则又换上一局棋。

更有高明的杭州江湖艺人则事先把一只黑马放在棋盘边上，距离棋盘黑方3·1位特别近的位置。在杭州临浦的一个江湖棋摊，一个观众确实要下这局棋，摊主则趁对方交钱之际，用脚轻轻一碰，这样在黑方 3·1 位则有了一只黑马，挑战者走后车平六，摊主则马 3 进 4，挑战者大为诧异："怎么还有一匹黑马？"

摊主呵呵一笑道："对啊！有这匹马的，要不你连弃双车然后不就重炮了吗？你以为这世界上会有这么容易的事吗？那我家里开银行也不够我输的啊？我傻啊，那么摆棋？"

挑战者疑惑地说："忽略了，没有注意有黑马。"

摊主回答："兄弟，黑马往往都是不被注意的哦。这样吧！你如果认为这局棋黑方赢的话，我走红方则必胜你。"

那个挑战者摇摇头走了。

如果真的增加了黑马，成为图二局势就可以弈成和局，变化则稍为复杂一些。变化如下：

着法：（红先和）

1. 后车平六　马 3 进 4
2. 车六进三①　车 4 退 6
3. 兵五进一　将 4 平 5
4. 车一平五　将 5 平 4
5. 车五退四　车 4 平 8
6. 炮二平三②　车 8 进 7
7. 车五平三　炮 7 进 9
8. 炮一平三　将 4 平 5
9. 车三进八　将 5 进 1
10. 车三退一　将 5 退 1
11. 车三退二　车 8 退 1
12. 车三平五　将 5 平 4
13. 帅四平五　车 8 平 4

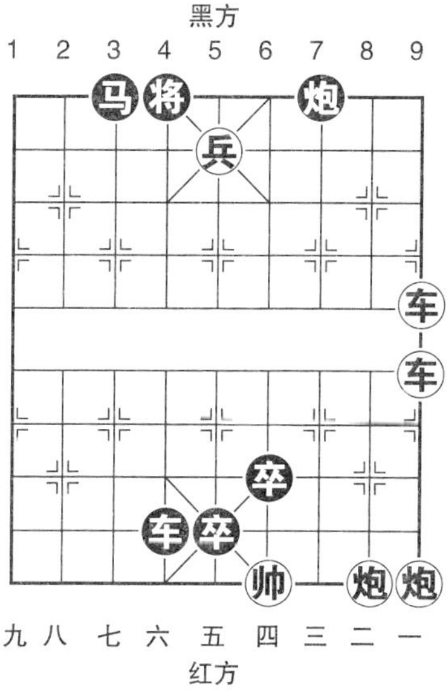

图二

14. 车五退五　车4退2　　15. 炮三平四　（和局）

注释：

①红方另有两种变化均负：

甲、兵五进一，将4平5；车六平五，将5平4；车五退三，车4平5；车一平四，车5平9；车四退三，车9进1；车四平二（如车四进七则将4进1；车四平三，车9平8；帅四进一，车8平5；黑胜），马4进5；车二进三，马5进6；帅四平五，炮7进4；车二进四，将4进1；车二退一，将4退1；车二退一，炮7平5；黑胜定。

乙、车六平四，卒6进1；车四退三，卒5平6；帅四平五，卒6平5；帅五平四；车6退3；炮一进九，马4退5；黑胜定。

②如改走炮二进一则车8平9；炮二平一，车9平7；前炮平三，炮7进8；帅四平五，车7平4；车五平三，车4平5；车三平五，卒6平5；车五平六，将4平5；帅五平六，卒5进1；黑胜。

风云名手回顾之“江南七星”之一沈志弈

沈志弈，浙江温州人，1916年出生于一个手工业的家庭中，幼聪慧，自学弈。沈的父亲是个棋迷，但苦于棋艺不高，因希望儿子将来在棋艺上出人头地，故取名“志弈”。沈志弈幼时与其母相依为命，依靠出租房屋而维持生活，当时他们住于温州积谷山旁，中山公园附近的谢池巷3号。谢池巷乃是一个甚有诗意的小巷，其名取昔时永嘉太守、山水派诗人谢灵运的《登池上楼》中“池塘生春草，园柳变鸣句”。

少年时，沈志弈十分酷爱弈棋。当时温州有鸿胜等两个弈棋处，只要有空，沈志弈就跑那里学棋。十二三岁时，他的棋艺已经达到相当水平，又过了几年，沈志弈有机会与温州当时已成名的林弈仙对局，败北后方知学无止境，人外有人。他更勤奋地悉心钻研，而后棋艺水平达到温州一流。

1936年春，沈志弈赴沪探亲。在上海法华民国路的华园茶楼，沈志弈见到二十多张棋桌座无虚席，就看了起来，发现大多下的是让单马、双马、二先、三先之类的让子棋。这时，又来了两个当地的长衫客，看看沈志弈土头土脑的打扮和怯生生的样子，沈志弈是中小个子，面色黝黑，个性深沉而执着。长衫客知道他是外地来的生客，就主动邀沈志弈下棋，并说："您是'新者'（含可宰之意），可让双马。"并说好一元一盘的彩金。沈志弈虽然在温州是顶尖棋手，但在上海却是初来乍到，不知对方底细，就同意入局。第一局长衫客故意露出一些破绽，沈志弈轻松地获胜；第二局的情况大同小异，沈也很快地取胜了。第三盘开始前，对方做出输得不甘心定要翻本的样子，竟说：每盘彩金加到十元。十元，这在米价每担三元多的当时，是个不少的数目。沈本不敢下这样的大彩，也不是为赢彩金而来，沈的目的是会会上海的高棋。但因仍让双马，认为绝无输棋的可能，于是依照常规，取出彩金，置于盘下，并认真弈棋。

这盘棋长衫客持红用出了真功夫，炮巡河后伺机夺子，至第四回合时，长衫客正暗暗得意，认为夺回一子绝无问题。没料到沈志弈实是一把好手，突然走了车9进1！这步棋落子后，长衫客初以为沈下出错着，但仔细一看，不禁一身冷汗。原来这步送车的棋，竟是解围的妙手。因若吃车，自己的车仍被吃回，实即兑车，还解了对方的重围。之后的棋，沈也毫无破绽，结果第三盘也是沈胜了。长衫客心里一乱，眼睛一转说："你有这样的水平，怎能叫人让双马！"全不顾让棋是自己提出的事实，反要沈志弈再来三盘，同样是让沈双马。沈见对方蛮不讲理，但恐人地生疏要吃亏，准备放弃可拿的十元不要，把自己盘下的十元拿回算了，但对方还是不依。

正在纠缠之时，又进来一个身材伟岸的男子，当初步了解情况后，以调解的口吻对沈说："此地的人以棋为生，你一个外地人怎可来此逞能？"言外之意是：责怪沈志弈以好棋装差棋，为的来抠钱。说毕，解下随身佩带的手枪在桌上一放，转身对长衫客说："潘鸣岗，你没眼光，怎可随便让人双马？须知这要坏了名声！"

这大汉在各打五十大板后，提出解决的办法说："既然你棋下得不错，我和你对一局，让你二先，若胜了我或是和棋，十元钱还你；若是输了，这十元就不还了，可好？"沈志弈见大汉口气很大，心知来头不小，就答应弈棋。

这局棋沈大有胜机，但恐怕再出意外，结果弈和。大汉果然信守诺言，将沈的十元还给他，并恭送至楼下。临别时自我介绍说："我叫李武尚，欢迎你再来交流棋艺。"沈志弈早就知道上海李武尚的大名，今日不期而遇，十分高兴。想想这次初来上海，就遇到硬让双马的怪事和"柳暗花明"的结果，真是一次奇遇。最大的收获，是因此认识了李武尚，为日后来上海闯荡创造了条件。

至 1954 年，沈家经济状况江河日下，被迫卖出房产，迁往踏碓巷而居。他最羡慕本地的前辈棋手陈筌、永嘉的林弈仙及平阳谢侠逊，也想像他们一样，挟技闯荡江湖。于是，他搭乘海轮赴上海寻求发展。他在上海找到了李武尚，李武尚有"白莲教主"的称号，李武尚在上海有一定的社会地位；经常出入棋茶楼等公开场所，他接触面较广，头脑灵活，好管闲事，颇有侠气性格。由李武尚出面帮助沈志弈安排比赛，沈因棋艺不俗，在沪上有了用武之地，逐渐地站稳了脚跟。

1955 年，在上海大新公司，沈志弈与全国各地名手，如罗天扬、杨官璘、陈松顺、何顺安、朱剑秋、李义庭、高琪、谢侠逊等表演，比赛中互有胜负。这两年沈志弈除了年关节日返温州踏碓巷，基本上都客居沪上进行棋艺交流，这也为他以后加盟全国锦标赛的角逐打下了坚实的基础。

1956 年首届全国象棋锦标赛时，沈志弈因报名逾期，遗憾地未能参赛。同一省的杭州刘忆慈夺得季军，看到刘取得如此成绩，使得他很兴奋，也跃跃欲试。

1957 年的全国象棋锦标赛，沈志弈终于如愿参加，此时的他已经是四十多岁的壮年人了，作为温州的棋手，要和杭州刘忆慈争战。刘忆慈是上届季军头衔，身体很棒，而当时沈志弈连日的感冒，头痛发热，有些力不从心。开局后刘稍占优势，至残局时，刘有车马兵士象全，沈有车炮双士。对于沈来说，局势危险，刘的马可卧槽兼挂角，还有中兵冲入中宫之势。

当时，刘忆慈果真就走了兵五进一，冲入宫心叫将，因为沈若上士（无论上哪只士），刘均可马挂角叫将，并吃车而胜，刘是这样想的，赛场上其他人也大都这么认为。但沈志弈对棋理有较深的研究，他突破常规的思维，以车 4 平 5 去兵，用反叫将的方法逼刘马六进五去车。此后，刘等着沈上士去马，以便平车捉炮叫杀。殊不料下一步沈没有吃马，而是炮 9 进 5 升炮。原来这是沈的一步出人意料的妙棋，它以弃车的方式，陷住了马，还牵制了助攻老帅，既化解掉刘的攻势，又构成了一盘有险无危的棋局。于是，一盘轰动全场的妙和怪局诞生了。沈志弈也因这盘怪棋出了线——获得参加全国赛决赛的资格，更因这盘棋被称为“沈怪杰”！有一篇报道，文章名为《沈怪杰苦斗刘仙人》，就是评述这局棋的。

1958 年全国象棋锦标赛，沈志弈的积分未能保本，实因他身体原因，他是在招待所吐了血，抱病而战的，但沈志弈在这两届全国赛中，他对几位国手（前 6 名）的成绩也不差。沈志弈除了两负广州杨官璘、一负一平上海徐天利，他在对二位叱咤风云的青年名将武汉李义庭、哈尔滨王嘉良均两胜，对两届季军杭州刘忆慈一胜一负，对上海何顺安、惠颂祥、哈尔滨张东禄、沈阳任德纯均打成平手。

沈志弈在决赛中，虽然未能进入前六名，但他对冠、亚军胜一和一的得分率却冠于群雄（季军杨官璘是两局均和），成为左右五座的一位关键性人物。沈志弈在第十轮上以《橘中秘》古法斗炮新变击败了呼声最高的“小神童”李义庭，使李在夺标途中感到荆棘重重，他一直紧跟于何顺安之后，直到最后两轮，虽然闯过“东北虎”王嘉良与任德纯两个关口，但如果何顺安亦连胜开封田嘉树与温州沈志弈，则将以十胜七平积二十七分雄踞首席了。何顺安破城败田，自在意料中（因田嘉树是名列十八末位的值殿将军），于是对沈志弈之战，更为众所瞩目。

这盘棋，何有中局反先，用车保当头炮镇住老沈的窝心马及中象位炮，局势占优。可是优而谁胜；老沈似陷僵局，可是僵而不死。因有“兄弟兵”过河携手遮将，上二路车困马于河边，使何顺安无法支援，只能互走闲着，终于相持成和。李义庭与何顺安同积二十六分，因用时少而登上棋王宝座。沈志弈劫驾又保驾，身手不凡，传为棋苑佳话。诗曰：

志弈名符实，
黑马胜神童。
劫驾又保驾，
棋坛树雄风。

按照目前的目标，沈志弈是可以获准申请国家大师头衔的。故权威人士说沈志弈的棋艺亦达国手水准，此言诚不谬哉！

沈志弈有许多怪局，如对浙江名手高琪的一局，连弃两车，获得绝妙的入局机会，使象棋界颇为轰动。至于沈志弈平时的下棋中，妙手和怪棋则多得不胜枚举。

应该说全国性的象棋比赛，是一项既比棋艺又比身体的竞技，棋艺好固然重要，身体状况也会影响到比赛的成绩。沈的身体，平时尚可对付，遇上大比赛，就出现力不从心的情况。但在重大比赛中一种拼劲激发了他，加上局势的巧合，他的思想火花终于迸发，于是出现了一些奇妙的构局，为象棋艺术留下了一些宝贵的财产，也使他获得了棋坛“黑马”的称号。

1959 年全国首届全运会，棋类有幸列入竞赛项目，但每个省只能派出一名选手参赛，曾获两届季军、一次第五名的刘忆慈代表了浙江省参赛。由这一年起，沈志弈也开始淡出全国锦际赛，而他在棋类活动上却从未止步。

沈志弈曾代表温州出征广州等地，参加省市间的邀请赛，另外他也于温州搞起了一些省市的埠际赛。当时国赛仅为个人赛，且两年一届，如 1964 年 12 月的上海、北京、江苏、浙江四省市邀请赛，1965 年 5 月的上海、广东、四川、浙江、温州五省市邀请赛（新老冠军杨官璘、胡荣华均亲临该赛，引起极大轰动），1973 年 6 月（1966 年后的国赛已中断 7 年！）的上海、温州对抗赛，1974 年 12 月的八省市埠际赛等等，沈志奕体质较差，但除搞筹备、竞赛、裁判工作，还要与名手表演以满足当地棋迷的要求。

沈志奕自己表示，连续作战吃不消，下个二、三局可以，他也全无某些名手的惜名怕输思想。1964 年与当时的三届全国冠军上海胡荣华弈成平局，在 1960 年之前，与胡荣华也交手五局，沈志奕三胜二负，至 1981 年，在打锣桥（与改名为广场路）的市体育俱乐部，沈志奕与当时已 94 岁的棋坛总司令谢侠逊表演，激战从开局至残局，末后战和，此战引起极大轰动，观战者人山人海。

1981 年 9 月，全国联赛在温州举行，这大概系三项棋赛集于一处比赛的最后一届了，规模盛大空前，棋坛明星荟萃，象棋之外，围棋的聂卫平、马晓春等，国际象棋的叶江川、刘适兰等均亲临雪山饭店。沈志奕则担任象棋赛的副裁判长，顺利地完成了竞赛任务。

1982 年亚洲团体锦标赛于杭州举行，沈志奕虽是病弱之躯，还特地前往大会，拜会神交多年的中国棋坛俊彦，十分快慰！

沈志奕一生未婚，而其毕生钻研棋艺颇有南宋林和靖的“梅妻鹤子”之慨，也有个同胞弟弟，早年去了台湾，后从商，至 80 年代初改革开放期间，其弟曾带了彩电返温州踏碓巷看望他。温州棋友说沈志奕甚孤苦，但他幸有一位义女孙萍秋，能弈，也善经营，后任温州袜厂的厂长，孙萍秋对沈志奕颇照顾，沈志奕外出，孙萍秋均先安排好厂务，全程陪同义父，于在生活上给予照料。

1974年，沈志弈等人与温州市体委、市少年宫等联手推出油印本棋刊《鹿城棋苑》，研摩名局，品评棋艺。当时棋刊寥若晨星，1976年起《鹿城棋苑》升为铅印刊物，国赛期间则出版了《增订本专辑》，于棋界贡献颇大。

沈志弈在温州系棋界权威人物，例如市民对弈，常听到：某某方必输了，除非请沈志弈来，或可支撑一阵。在温州学弈的青少年棋手或多或少均受师于他。沈志弈最有名的学生金丽玲，曾于全国赛上打进国手（前6名）行列，被授予女子国家大师。沈志弈在温州搞埠际赛，因为需要，又培养裁判，据温州市体总工作的吴永乐讲，自己幼年是沈志弈家谢池巷的房客，1950年自己4岁时就受沈志弈在棋盘上的启蒙，学会了下棋、打谱、破残局，至20世纪60年代，沈志弈教自己判别棋例，向裁判工作方向发展。

由于沈志弈工作出色，温州市政协聘他为政协委员；在市体委任棋协副主席，并任《鹿城棋苑》主编。

1991年沈志弈因病谢世，全国及温州棋界少了一位好棋手、好老师。在他逝世后，从第二年起，温州市体总、棋协每年都会举行一个名为“志弈杯”的棋赛，以示纪念。

上海万安平先生有诗赞曰：

楚汉交锋起战尘，温州高手出招神。

沈君怪局留今世，犹记《鹿城棋苑》新。

图书在版编目(CIP)数据

江湖排局新作 / 王首成编著. – 北京：人民体育出版社，2018

ISBN 978-7-5009-4935-0

Ⅰ. ①江… Ⅱ. ①王… Ⅲ. ①中国象棋–棋局

Ⅳ. ①G891.2

中国版本图书馆 CIP 数据核字（2016）第 021561 号

*

人民体育出版社出版发行

三河兴达印务有限公司印刷

新 华 书 店 经 销

*

850×1168 32 开本 14 印张 300 千字

2018 年 1 月第 1 版 2018 年 1 月第 1 次印刷

印数：1—3,000 册

*

ISBN 978-7-5009-4935-0

定价：38.00 元

社址：北京市东城区体育馆路 8 号（天坛公园东门）

电话：67151482（发行部） 邮编：100061

传真：67151483 邮购：67118491

网址：www.sportspublish.cn

（购买本社图书，如遇有缺损页可与邮购部联系）